# 特別支援教育
## 重要用語の基礎知識

小野隆行[編]

# 刊行のことば

　特別支援教育コーディネーターになって一番困ったのが、専門用語だった。

　例えば、診断書に広汎性発達障害と書いてあるものもあれば、自閉スペクトラム症と書いてあるものもあった。また、アスペルガー症候群や高機能自閉症という診断名もあった。それぞれの診断名は知っていても、それがどのような特徴があって、どのような違いがあるのか。どのような支援が必要なのかといったことは調べなければわからない。しかし、特別支援教育コーディネーターになると、「わかりません」では済まなくなる。しかも、必要な時に、瞬時にこのような情報が必要となる。

　その時に私がとった方法は、次の2つだった。

　①インターネットで検索する。

　②専門書を集める。

　しかし、これらの方法では、なかなかほしい情報をすぐに集めることはできなかった。

　それは、インターネットの情報はぶつ切れのものが多く、なかなかまとまったものが少ないことが原因にあげられる。また、体験談や概論に終始するものがほとんどだった。結局、いくつものサイトを経由していくわけだが、どうしても時間がとられてしまっていた。

　また、専門書もなかなか扱いにくかった。こちらは詳しく書かれている反面、簡単に言うとどういうことなのかという要約が難しいのである。学校現場では、このような「簡単に概略を説明する」ということが必要な場面が多い。それが専門書ではなかなか難しいということが多くあった。

　さらに、学校現場がかかえている悩みにも、専門書ではなかなか対応できない。学校現場で重要なのは、「では、実際にどうするのか？」ということだ。これは、専門用語を解説するような専門書ではなく、実践記録が収録された本を探すしかない。よって、ここでも時間を多く費やすことになる。

　そこで、学校現場ですぐに役立つ用語集のようなものができないかという提案でできたのが本書である。本書の簡単な使い方を紹介しよう。

## 【本書の使い方】

①用語の意味を検索する

　まず、その用語の概略がすぐに説明できるように、ページの最初に四角囲みでわかりやすく示している。用語の意味だけを知りたい場合、または簡単に職員や保護者に説明したい時には、本文を読まなくてもここだけを読めばよい。ちょうど辞書のような扱いができるようになっている。用語の検索もしやすいように、カテゴリー別に収録している。

②さらに詳しく中身を知る

　最初に示した概略を本文で解説している。ここでも、すべての内容ではなく、必要なポイントに絞って収録している。そのことで、1項目1ページという形が実現した。重要な内容だからといって、1つの用語について3ページも4ページも書かれていると、学校現場ですぐに使うのは難しくなる。そこで、1項目1ページという形になっている。

③必要な法令を収録

　学校で職員に説明したり通信などを書いたりするときに、結構必要になってくるのが根拠となる法令である。これもできる限り収録した。そのページを見るだけで、根拠となる法令が書かれている。わざわざほかの本やインターネットで調べなくてもそのページだけでわかるようになっている。

　また、さらに詳しく調べていくときにも、その法令がわかっていることが役に立つ。

④目次から必要項目を調べる

　これも本書の特徴の1つである。この用語が知りたいといって探していく使い方以外にも有効な使い方ができる。例えば、「特別支援が必要な子どもへの配慮　授業・環境編」という章がある。ここでは、次のような内容が収録されている。

　「音に敏感な子どもへの配慮」「残しておくと便利！　教師の指導記録」「音読ができない子どもへの対応」「忘れ物が多い子への対応」などである。

　これは、専門用語の意味を知り、その上でどうするのかという現場のニーズに応えるためのものである。ASDの子どもたちの中には、音に敏感な子もいればパニックになりやすい子もいる。そのような様々な子どもの特性に対応するには、この必要項目から探していくと使いやすい。


　本書では、無限とも感じられる広がりをもった特別支援教育の内容の中から、学校現場で日々求められている本当に必要なことだけに絞った内容に精選した。

　その結果、「特別支援教育の今後の方向性」「法律・制度」「障害の定義・特性」「発達障害の特性」「医療からのアプローチ」「子どもへの支援・対応」「コーディネーターの具体的な仕事」「支援プログラムや療育」というカテゴリーから形成されている。

　また、特別支援教育関連情報として、「特別支援教育関連研究機関情報」や「特別支援教育全国相談機関情報」も収録している。

　そして、これらの内容は、実際に学校現場で具体的成果をあげている全国の実践家に執筆いただいた。その際にお願いしたのは、「学校現場で必要な視点」で執筆いただくということだった。あくまでも、「現場で使える」ことを本書では目指している。

　その結果、特別支援教育コーディネーターはもちろん、管理職、学級担任といった全ての先生に役立つ内容となった。また、小中高はもちろん、幼稚園・保育園や療育現場など校種を超えて活用できる内容となった。

　学校現場は多忙である。必要なことでも、なかなかまとまった時間を割くことは難しい時代になった。「すぐに、必要な情報を手に入れたい」そんな願いから出発したのが本書である。ぜひ、教室や机上などのすぐ手が届くところに本書を置いて、必要な時に必要な時間の中で本書を活用いただきたい。


小野　隆行

## もくじ

刊行のことば　2

# 1 どこへ向かう—これからの特別支援教育

1 これからの特別支援教育の動向・キーワード ……………… 10
2 学習指導要領等における特別支援教育についてのポイント …… 11
3 障害者の権利に関する条約 ……………………………… 12
4 合理的配慮 ……………………………………………… 13
5 エビデンス ……………………………………………… 14
6 インクルーシブ教育システム …………………………… 15
7 発達障害のある幼児・児童を早期に発見・支援するためのシステム 16
8 日本語指導が必要な児童生徒に対する指導 ……………… 17
9 発達障害と不登校の関係 ………………………………… 18
10 スタートカリキュラム …………………………………… 19
11 カリキュラム・マネジメント …………………………… 20
12 読解力の向上 …………………………………………… 21
13 ノーマライゼーション …………………………………… 22
14 アセスメント …………………………………………… 23
15 就労に関する問題 ……………………………………… 24
16 レジリエンス …………………………………………… 25

# 2 これだけ知っておけば大丈夫！ 特別支援教育法律・制度

1 特別支援教育に関連する法律・制度 …………………… 26
2 就学基準 ………………………………………………… 27
3 認定就学制度 …………………………………………… 28
4 特別支援教育に関する制度 ……………………………… 29
5 学校教育法施行令の一部を改正する政令 ………………… 30
6 視覚障害教育 …………………………………………… 31
7 聴覚障害教育 …………………………………………… 32
8 知的障害教育 …………………………………………… 33
9 肢体不自由教育 ………………………………………… 34
10 病弱・身体虚弱教育 …………………………………… 35
11 言語障害教育 …………………………………………… 36
12 自閉症・情緒障害教育 ………………………………… 37
13 障害者の福祉に関する制度 ……………………………… 38
14 特別支援教育コーディネーター ………………………… 39
15 ケース会議 ……………………………………………… 40
16 個別の教育支援計画 …………………………………… 41
17 個別の指導計画 ………………………………………… 42

18 特別支援学級 ……… 43
19 自閉症・情緒障害特別支援学級 ……… 44
20 知的障害特別支援学級 ……… 45
21 特別支援学校 ……… 46
22 通級による指導の制度 ……… 47
23 障害者手帳（通称） ……… 48
24 就労 ……… 49
25 転籍の手続き ……… 50
26 弱視特別支援学級 ……… 51
27 弱視通級指導教室 ……… 52
28 難聴特別支援学級 ……… 53
29 難聴通級指導教室 ……… 54
30 肢体不自由特別支援学級 ……… 55
31 院内学級（通称） ……… 56
32 視覚障害者用の教科書 ……… 57
33 聴覚障害者用の教科書 ……… 58
34 知的障害者用の教科書 ……… 59
35 特別支援学級の学級編成 ……… 60
36 特別支援学校の教員 ……… 61
37 巡回相談 ……… 62
38 交流及び共同学習 ……… 63
39 生活単元学習 ……… 64
40 バリアフリー化 ……… 65
41 特別支援教育就学奨励費 ……… 66
42 就学時健康診断 ……… 67
43 就学相談 ……… 68
44 特別支援教育支援員 ……… 69
45 発達障害者支援センター ……… 70
46 NPO法人 ……… 71
47 独立行政法人国立特別支援教育総合研究所（特総研） ……… 72

# 3 教室の子どもたちの障害 —どんなことが考えられるか

1 どのような障害があるの？ ……… 73
2 知的障害 ……… 74
3 コミュニケーション障害 ……… 75
4 自閉症スペクトラム障害（ASD） ……… 76
5 注意欠陥／多動性障害（ADHD） ……… 77
6 学習障害（LD） ……… 78
7 発達性協調運動障害 ……… 79
8 チック症（TD） ……… 80
9 ダウン症（DS） ……… 81
10 統合失調症 ……… 82
11 反抗挑戦性障害（ODD） ……… 83

| | | |
|---|---|---|
| *12* 解離性障害 | ……………………………… | 84 |
| *13* 情緒障害（ED） | ………………………… | 85 |
| *14* 重複障害 | …………………………………… | 86 |
| *15* 筋ジストロフィー | ………………………… | 87 |
| *16* 脳性まひ | …………………………………… | 88 |
| *17* 境界線知能 | ………………………………… | 89 |
| *18* 感覚過敏 | …………………………………… | 90 |
| *19* 反応性愛着障害 | …………………………… | 91 |
| *20* うつ病 | ……………………………………… | 92 |
| *21* 摂食障害 | …………………………………… | 93 |
| *22* パニック障害 | ……………………………… | 94 |
| *23* ギフテッド | ………………………………… | 95 |
| *24* DSM-5　精神疾患の診断・統計マニュアル | | 96 |
| *25* てんかん | …………………………………… | 97 |
| *26* 双極性障害 | ………………………………… | 98 |
| *27* 不安障害 | …………………………………… | 99 |
| *28* 強迫性障害 | ………………………………… | 100 |
| *29* 心的外傷及びストレス因関連障害群 | … | 101 |
| *30* 高次脳機能障害 | …………………………… | 102 |
| *31* 睡眠障害 | …………………………………… | 103 |
| *32* 水頭症 | ……………………………………… | 104 |
| *33* 性別違和 | …………………………………… | 105 |
| *34* 神経認知障害群 | …………………………… | 106 |
| *35* パーソナリティ障害 | ……………………… | 107 |
| *36* パラフィリア障害群 | ……………………… | 108 |
| *37* 吃音障害 | …………………………………… | 109 |
| *38* 選択性緘黙 | ………………………………… | 110 |
| *39* 防衛機制 | …………………………………… | 111 |
| *40* 愛着障害 | …………………………………… | 112 |

# **4**　**発達障害はどういう障害なのか**

| | | |
|---|---|---|
| *1* 発達障害の仕組み | ………………………… | 113 |
| *2* 神経伝達物質 | ………………………………… | 114 |
| *3* 脳の障害の場所 | ……………………………… | 115 |
| *4* ドーパミン | …………………………………… | 116 |
| *5* セロトニン | …………………………………… | 117 |
| *6* オキシトシン | ………………………………… | 118 |
| *7* ノルアドレナリン | …………………………… | 119 |
| *8* なぜ立ち歩くのか | …………………………… | 120 |
| *9* なぜ不安傾向が強いのか | …………………… | 121 |
| *10* 虐待の影響 | …………………………………… | 122 |
| *11* うつ病の仕組み | ……………………………… | 123 |

# 5 医療のアプローチ—どんなものがあるか

1 医療からのアプローチとは ……………………………… 124
2 発達検査／知能検査 ……………………………………… 125
3 WISC-IV ……………………………………………………… 126
4 新版K式 …………………………………………………… 127
5 田中ビネー知能検査 ……………………………………… 128
6 K-ABC 心理・教育アセスメントバッテリー ………… 129
7 太田ステージ ……………………………………………… 130
8 応用行動分析（ABA） …………………………………… 131
9 ICF-CY ……………………………………………………… 132
10 心の理論 …………………………………………………… 133
11 ADHD評価スケール ……………………………………… 134
12 ASSQ ……………………………………………………… 135
13 DCDQ ……………………………………………………… 136
14 ローゼンバーグ自尊感情尺度（RSES） ……………… 137
15 SP感覚プロファイル（SP-J） ………………………… 138
16 SDQ ………………………………………………………… 139
17 プラシーボ効果 …………………………………………… 140
18 ピグマリオン効果 ………………………………………… 141
19 Vineland-Ⅱ適応行動尺度 ……………………………… 142
20 ADOS-2 …………………………………………………… 143
21 デンバー式発達スクリーニング検査 ………………… 144
22 Bayley-Ⅲ乳幼児発達検査 ……………………………… 145
23 ブラゼルトン新生児行動評価法 ……………………… 146
24 津守・稲毛式乳幼児精神発達診断法 ………………… 147
25 遠城寺式乳幼児分析発達検査法 ……………………… 148
26 視覚運動統合発達検査 …………………………………… 149
27 絵画語彙発達検査 ………………………………………… 150
28 STRAW 小学生読み書きスクリーニング検査 ……… 151
29 医療側から見た欲しい情報・記録 …………………… 152
30 代表的な医薬品と効能 …………………………………… 153

# 6 特別支援が必要な子どもへの配慮 —授業・環境編

1 教室環境の配慮事項 ……………………………………… 154
2 音に敏感な子どもへの配慮 ……………………………… 155
3 接触に敏感な子どもへの配慮 …………………………… 156
4 教室に置いておくと便利なグッズ ……………………… 157
5 視覚支援カード …………………………………………… 158
6 フラッシュカード ………………………………………… 159
7 アンガーコントロールキット …………………………… 160
8 アタマげんきどこどこ …………………………………… 161

| | | |
|---|---|---|
| 9 | ソーシャルスキルかるた | 162 |
| 10 | 輪郭漢字カード | 163 |
| 11 | 特別支援に対応した授業とは | 164 |
| 12 | 残しておくと便利！ 教師の指導記録 | 165 |
| 13 | 個別の指導計画の書き方 | 166 |
| 14 | 指導案の書き方 | 167 |
| 15 | なかなかじっとできない子どもへの対応 | 168 |
| 16 | すぐに質問する子どもへの対応 | 169 |
| 17 | すぐに姿勢が崩れてしまう子どもへの対応 | 170 |
| 18 | 暴言を吐く子どもへの対応 | 171 |
| 19 | 楽器を持たせるとすぐにならす子どもへの対応 | 172 |
| 20 | 自分の世界に入る子どもへの対応 | 173 |
| 21 | 音読ができない子どもへの対応 | 174 |
| 22 | 漢字が書けない子どもへの対応 | 175 |
| 23 | 計算ができない子どもへの対応 | 176 |
| 24 | 文章理解ができない子どもへの対応 | 177 |
| 25 | しゃべり続ける子どもへの対応 | 178 |
| 26 | 作文が書けない子どもへの対応 | 179 |
| 27 | 手先が不器用な子どもへの対応 | 180 |
| 28 | 黒板が写せない子どもへの対応 | 181 |
| 29 | エラーレスラーニング | 182 |
| 30 | 自己肯定感 | 183 |
| 31 | 学級経営上配慮しておくことは | 184 |
| 32 | 負けを受け入れることができない子どもへの対応 | 185 |
| 33 | 予定変更が受け入れられない子どもへの対応 | 186 |
| 34 | 友達にちょっかいを出す子どもへの対応 | 187 |
| 35 | 忘れ物が多い子どもへの対応 | 188 |
| 36 | パニックになる子どもへの対応 | 189 |
| 37 | 教師に暴言や反抗をする子どもへの対応 | 190 |
| 38 | 保護者との連携 | 191 |
| 39 | 医療機関へのつなぎ方 | 192 |
| 40 | 親の会 | 193 |

# 7 特別支援
## —これならできる校内研修システム

| | | |
|---|---|---|
| 1 | 校内研修システムの作り方 | 194 |
| 2 | 校内支援体制の作り方 | 195 |
| 3 | 配慮を要する児童の共通理解 | 196 |
| 4 | ADHDの子どもへの対応 | 197 |
| 5 | 自閉症スペクトラムの子どもへの対応 | 198 |
| 6 | 障害の理解 | 199 |
| 7 | NG対応とは | 200 |
| 8 | セロトニン5 | 201 |
| 9 | パニックへの対応 | 202 |

10 愛着の形成 ......................................................................... 203

# 8 特別支援教育で受けられる 専門職のトレーニング支援

1 専門職と様々なトレーニング支援方法 ................................. 204
2 理学療法士 ................................................................ 205
3 作業療法士 ................................................................ 206
4 臨床発達心理士 .......................................................... 207
5 臨床心理士 ................................................................ 208
6 言語聴覚士 ................................................................ 209
7 ソーシャルスキルトレーニング ..................................... 210
8 ビジョントレーニング ................................................. 211
9 音楽療法 ................................................................... 212
10 感覚統合療法 ............................................................. 213
11 TEACCHプログラム ................................................... 214
12 ムーブメント教育 ....................................................... 215
13 モンテッソーリ教育 ................................................... 216
14 アンガーマネジメント ................................................. 217

# 9 付章 特別支援教育関連研究機関情報

1 特別支援教育関連研究機関情報 ..................................... 218
2 特別支援教育全国相談機関情報 ..................................... 221

9

# これからの特別支援教育の動向・キーワード

| これからの特別支援教育の動向・キーワード | the vision & key word for special education near future

●ガイダンス

各学校における特別支援教育は、大きな変化の時を迎えている。本ページでは、キーワードを「 」で囲んでいる。太字のキーワードは、本書に出てくる各ページでそれぞれ詳細を紹介する。

## ❶新しい法律の改定・制定による学校の変化

### ①学習指導要領の改訂による学校の変化

新学習指導要領は、平成28年度に改訂され、幼稚園は平成30年度、小学校は31年度、中学校は32年度、高等学校は32年度と順次全面実施される。「社会に開かれた教育課程」や「主体的・対話的で深い学び」、各学校における「**カリキュラム・マネジメント**」の確立が改訂のポイントとなっている。一年生のためのカリキュラムいわゆる「**スタートカリキュラム**」の作成についても明記されている。就学前後の教育・支援の大切さが特別支援を必要とする子どもたちの「**早期発見システム**」と合わせて、学びの連続性が重要視されている。

新しい教科として、「特別の教科 道徳」や「外国語活動の本格実施」が行われる。

特別支援教育に関わる教育内容の主な改訂事項として「特別支援学級や通級による指導における個別の指導計画等の全員作成、各教科等における学習上の困難に応じた指導の工夫（小中：総則、各教科等）」が挙げられている。一人一人に細やかな「**アセスメント**」を行い、「個別の指導計画」を作成していくことが求められてくる。「小児科医」や、「家庭児童相談センター」、「児童相談所」の職員、「作業療法士（OT）」や「言語聴覚士（ST）」、「スクールソーシャルワーカー（SSW）」といった専門家と連携し、「個別の支援計画」を作成することも重視されてくる。

教科の内容だけでなく、教育課程や教科や学校の在り方などが大きく変わってくると思われる。

### ②「障害者の権利に関する条約」による学校の変化

平成18年12月に採択され、平成26年1月に締結された。この条約の趣旨を踏まえ、平成23年に障害者基本法の改正が行われ、第4条で基本原則として「差別の禁止」を規定。これを具体化するものとして、平成25年に「障害者差別解消法」が成立。平成28年から完全施行された。

これを根拠に学校現場においても保護者と学校の合意形成のもと、「**合理的配慮**」が行われることが求められるようになった。これまで以上に「**ノーマライゼ**ーション」の考え方に基づく「**インクルーシブ教育システム**」も重要視されている。能力や環境にかかわらず、「**読解力の育成**」など一定水準を保証するための特別支援のシステムの構築が求められている。

## ❷学校を取り巻く社会の変化

高齢化社会やグローバル化、技術革新が進み、社会の在り方や労働環境は大きく、また急速に変化し、予測が困難な時代となってきている。日本に住む外国人や外国で生活した経験のある子どもたちが増加していて、「**日本語の習得に困難のある児童生徒への対応**」について、どの学校でも行っていかなければいけない。多様性を大切にしながら、量ではなく質的な豊かさを伴った個人と社会の成長につながる新たな価値を生み出していくことが期待される。これらの原因として、「**シンギュラリティ**」と呼ばれる時代が来るといわれ、人工知能（AI）の飛躍的な進化を挙げることができる。働き方や仕事の在り方、学校で獲得する知識の意味にも大きな変化をもたらすのではないかとの予測されている。人工知能がどれだけ進化しても、ホスピタリティやマネジメント、クリエイティビティの3つの力は人間しか持てないと言われている。このような時代に、学校教育には、子どもたちが様々な変化に積極的に向き合い、他者と協働して課題を解決していくことや、様々な情報を見極め知識の概念的な理解を実現し情報を再構成するなどして新たな価値につなげていくこと、複雑な状況変化の中で目的を再構築することができるようにすることが求められている。

また、新たな問題だけでなく、以前より問題とされてきた「いじめ」や「**不登校**」、「**就労問題**」は、依然として深刻な問題として捉えられている。「**エビデンス**」・「科学的根拠」に基づいた研究が進み、これらの問題について「**レジリエンス**」や「**グリット**」といった観点などからも新たなアプローチが考えられる。

《参考文献》
・東京教育技術研究所「TOSS特別支援教育」
・外務省「障害者の権利に関する条約」
・文部科学省「学習指導要領総則解説」

【奈良部芙由子】

| 学習指導要領等における特別支援教育についてのポイント | 教育課程を編成する際の基準 | the goverment course guidelines

# 学習指導要領等における
# 特別支援教育についてのポイント

●法律・法規

学習指導要領は文部科学省が告示する教育課程の基準である。昭和22年からほぼ10年毎改訂が行われてきた。本ページでの学習指導要領は、幼稚園は平成30年、小学校は32年、中学校は33年、高等学校は34年から完全施行される学習指導要領である。

学習指導要領の中には特別支援に関する記述について、大きく4つに分けることができる。

## ❶障害の困難に応じた指導方法の工夫について

・個々の児童生徒の障害の状態等に応じた指導内容や指導方法の工夫を組織的かつ継続的に行う。
・各教科等に学習上の困難に応じた指導内容の指導方法の工夫。

通常の学級においても、発達障害等の困難さを抱える児童生徒がいることを前提に、「全ての教員」が発達を踏まえた指導を行うために障害についての知識をもつこと、「全ての教科」で学習上の困難に応じた指導の工夫を行うことが明示されている。

これまでの学習指導要領では、「障害種別の配慮の例」が総則にのみ示されていたものが、全ての教科等別に「学びの過程で考えられる困難さ」が示されている。

【困難さの例】
「情報の入力が困難」 見えにくい、聞こえにくい、触れないなど
「情報のイメージ化が困難」 体験が不足、語彙が少ないなど
「情報の統合が困難」 色・形・大きさが区別できない、聞いたことを記憶できない、位置・時間を把握できないなど
「情報処理が困難」 短期記憶ができない、継次処理ができないなど
「表出・表現が困難」 話すことが苦手、書くことが苦手

上記のような困難さに対して各教科ごとに「指導上の工夫の意図」と「手立て」が示されている。

## ❷特別支援学級・通級指導教室における教育課程
①特別支援学級の教育課程

・個の実態に応じて「下学年の目標や内容に替える」「特別支援学校の各教科に替える」こと
・学習上・生活上の困難を克服し、自立を図るた

めの「自立活動」を取り入れること

教育課程の編成について以上の2点が明示されている。これまでより実態に応じた教育課程の編成が求められている。
②通級指導教室における特別の教育課程

「自立活動の内容を参考とし」具体的な目標や内容を決定する。

「自立活動」とは、子どもが自分の困難さを主体的に改善・克服するために必要な知識・技能・態度・習慣を養うことを目標とする。通級指導教室で学習面を補うだけでなく、子ども自身が主体的に自分の困難さと向き合うことができる指導がより今後求められると言える。

## ❸個別の教育指導計画・支援計画

・特別支援学級に在籍する児童生徒、通級による指導を受ける児童生徒については全員作成。

「個別の教育支援計画」は適切で一貫した教育支援を行うために、個人プロフィール(希望進路先、将来像)現在の関係機関などを保護者と共に作成する。「個別の指導計画」は支援計画をもとに学校での具体的な指導目標、手立て、指導の評価を記載するものである。特別支援学校では、平成21年より義務化されていた。特別支援教育全体でより「長期的」で「様々な場での学び、支援のつながり」が求められる。

## ❹交流及び協働学習

誰もがお互いに尊重し、共生できるインクルーシブな社会を目指すため、特別支援学校と小学校だけでなく、幼稚園・認定こども園、中学校・高等学校など学校種を超えた交流の機会を求めることが総則に明記されている。文部科学省のホームページでは「交流及び共同学習ガイド」が掲載されている。

《参考資料・HP》
・『教室ツーウェイNEXT 3号』学芸みらい社
・文部科学省「特別支援教育の充実を図る為の取り組みの方向性」

【奈良部真由子】

| 障害者の権利に関する条約 | convention on the rights of persons with disabilities

# 障害者の権利に関する条約

●法律・法規

2006年12月に国際連合の総会で採択された、障害者に関する初めての国際条約。「全ての障害者によるあらゆる人権及び基本的自由の完全かつ平等な享有を促進し、保護し、確保すること」「障害者の固有の尊厳の尊重を促進すること」が目的である。

## ❶条約をめぐる世界的な情勢

国際連合では、「障害者の権利に関する条約」以前にも様々な取り組みが行われていた。

・「障害者の権利宣言」採択（昭和50年）障害者の基本的人権と障害者問題に関する指針を示した。
・「国際障害者年」（昭和56年）障害者の権利宣言の理念を促進するため、各国に取り組みを求めた。
・「障害者に関する世界行動計画」採択（昭和59年）世界各国が今後なすべき課題を具体的に提案。
・「国連障害者の十年」採択（昭和57年）国際障害者年から引き続き障害者問題に取り組む動き。
・「障害者の機会均等化に関する標準規則」採択（平成5年）障害者に関する世界行動計画実現に向け、世界各国が障害者問題に対して認識すべき標準的な指針。
・条約を起草するための「アドホック委員会」設置（平成13年）障害者団体に傍聴だけでなく発言する機会も設けられた。

## ❷国内法の整備

・「障害者基本法」改正（平成23年8月）障害の有無にかかわらず共生社会を作ることを目指す。
・「障害者総合支援法」成立（平成24年6月）障害者に必要な福祉サービスの給付や地域生活支援事業などの支援を総合的に行うことを定めた。
・「障害者差別解消法」成立（平成25年6月）障害を理由とする差別の解消を推進する。
・「障害者雇用促進法」改正（平成25年6月）雇用における障害者に対する差別の禁止と、障害者が職場で働くにあたっての合理的配慮の提供義務を定めた。

これらの法整備により、下地が整い、平成26年1月、日本は本条約を締結した。

## ❸条約の主な内容とキーワード

**障害のとらえ方**—従来の「病気や外傷等から生じる個人の問題であり、医療を必要とする」という医学モデルだけでなく、「社会によって作られた社会への統合の問題」であるという社会モデルの考え方が反映されている。例えば、耳に障害をもつ人が施設を利用する時、見ただけでは使い方が分かりにくいなどの事態が想定される場合、筆談等の対応をしなければならない。

**障害に基づく差別**（第2条）—「障害に基づくあらゆる区別、排除又は制限であって、政治的、経済的、社会的、文化的、市民的その他あらゆる分野において、ほかの者との平等を基礎として全ての人権及び基本的自由を認識し、享有し、又は行使することを害し、又は妨げる目的又は効果を有するものをいう。」

**合理的配慮**—「障害者が他の者との平等を基礎として全ての人権及び基本的自由を享有し、又は行使することを確保するための必要かつ適当な変更及び調整であって、特定の場合において必要とされるものであり、かつ、均衡を失した又は過度の負担を課さないものをいう。」（第2条）例：車いすのために段差にスロープになる板を敷く、窓口で筆談に応じる、など。「合理的配慮が提供されることを確保するための全ての適当な措置をとる。」（第5条）公的機関には合理的配慮に対して義務が生じる。

**教育**—「この権利を差別なしに、かつ、機会の均等を基礎として実現するため、障害者を包容するあらゆる段階の教育制度及び生涯学習を確保する。」（第24条）

**インクルーシブ教育システム**—障害のある者と障害のない者が共に学ぶ仕組み。改正障害者基本法で「可能な限り障害者である児童及び生徒が障害者でない児童及び生徒と共に教育を受けられるよう配慮」することが規定された。

## ❹条約に関する日本の教育の取り組み

**就学先を決定する仕組み**—今までは規定された程度以上の障害のある児童生徒は特別支援学校への就学が原則とされていた。しかし、平成25年学校教育法施行令の一部改正により、障害の状態、教育上必要な支援の内容、地域における教育の体制の整備の状況その他の事情を勘案して就学先を決めるようになった。

**通級指導の教員の増員**—文部科学省は「次世代の学校・地域」創生プラン構想で、発達障害等を対象とする「通級指導」の充実のため、2026年には8900人（平成28年の10倍）にする目標を掲げている。

**特別支援教育支援員**—幼稚園・小中学校・高等学校に在籍する発達障害を含む教育上特別な支援を要する児童生徒に対して、日常生活動作の介助や、学習活動上のサポートを行ったりするため、特別支援教育支援員を配置する必要な経費を、平成19年から地方財政措置するようになった。年々支援員の数は増えている。

《参考文献》
・外務省「障害者権利条約パンフレット」

【伊藤秀男】

| 合理的配慮 | 社会的障壁を減らせるよう、過度に負担にならない範囲で必要な配慮をすること | reasonable accommodation

# 合理的配慮

●法律・法規

「障害者が他の者と平等にすべての人権及び基本的自由を享有し、又は行使することを確保するための必要かつ適当な変更及び調整であって、特定の場合において必要とされるものであり、かつ、均衡を失した又は過度の負担を課さないものをいう。」
『障害者の権利に関する条約～第2条 定義～』より

## ❶法律上の義務

平成28年4月1日に「障害者差別解消法」が施行された。公的機関において障害を有する人に対して合理的配慮の提供を行うことは義務となり、これまで以上に支援や配慮の充実が求められるようになった。

## ❷合理的配慮の提供

学校現場における合理的配慮は、保護者と学校との協議により決まる。本人・保護者の申し出、あるいは担任からの提案で始まる。そして、どのような工夫や配慮ができるかを考え、校内で検討する。その後、保護者と話し合い、「合意形成」を図り、提供に至る。時には、教育委員会や専門家等と連携することもある。

なお、提供事案として、文部科学省初等中等教育局特別支援教育課では、次の3つを想定している。

(ア) 教員、支援員等の確保
(イ) 施設・設備の整備
(ウ) 個別の教育支援計画や個別の指導計画に対応した柔軟な教育課程の編成や教材等の配慮

(ア)、(イ)については予算などとの兼ね合いがあるため、即時の対応は難しい。現場で最も多い提供事例は(ウ)となる。通級指導や個別のカリキュラム、より学習効果の高い教材の使用、筆記の苦手さをICTの利用で補えるようにするなど学校生活における合理的配慮の提供という事例である。

## ❸合理的配慮の具体的提供事例

国立特別支援教育総合研究所の『インクルーシブ教育システム構築支援データベース』の中の「『合理的配慮』実践事例データベース」には、様々な事例が掲載されている。障害種や在籍、学年や合理的配慮の観点別に整理されており、キーワード検索ができる。

様々な事例を知ることは、対応方法を学んだり、見過ごしていた配慮すべき点に気づいたりすることができる。先行事例を職員で共通理解しておくといい。

下に、私の関わった事例を紹介する。いずれも、保護者との「合意形成」の上での対応である。

(1) 体温調整が苦手な子ども
・学校指定の体操服ではなく、通気性が高く涼感素材の服での代用を認めた。
・冷却ジェル製品・携帯カイロの使用を認めた。
(2) 学習に遅れの見られる子ども
・通常の学級で出していた宿題を個別の内容に代えた。
・板書の量を精選し、負荷を減らすよう努めた。
(3) 感覚過敏の疑いのある子ども
・食感や味付けに対する過敏が疑われたため、給食の特定のおかずを担任が除去した。
・聴覚過敏がある子のために、水槽のポンプを止めたり、雑音の多い窓際を避けた座席としたりした。

提供事例によっては、他児への説明も必要となる。例えば、視覚や聴覚の困り感への対応、支援のしやすさなどの理由で座席の位置を配慮する場合である。

この場合、席替えの前に布石を打つ。「視力が低いから前の方がいいなど、『学習しやすいように前の席がいい』という人は、下校までに先生に教えてください」と全体に話しておく。また、「席替えの際、『○○の隣～？』や『え～』など、よくない言葉や態度があったら、席は先生が決めます」という布石も有効である。

## ❹合理的配慮の提供に至らないケース

合理的な配慮の提供義務があるとはいえ、ときには叶えることが適切ではないと考えられるケースもある。

例えば、「眠気が覚めるように、授業中にガムを噛ませてほしい」という申し出はいかがだろうか。断るに値する過度な負担があるとは言い難い。しかし、他の児童との兼ね合いを考えると、教育的にみて許可を出すのがためらわれる。

こうした場合、保護者と協議しながら、提供可能な配慮を模索していくべきである。

### 《参考資料・HP》

・『障害者の権利に関する条約』
・文部科学省 http://www.mext.go.jp/
・国立特別支援教育総合研究所 http://inclusive.nise.go.jp/

【広畑宏樹】

# エビデンス

|エビデンス|科学的根拠|evidence

● 教育マネジメント

統計データなどの科学的根拠に基づいて効果を測定した結果のこと。

## ❶エビデンスとは

実践や政策決定の際に用いられる科学的根拠を表す言葉である。元来、少しでも多くの患者に、安全で効果のある医療行為を選ぶ際の指針として用いられた。

ある指導法の効果として「目が輝いた」「生き生きした」など曖昧な表現でなく、「平均点〇点」「〇％（〇人）達成」などの数値（定量的評価）や質の高い発言や作文（定性的評価）など信頼できるものを指している。

エビデンスには、信頼度を判断する基準として下の図のような階層がある。一番信頼性があるのは、「ランダム化比較実験」を通過したエビデンスである。

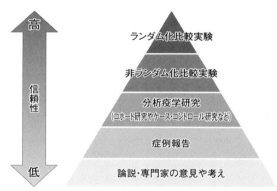

Oxford Centre for Evidence-Based Medicine Levels of Evidence (May 2001)

＊「ランダム化比較実験」
2つのグループにランダムに分けて、目的となる方法を、一方のグループにだけ試した結果、どのような違いが生じるかを比較する実験

## ❷エビデンスが保障されていない指導法の例

①客観的な数字をもとに事実で示していないもの
「子どもの目がキラキラした」とか「学校が活気にあふれる」などといった、人によって見方が変わってしまう主観的な表現を使われている指導法。

②因果関係を明らかにしていないもの
全国学力・学習状況調査の結果分析で、「親の年収や学歴が低くても学力が高い児童の特徴は、家庭で読書をしていること」という報道。読書している子どもが学力が高い（因果関係）のではなく、学力の高い子どもが読書をしているにすぎない（相関関係）可能性がある。また、「見せかけの相関」として「子どもに対する親の関心の高さ」のような読書にも学力にも影響するような第三の要因を検討をしていない。

③実験による効果測定が行われていないもの
例えば、少人数学級の効果について。この測定が難しいのは、少人数学級を採用している学校とそうでない学校を単純に比較することができない。地域の環境や家庭状況など人数以外の要因が多分に含まれる。海外では実験という手法が用いられるが、日本では、倫理的な理由から実験が難しい状況にある。

## ❸エビデンスが保障されている指導法

昭和54年に民間教育団体TOSS代表向山洋一氏は、「エビデンスのある教育実践報告」を著書の中で発表した。跳び箱を跳ばせる方法と10人の教師の実践の結果であった。「跳ばせられなかった児童を指導して、跳ばせられた確率は95.7％」と具体的に数字を挙げている。他の10人も初めて全員を跳ばせている。氏が進めた「教育技術法則化運動」は再現可能で結果が明確なケーススタディを超えたエビデンスのある指導法が様々広められた。他にも「向山型漢字指導」や「向山型チェックシステム」が挙げられる。石坂陽氏は過去3年間各学期の全平均点が97点を超えた。村野氏、栗原氏、奥本氏、他の3人も、平成26年2学期の漢字の平均点が97点を超えている。他にも、「口に二画」「春」の授業など多くの追試実践が、TOSSランド http://www.tos-land.net/ で検索するとヒットする。

## ❹世界の教育現場におけるエビデンス教育研究

海外では、エビデンスのある教育政策にしか予算は出されない場合が多い（No Child Left Behind法2001年成立）。

「問題行動対応プログラム」「いじめ対応プログラム」「自尊感情向上プログラム」「各教科の指導プログラム」などの指導や支援の教育研究が、今こそ必要だ。

《参考文献》
・"教育技術研究"編集委員会『日本教育技術学会会長向山洋一氏の教育論には「evidence」がある』
・岩崎久美子『日本評価研究第10巻第1号』
・西内啓『統計学が最強の学問である』ダイヤモンド社
・中室牧子『学力の経済学』ディスカヴァー・トゥエンティワン
・東京教育技術研究所『教育トークラインNo.461、472、480、481』

【齋藤奈美子】

| インクルーシブ教育システム | 障害のある者とない者が共に学ぶ | inclusive education system

# インクルーシブ教育システム

●教育行政・制度

> 障害のある者と障害のない者が共に学ぶこと。人間の多様性の尊重等の強化、障害者が精神的及び身体的な機能等を最大限度まで発達させ、自由な社会に効果的に参加することを実現するための教育。

## ❶インクルーシブ教育システムがなぜ必要なのか

「共生社会」の形成に向けて必要だからである。「共生社会」とは、これまで必ずしも十分に社会参加できるような環境になかった障害者等が、積極的に参加・貢献していくことができる社会である。それは、誰もが相互に人格と個性を尊重し合い、人々の多様なあり方を相互に認め合える全員参加型の社会である。このような社会を目指すことが日本において最も積極的に取り組むべき重要な課題であるとされている。インクルーシブ教育システムにおいては、同じ場で共に学ぶことをはじめ多様なニーズに応えられる仕組みを整備することが必要である。小・中学校における通常学級、通級による指導といった連続性のある「多様な学びの場」を用意しておくことが必要であるとされている。

障害のある者が一般的な教育制度から排除されないこと、自己の生活する地域において初等中等教育の機会が与えられること、個人に必要な「合理的配慮」が提供される等が必要とされている。

## ❷インクルーシブに欠かせない特別支援教育

インクルーシブ教育システムのために特別支援教育が必要である。以下①から③までの考えに基づき、特別支援教育を発展させていくことが必要である。

①障害のある子どもが、その能力や可能性を最大限に伸ばし、自立し、社会参加することができるように、医療、保健、福祉、労働等との連携を強化し、社会全体の様々な機能を活用して、十分な教育が受けられるよう、障害のある子どもの教育の充実を図ることが必要である。

②障害のある子どもが、地域社会の中で積極的に活動し、その一員として豊かに生きることができるよう、地域の同世代の子どもや人々の交流等を通して、地域での生活基盤を形成することが求められている。このため、可能な限り共に学ぶことができるよう配慮することが必要である。

③特別支援教育に関連して、障害者理解を推進することにより、周囲の人々が障害のある人や子どもと共に学び合い生きる中で、公平性を確保しつつ社会の構成員としての基礎を作っていくことが必要である。

次代を担う子どもに対し、学校において、これを率先して進めていくことはインクルーシブな社会の構築につながる。

## ❸インクルーシブ教育システムのための環境整備

### ①基礎的環境整備

合理的配慮の基礎となるもので、県や市町が取り組むものである。例えば、スロープを作ったり、階段に手すりをつけたり、水道や黒板の前に台を置くなどの施設設備的なものや、支援員や巡回相談員を配置するなどの人的配置的なものが考えられる。

### ②合理的配慮

基礎的環境の中で、さらに一人一人のニーズに合わせた変更や修正を行っていくのが合理的配慮である。

例えば、運動会のピストルの音などが怖い聴覚が過敏な子どもには、保護者と合意形成をしてピストルから遠いコースにして、さらに耳栓をさせるなどの一人一人の特性に合わせた配慮である。

詳しくは本書P13「合理的配慮」のページをご参照いただきたい。

環境整備はインクルーシブ教育システムに欠かせない。

## ❹インクルーシブ教育システム実現のための連携

多様な子どものニーズに応えていくためには、教師個人の力量だけに頼るには限界がある。教師も子どもにとって重要な環境の1つである。校内支援体制を確立していく必要がある。少人数学級の実現に向けた取組や、複数教員による指導など指導方法を工夫するのもその1つ。その上で、公立義務教育諸学校の学級編制及び教職員定数の標準に関する法律に定める教職員に加えて、特別支援教育支援員の充実さらには、スクールカウンセラー、スクールソーシャルワーカー、言語聴覚士、作業療法士、理学療法士等の専門家の活用を図ることで、発達障害のある子への支援を充実させることが必要である。

### 《参考資料・文献》

・文部科学省「共生社会の形成に向けたインクルーシブ教育システム構築のための特別支援教育の推進（報告）」概要
・小野隆行『特別支援教育が変わるもう一歩の詰め』学芸みらい社

【見崎ことえ】

| 早期発見システム | 発達障害を早期に発見するシステム | A system discover developmental disorders

# 発達障害のある幼児・児童を早期に発見・支援するためのシステム

● 教育行政・制度

### 発達障害や聴覚障害を乳幼児期に発見をするためのシステム

#### ❶早期発見システムが必要な理由

　ADHDや自閉症スペクトラムなどの発達障害は、入学などの集団生活が始まると顕著になることが多い。「まだ幼いから」などの理由で診断や適切な支援が遅れることにより、集団生活の不適応や自己肯定感の著しい低下などの二次障害が起きる可能性が高まってしまう。

　また、先天性聴覚障害は、耳からの情報に制約があるため、適切な支援が遅れれば遅れるほどコミュニケーションに支障をきたし、言語発達が遅れ、情緒や社会性の発達にも影響が生じる危険性が高まる。聴覚障害はその程度が重度であれば1歳前後で気づかれる。中等度の場合は言葉の遅れなどにより、言葉が増えるはずの2歳以降に発見され、支援の開始が3歳あるいはそれ以降になることもしばしばある。聴覚障害は、早期に発見され、適切な支援が行われれば聴覚障害による影響が最小限に抑えられ、コミュニケーションや言語の発達が促進され、社会参加が容易になる。従って早期に聴覚障害を発見し、子どもおよびその家族に対して援助を行うことが重要である。

　子どもたちの抱える障害を早期発見し、適切な発達支援につなげることが重要であることから「発達障害者支援法第3条第1項」には、「国及び地方公共団体は、発達障害の早期発見のための必要な措置を講ずるもの」とされている。

#### ❷法律で定められている早期発見システム

　日本の法律で定められている早期発見システムは大きく分けて2つある。

　①乳幼児健診と②就学時健診である。

　「発達障害者支援法」（第5条第1項及び第2項）において、市町村は母子保健法に規定する健康診査（乳幼児健診）を、市町村教育委員会は学校保健安全法第11条に規定する就学時の健康診断（就学時健診）を行うにあたり、「発達障害の早期発見に十分留意しなければならない。」とされている。

#### ❸乳幼児健診の現状と課題

　乳幼児健診の実施については、住んでいる自治体によって、回数が異なる。定期で実施されるのが、①3〜4ヶ月健診②1歳半健診③3歳健診の3回であり、任意の健診が1ヶ月、6ヶ月、9ヶ月、1歳、2歳、5歳健診などがある。内容は、その発達段階に応じた保健師による行動観察、医師による問診などを行っている。

　平成29年の総務省における実態調査によると、発達障害を早期に発見する重要性への理解不足などにより、自治体によって発見率にも差が見られる。

#### ❹就学時健診の現状と課題

　前掲の総務省の調査によると、調査した31市町村教育委員会で、知能検査、発達検査、問診、行動観察などの取り組みを行っている学校は、64.5%にとどまっており、地域によって大きな差が生じている。

　就学時健診は就学児童早期発見の場として機能するためには、校内でのシステム作りが重要となってくる。

#### ❺新潟県三条市の取り組み

　支援を必要とする子どもを発見するシステムが機能している新潟県三条市の事例を紹介する。「三条っ子発達応援事業」として、以下のようなスクリーニングシステムが各段階で取り組まれている。

1）年中児発達参観

　仲間の意識が生まれる年中の子どもたちの遊びの様子を発達応援チーム（保健師、保育士、臨床心理士、指導主事等）が参観、保護者面談を行う。

2）保小連携シート

　保育所で保育士が発達スクリーニングチェックを行う。

3）就学時健診での知的発達スクリーニング検査

　健診時の子どもたちの様子から小学校教員がスクリーニングを行う。

4）一年生との交流会

　年長児と一年生との交流会のなかで、スクリーニングを行う。

　各段階での情報を就学児童ファイルに集約し、就学後の個別指導に活かされていく。

#### 《参考文献・資料》

・総務省「発達障害者支援に関する行政評価・監視結果に基づく勧告」平成29年1月
・三条市教育委員会「三条っ子発達応援事業」http://www.city.sanjo.niigata.jp/common/000111311.pdf
・長谷川博之『"就学時健診"から組み立てる発達障害児の指導』明治図書

【奈良部真由子】

| 日本語指導が必要な児童生徒に対する指導 | responding to students who have difficulty acquiring Japanese

# 日本語指導が必要な児童生徒に対する指導

● 教育行政・制度

外国で生まれ育ち、日本語の環境が無かった児童生徒や、外国籍で両親とのコミュニケーションに日本語を使わないため日本語を母語としていない児童など、日本語で思考をすることが難しい児童生徒への対応。

## ❶日本語指導が必要な児童生徒とは

文部科学省が平成28年に行った調査によると、公立小中学校、高等学校、特別支援学校等における日本語指導が必要な外国籍児童生徒数は3万人以上、海外からの帰国などで日本語指導が必要な日本国籍の児童生徒数は9千人以上。どちらも前回（平成26年）の調査より20％近く増加している。新小学校学習指導要領では、「日本語の習得に困難のある児童については、個々の児童の実態に応じた指導内容や指導方法の工夫を組織的かつ計画的に行うものとする。特に、通級による日本語指導については、教師間の連携に努め、指導についての計画を個別に作成することなどにより、効果的な指導に努めるものとする。」と記載されている。

## ❷指導例　音声による活動—聞く・話す—

日本語が話さない児童に対しては、一方的に日本語を聞かせるだけでなく、単語だけでもいいからまず口に出して言ってみることを教える。児童が単語を発したら、その語を取り入れて、指導者が文で発話し直す。言えたら褒めて、児童が自信を付けていくようにする。

また言語の習得には「全身反応教授法」も効果的である。これは言葉を聞いて理解することと、理解したことを動作で表現するということを組み合わせた教授法である。手続きは次の通りである。

①指導者が指示し、モデルとして自ら動作をして、児童に指示の意味を理解させる。
②指導者が指示し、児童に一緒に動作をさせる。
③指導者が指示し、児童だけで動作を行わせる。
④指示の順や組み合わせに変化をつけて、動作を継続して行わせる。
⑤児童が相互に指示を出し、動作し合わせる。

そして児童の生活に密着した、もしくは必然性のある表現を、インタビュー、ごっこ遊び、クイズなどのコミュニケーション活動の中で繰り返し、定着を図る。

## ❸指導例　書くことの指導

文字を教える場合には、「あし」「いぬ」といった具体的事物を表す2文字語などを絵や実物を用いて指導していく方法がある。また、日記を書くことも有効である。最初は母語で書いていても、覚えた文字を少し

ずつ使って書いていくことが日本語の習得に役立つ。

## ❹指導例　日本語特殊拍の習得

日本語学習者にとって特殊拍（促音「ッ」・長音「ー」・撥音「ン」）の聞き取りや発音は難しい。日本語にある音韻が母語に存在しない場合は、「来てください」「切ってください」「聞いてください」などの具体例を用いて特殊拍の有無で意味が違うといった音韻知識の導入から始める。手を叩きながらリズムをとる方法も効果的である。特殊拍を直前の拍とひとまとまりに捉え、2拍＝1ビートのリズムで練習すると自然発話に近い。

（タン・タン）　　（タ・タン・タン）
びょう・いん　　び・よう・いん
おば・さん　　　お・ばあ・さん

## ❺指導例　カードによる可視化

| Aさん | が | ピザ | を | 食べました |

上のように色や形を変えたカードで主語・述語・助詞を可視化して日本語の文法を教えることもできる。

## ❻教室でやってはいけない対応

日本の児童生徒とは異なった言動をとることも多くあるだろうが、外国籍児童生徒の言動は、それぞれの国で培われた文化を背景にしている。無理に日本の学校の規範や秩序に合わせようとする指導は、児童生徒が戸惑いやストレスを感じることもある。児童生徒が育った国の文化、宗教、生活習慣等の理解に努める。

## ❼支援機関

日本語指導を通常学級で担任一人が行うのは大変難しい。日本語指導教室が校内にない学校もある。各県で就学前の子どもを対象にした適応指導教室や編入学児童生徒を対象とした初期指導教室（プレクラス）の開設がされているので、そちらに連絡したり、支援ボランティアや巡回相談員などに頼んだり、支援機関と連携する。

### 《参考文献・HP》

・静岡県教育委員会『空架ける虹　外国人児童生徒教育の手引』
・文部科学省「小学校外国語活動・外国語研修ガイドブック」
・戸田貴子『日本語教育通信　日本語・日本語教育を研究する　第31回』国際交流基金HP
・江副隆秀『見える日本語、見せる日本語(2)』学校法人江副学園　新宿日本語学校

【松村好恵】

| 発達障害と不登校の関係 | 入学直後の子どもを対象としたカリキュラム | Truancy（School attendance）

# 発達障害と不登校の関係

●教育行政・制度

何らかの心理的、情緒的、身体的あるいは社会的要因・背景により、登校しない、あるいはしたくともできない状況にあるため年間30日以上欠席した者のうち、病気や経済的な理由による者を除いたもの。

## ❶不登校の児童生徒の現状

不登校を理由として30日以上欠席した児童生徒数は、小学生は25,864人、中学生は97,033人の合計122,897人（文部科学省「児童生徒の問題行動等生徒指導上の諸問題に関する調査」平成26年度）である。学年別に見ると、学年が上がるにつれて不登校児童生徒数は増加している。また、不登校児童生徒の割合は20年前から増加傾向である。

保健室登校は出席であることや、放課後登校や別室登校等も出席の判断ができることから考えると、文部科学省の調査に挙がらない、いわゆる不登校予備軍はさらに多いと推定できる。

さらに、不登校児童生徒は、そうでない者に比べて、進学率が低く、高校中退率が高い。さらに、仕事にも学校にも行かない割合が高く、義務教育以降において深刻な問題を抱える可能性が高い。

## ❷不登校の要因・背景

不登校になったきっかけと考えられる状況について、小学校では、不安など情緒的混乱が36.1％、無気力が23.0％、親子関係をめぐる問題が19.1％。また、中学校では、不安など情緒的混乱が28.1％、無気力が26.7％、いじめを除く友人関係をめぐる問題が15.4％である。

不登校のタイプについて文部科学省の調査の選択肢では5つに分類されている。

〔①無気力型　②遊び・非行型　③人間関係型　④複合型　⑤その他〕

また、不登校の危険因子と保護因子について明らかにした研究によれば、自閉症スペクトラム、ADHD、知的障害は不登校の危険因子となっている。その他に、国籍、インターネットの使用時間が長い、肥満、抑うつ、不安、一人親家庭等が危険因子である。保護因子は、友達の人数、保護者の世帯収入、保護者の学歴等が挙げられている。（磐田市学校安全調査報告書より）

## ❸基本的な対応

(1)まずは心の悩みを聞くこと

登校に向けた積極的な働きかけが大切だ。特に、「心の悩みについての相談」や「自分の気持ちをはっきり表現したり、人とうまくつきあったりするための

方法についての指導」が必要である。

(2)予防的な対応

前年度の欠席状況を担任はじめ関わる教職員が知っておくことだ。前の学年までに累積で30日以上の欠席が見られる児童生徒の場合には、欠席が2～3日続いただけであっても不登校の予兆と捉え、家庭訪問等で実態をつかむことから始める。いじめがきっかけで不登校となる例も少なくないため、学級にいじめがないか調査することは不登校の予防につながる。例えば、向山洋一氏の「ひとりぼっちの子調査」は教室ですぐに行うことができる。昼休みに誰と遊んでいたのか聞いてひとりぼっちの子を見つける方法である。（向山洋一『新版・いじめの構造を破壊する法則』（学芸みらい社）に詳しい。）

## ❹NG対応

(1)無理に登校させようとする

学校に引っ張って連れてくるのは良くないと言われている。心と体を休ませて適切な再登校のタイミングを待つことが必要である。

(2)「不登校はよくないことだ」と言う

子どもを追いつめてしまう場合があるので、前向きな言葉で子どもの心に寄り添うことが必要である。

## ❺発達障害と不登校

自閉症スペクトラムの場合、不登校の要因として第一に対人関係、第二にこだわりが挙げられる。LDについては学習の遅れ、ADHDについては、不注意・衝動性・多動性の問題が要因として挙げられる。いずれも、発達障害児（疑いを含む）が二次的問題として不登校を生じさせないように、予防的支援を充実させることが必要である。

## ❻相談窓口

教育支援センター、不登校特例校、ICTを活用した学習支援、フリースクール、夜間中学などがある。スクールカウンセラー等と相談し、選択肢を示して支援していく必要がある。

《参考資料》

・文部科学省「不登校への対応の在り方について」
・文部科学省「不登校児童生徒への支援に関する最終報告」
・文部科学省「児童生徒の問題行動等生徒指導上の諸問題に関する調査」

【加藤大揮】

| スタートカリキュラム | 入学直後の子どもを対象とした教育課程 | Start Culicuram

# スタートカリキュラム

●教育行政・制度

スタートカリキュラムとは、小学校一年生のために編成される教育課程のことである。幼稚園などで経験した遊びや生活を通した学びと育ちを基礎として、一年生が主体的に力を発揮し、小学校での新しい学校生活に適応していくことを目的とする。

## ❶なぜスタートカリキュラムが必要なのか

### ①小一プロブレムに対応する

「小一プロブレム」とは、小学校一年生が小学校生活に適応できず、集団行動ができずに立ち歩いたり、騒いだりなどの問題行動を起こすことである。原因として、社会や家庭でのしつけへの考え方の変化などから集団行動への耐性ができていない子どもが増えたこと、幼稚園や保育園と小学校で求められていることの違いなどの原因が挙げられている。平成10年ごろにこの概念が提唱され、全国各地で顕在化してきた。

スタートカリキュラムは、この小一プロブレムに対して教育課程の面から対応する。幼稚園の教育課程は「経験カリキュラム」と言われ、児童の実生活における興味や問題を基礎としているのに対し、小学校の教育課程は「教科カリキュラム」であり、学問の体系を基礎としている。幼児期には試したり、工夫したり、友達と協力したりなどの経験を通して学びや育ちを手に入れてきた。子どもたちがこれまでに経験してきた活動や環境を小学校でも生かし、意図的に設定することで、変化への不適応を起こさず、子どもたちの自己肯定感が高まると言われている。

### ②子どもも大人も安心できる

小学校入学というのは入学する子どもはもちろん、保護者も期待と不安を抱くものである。特に、特別支援を要する子どもたちにとって入学が与える影響は大きい。変化が強いストレスになる子どもたちは、それまで以上に大きな集団を怖がり、新しい人間関係を築くことが難しくなることが考えられる。

入学直後から教科の学習のみを行うのではなく、段階を踏んだ人間関係づくりや分かりやすく学びやすい環境づくりが必要である。スタートカリキュラムとして全校を巻き込んで教育課程編成をすることで、子どもも大人も見通しを持ちながら安心して新しい環境になじんでいけるようにする。

## ❷スタートカリキュラムの基本的な考え方

国立教育政策研究所「スタートカリキュラムスタートブック」では、基本的な考え方として以下の4つを挙げている。

### ①一人一人の子どもの成長の姿から編成する

幼児期の学びや育ちの様子、指導の在り方について知ったうえでスタートカリキュラムを編成する。そのために幼稚園などを訪問して、担当した教職員と情報共有する。また、要録や保護者からの入学に際してのアンケートなどを参考にするなど多方面からの情報の収集が大切となる。

### ②発達を踏まえて時間割や学習活動を工夫する

入学直後の子どもたちは、集中できる時間が15分程度と短い一方で、学習に対して憧れと強い意欲をもっていることが多い。15分程度のモジュールで学習を計画したり、活動性の高い学習活動を組み入れたりすることで意欲が成果につながるようにする。

### ③生活科を中心に合科的・関連的な指導の充実を図る

生活科の学習指導要領において「特に第一学年入学当初においては生活科を中心とした合科的指導を行うなどの工夫をすること」と記述されている。

合科的指導を行うことで、生活に根付いた活動や、自らの思いや願いの実現に向けた活動をゆったりとした時間の中で進めていくことが可能になる。

### ④安心して自ら学びを広げる学習環境を整える

安心感を持ち、持っている力を発揮して進んで学んでいくためには教師自身も含めた学習環境の整備が欠かせない。特別支援を必要とする子どもたちにとって、感覚過敏だったり、見通しを持ちづらかったりするので、環境整備は特に大切である。具体的な例を挙げると、音過敏な子どもに配慮し、椅子の音が鳴らないようにカバーを付ける。集中が続かない子どもは教室の座席を中央に配置する。視知覚に支援の必要な子どものために、黒板に必要なことのみ書いたり、チョークの色を配慮したりするなどの環境整備が必要である。スタートカリキュラムを作成することで全校体制で計画的に環境整備をしていくことが求められている。

### 《参考資料》
・文部科学省「スタートカリキュラムスタートブック」国立教育政策研究所　教育課程研究センター
・文部科学省「幼児期の教育と小学校教育の接続について」

【奈良部芙由子】

1 どこへ向かう―これからの特別支援教育

| カリキュラム・マネジメント | 教育課程の編成 | culicuram management

# カリキュラム・マネジメント

● 教育マネジメント

学校の教育目標を実現していくために、教育課程を編成し、それを実施、評価、改善していく一連の営み。

## ❶カリキュラム・マネジメントとは

「社会に開かれた教育課程」の実現を期して学習指導要領が改定された。その理念を具現化するために欠かせないのがカリキュラム・マネジメントである。

カリキュラム・マネジメントには3つのポイントがある。

①「教科横断的」各教科等の教育内容を相互の関係で捉え、学校の教育目標を踏まえた教科横断的な視点で、その目標の達成に必要な教育の内容を組織的に配列していくこと。

②「実態」教育内容の質の向上に向けて、子どもたちの姿や地域の現状等に関する調査や各種データに基づき、教育課程を編成し、実施し、評価して改善を図る一連のPDCAサイクルを確立すること。

③「地域の外部資源」教育内容と、教育活動に必要な人的・物的資源等を、地域等の外部の資源も含めて活用しながら効果的に組み合わせること。

（「論点整理」より引用）

平成20年の学習指導要領改訂においても②のPDCAサイクルの重要性については言及されていた。今回はさらに、「子どもたちの姿や地域の現状等に関する調査や各種データに基づき」という文言が加わっている。

## ❷特別支援学級におけるカリキュラム・マネジメント

特別支援教育におけるカリキュラム・マネジメントでは、子どものニーズや多様性に応じたカリキュラムを中心に考えることが重要であると言われている。

特別支援学級は、児童生徒の実態に応じて教育課程を編成することが基本である。教育課程の内容が学校と児童生徒の実態に応じた通常学級の教育課程に加え、教科統合的な科目として「自立活動」や「日常生活」、「生活単元学習」を組み込むことが可能とされている。ニーズや多様性に応じたカリキュラムをいかに編成していくのかが、各学校にかかっている。

懸念される点として、以下のことが考えられる。少人数とはいえ、それぞれの能力や経験により、各教科等の学習に時間がかかる児童生徒がいる。しかし、教科統合的な学習の時間を取ると、どうしても教科の授業時数は少なくならざるを得ない。そこで、指導内容の精選が課題となる。「目標の達成に必要な教育の内容を組織的に配列していくこと」という視点で単元を構成していくことが大切になる。

## ❸通常学級におけるカリキュラム・マネジメント

「子どもたちの姿や地域の現状等に関する調査や各種データ」に基づき、計画して（P）実施（D）し、評価（C）し、改善（A）するところまでがカリキュラム・マネジメントである。

データとは具体的には以下のものが考えられる。

(i)各学校で実施されている学校アンケート

（保護者・子ども・教員・地域対象）

(ii)子ども一人一人のアセスメント結果

(iii)地域の実態を調査したデータ

通常学級のカリキュラム・マネジメントにおいて子どもたち一人一人のアセスメントを生かすことは難しいと思われる。しかし、一人一人の子どもたちの実態に合っていなければ、学校全体のカリキュラム・マネジメントのサイクルの中でよい成果が表れない。あいまいなデータではなく、数値として表現できる正確なデータを計画や評価で活用することが大切になる。

さらに、外部との連携は特別支援教育において欠かせないものである。授業でのゲストティーチャーやサポートスタッフとして地域の方を活用する方法が考えられる。この方法では、通常学級の授業でも複数の大人でサポートができるだけでなく、地域の方たちやPTAの方たちの障害理解や受容につながる。また、言語聴覚士や作業療法士、医師、巡回相談員、ソーシャルスキルワーカーといった子どもや福祉に関わる専門家が集まる拡大ケース会議の開催も考えられる。これまで以上に「チーム学校」として学校を要として、子どもに関わる人々が増えていくことが大切である。

### 《参考資料》

・文部科学省「中央教育審議会教育課程企画特別部会論点整理（平成27年8月）」

・文部科学省「学習指導要領等の理念を実現するために必要な方策」

・「中央教育審議会初等中等教育分科会教育課程部会特別支援教育部会会議資料」

・静岡県総合教育センター「静岡県総合教育センター研究報告資料」

・「第30回日本教育技術学会　谷和樹氏講演」

【奈良部芙由子】

| 読解力の育成 | reading comprehension

# 読解力の向上

●教育マネジメント

> 「読解力」とは、文章を読んで理解する力のこと。従来、正確に読み取る力という意味合いで用いられていた。また、「PISA型読解力」とは「自らの目標を達成し、自らの知恵と可能性を発達させ、効果的に社会に参加するために、書かれたテキストを理解し、利用し、熟考する能力」のこと。

## ❶読解力の必要性

杉山登志郎Dr.は、「社会的自立に必要不可欠な基礎学力」として「小学校中学年レベル」と規定している。「国語力」としては「新聞を読むことが可能なレベル」という。発達障害のある子にとっては、自立できるかどうか、基礎学力を保障する読解力を身に付けさせることは重要である。読解力は国語だけでなく、あらゆる教科あらゆる場面で必要な力である。

OECD（経済協力開発機構）による「生徒の学習到達度調査（PISA調査）」が平成15年、18年に行われ、日本の高校生の読解力の低下が明らかとなった。世界に通用する人材育成の面からも、従来の国語教育等で用いられてきた「読解力」と異なる「PISA型読解力（Reading Literacy）」が必要とされるようになった。

グローバル化やICT化が急速に進んでいる現代。今まで以上に知識や技能を応用し、その課題解決場面で、資料を評価したり根拠を明らかにしたりしながら、考えを論理的に表現しコミュニケーションをとる力が必要とされ、そのために「PISA型読解力」は欠かせない。

## ❷読解力の低い原因とその対応

(1)作業記憶（working memory）の量に問題がある場合

＜原因＞

脳の前頭前野にある作業記憶（working memory）が少ないので、前に読んだ内容を忘れてしまう。

＜対応1＞

長い文章は読み取るのが大変なので、短い文章で指導する。「向山型一字読解指導」という指導法がある。

「○○は普通に言うと何ですか」「○○と○○、どちらがいいですか」などと短い「答え」を求める「問い」を投げかける。問いに正対した答え方の力と読み取る力の両方を鍛えることができる。

＜対応2＞

観点を決め、線を引いたり印をつけたりさせながら読ませる。作業を通して、考えたことが形に残り整理されるから理解しやすくなる。

(2)LD（学習障害）の場合

一文字一文字拾い読みで、まとまりとして読めなかったり、文や行を読みとばしてしまったりする子は読解力を伸ばすのが難しい。

＜原因1＞

文字を見て情報を取り入れる視覚入力より、音声で聞いて取り入れる聴覚入力が得意。視覚入力が苦手な子どもは、文字を理解する力が低い。

＜対応＞

得意な聴覚入力で補う。全員で音読している時、教師が隣に立ち一緒に読んでやり、それを口で言わせる。ボタンを押すと音声が流れる教材を使う。

＜原因2＞

ディスレクシア（字を読むことに困難がある障害）で、脳での情報処理に問題がある場合。文字がにじんだり動いたりして見えづらかったりする場合もある。

＜対応＞

漢字が分からない場合はふりがなをふる。言葉のまとまりごとにスラッシュ（／）を入れる。読む場所を分かりやすくするため、スリットの自助具を使う。コンピューター上で、画面で文字を読み上げたり、読みやすいフォントに変更できたりする。

薄青い紙に黒字で印刷したり、丸文字ゴシックで文字を打ったりする。

＜原因3＞

眼球運動等、視知覚に問題がある。

＜対応＞

すぐできる支援としては、読むべきところだけ1行穴が空いている下敷きで隠しながら読んだり、指をさしながら読んだりする。中長期的にはビジョントレーニングで鍛える。各地方自治体の発達障害の支援に関わるところに、相談することを勧める。

オプトメトリストという専門家が、視機能を詳しく調べ、目の使い方の改善を図ってもらうことができる。

## 《参考文献》

・文部科学省「読解力向上に関する指導資料」
・杉山登志郎『発達障害の子どもたち』講談社
・宮尾益知監修『発達障害の治療法がよくわかる本』講談社
・向山洋一編・伴一孝『小学校の「国語読解問題」を9つのコツで完全攻略』PHP研究所
・椿原正和監修・東田昌樹『向山型一字読解指導』明治図書
・『教室ツーウェイNEXT 5号』学芸みらい社

【齋藤奈美子】

**1**

どこへ向かうー これからの特別支援教育

| ノーマライゼーション | 障害者を通常の人間の一人として受け入れていくこと | nomalization

# ノーマライゼーション

● 教育行政・制度

「ノーマライゼーション」は、障害児の親たちの「他の子どもと同じように生活させてあげたい」という願いをもとに、デンマーク社会省のバンク・ミケルセンによって生み出された言葉である。

障害者を特別視せず、「ノーマル」に家庭や学校、地域社会に受け入れていくこと。社会福祉の基本原理とされる考え方。ノーマリゼーションとも言われる。

## ❶ノーマライゼーションの広がり

昭和34年にデンマークで世界初のノーマライゼーションの思想を盛り込んだ「障害者福祉法」が制定された。その後、昭和56年国連の「国際障害者年」の制定により、ノーマライゼーションの理念が世界に広まった。

日本では平成7年には障害者施策の「障害者プラン―ノーマライゼーション7カ年戦略」として、主に福祉面でのバリアフリー化の推進が行われた。

## ❷教育におけるノーマライゼーション

①制度面でのノーマライゼーション

教育の世界においても、ノーマライゼーションの思想から、平成19年4月学校教育法の一部改正が行われた。それまで障害種によって、定められた場所で行われていた「特殊教育」から、障害の有無にとらわれず個のニーズに応じた「特別支援教育」への転換が図られた。

支援の対象が従来の視覚障害・聴覚障害・知的障害・肢体不自由・病弱虚弱・言語障害・情緒障害に加え、新たに「軽度発達障害」と呼ばれる自閉症スペクトラム、LD、ADHDが支援の対象となった。

また、通常の学級に在籍したまま必要に応じて別の教室で特別な指導を受ける「特別支援教室」の設置も試みられている。「特別支援学級」と異なる点は、通常の学級に在籍したまま、個の実態に応じた指導を受けることができる。これまでの制度より、ノーマライゼーションを促進した形で学校生活を送ることができる。特別支援学級の代わりとなりえるのか、教員の配置など課題もあり、制度には至っていないが、東京都では平成24年度から独自のモデル事業を実施し、全ての小・中学校での設置を目指している。

また、平成24年からは、ノーマライゼーションをさらに発展させた「インクルーシブ（みんなで一緒に学ぶ）教育システム」の構築を目指し、障害のある子が十分に教育を受けられるための「合理的配慮」や「多様な学びの場の整備」が推進されている。

②教室内でのノーマライゼーションの実践

普通学級に在籍する7.7%の児童が「学習面」や「行動面」「コミュニケーション面」において何らかの困難さを抱えているという文部科学省の調査結果（平成24年）が出された。子どもたちの中には、様々な感覚の過敏性があることや、見え方・聞こえ方など認知に困難さを抱えていることが考えられる。このような困難さを抱える子どもたちも、同じように学習できるノーマライゼーションの視点で環境をデザインするのが「ユニバーサルデザイン」である。

《見るを助ける》

・デジタル教科書を使う。

・タブレット端末などのデジタル機器で注目しやすくする。

・漢字学習で指書き・空書きで覚えやすくする。

・黒板に板書をするときに、赤・緑のチョークで文字を書かない。

《集中を助ける》

・教室の前面黒板周りに掲示物を貼らない。

・椅子にその子どもにあったクッションなどを使って座りやすくする。

・子どもにあったセンサリーグッズ（感覚を刺激する道具）を使う。

・授業を活動から入る。（フラッシュカード、百玉そろばん、百人一首など）

《わかるを助ける》

・ランドセル、体育着、絵の具セットなど教室で置く場所を固定化し、誰でもわかりやすくする。

・忘れ物をしたときの対応を決めておく。

・九九表、ひらがな、カタカナ表などいつでも誰でも見られるようにしておく。

まだまだ多くのものが挙げられる。

また、教師の「誰にもわかりやすい授業をする授業力」も子どもにとって大切な環境である。

ノーマライゼーションを目指すことで、クラスみんながわかりやすい心地のよい教室となる。

### 《参考資料・文献》

・大塚玲『特別支援教育入門』萌文書林

【奈良部真由子】

| アセスメント | 一人一人の状態を多角的に把握すること | assessment

# アセスメント

● 教育行政・制度

　観察や調査、検査などを通して行う総合的な状態像の把握のこと。教育における定義では、支援を求めている対象が、これからどうしたいと思っているのか（主訴）、対象の特性がどのように主訴に関わっているのかを様々な情報をもとに総合的・多面的に判断し、見たてることである。アセスメントによって、その後の治療や支援が方向づけられる。

## ❶なぜアセスメントが重要なのか

　特別な教育的ニーズのある子どもに対しては、「個」の強みや弱みを把握して次のステップにするために評価することが重要になる。アセスメントが適切でないと指導もうまくいかない。アセスメントは指導におけるPDCAサイクルのPの部分に当たり、指導を構成するうえで非常に重要な役割を担っている。

## ❷アセスメントの種類

　アセスメントの方法には観察法、面接法、検査法の3つの方法がある。

### ①観察法

　子どもが自然に過ごしている状態を観察するのが自然観察法。時間や場面を任意に設定して行うのが構造的観察法である。子どもの行動（遊びの様子、他者との関わりの持ち方、環境への適応など）から情報を収集する。

### ②面接法

　主訴や経過など話の内容だけでなく、子どもの話し方、質問の理解、表情、全体の印象など行動面からの情報もアセスメントを行う。面接を継続されていく中での、子どもや保護者の変化の有無からもアセスメントを行っている。

### ③検査法

　検査法でよく使われるものには「心理検査」と「発達検査」がある。心理検査は知能検査、性格検査、適正の3つに分類される。知能検査は学習指導や就学指導、障害の認定などのために使われる。性格検査は、質問や図版などの特定の刺激を提示し、それに対する答えや態度などを分析することで治療や支援に役立てるものである。適性検査は就学・就業など特定目的に対する適性を調べるもので、養育に役立てる。

　どのアセスメントにおいても指標が大切であるが、現状では、エビデンスに基づいた指標として一番信頼性が高いのは検査法である。

## ❸様々なアセスメント方法

### ①文部科学省チェックリスト

　文部科学省の全国実態調査「通常学級に在籍する特別な教育的支援を必要とする児童生徒に関する全国実態調査の項目」である。「学習面」「行動面」「対人関係やこだわり等」という3つのリストがあり、それらがさらに細かく分かれている。点数化され、その点数によって特別な教育的ニーズがあるのかどうかを客観的に知ることができる。文部科学省HPよりダウンロードできる。

### ②「新版S-M社会性能力検査」

　結果は「身辺自立」「移動」「作業」「意志交換」「集団参加」「自己抑制」の6観点ごとの発達年齢と、総合した社会生活年齢が出る。保護者への聞き取りと併行する形式で検査を行うことで、検査結果ではなく、保護者とのコミュニケーションの促進にも役立ち、家庭生活の中での子どもの実態が浮かび上がってくるという利点がある。

### ③仮説立案シート（高橋あつ子・海老原紀奈子実践）

　子どもの行動を「支援ニーズ・リソース」「推定される背景」「仮定される支援策」の3つに分けて書いていく。そのときに教師が見抜きにくい、「推定される背景」が（例：衝動性、多動性等）あらかじめ33個リストアップされており、選択できる形になっている。

### ④ABC分析（長谷川博之氏　実践）

　ABC分析とは、応用行動分析の1つの手法であり、目の前で起こっている行動を先行条件→行動→結果と一連の流れの中でとらえる方法である。長谷川氏は分析するうえで、子どもの行動を「その行動をすることによって何かを得ようとしているのか」それとも「何かを避けようとしているのか」という視点で見ることを主張している。

《参考資料・文献》
・高橋あつ子・海老原紀奈子『LD、ADHDなどの子どもへのアセスメント＆サポートガイド　教室での観察を活かす』ほんの森出版
・長谷川博之論文「TOSS特別支援教育誌　No.1　2015年10月」東京教育技術研究所
・文部科学省HP
・教育相談　情報提供システムHP

【橋本史子】

| 就労に関する問題 | 就職に関わる社会的問題 | working problem

# 就労に関する問題

● 教育行政・制度

就職や労働に関する問題である。若者が将来自立し、活躍していくためには、就業して経済的基盤を築いていくことが必要である。しかし日本では、若者を取り巻く就労に関して、若年無業者の存在、非正規雇用率の高さ等の問題が起こっている。発達障害を抱える若者の多くが就労で問題を抱えているという調査がある。

## ❶教育から雇用への接続

若年無業者とは、配偶者のいない独身者で、進学や収入を伴う仕事をしていない15歳以上39歳以下の個人とする。平成28年の若年無業者は約77万人。人口に占める2.3%が無業者である。

若年層の非正規雇用は1990年代半ばから大きく上昇しており、平成28年度の総務省調査では、就職人数が前年度に比べて51万人増加しているものの、非正規雇用も36万人増加している。20代後半でも正規雇用されなくなってきており、正規雇用されたい者も減少してきている。諸外国と比べて日本の高校・大学新卒者の就職率は高いものの、平成24年の内閣府調査によると、「中退・一時的な仕事や早期離職も含めると高卒の3人に2人、大卒の2人に1人が教育から雇用の時点で問題が生じている。」としている。

また、企業からの求人倍率は近年増加傾向となってきているものの、学生の希望とマッチングしない雇用のミスマッチなども問題となっている。

「就職・採用」という高校、大学といった教育の場から社会への接続の段階で問題が起きている。

## ❷就労問題の原因

就労問題が起こっている原因の1つとして、社会的な要因により、若年層が学校を卒業する段階で職業的自立・社会的自立ができていないことが多いことが予想される。

また、就労しても職場で同僚とコミュニケーションが取れず、1つの職場で定着することができないという人の中には、ADHDや自閉症スペクトラムといった発達障害の人や、本人が病院にいって判定を受けていないために診断名がおりていない発達障害グレーゾーンの人が多いことが、就労支援センターの報告などで明らかになっている。

これらの就労問題に関して、社会全体で取り組んでいかなければいけない。各学校段階に応じた社会的・職業的自立に必要とされる能力・態度を育てるキャリア教育が重要となる。

## ❸キャリア教育の推進

キャリア教育とは、一人一人の社会的・職業的自立に向け、必要な基盤となる能力や態度を育てることを通して発達を促す教育のことである。

● 小中学校におけるキャリア教育

文部科学省はキャリア発達段階を小学校は「進路の探索・選択にかかる基盤形成の時期」中学校を「現実的探索と暫定的選択の時期」としている。

（ⅰ）『おしごと年鑑』（朝日新聞社）を使った授業

様々なテーマで起業の仕方について紹介されている副教材である。小学三年生から中学三年生までを対象にした授業案が掲載されている。教科は総合学習だけでなく、国語、算数、社会、理科などで扱える内容が取り上げられている。

文部科学省は、学校が望む支援と地域、企業が提供できる支援をマッチングするために、「子どもと社会の架け橋となるポータルサイト」の運用を行っている。

（ⅱ）インターンシップ（就業体験）の推進

職場体験やインターンシップは、子どもが学校の外に出て、教員や家族以外の大人と交流する機会となる。職業適正や将来設計について考えるだけでなく、異年代とコミュニケーションを取る貴重な場ともなる。

文部科学省の実施調査（平成29年）によると、中学校における職業体験は高水準で推移している。実施期間として5日間以上実施しているところもある。

## ❹職業的自立に向けての支援

厚生労働省は、学生や卒業後未就職のものを専門に支援する「新卒応援ハローワーク」、若年無業者やフリーターの支援拠点として「わかものハローワーク」などを設置し、個人に合わせた求人情報の提供や面接指導、ジョブコーチによる職場定着指導などを行って若者の職業的自立の支援を行っている。

学校教育の中でもこうした支援制度を生徒に周知していくことも自立支援に今後必要となる。

《参考資料・文献・HP》
・「平成29年度子ども・若者白書」www8.cao.go.jp
・「内閣府　経済財政運営担当　雇用戦略対話　平成24年3月19日」
・朝日新聞『おしごと年鑑2017』

【奈良部真由子】

| レジリエンス | 心の回復力 | Resilience |

# レジリエンス

● 教育心理

「弾力」や「回復力」を意味する英語。心理学や精神医学の分野で、「心の回復力」「心の復元力」「立ち直る力」を表す用語として用いられてきた。屈強さではなく、「しなやかで折れない」というイメージが相応しい。

## ❶どうしてレジリエンスが注目されているのか？

日々様々なストレスを受ける現代社会において、傷ついたり、落ち込んだりしても立ち直る回復力は重要な力として注目されている。被災時などの失意の底から這い上がれるのも、レジリエンスのおかげである。

もとは心理学の分野で1970年代から研究されてきたが、近年は教育の分野でも研究されている。

特別支援を要する子どもたちは、注意や叱責、いじめ、虐待、失敗体験を経験するリスクが高いため、レジリエンスを高めることは大きな価値をもつ。より前向きに生きていける上、ストレスの蓄積による二次障害の発生を防ぐことにもつながる。

## ❷レジリエンスが低い子

・1度のミスをずっと引きずる。

・失敗することを恐れて、挑戦できない。

・落ち込んだ状態から抜け出せず、登校を渋る。

こういった姿は、レジリエンスの低さが関係している。レジリエンスが低い子は、他の子どもよりも苦しい思いをしがちなので、より意識してフォローしていく必要がある。

## ❸レジリエンスを高める方法

レジリエンスを高める方法について、様々な研究が進められている。

例えば、子どものレジリエンス研究会代表の上島博氏は、様々な心の力や周りの人との関係性といった総合力がレジリエンスであるとし、次の3本の柱を育てるワークを広めている。

(1)元気！：体も心も元気で、明るく生きる心の力

(2)しなやか：大嵐でも、ぽきりと折れてしまわない、やわらかな心の力

(3)へこたれない：困ったことがあって落ち込んでも、立ち直ることができる心の力

## ❹教室でレジリエンスを高める具体的手立て

(1)「元気！」を育む

まずは、学級を元気になる場所にすることだ。できる・わかるを保証した楽しい授業をし、成功体験を得られるようにすることは教師の本分である。

また、子どもたちが夢中になるものがあるといい。私のおすすめは、「五色百人一首」である。毎日2試合ずつ取り組む中で、全員が成長できた。みんなが夢中になり盛り上がった。会社（係）活動や遊びはもちろん、読みたい本がある、調理実習が楽しみというのもよい。

役割を果たす姿を認め、自己有用感を高めることも有効である。係活動や掃除のがんばりなどをほめる際、一筆箋を用いるといい。「Aさんが、担当するほうきの仕事を終えたあと、教室の本棚の整頓をしていました。進んで働く姿が立派でした！」と書いて渡すのである。

(2)「しなやか」を育む

日々の声掛けや日記へのコメントで、励まして楽観性をもてるようにしていく。例えば、「『あと数日しかない』ではなくて、『まだ数日ある』ね。こういう場面でがんばり抜くと、ぐんと伸びるんだよ！」などと書き、前向きな思考に気づかせていく。

また、授業を通してストレスマネジメントの方法を教えるのも価値がある。

その他、先生や友達といった助けてくれる存在がいることも「心のしなやかさ」につながる。教師には、温かく接し、苦しみに寄り添う態度が必要である。

(3)「へこたれない」を育む

夢や目標、わくわくするものがあると、「へこたれない」で前向きに生きる気力がわく。お誕生日会や五色百人一首大会を毎月したり、学期ごとにお楽しみ会を行ったりするのもおすすめである。

道徳の授業を通して不撓不屈の精神を学んだり、仲間の姿から逆境の乗り越え方を学んだりするのも価値が高い。「へこたれない」たくましさが育っていく。

「数年前辛かったことも、時間が経った今では薄らいでいる」というように、自身の立ち直り経験を見つめ直すことも有効である。立ち直ったとき、人は、以前よりも成長しているものである。そんな強さがあると知ることも、心の支えとなる。

### 《参考文献》

・上島博『イラスト版子どものレジリエンス』合同出版

・藤野博・日戸由刈『発達障害の子の立ち直り力「レジリエンス」を育てる本』講談社

【広畑宏樹】

**｜特別支援教育に関連する法律・制度｜Law of Special Support Education**

# 特別支援教育に関連する法律・制度

●ガイダンス

> 特別支援教育に関する法律や制度は、数多くある。法律や制度がもとになり、学校現場で具体的な指導が行われる。法律や制度を知っていることが指導の前提となる。

## ❶発達障害者支援法（平成16年12月）

これまで対象とならなかった自閉症、アスペルガー症候群、LD、ADHD等の発達障害のある人々への支援を意図した法律である。ポイントは以下の点である。

> 1　発達障害の早期発見、乳幼児から成人期に至るまでの支援は、国や自治体の責務である。
> 2　乳幼児健診や就学時健診での早期発見に努める。
> 3　保育、教育、就労、地域生活の各分野に支援体制を整備していく。

## ❷中央教育審議会の答申「特別支援教育を推進するための制度の在り方について」（平成17年12月）

平成19年度に、我が国は従来の特殊教育から特別支援教育に体制を変えた。その具体的な方向を示したものである。ポイントは以下の点である。

> 1　特別な場で教育を行う「特殊教育」から、一人一人のニーズに応じた適切な指導や必要な支援を行う「特別支援教育」へと転換した。
> 2　盲・聾・養護学校を、障害種別を超えた特別支援学校制度に転換した。
> 3　特別支援学校には、地域の特別支援教育のセンター的機能を明確に位置づけた。
> 4　小中学校には、通級による指導の指導時間数や対象となる障害種を弾力化し、LD、ADHDを新たに対象とすることなどを提言した。

## ❸学校教育法（平成18年6月）

平成18年、学校教育法等の一部を改正する法律が可決・成立した。平成17年の中央教育審議会答申の提言を踏まえ、次の規定を法律上に位置づけた。

> 1　盲・聾・養護学校の区分をなくし特別支援学校とする。
> 2　特別支援学校の教員の免許状を改める。
> 3　小中学校等において特別支援教育を推進する。

## ❹中央教育審議会報告「共生社会の形成に向けたインクルーシブ教育システムのための特別支援教育の推進」（平成24年7月）

障害者の教育に関する提言をまとめている。共生社会の形成に向けては、次の方向性が示された。

インクルーシブ教育システムの理念が重要であり、その構築のため、特別支援教育を着実に進めていく必要がある。このシステムにおいては、同じ場で共に学ぶことを追求するとともに、個別の教育的ニーズのある子どもに対して、その時点で教育的ニーズに最も的確に応える指導を提供できる。多様で柔軟な仕組み、連続性のある多様な学びの場を用意することが必要である。具体的には、次の点である。

> 1　就学相談・就学先決定の在り方について。
> 2　合理的配慮及びその基礎となる環境整備について。
> 3　多様な学びの場について。
> 4　特別支援教育を充実させるための教職員の専門性向上等を図る必要があること。

## ❺障害を理由とする差別の解消の推進に関する法律（平成28年4月1日施行）

障害者基本法第4条（差別の禁止）の基本的な規定を具体的に実現するための法律である。基本的な規定とは以下の3点である。

> 1　何人も、障害者に対して、障害を理由として、差別することその他の権利利益を侵害する行為をしてはならない。
> 2　社会的障壁の除去は、それを必要としている障害者が現に存し、かつ、その実施に伴う負担が過重でないときは、それを怠ることによって前項の規定に違反することとならないよう、その実施について必要かつ合理的な配慮がなされなければならない。
> 3　国は、第1項の規定に違反する行為の防止を図るために必要となる情報の収集、整理及び提供を行うものとする。

## ❻特別支援学校学習指導要領等（平成29年4月公示）

幼稚園、小・中・高等学校の教育課程との連続性を重視することや障害の特性に応じた指導上の配慮を充実させることなどを盛り込んでいる。

### 《参考文献・HP》

・文部科学省HP　http://www.mext.go.jp/
・上野一彦他『改訂版特別支援教育基本用語100』明治図書
・国立特別支援教育総合研究所『特別支援教育の基礎・基本』ジアース教育新社　　　　【武井恒】

| 就学基準 | School attendance standards

# 就学基準

● 教育行政・制度

> 障害のある児童生徒等の就学先の決定に当たっては、障害のある児童生徒等が、その年齢及び能力に応じ、かつ、その特性を踏まえた十分な教育が受けられるようにするため、可能な限り障害のある児童生徒等が障害のない児童生徒等と共に教育を受けられるよう配慮しつつ、必要な施策を講じることが基本である。

就学先は、特別支援学校または小中学校である。

## ❶特別支援学校への就学基準

法的根拠は、学校教育法第75条と学校教育法施行令第22条の3（第2章　視覚障害者等の障害の程度）である。学校教育法第75条の政令で定める各障害の程度は、次のとおりである。

1　視覚障害者

両眼の視力がおおむね0.3未満のもの又は視力以外の視機能障害が高度のもののうち、拡大鏡等の使用によっても通常の文字、図形等の視覚による認識が不可能または著しく困難な程度のもの。

2　聴覚障害者

両耳の聴力レベルがおおむね60デシベル以上のもののうち、補聴器等の使用によっても通常の話し声を解することが不可能又は著しく困難な程度のもの。

3　知的障害者

知的発達の遅滞があり、他人との意思疎通が困難で日常生活を営むのに頻繁に援助を必要とする程度のもの。また、知的発達の遅滞の程度が前号に掲げる程度に達しないもののうち、社会生活への適応が著しく困難なもの。

4　肢体不自由者

肢体不自由の状態が補装具の使用によっても歩行、筆記等日常生活における基本的な動作が不可能または困難な程度のもの。また、肢体不自由の状態が前号に掲げる程度に達しないもののうち、常時の医学的観察指導を必要とする程度のもの。

5　病弱者

慢性の呼吸器疾患、腎臓疾患及び神経疾患、悪性新生物その他の疾患の状態が継続して医療又は生活規制を必要とする程度のもの。また、身体虚弱の状態が継続して生活規制を必要とする程度のもの。

以上のような基準によって判断される。その際には、「障害・疾患」の軽重だけではなく、教育活動等も含めた総合的な判断をすることが重要である。

## ❷小中学校特別支援学級への就学基準

学校教育法第81条第2項の規定に基づき特別支援学級を置く場合には、以下の各号に掲げる障害の種類及び程度の児童生徒のうち、その者の障害の状態、その者の教育上必要な支援の内容、地域における教育の体制の整備の状況その他の事情を勘案して、特別支援学級において教育を受けることが適当であると認める者を対象として、適切な教育を行う。障害の判断に当たっては、障害のある児童生徒の教育の経験のある教員等による観察・検査、専門医による診断等に基づき教育学、医学、心理学等の観点から総合的かつ慎重に行うことが必要である。

障害の種類は以下のとおりである。（程度については省略）

| ア　知的障害者 |
| イ　肢体不自由者 |
| ウ　病弱者及び身体虚弱者 |
| エ　弱視者 |
| オ　難聴者 |
| カ　言語障害者 |
| キ　自閉症・情緒障害者 |

## ❸小中学校通級指導教室による指導

学校教育法施行規則第140条及び第141条の規定に基づき通級による指導を行う場合には、障害の状態、教育上必要な支援の内容、地域における教育の体制の整備の状況その他の事情を勘案して、通級による指導を受けることが適当であると認める者を対象として、適切な教育を行う。

障害の判断に当たっては、教育の経験のある教員等による観察・検査、専門医による診断等に基づき教育学、医学、心理学等の観点から総合的かつ慎重に行うことや通常の学級での適応性、通級による指導に要する適正な時間等を十分考慮することも必要である。

《参考文献・HP》
・文部科学省HP「障害のある児童生徒等に対する早期からの一貫した支援について（通知）」http://www.mext.go.jp/
・上野一彦他『改訂版特別支援教育基本用語100』明治図書
・国立特別支援教育総合研究所　『特別支援教育の基礎・基本』ジアース教育新社

【武井恒】

| 認定就学制度 | Certified enrollment system

# 認定就学制度

● 教育行政・制度

平成14年以前の学校教育法施行令では、一定の障害のあるもの（視覚障害者等）については、例外なく特別支援学校（以前は養護学校）に就学することとされていた。就学先を決定する際には、市町村が専門家の意見を聞いて決定していた。

平成14年の学校教育法施行令の一部改正により、認定就学者制度が創設された。これにより、小中学校の施設設備も整っているなどの特別の事情がある場合には、特別支援学校ではなく通常の小中学校へ就学することが可能になった。

これは例外的なことであり、これを市町村から認めてもらった児童生徒のことを、当時は「認定就学者」と言った。（学校教育法施行令第5条）現在は平成25年学校教育法施行令一部改正から「認定特別支援学校就学者」となっている。

就学先決定についても、保護者の意見を聞くことが義務付けられた。ただし保護者の意見が優先するわけではなく、専門家の意見と保護者の意見を聞き、総合的な視点から判断して決めていた。（学校教育法施行令第18条の2）

### ❶学校教育法施行令の一部を改正する政令（平成25年）の内容

平成24年7月、中教審「共生社会の形成に向けたインクルーシブ教育システム構築のための特別支援教育の推進（報告）」において、次のように報告があった。

就学基準に該当する障害のある子どもは特別支援学校に原則就学するという従来の就学先決定の仕組みを改め、障害の状態、本人の教育的ニーズ、本人・保護者の意見、教育学、医学、心理学等専門的見地からの意見、学校や地域の状況等を踏まえた総合的な視点から就学先を決定する仕組みとすることが適当である。

この提言を受けて、これまでの学校教育法施行令における考え方が改められた。これまでは、専門家の意見に加え、保護者の意見を聞く義務が加わり、教育委員会が総合的に判断していた。しかも、障害があれば原則特別支援学校に就学するとされていた。

### ❷平成25年の学校教育法施行令の一部改正

この通知の「第1　改正の趣旨」には、次のようにある。

なお、報告においては、その際、市町村教育委員会が、本人・保護者に対し十分情報提供をしつつ、本人・保護者の意見を最大限尊重し、本人・保護者と市町村教育委員会、学校等が教育的ニーズと必要な支援について合意形成を行うことを原則とし、最終的には市町村教育委員会が決定することが適当であるとの指摘がなされており、この点は、改正令における基本的な前提として位置づけられるものであること。

この改正以降、「小中学校」に在籍する視覚障害者等の人数は、増加を続けている。学校のバリアフリー化や、教職員の配置、研修体制等についても着実に充実が図られている。このようなことから、障害のある児童生徒の就学先の決定について、一定の障害のある児童生徒は、原則として特別支援学校に就学するというこれまでの学校教育法施行令における考え方を改め、市町村の教育委員会が、個々の児童生徒について障害の状態等を踏まえた十分な検討を行った上で、小中学校又は特別支援学校のいずれかを判断し決定する仕組みについて改めることになった。

これまでは、「保護者の意見を聞く（優先はしない）」ということだったが、平成25年学校教育法施行令の一部改正では、「本人・保護者の意見を最大限尊重する」となった。保護者の意見聴取の機会の拡大と尊重が、大きく変わったのである。最終的に決定するのは教育委員会だが、その決定の仕組みが改められた。

また、就学時に決定した「学びの場」は固定されたものではなく、障害の状態の変化のみならず、教育上必要な支援の内容や教育の体制の整備の変化によっても、転学等学びの場の変更を検討できることになった。状況に応じて子どもにとってより適切な学びの場を柔軟に提供する。まとめると、次のようになる。

(1)小中学校の施設・設備が整ったので、特別支援学校から地域の小中学校に転学する。
(2)専門の先生が来て指導できる環境が整ったので、地域の学校に転学する。

最大限弾力的に対応するために、特別支援教育の果たす役割は大きくなっている。

### 《参考文献・HP》
・文部科学省HP　　http://www.mext.go.jp/
・上野一彦他『改訂版特別支援教育基本用語100』明治図書

【武井恒】

| 特別支援教育制度 | Special support education system

# 特別支援教育に関する制度

● 教育行政・制度

我が国の特別支援学校制度の創設や小・中学校等における特別支援教育の推進等を内容とする学校教育法の一部改正は平成16年6月に行われた。その後、平成19年にも改正が行われた。

これまで障害種別に設けられていた盲・聾・養護学校が、障害種を超えた「特別支援学校」に改められた。特別支援学校については、学校教育法第72条で以下のように規定されている。

「特別支援学校は、視覚障害者、聴覚障害者、知的障害者、肢体不自由者又は病弱者（身体虚弱者を含む）に対して、幼稚園、小学校、中学校又は高等学校に準ずる教育を施すとともに、障害による学習上又は生活上の困難を克服し、自立を図るために必要な知識技能を授けることを目的とする。」

特別支援学校の対象となる障害の程度等については、学校教育法施行令第22条の3に定められている。就学の通知については、市町村の教育委員会はこれまでの専門家の意見の聴取に加え、新たに保護者の意見も聞くものとされた。

また、特別支援教育におけるセンター的機能として、新たに次の文が規定された。（学校教育法第74条）

「特別支援学校においては、第72条に規定する目的を実現するために教育を行うほか、幼稚園、小学校、中学校、特別支援学校又は中等教育学校の要請に応じて第81条第1項に規定する幼児、児童又は生徒の教育に関し必要な助言又は援助を行うよう努めるものとする。」

## ❶特別支援学校の配置

どのような形態の特別支援学校をどのように設置していくかについては、都道府県において地理的な状況や児童生徒の各障害種別の教育的ニーズの状況など、それぞれの地域の実情に応じたきめ細かい検討に基づいて判断されることになる。

## ❷特別支援学校の名称

養護学校から特別支援学校へと変わった。ただし、主として特定の障害に対応する形態の特別支援学校については、「盲学校」「聾学校」「養護学校」の名称を用いることも可能であり、実際に使用している県もある。

## ❸特別支援学級

特殊学級が特別支援学級の名称になった。比較的軽度の障害のある児童生徒の教育のため、小学校、中学校に置かれるものである。

## ❹通級による指導

小学校、中学校の通常の学級に在籍する軽度の障害のある児童生徒に対して、各教科の指導は主として在籍の学級で行いつつ、障害に応じた指導を特別の場で行うものである。

## ❺条件整備

### (1)教科書

学校教育では、学校教育法において教科書の使用が義務付けられており、原則として文部科学省検定教科書又は文部科学省著作教科書であることが求められている。（学校教育法第82条、34条、49条、62条）

しかし、特別支援学級や特別支援学校では、これらの教科書だけでは対応できない場合が少なくないことから、当分の間、文部科学省検定教科書、それ以外の教科用図書を使用することができるとされている。（学校教育法附則第9条）

### (2)学級編成

特別支援学校においては、異なる障害種別の児童生徒等を受け入れることができるが、障害の状態に応じた教育活動を確保するため、学習の基本的な単位である学級については、障害の種類ごとに編成することが基本とされている。（学校教育法施行規則第121条）

小学部・中学部の学級編成基準は、少人数編成で個々の児童生徒の障害の状態に応じた指導を可能にするため、6人以下で学級が編成されるのが標準となっている。また、重複障害の児童生徒については3人以下で学級が編成される。（公立義務教育諸学校の学級編制及び教職員定数の標準に関する法律第3条）高等部については、8人以下で学級が編成されるのが標準となっている。重複障害者については、小中学部と同様で、3人以下で学級が編成される。（公立義務教育諸学校の学級編制及び教職員定数の標準に関する法律第14条）幼稚部については、8人以下を標準として編成される。（公立高等学校の適正配置及び教職員定数の標準等に関する法律第120条）公立の小中学校における特別支援学級については、8人以下で学級が編成されることになっているが、複数の学年の児童生徒が8人まで1学級に編成される。（義務標準法第3条）

## 《参考文献・HP》

・文部科学省HP　http://www.mext.go.jp/
・上野一彦他『改訂版特別支援教育基本用語100』明治図書
・国立特別支援教育総合研究所『特別支援教育の基礎・基本』ジアース教育新社　【武井恒】

| 学校教育法施行令の一部改正 | Partial revision of enforcement ordinance of school education law

# 学校教育法施行令の一部を改正する政令

●教育行政・制度

平成25年9月に学校教育法施行令の一部改正についての通知が出された。以下、文部科学省からの通知をもとにまとめる。

学校教育法施行令の改正は、平成24年7月に公表された中央教育審議会初等中等教育分科会報告「共生社会の形成に向けたインクルーシブ教育システム構築のための特別支援教育の推進」(以下「報告」という。)において、「就学基準に該当する障害のある子どもは特別支援学校に原則就学するという従来の就学先決定の仕組みを改め、障害の状態、本人の教育的ニーズ、本人・保護者の意見、教育学、医学、心理学等専門的見地からの意見、学校や地域の状況等を踏まえた総合的な観点から就学先を決定する仕組みとすることが適当である。」との提言がなされたこと等を踏まえ、所要の改正を行うものである。

なお、報告においては、「その際、市町村教育委員会が、本人・保護者に対し十分情報提供をしつつ、本人・保護者の意見を最大限尊重し、本人・保護者と市町村教育委員会、学校等が教育的ニーズと必要な支援について合意形成を行うことを原則とし、最終的には市町村教育委員会が決定することが適当である。」との指摘がなされており、この点は、改正令における基本的な前提として位置付けられるものである。つまり、各教育委員会に対して次の3点が言われている。

1　本人・保護者に十分情報提供をすること。
2　本人・保護者の意見を最大限尊重すること。
3　教育的ニーズと必要な支援について合意形成を行うこと。

このように保護者の意見聴取の機会が見直され、尊重されるようになった。

### ❶改正の内容

視覚障害者、聴覚障害者、知的障害者、肢体不自由者または病弱者(身体虚弱者を含む。)で、その障害が、学校教育法施行令第22条の3の表に規定する程度のものをいう。

就学に関する手続については、以下の規定の整備を行うこととされている。

(1)就学先を決定する仕組みの改正(第5条及び第11条関係)

市町村の教育委員会は、就学予定者のうち、認定特別支援学校就学者(視覚障害者等のうち、当該市町村の教育委員会が、その者の障害の状態、その者の教育上必要な支援の内容、地域における教育の体制の整備の状況その他の事情を勘案して、その住所の存する都道府県の設置する特別支援学校に就学させることが適当であると認める者)以外の者について、その保護者に対し、翌学年の初めから2月前までに、小学校または中学校の入学期日を通知しなければならないとしている。

また、市町村の教育委員会は、就学予定者のうち認定特別支援学校就学者について、都道府県の教育委員会に対し、翌学年の初めから3月前までに、その氏名及び特別支援学校に就学させるべき旨を通知しなければならない。

(2)障害の状態等の変化を踏まえた転学(第6条の3及び第12条の2関係)

特別支援学校・小中学校間の転学について、その者の障害の状態の変化のみならず、その者の教育上必要な支援の内容、地域における教育の体制の整備の状況その他の事情の変化によっても転学の検討を開始できるよう、規定の整備を行う。

(3)視覚障害者等による区域外就学等(第9条、第10条、第17条及び第18条関係)

視覚障害者等である児童生徒等をその住所の存する市町村の設置する小中学校以外の小学校、中学校又は中等教育学校に就学させようとする場合等の規定を整備する。

また、視覚障害者等である児童生徒等をその住所の存する都道府県の設置する特別支援学校以外の特別支援学校に就学させようとする場合等の規定を整備する。

(4)保護者及び専門家からの意見聴取の機会の拡大(第18条の2関係)

市町村の教育委員会は、児童生徒等のうち視覚障害者等について、小学校、中学校又は特別支援学校への就学又は転学に係る通知をしようとするときは、その保護者及び教育学、医学、心理学その他の障害のある児童生徒等の就学に関する専門的知識を有する者の意見を聴くものとする。

### 《参考文献・HP》

・文部科学省HP　　http://www.mext.go.jp/
・上野一彦他『改訂版特別支援教育基本用語100』明治図書
・国立特別支援教育総合研究所『特別支援教育の基礎・基本』ジアース教育新社

【武井恒】

| 視覚障害教育 | Visually impaired education

# 視覚障害教育

● 教育行政・制度

文部科学省では、視覚障害を次のように定義している。
「視覚障害とは、視力や視野などの視機能が十分でないために、全く見えなかったり、見えにくかったりする状態。」

## ❶視覚障害の種類

視覚障害は、その程度によって大きく盲と弱視に分けられる。盲にも幅があり、光や明暗を識別することが全くできない状態もあれば、光の明暗が分かる光覚盲や色彩の区別が可能な色覚盲などの状態もある。視覚的な情報を用いた活動ができない場合を指して盲という。弱視は、視覚的な情報を用いることができる状態である。しかし、メガネなどで矯正しても視力等は十分に回復できない状況であり、視力、視野、色覚等の視機能の状態によって、その見え方は様々である。弱視レンズなどを使用することで、見る活動を行うことができるが、立体感を把握することや細かい部分を認識することは難しい場合がある。学校教育においては、視力の程度による分類ではなく、通常の文字による学習が困難な程度の場合を盲、普通文字による学習が可能な場合を弱視として区別している場合が多い。

## ❷視覚の障害による影響

視覚に障害があると、日常生活や学習の中で数々の困難が生じる。その主たるものは次の3つである。

1　周囲の状況がよくわからず目的の場所へ移動することが困難になること。
2　文字の読み書き、図形・絵の読み取り・表現が困難になること。
3　その他、食事、衣服の着脱、買い物などの日常生活行動を円滑に遂行することが困難になること。

## ❸視覚障害の児童生徒の学びの場

特別支援学校（視覚障害）の対象は、「両眼の視力がおおむね0.3未満のもの又は視力以外の視機能障害が高度のもののうち、拡大鏡等の使用によっても通常の文字、図形等の視覚による認識が不可能又は著しく困難な程度のもの」（学校教育法施行令第22条の3）とされている。弱視特別支援学級は、視覚障害の程度が「拡大鏡の使用によっても通常の文字、図形等の視覚による認識が困難な程度のもの」とされている。

通級による指導（弱視）の対象者は、「拡大鏡等の使用によっても通常の文字、図形等の視覚による認識が困難な程度の者で、通常の学級での学習におおむね

参加でき、一部特別な指導を必要とするもの」とされている。（平成25年10月文部科学省初等中等教育局長通知「障害のある児童生徒等に対する早期からの一貫した支援について」）

通常の学級にも、視覚障害のある児童生徒は在籍している。ただ、十分な配慮を受けられていないのが現状である。特別支援学校（視覚障害）や弱視特別支援学級と連携しながら、進めていく必要がある。

## ❹教育的対応の基本

視覚障害があることによって、どんな困難があり、どんな手立てが必要かを考えることが大切である。その際の留意点は、主に次の2点である。

1　実態把握：様々な視覚検査によって視力や視覚の状況について知ることのほか、発達検査や行動観察によって子どもの発達の状況や行動の仕方を把握する。また、視覚やその他の感覚をどのように活用しているかを把握することも大切である。
2　感覚の活用：保有する視覚の活用を促すことや視覚以外の触覚、聴覚等の感覚の活用を促すことが大切である。そのために、子どもがどのようにものを見たり、関わったりしているのか、把握する必要がある。

## ❺各教科等の指導の工夫

様々な工夫が必要だが、例えば以下の点である。
(1)視覚に障害がある乳幼児に対しては、早期からの適切な対応が重要である。
(2)小中学部の段階では、的確な概念の形成を育成すること、経験や体験を通して主体的な活動を展開していくことが大切である。
(3)概念やイメージをつくりにくい内容については、模型やモデルを活用するとともに、言語的に理解させる工夫をしていくことや空間や時間の概念を活用して学習活動を展開していくことが大切である。
(4)情報の不足をカバーするために、情報機器の活用が大変有効である。

### 《参考文献・HP》

・文部科学省HP　http://www.mext.go.jp/
・上野一彦他『改訂版特別支援教育基本用語100』明治図書
・国立特別支援教育総合研究所『特別支援教育の基礎・基本』ジアース教育新社
・国立特別支援教育総合研究所「視覚障害児の教育課程及び指導法（H29認定通信）資料」　【武井恒】

これだけ知っておけば大丈夫！ 特別支援教育法律・制度

| 聴覚障害教育 | Hearing impairment education

# 聴覚障害教育

● 教育行政・制度

　文部科学省では、聴覚障害を次のように定義している。
　「聴覚障害とは、身の回りの音や話し言葉が聞こえにくかったり、ほとんど聞こえなかったりする状態。」

## ❶聴覚障害の種類

　聴覚機能のどの部位に障害があるかによって、次の3つに分けられる。

(1)伝音性難聴

　外耳、中耳の障害による難聴である。音が小さく聞こえる状態なので、補聴器などで音を大きくすれば比較的よく聞こえるようになる。

(2)感音性難聴

　内耳、聴神経、脳の障害による難聴である。音が歪んだり響いたりして聞こえることが多い。はっきりと聞こえにくい。補聴器の音質や音の出し方等、細かく調節する必要がある。

(3)混合性難聴

　伝音性難聴と感音性難聴の両方の原因をもつ難聴。

## ❷聞こえの程度

　聞こえの程度は、オージオメーターという測定器を使って検査する。聴力レベルは、音の強さを示すデシベル（dB）という単位を使って、オージオグラム（聴力図）に書き表す。これにより、聞こえの程度や障害部位（外耳、中耳、内耳など）を知ることができる。正常聴力の場合は、0dB近辺であり、難聴の程度が強くなるほどこの値が大きくなる。通常30dB以上が「軽度難聴」、50dB以上が「中度難聴」、70dB以上が「高度難聴」、100dB以上が「ろう」とされる。

## ❸聴覚障害者のコミュニケーション手段

　同じ聴覚障害者でも、その人の残存聴力、言語力、家庭環境などによって異なる。聴覚障害児の教育で用いられてきたコミュニケーションの代表的なものは以下のものである。

(1)聴覚活用：補聴器や人工内耳などを用いて聞こえの改善を目指す聴覚を用いる方法。現在は、次の口話法と合わせて聴覚口話法と称されることが一般的である。

(2)口話：声を出して話す発話と相手の話を口形や話の文脈等から推測して読み取る読話からなる方法。

(3)手話：手指の形、構え、動き、姿勢や表情を用いて表現する視覚的言語である。聴覚障害教育では、古くから用いられてきた方法である。

(4)指文字：その国で用いられている書き言葉の文字を指の動きで表したものである。現在の日本の指文字は、アメリカで用いられていた指文字を、独自に五十音に対応させたものである。

(5)キュードスピーチ：手の形や動きを口形に合わせて表示することで、読話をより円滑にする方法。

## ❹聴覚障害児童生徒への教育的対応

　聴覚に障害がある場合には、音・音声情報を受け取りにくいことから生じる言語の受容・表出の困難性、聴覚を通して得る情報の不足、言語概念の形成の困難、自分の音声の聴覚フィードバック上の困難による発音の不明瞭さ、言葉による意思疎通の困難などの状況が見受けられ、これらを踏まえた教育的対応が必要となる。各教科の指導では、早期から培ってきた言語力をベースに指導を行う。聴覚障害児への分かりやすい授業方法として、教科指導の場面では例えば、次のことに留意する必要がある。

(1)児童生徒にとって、聞くこと、見ること、書くことを同時に行うことは困難である。板書を写す時間や作業する時間等を授業内において分かりやすく区別すること。

(2)板書しながら同時に説明すると、複数の情報が入り、児童生徒は理解が難しくなる。板書した後は、顔や口元を見せ、はっきりとした音声や手話などを活用しながら説明すること。

(3)FM補聴器※などを利用して確実に教師の声が届くように工夫すること。（※FM電波を使って教師の声を児童生徒に直接届け、快適な聞こえを提供する補聴援助システム）

(4)テニスボールなどを椅子にはめて雑音を軽減することで、より聞き取りやすい環境で授業を行う配慮をすること。

(5)視覚的な手がかりが重要となるので、板書や掲示物を効果的に活用し、一目見て伝わる工夫をすること。

## 《参考文献・HP》

・文部科学省HP　　http://www.mext.go.jp/
・上野一彦他『改訂版特別支援教育基本用語100』明治図書
・国立特別支援教育総合研究所『特別支援教育の基礎・基本』ジアース教育新社
・国立特別支援教育総合研究所「聴覚障害児の教育課程及び指導法（H29認定通信）資料」

【武井恒】

| 知的障害教育 | Mental retardation education

# 知的障害教育

● 教育行政・制度

　文部科学省では、知的障害を次のように定義している。

　「知的障害とは、記憶、推理、判断などの知的機能の発達に有意な遅れがみられ、社会生活などへの適応が難しい状態。」

### ❶知的障害の種類

　知的障害の診断は医療機関や地域によって異なるが、「知的機能」と「適応機能」の評価で「軽度」「中度」「重度」「最重度」の4つの等級に分類される。それぞれの主な特徴等は以下のとおりである。

(1)軽度知的障害

　IQは概ね50〜70である。主な特徴としては、基本的な生活習慣が確立しており、簡単な文章や言葉での意思表示や理解が可能である。

(2)中度知的障害

　IQは概ね35〜50である。主な特徴としては、着替え等の身辺自立は部分的にできるが、一人で全て行うことは難しい。文字の読み書きはある程度できる。

(3)重度知的障害

　IQは概ね20〜35である。主な特徴としては、着替え、食事等日常生活の中で指示や手助けが必要である。決まった挨拶等はできるが、複雑なコミュニケーションは難しい。安全に一人で移動することも困難になる。

(4)最重度知的障害者

　IQは概ね20以下である。言葉でコミュニケーションすることは難しく、自分の意思や気持ち等を表現する手段が限られてくる。日常生活面で全般的に介助を要する。

### ❷知的障害の診断基準・方法

　医療機関では、問診とテストを行う。主に、『DSM-5』（アメリカ精神医学会）や『ICD-10』（世界保健機関）といった基準が使われている。他にも、知能検査や適応能力検査によって総合的に診断される。

(1)知能検査

　田中ビネー知能検査、新版K式発達検査、ウェクスラー式知能検査等

(2)適応能力検査

　Vineland-II（全年齢）、ASA旭出式社会適応スキル検査（幼児〜高）、S-M社会能力検査（乳幼児〜中学生）

### ❸知的障害のある児童生徒の学びの場

　主に、特別支援学校（知的障害）と知的障害特別支援学級で指導を行う。

(1)特別支援学校（知的障害）

　児童生徒の発達段階や生活経験等を踏まえ、生活に結びついた内容を中心に構成している。実際の体験を重視しながら個に応じた指導や少人数での集団指導を行う。自立活動の時間や各教科等を合わせた指導（日常生活の指導や生活単元学習等）など、個の実態に即した教育課程を編成した教育が特色である。

(2)知的障害特別支援学級

　必要に応じて特別支援学校の教育内容等を参考にしながら、少人数での個に応じた指導を行う。生活習慣の確立や集団生活への参加などを目標とする。中学校では、職業生活に必要な知識や技能なども指導する。

### ❹教育的対応の基本

　知的障害のある児童生徒の教育では、知的障害に起因する特徴や特性を理解しておくことが基本である。

　例えば、次のような点である。

(1)抽象的な内容は理解しにくいため、より具体的な指示や内容が好ましい。例えば、「待つ」という行為を「ちょっと待ってて」ではなく、「5数えていて」といった具体的な行動にした方が分かりやすい。「廊下を走らない」よりも「廊下を歩こう」といった肯定的で何をすべきか分かる指示を意識する必要がある。

(2)成功体験が少なく、自己肯定感が低い児童生徒が多い。そのため、意欲的に取り組める内容を設定し、成功体験を積み重ねていく。授業はスモールステップで組み立て、できたら褒めることをする。また、結果よりも過程や意欲に目を向け、うまくできなくてもやろうとした意欲を褒めることも必要である。

(3)学習したことが実際の生活に応用されにくいことがある。そのため、生活の課題に沿った具体的な活動を学習活動の中心に据える。例えば、文字や数を指導する場合、机上の学習だけでなく日常生活の中でも意識して取り組んでいくことが基本となる。教科書については、児童生徒の実態に即したものが採択及び使用される。必要に応じて、自作教材・教具を使った授業も展開されることが多い。

### 《参考文献・HP》

・文部科学省HP　http://www.mext.go.jp/
・上野一彦他『改訂版特別支援教育基本用語100』明治図書
・国立特別支援教育総合研究所『特別支援教育の基礎・基本』ジアース教育新社

【武井恒】

これだけ知っておけば大丈夫！　特別支援教育法律・制度

| 肢体不自由教育 | Physically handicapped education

# 肢体不自由教育

● 教育行政・制度

文部科学省では、肢体不自由を次のように定義している。

「肢体不自由とは、身体の動きに関する器官が、病気やけがで損なわれ、歩行や筆記などの日常生活動作が困難な状態。」

## ❶肢体不自由の種類

医学的な側面から見ると、先天性の四肢体幹の形成障害であったり、生後の事故等によって四肢に障害が残る場合があったりする。また、中枢神経系や筋肉の機能の障害によって起こる場合もある。

### (1)脳性まひ

脳性疾患において、最も多いのが脳性まひである。特別支援学校(肢体不自由)在籍児童の中でも一番多い。脳性まひをひき起こす脳損傷の原因としては、出生前の原因として小頭症や水頭症、脳梁欠損などの遺伝子や染色体の異常などがある。出生後の原因としては、胎児期や周産期における低酸素状態や頭蓋内出血がある。主な症状から障害型が分けられ、最も多い障害型は痙直型で、伸張反射の亢進によって四肢等の伸展と屈曲が著しく困難になってしまう状態になるものである。アテトーゼ型(不随意運動型)は、四肢等に自分の意志と関係なく奇妙な異常運動が起こるもので、最近では一部の筋肉に異常な緊張が起こるジストニアや手指等の震えなどの症状も含めて考えられている。

### (2)筋ジストロフィー

筋原性疾患で多く見られるのが、筋ジストロフィーである。進行性であり、筋力が徐々に低下して運動に困難を来す。さらに、呼吸筋の筋力低下によって次第に呼吸も困難になっていく。4つの型があり、X染色体の劣性遺伝で幼児期頃から発症することの多いのがデュシェンヌ型とベッカー型である。常染色体性劣性遺伝で乳児期早期に発症するのが福山型である。常染色体性優性遺伝で先天型では新生児期か乳児期早期に発症する筋強直性型がある。

### (3)二分脊椎

脊髄脊椎疾患として多いのが二分脊椎である。遺伝的要素に胎生期における環境要因が関わって発症するとされている。症状は、下肢の麻痺や膀胱直腸障害が主に見られる。

## ❷肢体不自由の児童生徒の学びの場

主に、特別支援学校(肢体不自由)と肢体不自由特別支援学級で指導を行う。

### (1)特別支援学校(肢体不自由)

一人一人の障害の状態や発達段階を把握し、小中高等学校に準じた教育を行う。障害に基づく困難を改善・克服するための自立活動に力を入れている。また、病院で機能訓練を行う子どもやたんの吸引などの医療的ケアを必要とする子どもも多いため、医療と連携することも大切にしている。

### (2)肢体不自由特別支援学級

各教科、道徳、特別活動のほか、歩行や筆記などに必要な身体の動きの指導なども行う。指導にあたっては、個々の実態に応じて個別指導やグループ指導を取り入れたり、教材教具を工夫して使ったりすることで教育効果を高めている。通常学級の児童生徒と各教科や給食、運動会などの行事で交流することで、社会性や集団へ参加する力を高める配慮も行っている。

## ❸教育的対応の基本

### (1)自立活動の指導の充実

特別支援学校(肢体不自由)においては、近年、幼児児童生徒の障害は重度・重複、多様化しており、医療的なケアを必要とする児童生徒も増えてきている。このような実態に対応するために、自立活動の指導を中心とした教育課程を編成する学校が多くなってきている。「健康の保持」「心理的な安定」「人間関係の形成」「環境の把握」「身体の動き」「コミュニケーション」の6区分と下位項目から児童生徒に必要な項目を選定し、相互に関連づけて指導を行う。

### (2)姿勢の保持や認知特性に応じた指導

肢体不自由の児童生徒が効率的に学習を行うためには、学習時の姿勢に配慮することが大切である。文字を書く、定規を使う、粘土で作品を作るなど机の上で操作する際、体幹が安定し上肢が自由に動かせると意欲的に学習に取り組める。また、安定した姿勢を保つことにより、位置、方向、遠近の概念を基礎とする学習内容の理解が深まることにもなる。姿勢を安定させるために、カッティングテーブルや肘つきの椅子などを使用する配慮も効果的である。

### 《参考文献・HP》

・文部科学省HP http://www.mext.go.jp/
・上野一彦他『改訂版特別支援教育基本用語100』明治図書
・国立特別支援教育総合研究所『特別支援教育の基礎・基本』ジアース教育新社

【武井恒】

| 病弱・身体虚弱教育 | Weakness / physical weakness education

# 病弱・身体虚弱教育

● 教育行政・制度

　文部科学省では、病弱と身体虚弱を次のように定義している。

　「病弱とは、慢性疾患等のため継続して医療や生活規制を必要とする状態、身体虚弱とは、病気にかかりやすいため継続して生活規制を必要とする状態。」

## ❶慢性疾患の種類

　長期間の治療を必要とする疾患には例えば、次のようなものがある。

(1)アレルギー疾患：アトピー性皮膚炎、気管支ぜん息、アレルギー性鼻炎などアレルギー反応が原因で起こる病気。

(2)腎疾患：先天性の腎・尿路奇形、遺伝性腎疾患等。

(3)てんかん：発作的に脳の一部あるいは全体の神経細胞に異常な電気的興奮が起こり、その結果、意識障害、運動、知覚などの突発的な異常を来す疾患群。

(4)筋ジストロフィー：筋肉が壊れていく遺伝性の疾患群。

(5)悪性新生物：白血病、神経芽細胞腫、悪性リンパ腫、脳腫瘍、骨の悪性腫瘍等。

(6)心疾患：先天性は心室中隔欠損、心房中隔欠損、肺動脈狭窄等。後天性はリウマチ性心疾患や感染性心内膜炎、心筋炎、不整脈等。

(7)糖尿病：1型と2型がある。血糖を細胞がエネルギーとして有効に利用できない代謝異常。血中の糖を自力でコントロールできず、体調に重篤な異変を起こす場合がある。

(8)肥満：エネルギーの過剰摂取あるいは消費不足のために体内で余剰になったエネルギーが中性脂肪として体内に蓄積された状態。

(9)整形外科疾患：二分脊椎、骨形成不全症、ペルテス病及び脊柱側弯症などの疾患。

(10)精神疾患：小児期の精神疾患として気分障害と統合失調症等。

(11)心身症：その病気の始まりと経過にその人の心理的問題や社会的問題が密接に関係して、器質的ないし機能的障害が見い出される病態。神経症、うつ病などの精神障害に伴う身体症状は除外される。

## ❷病弱・身体虚弱の児童生徒の学びの場

　主に、特別支援学校（病弱）と病弱・身体虚弱特別支援学級で指導を行う。

(1)特別支援学校（病弱）

　継続して医療や生活上の管理が必要な子どもに対し

て、必要な配慮をしながら教育を行っている。入院や退院後も様々な理由により小中学校等に通学することが難しい場合は、病院に併設した特別支援学校（分校含む）や病院内にある院内学級に通学して学習する。

　授業では、入院前の学校の教科書を使用して小中学校等とほぼ同じ教科学習を行っている。自立活動の時間では、主に身体面の健康維持のための学習を行っている。治療等で学習に空白がある場合は、グループ学習や個別指導による授業を行う。病気との関係で長時間の学習が困難な子どもについては、学習時間を短くするなどして柔軟に学習できるように配慮している。

(2)病弱・身体虚弱特別支援学級

　入院中の子どものために病院内に設置された院内学級や、小・中学校内に設置された学級がある。病院内の院内学級では、退院後には元の学校に戻ることが多いため、元の学校と連携を図りながら各教科等の学習を進めている。教科学習以外にも、特別支援学校と同様に身体面やメンタル面の健康維持や改善を図る学習を行うこともある。

## ❸教育的対応の基本

(1)障害の多様化への対応

　近年、病弱・身体虚弱教育対象の幼児児童生徒の病気の種類や病状、障害の状態が多様化している。このような病気の多様化に対応するために、まず病気の種類別に指導内容を明確にする必要がある。教育的、心理的な観点から実態を把握するだけでなく、医学的な観点からも情報を収集し、必要に応じて病院とも連携しながら指導を進めていく。その上で、各教科の学習や自立活動を行う。自立活動では、特に健康の保持や心理的な安定への配慮が求められる。

(2)情報機器等を活用した指導

　入院、治療等による欠席のために学習の空白や学習に遅れが見られることがある。教師は、一人一人の学習の到達度等の実態把握を行い、学習の空白や遅れを補うことが必要である。直接体験できない場合などは、コンピュータや情報通信ネットワークを用いてWeb会議を行うなど、療養中でも、可能な限り児童生徒が学習できるよう教育環境を整えることが必要である。

## 《参考文献・HP》

・文部科学省HP　http://www.mext.go.jp/

・国立特別支援教育総合研究所『特別支援教育の基礎・基本』ジアース教育新社

【武井恒】

| 言語障害教育 | Language Disorder

# 言語障害教育

● 教育行政・制度

文部科学省では、言語障害を次のように定義している。

「言語障害とは、発音が不明瞭であったり、話し言葉のリズムがスムーズでなかったりするため、話し言葉によるコミュニケーションが円滑に進まない状況であること、また、そのため本人が引け目を感じるなど社会生活上不都合な状態。」

## ❶言語障害の種類

### (1)言語発達遅滞

脳内で操作・処理される表現や理解に必要な語彙や構文の発達が年齢相応でなく、コミュニケーションがうまくできない状態。

### (2)構音障害

地域や集団で年齢に期待される構音ができないためにコミュニケーションがうまくとれない状態。運動性構音障害、口蓋裂による器質性構音障害、その他の機能的構音障害等がある。

### (3)吃音

音や音節の繰り返し、詰まって言葉を発することができない無言の時間、過剰な身体的緊張とともに言葉が発せられる等のために、話し方が流暢でない状態。

## ❷言語障害の実態把握

### (1)言語発達遅滞

保護者との面談において、子どもの生育歴や家庭での様子を聞いたり、子どもと関わる中で、言葉の理解や要求の出し方等を観察したりする。語彙の理解については「PVT-R絵画語い発達検査」(上野一彦他　日本文化科学社)を行ったり、発達検査や知能検査等を行ったりすることもある。環境的な面を含めて実態を把握する。

### (2)構音障害

構音の状態を把握するために、多く用いられる検査として「ことばのテストえほん」(田口恒夫他　日本文化科学社)や独自の絵カードを用いる方法がある。これらにより、構音器官の形態や機能を把握する。器質性に問題がある場合は、医療機関の受診も必要となる。

### (3)吃音

会話の中や音読において吃音の様子や頻度を観察する。吃音の症状には、話すときに、「ぽ、ぽ、ぽぽ、ぽくは……」というように何回も繰り返してしまうものや「ぽおーーーくは」というように長く伸ばしてしまうものがある。また、話の始めだけでなく、途中でも生じるものもある。

## ❸言語障害のある児童生徒の学びの場

言語障害特別支援学級や言語障害通級指導教室（言葉の教室）などがある。それぞれの実態を把握し、個々のペースに合わせて正しい発音や楽に話す方法を指導していく。個別指導が中心になるが、必要に応じて集団でも学習する。通級による指導においては、多くの時間を過ごす通常の学級や家庭でのかかわりが重要なことから、担任や保護者との連携協力を図ることが必要である。また、学習したことを日常生活で生かす視点も大切である。幼少期や学齢期に言語障害がある場合、このような場で特別な指導を受けることができる。

## ❹教育的対応の基本

### (1)教科指導の充実

構音障害のある場合には、教科書の音読に関し、的確な発音で、スムーズに行うことができるように指導する。吃音がある場合には、詩などのリズム感のある教材を工夫して、読むことへの不安を軽減し、音読の楽しさを味わうことができるように配慮することが考えられる。書くことや話すことの学習の中では、体験的な活動を通して、実際に経験したことを口頭で文章化したり、さらに、文章化した内容を文字で記述したりして、活動を工夫することが考えられる。また、体験的な課題を設定し、話し合ったり、まとめたり、発表したりする機会をつくることも必要である。

### (2)楽しみながら学習する

発声や発語の力をつけるために、日常生活や遊びの中でも楽しみながら取り組む必要がある。例えば、歯ごたえのあるものを噛んで、舌の動きや顎の筋肉を向上させる。飴やガムを舐めたり、噛んだりすることでも効果がある。遊びでは、シャボン玉などを通して、息を調節して吹く練習をする。その際、色々な形のストローを用いると意欲的に学習できる。また、母音の口形発声練習として口の体操や口のじゃんけんなどの取り組みがある。舌や唇を含めた口全体の筋肉を強め、その動きを調整することでスムーズな発声を促していく。

### 《参考文献・HP》

・文部科学省HP　http://www.mext.go.jp/
・上野一彦他『改訂版特別支援教育基本用語100』明治図書
・国立特別支援教育総合研究所『特別支援教育の基礎・基本』ジアース教育新社

【武井恒】

| 自閉症・情緒障害教育 | Education for autism / emotional disorder

# 自閉症・情緒障害教育

●教育行政・制度

文部科学省では、情緒障害を次のように定義している。

「情緒障害とは、情緒の現れ方が偏っていたり、その現れ方が激しかったりする状態を、自分の意志ではコントロールできないことが継続し、学校生活や社会生活に支障となる状態。」

自閉症は、これまで米国精神医学会の分類と診断（DSM-Ⅳ）において、広汎性発達障害に分類されていた。しかし、DSM-5では分類が変わり、自閉症スペクトラム（症）（Autism Spectrum Disorder：ASD）としてまとめられた。

## ❶歴史的経緯

これまで、自閉症は情緒障害教育の対象に含まれていた。現在では、自閉症及びそれに類する障害と、緘黙、不登校などの心理的な要因による情緒障害とは、障害の原因が異なることが明らかであることから、両者に対する指導内容や配慮事項は異なるということを十分に認識しておく必要がある。（就学指導資料、平成14年）また、自閉症と情緒障害の違いをより明確にすることが必要であることなどから、従前の情緒障害特別支援学級の名称を「自閉症・情緒障害特別支援学級」と変更をした。（文部科学省1167号通知、平成21年2月）

## ❷自閉症スペクトラム（ASD）

ASDの児童生徒の実態把握には、一般的な知能検査や発達検査のほか（全訂版田中ビネー知能検査、WISC－Ⅳ、新版K式発達検査など）、自閉症及び関連する障害のための「自閉症・発達障害児教育診断検査（PEP-3）」がある。行動面や社会性については、ASDを対象とした精研式CLAC-Ⅳなどがある。

DSM-5におけるASDの診断基準は、以下のA、B、C、Dを満たしていることである。

A：社会的コミュニケーションおよび相互関係における持続的障害（以下の3点で示される）

(1)社会的・情緒的な相互関係の障害。

(2)他者との交流に用いられる非言語的コミュニケーション（ノンバーバル・コミュニケーション）の障害。

(3)年齢相応の対人関係性の発達や維持の障害。

B：限定された反復する様式の行動、興味、活動（以下の2点以上の特徴で示される）

(1)常同的で反復的な運動動作や物体の使用、あるいは話し方。

(2)同一性へのこだわり、日常動作への執着、言語・非言語上の儀式的な行動パターン。

(3)集中度・焦点づけが異常に強くて限定的であり、固定された興味がある。

(4)感覚入力に対する敏感性あるいは鈍感性、あるいは感覚に関する環境に対する普通以上の関心。

C：症状は発達早期の段階で必ず出現するが、後になって明らかになるものもある。

D：症状は社会や職業その他の重要な機能に重大な障害を引き起こしている。

## ❸情緒障害

教育支援資料（文部科学省、平成25年10月）では、教育の場で用いられる情緒障害にあてはまる症状の具体例として、選択性緘黙をはじめ、その他、集団行動・社会的な行動をしない、引きこもり、不登校、指しゃぶりや爪かみなどの癖、常同行動、離席、反社会的行動、性的逸脱行動、自傷行為をあげている。さらに、情緒障害は心理的な要因から生じる後天的な問題であり、先天的な問題から生じる発達障害とは違うものと定義している。

## ❹教育的対応の基本

(1)分かりやすい学習環境作り

ASDの児童生徒は、周りの状況を整理して把握することが苦手である。そのため、見通しがもてない活動は不安になる。そこで、時間、作業、教室環境の観点から構造化・イメージ化する。「いつ」「どこで」「何を」「いつまで（どのくらいの量）」「どのようなやり方で」「終わったら次に何を」するのかなどの観点で視覚的に分かりやすい方法を工夫することが必要である。

(2)分かりやすいコミュニケーション指導

言葉での理解が難しい場合は、イラストや写真等で視覚的に示すことが有効である。また、抽象的な表現は理解できないことが多い。「ちょっと待って」よりも「○分待って」のように具体的な指示が基本である。また、「だめ」「いけない」という否定的な指示では、何をしていいか分からない。「～します」といった肯定的な指示や褒めることも意識する必要がある。

## 《参考文献・HP》

・文部科学省HP　http://www.mext.go.jp/

・上野一彦『改訂版特別支援教育基本用語100』明治図書

・国立特別支援教育総合研究所『特別支援教育の基礎・基本』ジアース教育新社　【武井恒】

| 障害者福祉法 | Welfare law for people with disabilities

# 障害者の福祉に関する制度

●法律・法規

> 障害者福祉制度は、大きく分けると以下のように変遷してきた。
> 「措置制度」→「支援費制度」→「障害者自立支援法」→「障害者総合支援法」

「措置制度」では、行政がサービスの利用先や内容などを決めていた。平成15年4月の「支援費制度」の導入により障害者の自己決定に基づきサービスの利用ができるようになった。しかし、導入後には、サービス利用者数の増大や財源問題、障害種別間の格差、サービス水準の地域間格差など、新たな課題が生じてきた。これらの課題を解消するため、平成17年11月に「障害者自立支援法」が公布された。変更点は次の点である。①これまで障害種別ごとに異なっていたサービス体系が一元化された。②障害の状態を示す全国共通の尺度として「障害程度区分」が導入され、支給決定のプロセスの明確化・透明化が図られた。③安定的な財源確保のために、国が費用の2分の1を義務的に負担する仕組みや、サービスに応じた定率の利用者負担（応益負担）が導入された。支援費制度については施行後も検討が行われ、特に利用者負担については、軽減策が講じられてきた。平成22年の法律改正では、利用者負担が見直され、これまでの利用量に応じた1割を上限とした定率負担から、負担能力に応じたもの（応能負担）になり、平成24年4月から実施されている。平成24年6月には「地域社会における共生の実現に向けて新たな障害保健福祉施策を講ずるための関係法律の整備に関する法律」が公布され、この法律により、平成25年4月に「障害者自立支援法」は「障害者の日常生活及び社会生活を総合的に支援するための法律（障害者総合支援法）」となり、障害者の範囲に難病等が追加されるほか、障害者に対する支援の拡充などの改正が行われた。

## ●障害者総合支援法のポイント

(1)目的・基本理念

「自立」という表現に代わり「基本的人権を享有する個人としての尊厳」と明記された。

(2)障害者の範囲の見直し

障害者自立支援法では、支援の対象が身体障害者、知的障害者、精神障害者（発達障害者を含む）に限定されていた。障害者総合支援法では「難治性疾患克服研究事業」の対象である130疾患と関節リウマチの患者が対象として加えられた。難病の患者への福祉サービスについては、これまでは補助金事業としてすべての市区町村での実施が可能になった。

(3)障害支援区分への名称・定義の改正

障害の多様な特性やその他の心身の状態に応じて必要とされる標準的な支援の度合いを総合的に示すものとして「障害程度区分」から「障害支援区分」へと改正された。

(4)障害者に対する支援の見直し

「共同生活介護（ケアホーム）」は「共同生活援助（グループホーム）」に一元化された。また、外部サービスの利用によるサービスが可能な「外部サービス利用型」が設定された。「重度訪問介護」及び「地域移行支援」は、それぞれ利用対象が拡大された。重度訪問介護は、これまでは重度肢体不自由者が対象のサービスだったが、新たに重度の知的障害者及び精神障害者も利用可能となった。地域移行支援は、これまでは施設に入所している障害者及び精神科病院に入院している精神障害者が対象のサービスだったが、「地域における生活に移行するために重点的な支援を必要とする者」も対象に追加された。

(5)地域生活支援事業の見直し

市区町村及び都道府県が行う地域生活支援事業の必須事業に新たな事業として、「障害者に対する理解を深めるための研修・啓発」や「障害者やその家族、地域住民等が自発的に行う活動に対する支援」等が追加された。また、都道府県が実施する地域生活支援事業の必須事業として、「意思疎通支援を行う者のうち、特に専門性の高い者を養成し、または派遣する事業（手話通訳者、要約筆記者、触手話及び指点字を行う者の養成または派遣を想定）」等が追加された。

(6)サービス基盤の計画的整備

障害福祉計画に「サービス提供体制の確保に係る目標に関する事項」と「地域生活支援事業の種類ごとの実施に関する事項」が加わり、サービス提供体制を計画的に整備するための規定が設けられた。

## 《参考文献・HP》

・厚生労働省HP　http://www.mhlw.go.jp/
・上野一彦他『改訂版特別支援教育基本用語100』明治図書
・WAMNET福祉医療機構　http://www.wam.go.jp/content/wamnet/pcpub/top/

【武井恒】

| 特別支援教育コーディネーター | Special Support Education Coordinator

# 特別支援教育コーディネーター

●教育行政・制度

> 文部科学省では、特別支援教育コーディネーターを次のように定義している。
> 「各学校における特別支援教育の推進のため、主に、校内委員会・校内研修の企画・運営関係諸機関・学校との連絡・調整、保護者からの相談窓口などを担う。」

教育的ニーズのある子どもを支援するために、小中学校、特別支援学校において学校内外の調整機能を果たす役割を担う者として提言された。「今後の特別支援教育のあり方について（最終報告）」（平成15年3月）

## ❶学校種別の特別支援教育コーディネーター

### (1)特別支援学校

推進役としての役割：医療的ケアの必要な児童生徒への対応のため、医療機関や福祉機関と連携・協力をしたり、校外の専門家による指導・助言を受けたりするなど、児童生徒のニーズに応じた教育を展開していく役割。

センター的役割：各学校の教員の専門性や施設・設備を活かし、地域における特別支援教育に関する相談のセンター的機能としての役割。

### (2)小中学校

学校内の関係者間の連携協力、校内の保護者や教員の相談窓口、特別支援学校などの教育機関、医療・福祉機関との連携協力の推進役としての役割。

## ❷特別支援教育コーディネーターの役割

特別支援教育コーディネーターの役割はそれぞれの学校で特別支援教育を推進することである。特別支援教育に関わる教育活動は多岐にわたるが、その各プロセスで、関わり合う人たちをつなぎ、知恵と力を引き出し、児童生徒への支援に結びつけていくことが大切である。

具体的な役割として、小中学校の特別支援教育コーディネーターは、「学校内の関係者や関係機関との連絡・調整」や「保護者に対する学校の窓口として機能すること」等が期待される。特別支援学校の特別支援教育コーディネーターは、これらに地域支援の機能として、「地域内の特別支援教育の核として関係機関とのより密接な連絡調整」「研修の企画・運営」が期待される。

## ❸特別支援教育コーディネーターの活動と資質・技能

特別支援教育に関わる諸活動の中で、様々な機能を果たすことが期待されている。そのための資質や技能には、例えば次のようなものがある。

### (1)保護者の相談の窓口

保護者にとっての必要なことに耳を傾け、その状況を把握し、支援につながる次のステップへ導くための力が求められる。保護者の気持ちを受け止めながら信頼関係を築き、学校と家庭が連携して支援を行えるように配慮していくことが必要である。

### (2)校内の教員の相談窓口

教員の心配なことに耳を傾け、その状況を把握し、支援につながる次のステップへ導くための力が求められる。校内委員会を設置し、適切かつ円滑な運営を行う推進役を担う。個別の指導計画も校内委員会での話し合いをもとにコーディネーターが助言を行い、作成する。

### (3)校内外の関係者や地域の関係機関との連絡・調整・連携とネットワークの構築

校内外の関係者から情報を集め、支援のための知恵や力を引き出し、チームワークを形成する力が求められる。児童生徒が関わっている場合は、保護者の了解を得た上で連携していくことが必要である。

### (4)教育的支援の充実

地域の関係機関の情報を集め、関係者間をつなぎ、支援のためのネットワークを形成する力が求められる。また、担任への支援も行う。子どもと身近に触れ合っている学級担任は、子どもの問題について気付きを得やすい。しかし、問題の存在だけでなく、その問題がどのような原因や傾向があるかといった丁寧な問題把握が必要になる。コーディネーターは担任とは異なる視点で子どもの問題を捉え、担任をサポートしていく姿勢が求められている。

以上のような力を身につけるためには、カウンセリングや障害に対する知識、人間関係を調整する力やファシリテーションの技能等も必要になる。これらの知識、技能は誰もがはじめからもっているものではない。経験や研修を通して、少しずつ身につけていくものである。幅広い人脈をつくり、チームで取り組むことが求められている。

### 《参考文献・HP》

- 文部科学省HP http://www.mext.go.jp/
- 上野一彦他『改訂版特別支援教育基本用語100』明治図書
- 国立特別支援教育総合研究所『特別支援教育の基礎・基本』ジアース教育新社

【武井恒】

| ケース会議 | Case meeting

# ケース会議

● 教育行政・制度

文部科学省では、ケース会議を次のように定義している。

「事例検討会」や「ケースカンファレンス」とも言われ、解決すべき問題や課題のある事例を個別に深く検討することによって、その状況の理解を深め対策を考える方法。

## ❶ケース会議の意義

(1)学校全体で話し合うことで、担任一人で関わるのではなく、学校全体でどのような支援ができるかという視点から合意形成を図ることで、支援のための校内体制づくりにつながる。

(2)保護者を交えることで、学校、家庭の両面から子どもの理解をすることができる。また、支援の方法や方向性について共通理解ができる。

(3)医療や福祉の専門家を交えることで、専門的なアドバイスが受けられる。また、第三者的な立場の見解が得られる。

## ❷ケース会議の進め方

様々な都道府県で、マニュアルが公開されている。それぞれに進め方等も載っている。一例として、福岡市発達教育センターがまとめているケース会議マニュアルが詳しくわかりやすい。まずは、各都道府県のHPを参照することをお勧めする。

ケース会議の進め方は様々あるが、例えば以下のような流れである。

(1)準備段階

まず、保護者や担任からの話をもとに、何に困っているか、支援のために何が必要かなど、検討したいことを明確にする。それをケース会議までにまとめておく。次に、ケース会議の参加メンバーを決める。例えば担任を始め、特別支援教育コーディネーター、本人と関わりのある福祉サービスや市町村の相談員、医療機関等である。メンバーが決まったら、日程調整と招集を行う。必要な資料等は事前に準備しておく。

(2)ケース会議

まず、役割分担を決めておく。誰が司会、記録をするのか決めておき、会議の流れを確認する。

具体的な進め方も様々あるが、ここでは福岡市発達教育センターケース会議マニュアルを参考に紹介する。

マニュアルに載っている進行表には、次のように書かれている。

(i)流れの共通理解

ここでは、流れの確認と終了時刻を明確にすることがポイントになる。

(ii)困難の背景とよさの理解

収集された情報の中で、気になること、行なった手立て、予想される背景、生育歴等を確認する。また、困難な部分だけでなく、よい部分とその背景も同時に確認することが大切である。

(iii)支援の検討

出された情報を整理し、支援方策を協議する。その際、本人のよさを生かした支援も考えることが大切である。

(iv)支援の決定

複数の支援方策を決定し、具体的に取り組むことを確認する。役割分担も行い、それぞれの立場で取り組むことを明確にすることが大切である。

(v)方向性の確認

支援を継続していくことを確認し、次回の日程調整を行う。最後に、全員が次回のケース会議に支援の結果やエピソードを持ち寄ることを確認し、次につなげていく。

ここまでで約30分の設定である。できるだけ短時間でポイントを絞りながら効率よく進めることも必要である。

2回目のケース会議では、1回目のケース会議で導き出された支援方法を取り組んで、効果の有無を確認する。効果が見られた場合は、継続して支援を行う。またさらによりよい支援を追加する。効果が見られなかった場合は、もう一度困難さの背景等を見直し、達成可能な支援を決定する。その際、新たな外部機関があれば活用する。

## ❸シートの活用

ケース会議を進めるにあたって、記録シートや実態把握シート等で情報を整理することが有効になる。さらに、個別の教育支援計画や個別の指導計画も有効活用したい。ケース会議もこれらの計画に反映させることで、より活用できるツールになる。

### 《参考文献・HP》

・文部科学省HP　http://www.mext.go.jp/
・「福岡市発達教育センターケース会議マニュアル」
・国立特別支援教育総合研究所『特別支援教育の基礎・基本』ジアース教育新社

【武井恒】

| 個別の教育支援計画 | Individual support plan

# 個別の教育支援計画

● 教育行政・制度

個別の支援計画は、乳幼児期から学校卒業まで生涯にわたって一貫した支援を行うための計画である。法的根拠は「障害者基本計画」（H14.12）である。

「障害のある子どもの発達段階に応じて、関係機関が適切な役割分担の下に、一人一人のニーズに対応して適切な支援を行う計画（個別の支援計画）を策定して効果的な支援を行う。」

「個別の支援計画」と「個別の教育支援計画」は、概念として同じものであり、学校等の教育機関が中心に作成する場合に、「個別の教育支援計画」と呼ぶ。

平成29年3月に出された小学校学習指導要領改訂案においては、特別な配慮を必要とする児童への指導として、次のように示された。（文部科学省HPより引用）

障害のある児童などについては、家庭、地域及び医療や福祉、保健、労働等の業務を行う関係機関との連携を図り、長期的な視点で児童への教育的支援を行うために、個別の教育支援計画を作成し活用することに努めるとともに、各教科等の指導に当たって、個々の児童の実態を的確に把握し、個別の指導計画を作成し活用することに努めるものとする。

## ❶個別の支援計画のメリット

「個別の教育支援計画」を作成し、活用することによるメリットは大きく分けると以下の4つである。（愛媛県総合教育センターHPより引用）

1　情報の共有と共通理解（保護者や関係者が、子どもの実態等について共通理解をし支援に当たる）
2　支援ニーズの明確化（複数の者が話し合う中で、子どもにとって大切な支援ニーズが明確になる）
3　役割分担と連携による支援（共通の支援目標を達成するため、それぞれが役割を分担して取り組める）
4　継続した支援（評価・見直しを行い、引継ぎを行うことで、支援が継続される）

## ❷個別の教育支援計画の具体例

それぞれの県で示された書式を用いて個別の教育支援計画を作成する。山梨県の場合、障害種別、学校種別にかかわらず、県内で統一した様式である。特別支援学校に限らず、幼稚園、小・中・高等学校等に在籍している幼児児童生徒についても同一様式で作成する。様式としては、A票とB票の2つで構成されている。

A票：幼児児童生徒のプロフィールや、連携及び支援の記録等を記入する。
B票：本人・保護者の願い、支援目標（短期、長期）と評価、家庭や学校等における状況、「合理的配慮」、本人に関係する機関について記入する。

この様式は平成28年度に改訂された。その際、ポイントになる部分が2点あった。いずれの都道府県でも大切になる点である。

1　保護者の参画
これまでは教師が主に作成し、保護者に同意を得ることで進めてきた。しかし、作成することが目的になってしまう傾向があった。本来は、保護者が参画し、積極的に各関係機関と連携しながら活用することが望ましい。そこで、改訂により作成者欄に保護者の記名もすることになった。実際に名前を記入してもらうことで、ケース会議で個別の教育支援計画を話題にするなど、保護者の中で参画する意識が生まれつつある。
2　合理的配慮（詳しくはP13「合理的配慮」を参照）
合理的配慮は、支援目標の達成などに必要不可欠である。本人及び保護者と学校が合意形成を図りながら決定し、記入する。こちらも保護者の参画が求められる。合理的配慮の内容は、「個別の指導計画」にも反映させていくことが大切である。

## ❸ツールとしての個別の教育支援計画

個別の教育支援計画は保護者を含めた関係機関が連携し、子どもたちを支援していくためのツールである。保護者にとっては、コミュニケーションツールとして使用すると課題を教師と共有しやすくなる。医療や福祉の関係者も、子どもの実態や教師や保護者の支援の方向性を把握しやすくなり、具体的な指導内容も理解できる。すると、専門的な立場からも指導助言が得られる。ツールである以上、活用しなければ意味がない。どの県でも課題はあるが、情報を共有する中でよりよい計画ができるとよい。各県により様式は異なるので、まずはそれぞれの都道府県のHPを参照するとよい。

《参考文献・HP》
・文部科学省HP　http://www.mext.go.jp/
・山梨県HP　http://www.pref.yamanashi.jp/
・愛媛県総合教育センターHP　http://www.esnet.ed.jp/center/main/

【武井恒】

| 個別の指導計画 | Individualized Educational Programs

# 個別の指導計画

● 教育行政・制度

「個別の指導計画」は、学校で指導する際に、一人一人の幼児児童生徒の特性に配慮した目標や内容、方法等をまとめた計画である。平成29年3月に公示された小学校学習指導要領改訂においては、特別な配慮を必要とする児童への指導として、次のように示された。

「障害のある児童などについては、家庭、地域及び医療や福祉、保健、労働等の業務を行う関係機関との連携を図り、長期的な視点で児童への教育的支援を行うために、個別の教育支援計画を作成し活用することに努めるとともに、各教科等の指導に当たって、個々の児童の実態を的確に把握し、個別の指導計画を作成し活用することに努めるものとする。」

「個別の教育支援計画」とともに、それを受けて「個別の指導計画」を作成し、活用するものである。それぞれの計画の関係性を明確にし、指導していく必要がある。

## ❶個別の指導計画のメリット

「個別の指導計画」を作成し、活用することによるメリットは大きく分けると以下の5つである。（山口県教育委員会HPより引用）
(1)幼児児童生徒の様子や指導目標・内容等について教職員の共通理解が進む。
(2)校内支援体制づくりに役立つ。
(3)個別指導や集団活動での配慮や支援が充実する。
(4)個別の指導計画を基に適宜評価を行い指導内容や方法等を改善することで効果的な指導につながる。
(5)引継ぎの資料となり、一貫性や系統性のある指導を行うことができる。

個別の指導計画に基づく指導を進めることで、指導や支援を改善、充実させることができる。

## ❷個別の指導計画の作成手順

現状では、それぞれの学校が独自の書式で作成している。学校の中でも、学部によって書式が異なる場合もある。書きやすい書式で書くことがまず大切であるが、PDCAにより指導の評価や適宜見直しも行い、指導の改善、充実を図ることが必要である。作成手順としては、例えば以下の流れで進める。
(1)実態把握
前年度の引き継ぎがある場合は、引き継ぎ資料を参照する。また、個別の教育支援計画を活用し、子ども

の学習面や生活面の様子や担任の気づき、願い等を把握する。
(2)目標設定
個別の教育支援計画の長期目標や短期目標（重点目標）を踏まえて目標を設定する。1年間を見通しての目標や学期ごとの目標を設定する。その際、評価可能な具体的な目標であることが基本である。
(3)指導計画の作成
学習指導要領に基づき、各教科や領域等の指導内容を設定する。その際、他学年や他学級の指導計画との関連を図り、指導形態や指導方法を工夫することが基本である。
(4)指導の展開
学習指導案を作成、活用しながら、個別の指導計画を基にした授業実践を行う。授業記録をとりながら、指導の改善、充実を図ることが基本である。
(5)評価
ペーパーテストだけでなく、授業への取り組み姿勢や作品などにより、具体的かつ、総合的に評価を行う。そして、評価結果に基づき、具体的な指導の工夫や改善を行う。さらに、年間や学期の指導目標の評価と見直しをしていくことが必要である。

## ❸今後の動向

今後は、インクルーシブな教育が推進される中、特別支援学校が地域の特別支援教育のセンター的役割をより一層発揮することが期待される。小中学校や高等学校の通常の学級に在籍する特別な支援が必要な児童生徒に対する個別の指導計画の作成と活用にも関与していく必要性が示唆されている。また、一人一人が抱える困難に対する課題や目標の設定と配慮や工夫（合理的配慮）を実現させていくことが求められる。その際、これまで培われてきた特別支援学校の個別の指導計画作成と活用のノウハウを生かしていくことが必要である。

### 《参考文献・HP》
・文部科学省HP　http://www.mext.go.jp/
・上野一彦他『改訂版特別支援教育基本用語100』明治図書
・山口県教育委員会HP　http://www.pref.yamaguchi.lg.jp/cms/a50100/y-edu/y-edu-top.html

【武井恒】

| 特別支援学級 | Necessary things to enter special support class

# 特別支援学級

●教育行政・制度

　文部科学省では、特別支援学級を次のように定義している。

　「特別支援学級は、小・中学校に障害の種別ごとに置かれる少人数の学級（8人を上限）であり、知的障害、肢体不自由、病弱・身体虚弱、弱視、難聴、言語障害、自閉症・情緒障害の学級がある。」

## ❶特別支援学級の就学基準

　特別支援学級の対象となる障害の程度は以下の通りである。（文部科学省初等中等教育局長通知「障害のある児童生徒の就学について」平成14年）

(1)知的障害者

　知的発達の遅滞があり、他人との意思疎通に軽度の困難があり日常生活を営むのに一部援助が必要で、社会生活への適応が困難である程度のもの。

(2)肢体不自由者

　補装具によっても歩行や筆記等日常生活における基本的な動作に軽度の困難がある程度のもの。

(3)病弱者及び身体虚弱者

(i)慢性の呼吸器疾患その他疾患の状態が持続的又は間欠的に医療又は生活の管理を必要とする程度のもの。

(ii)身体虚弱の状態が持続的に生活の管理を必要とする程度のもの。

(4)弱視者

　拡大鏡等の使用によっても通常の文字、図形等の視覚による認識が困難な程度のもの。

(5)難聴者

　補聴器等の使用によっても通常の話声を解することが困難な程度のもの。

(6)言語障害者

　口蓋裂、構音器官のまひ等器質的又は機能的な構音障害のある者、吃音等話し言葉におけるリズムの障害のある者、話す、聞く等言語機能の基礎的事項に発達の遅れがある者、その他これに準じる者（これらの障害が主として他の障害に起因するものではない者に限る。）で、その程度が著しいもの。

(7)情緒障害者

(i)自閉症又はそれに類するもので、他人との意思疎通及び対人関係の形成が困難である程度のもの。

(ii)主として心理的な要因による選択性緘黙等があるもので、社会生活への適応が困難である程度のもの。

## ❷就学先を決定する仕組みの改正

　平成25年8月学校教育法施行令の一部が改正され、障害のある児童生徒の就学手続きについて、特別支援学校の就学基準（学校教育法施行令第22条の3）に該当する児童生徒等は原則特別支援学校へ就学するという従来の仕組みを改め、市町村の教育委員会は、障害のある児童生徒等の障害の状態、教育上必要な支援の内容、地域における教育の体制の整備の状況その他の事情を勘案して、総合的な観点から就学先を決定する仕組みとされた。

## ❸就学までの流れ

(1)年中期〜6月ごろ：情報収集

　住んでいる市区町村の教育委員会に問い合わせたり、ホームページを参照したりして、地域にある特別支援学校や、小学校の特別支援学級の有無などについて情報を集める。

(2)7月〜9月ごろ：就学相談

　専門の就学相談員と保護者との面談（複数回のこともある）を通して子どもにとって最適な就学先を決める。子どもの状態を把握するための検査が行われたり、相談員が子どもの在籍園・在籍校に赴いて様子を確認したりすることがある。障害の状態、障害に基づく教育的ニーズ、保護者・専門家の意見、学校や地域の状況などを考慮して、就学指導委員会が子どもにとってよいと思われる就学先を決定する。この決定に保護者が同意をすれば就学先が決定する。同意できない場合はその旨を教育委員会に申し立て、再度就学相談を受けることもできる。最終的には保護者の意向が尊重される。

(3)10月〜11月：就学時健康診断と小学校の選択

　就学時健康診断とは、小学校に入学する前に行われる健康診断のことであり、身体検査に加えて発達検査、知能検査等がある。就学基準に子どもが該当すると思われる場合、就学相談・就学指導を受けることを教育委員会からすすめられる。就学相談で、特別支援学校、特別支援学級、通級、通常学級という選択肢の中から子どもにとって最適と思われる就学先を決定する。

## 《参考文献・HP》

・文部科学省HP　http://www.mext.go.jp/
・山梨県HP　http://www.pref.yamanashi.jp/
・LITALICO発達ナビHP　https://h-navi.jp/

【武井恒】

| 情緒学級 | Emotional disorder special support class

# 自閉症・情緒障害特別支援学級

●教育行政・制度

自閉症・情緒障害特別支援学級の対象は、次のようになっている。
1　自閉症又はそれに類するもの。
2　主として心理的な要因による選択性緘黙等のあるもののうち、その障害により、社会的適応が困難になり、学校などで集団生活や学習活動に支障のある行動上の問題を有する児童生徒である。

自閉症・情緒障害特別支援学級の主目的は、自閉症や心理的な要因による選択性緘黙などによる適応困難の改善である。

## ❶自閉症・情緒障害特別支援学級の現状と課題

平成21年、文部科学省初等中等教育局長通知において、当時使われていた「情緒障害特別支援学級」の名称が、「自閉症・情緒障害特別支援学級」へと変更された。

近年、自閉症・情緒障害特別支援学級が増え、自閉症の児童生徒への適切な指導とともに、教育課程の編成が課題となっている。

特に特別の教育課程の編成を難しくしている要因について、明星大学の廣瀬由美子氏は次の2つを挙げている。

1　異学年の集団で学級が構成されていること。
2　在籍する児童生徒の知的発達の程度や学校生活への適応状態が、個々に異なるといった実態があること。

同じ学年や障害名であっても、児童生徒によって実態は様々であり、指導内容や指導方法は異なってくる。すると、1つの学級として教育課程を編成することが困難になる。

さらに、障害特性を踏まえた指導は不可欠であり、様々な工夫や配慮をするために、担当教師の専門性が求められる。しかし、自閉症・情緒障害特別支援学級を担当する教師の特別支援学校教員免許の保有率はそれほど高くない。また、指導経験も浅い教師が担当することも多く、1年ごとに変わってしまう学校すらある。専門性の向上と担保については、今後も課題となる。

## ❷自閉症・情緒障害特別支援学級における指導

自閉症や情緒障害のある児童生徒への各教科等の指導に当たっては、自立活動を取り入れるとともに、自閉症等のある児童生徒は、生活技能が十分に身に付いていないことが多く見られることから、特別支援学校（知的障害）の各教科等や指導方法を参考にするとよい。不登校等のために、学習に空白が生じていることがあることから、指導内容を下学年の内容に替えたり、基礎的・基本的な内容を重視して精選したりするなどしていくことが大切である。

(1)日常生活習慣形成のための指導

食事、排泄、衣服の着脱などの指導を学校生活の中で行う。特に自閉症の児童生徒は、物や場所に固執したり、音や光などの刺激に過敏に反応したりする障害特性が見られる。環境面でできる部分は配慮を行い、刺激を制限したり、イラストなどで視覚的に見通しをもたせたりする工夫も必要である。達成できたことはシールや花丸等で見てわかる評価をしていくと、モチベーションを高めながら活動できる。

(2)運動機能、感覚機能を高めるための指導

動作の模倣、遊具を使った運動などにより、自ら体を動かしたり、協調動作の運動をしたりする。不器用であったり、ぎこちない動きをしたりする子どもには、特に手や目など、複数の感覚を指導の中に取り入れ、多感覚でアプローチする方法も有効である。視力はあるが、視知覚に課題がある子どももいるので、適切なアセスメントを行い、ビジョントレーニングなども継続して行う必要がある。

(3)人とのかかわりを深めるための指導

人とうまくかかわれないために、トラブルになることも多い。教師との関係から少しずつ友達へと関係を広げていく支援が必要である。相手の立場に立ったり、相手の気持ちを推し量ったりすることは難しいが、友達と一緒に活動して楽しんだり、喜んだりする経験を大切にしたい。ルールや社会性は人とのかかわりの中に存在する。将来の自立に向けて、人とのかかわりを意識した授業の組み立てが必要である。コミュニケーションも苦手なことが多い。そのため、相手の話を聞いて理解することや自分の意思や要求を相手に伝わる手段で伝えることも必要になってくる。抽象的な指示や否定語ではうまく伝わらないことがある。そのため、指示する際は具体的、肯定的に伝えることが基本である。

《参考文献・HP》
・文部科学省HP　http://www.mext.go.jp/
・『特別支援教育研究2013.12』東洋館出版社
・国立特別支援教育総合研究所『特別支援教育の基礎・基本』ジアース教育新社

【武井恒】

| 知的障害特別支援学級 | Mental Retardation Special Support Class

# 知的障害特別支援学級

● 教育行政・制度

文部科学省では、知的障害特別支援学級を次のように説明している。

「必要に応じて特別支援学校の教育内容等を参考にしながら、小集団の中で、個に応じた生活に役立つ内容が指導されている。小学校では、体力づくりや基本的な生活習慣の確立、日常生活に必要な言語や数量、生活技能などの指導を実施している。また、中学校では、それらを更に充実させるとともに、社会生活や職業生活に必要な知識や技能などを指導している。」

**❶知的障害特別支援学級の対象**

知的障害特別支援学級の対象は、次のようになっている。

知的発達の遅滞があり、他人との意思疎通に軽度の困難があり日常生活を営むのに一部援助が必要で、社会生活への適応が困難である程度のもの。

**❷知的障害特別支援学級の対象となる児童生徒の状態像**

(1)他人との日常生活に使われる言葉を活用しての会話はほぼ可能であるが、抽象的概念を用いて複雑で論理的な思考をすることが困難である。

(2)単純な比較的長い文章を読んで全体的な内容を理解し短くまとめて話すことが困難である。

(3)計算はできるが、問題文を読んで問題の解き方を発見し、立式して正しく解答することが困難である。

(4)家庭生活や学校生活における年齢段階に標準的に求められる食事、衣服の着脱、排泄、簡単な片付け、身の回りの道具の活用などにほとんど支障がない。

**❸知的障害のある児童生徒に見られる行動特性**

(1)習得した知識や技能が偏ったり、断片的になりやすかったりする。

(2)成功経験が少ないことなどにより、主体的に活動に取り組む意欲が十分に育っていない。

(3)実際的な生活経験が不足しがちであり、習得した知識や技能が実際の生活に応用されにくい。

(4)抽象的な指導内容より、実際的・具体的な内容が習得されやすい。

**❹知的障害のある児童生徒に対する教育的対応**

(1)児童生徒の実態に合った指導内容を選択・組織する。

(2)児童生徒が、自ら見通しをもって行動できるよう、日課や学習環境などを分かりやすくし、規則的でまとまりのある学校生活ができるようにする。

(3)望ましい社会参加を目指し、日常生活や社会生活に必要な技能や習慣が身に付くよう指導する。

(4)職業教育を重視し、将来の職業生活に必要な基礎的な知識や技能及び態度が育つよう指導する。

(5)生活に結び付いた具体的な活動を学習活動の中心に据え、実際的な状況下で指導する。

(6)生活の課題に沿った多様な生活経験を通して、日々の生活の質が高まるよう指導する。

(7)児童生徒の興味・関心や得意な面を考慮し、教材・教具等を工夫するとともに、目的が達成しやすいように、段階的な指導を行うなどして、児童生徒の学習活動への意欲が育つよう指導する。

(8)できる限り児童生徒の成功経験を豊富にするとともに、自発的・自主的な活動を大切にし、主体的活動を促すよう指導する。

(9)児童生徒一人一人が集団において役割が得られるよう工夫し、その活動を遂行できるよう指導する。

(10)児童生徒一人一人の発達の不均衡な面や情緒の不安定さなどの課題に応じて指導を徹底する。

**❺知的障害特別支援学級における特別の教育課程**

(1)各教科の内容：下学年や特別支援学校（知的障害）の各教科の目標及び内容に替えることができる。また、適切な教科用図書を使用できる。各教科の内容は実際の生活に深く関連していることが必要である。

(2)各教科等を合わせた指導：知的障害のある児童生徒を教育する場合には、必要に応じて、各教科、道徳、特別活動及び自立活動の全部又は一部を合わせて指導することができる。例えば、日常生活の指導、遊びの指導、生活単元学習などがある。

(3)自立活動の指導：学習上又は生活上の困難の改善・克服を目的とした「自立活動」を取り入れることができる。時間割に位置付け、時間を特設して行う指導（時間における指導）と各教科等（教育活動全体）の中で行う指導との関連を図りながら指導することが必要である。

**《参考文献・HP》**

・「特別支援学級担任のためのハンドブック」岡山県総合教育センター

・「特別支援学級担任ハンドブック」山梨県教育委員会

・文部科学省「就学指導資料」平成14年6月

・文部科学省「特別支援学校学習指導要領解説　総則編」平成21年6月

【武井恒】

| 特別支援学校 | Special support education schools

# 特別支援学校

● 教育行政・制度

特別支援学校は、学校教育法第72条によると次のことを目的としている。

「視覚障害者、聴覚障害者、知的障害者、肢体不自由者、または病弱者（身体虚弱者を含む）に対して、幼稚園、小学校、中学校または高等学校に準ずる教育を施すとともに、障害による学習上または生活上の困難を克服し自立を図るために必要な知識技能を授けること。」

学校教育法等の一部改正によって、「盲学校」「聾学校」「養護学校」に区分されていた制度は、平成19年4月1日から「特別支援学校」に一本化された。同時に、免許についても特別支援教諭免許状に一本化された。特別支援学校の教員は、小学校・中学校・高等学校又は幼稚園の教員の免許状のほかに、特別支援学校の教員の免許状を取得することが原則となる。

特別支援学校の学級には、単一の障害を有する幼児児童生徒で構成される学級と、複数の障害を合わせ有する幼児児童生徒で構成される重複学級がある。

重度の障害を有するために、学校への登校が困難である子どものために、教師が自宅へ出向いて指導を行う訪問学級を設置している学校もある。また、遠隔地に自宅がある子どもたちのための通学保証のために、寄宿舎が併設されている学校もある。寄宿舎では、寄宿舎指導員により、生活指導や自治活動を通して、自立を図る教育がされている。

在籍児童生徒数は年々、増加傾向にあり、障害の重度重複化も見られる。

## ❶特別支援学校の役割

特別支援学校は、専門性の高い教育を行うことの他に、地域の特別支援教育のセンター的機能を担う役割がある。例えば、次のような役割である。

(1)教育相談機能：地域の幼稚園・保育園から高等学校に在籍する支援を要する子どもたちに対し、相談を受けたり、情報を提供したりする。

(2)学校支援機能：障害のある子どもの保育・教育をしている機関等からの要望に応じて、巡回訪問による指導・助言や校内研修会での支援等を行う。また、障害のある子どもに適した教材・教具を貸し出したり、助言を行ったりする学校もある。

(3)教員研修機能：発達障害に関する指導や心理検査の技法等の研修会を公開し、研修の機会を提供する。

## ❷特別支援学校の教育課程

障害種に応じた教育課程を編成している。その中で

も、特に知的障害特別支援学校については、児童生徒の発達段階や経験などを踏まえ、実生活に結びついた内容を中心に構成していることが大きな特色である。具体的には各教科、道徳、特別活動、自立活動および総合的な学習の時間（小学部を除く）に分類されるが、教科や領域を合わせた指導（各教科等を合わせた指導）の形態も取り入れられている。

## ❸指導上の配慮

平成29年4月に公示された特別支援学校学習指導要領改訂案では、指導計画の作成と各学年にわたる内容の取り扱いにあたっては、児童生徒の障害の状態や特性及び心身発達の段階等を十分考慮するとともに、障害種ごとに特性に応じた指導上の様々な配慮事項が示されている。また、知的障害特別支援学校の各教科の内容についてもより細かく示された。

特別支援学校に在籍する児童生徒の障害の種類や程度は多様であり、発達の段階や能力、適性等についても個人差が大きい。児童生徒の実態に即した指導を行うためには、まずこれらについての的確な実態把握を行い、個々の児童生徒に応じた適切な指導目標を設定することが必要である。

## ❹教材・教具の工夫

特別支援学校では、個に応じて様々な配慮や工夫がされている。その1つが教材・教具の工夫である。特に知的障害のある児童生徒の教育では、障害の特性や発達段階を考慮し、自作で教材・教具を作成することが多い。合理的配慮の観点からも教材・教具の工夫は大事な視点である。具体例としては、教科書を読むことが苦手な子に、スリットの入ったシート（読む部分だけが見え、他の部分は隠れるもの）などを使うことが考えられる。話すことが難しい子には、絵カードを使ったコミュニケーションブックを用いて相手に気持ちを伝える工夫が考えられる。文字を書くことが難しい子には、マグネットシートを線や形に切り、落ちないように線をなぞる教材が有効である。

### 《参考文献・HP》

・湯浅恭正編『よくわかる特別支援教育』ミネルヴァ書房

・武井恒『特別支援の必要な子に役立つかんたん教材づくり29』学芸みらい社

・国立特別支援教育総合研究所『特別支援教育の基礎・基本』ジアース教育新社

【武井恒】

| 通級制度 | Institution of guidance by grade

# 通級による指導の制度

● 教育行政・制度

学校教育法施行規則第140条及び第141条に基づき、通級による指導の制度が行われている。
通級による指導では、小学校又は中学校の通常の学級に在籍している軽度の障害のある児童生徒に対して、主として各教科等の指導を通常の学級で行いながら、障害に応じた特別の指導を特別の指導の場で行う指導形態である。

通級による指導を行う場を通級指導教室、ことばの教室、きこえの教室などと呼ぶ場合もある。

## ❶通級による指導の形態

以下、3つの形態があるが、実施の状況は自治体や学校によって大きく異なる。

(1)自校通級

在籍する学校に通級指導教室が設置されている。

(2)他校通級

在籍する学校に通級する場がなく、近隣の通級指導教室に通う。

(3)巡回指導

担当の教師が障害のある子どもの学校に出向いて指導を行う。

## ❷通級による指導の対象者

通級による指導は平成5年より全国で制度化された。当時、その対象は言語障害や情緒障害等で、学習障害（LD）は含まれなかった。平成18年の改正により、情緒障害から自閉症者が独立して規定され、さらに学習障害（LD）、ADHDが新しく対象に含まれるようになった。指導時間数についても弾力化された。その後、知的障害のない発達障害（LD、ADHD等）への通級による指導を受ける児童生徒が急速に増加していった。通常学級で学ぶ障害のある子どもが増え、そのニーズの高まりとともに小・中学校での通級指導教室による支援体制の整備が進んでいる。

## ❸通級による指導の内容

一人一人の障害の状況に応じた具体的な目標や計画を立て、特別の教育課程を編成して指導が行われる。特別支援学校小学部・中学部学習指導要領を参考にした自立活動では障害による学習上・生活上の困難を改善するための指導が行われる。

例えば、位置や空間を把握することが苦手なLDの子どもたちのために、学校周辺の地図の作成など実際に体験できる活動を通して、ボディイメージの形成や空間での位置関係の把握を促す指導等が考えられる。

注意を集中し続けることが困難なADHDの子どもたちのために、1つの課題を幾つかの段階に分割するなどして、視覚的に課題の見通しを確認できるようにする指導等が考えられる。

また、特に必要があるときは、これに加えて児童生徒の障害の状態に応じて、実態に合った方法で各教科の内容を補充するための指導を行うこともできる。例えば、言語障害のある子どものために音読の練習をしたり、視覚障害のある子どものために、理科や家庭科の実験や観察を個別に行ったりすることがある。

## ❹通級による指導の今後の方向性

(1)教員数の増加

平成29年3月に、「義務標準法の改正法案」が可決されたことにより、通級による指導及び外国人児童・生徒等への日本語指導に係る教職員定数の基礎定数化に向けた法律の改正が行われた。これにより10年間で通級による指導を行う教員を段階的に増やすことが決まった。今後は、よりきめ細かな指導ができるようになることが期待される。

(2)高等学校における通級による指導の制度化

中学校で通級による指導を受けている生徒数は年々増加している。さらに、インクルーシブ教育システムの理念を踏まえると、高等学校が適切に特別支援教育を実施していくことが求められている。そこで、平成28年3月に「高等学校における通級による指導の制度化及び充実方策について」（高等学校における特別支援教育の推進に関する調査研究協力者会議報告）が取りまとめられた。今後は、高等学校でも通級による指導の制度が運用されていく。

## ❺相談窓口

小学校入学前は就学相談の中で子どもの実態を伝えていくことが大切である。入学後に通級による指導が必要になった場合は、本人と保護者の同意を得て校内委員会等で話をして決定する。

《参考文献・HP》
・文部科学省HP　http://www.mext.go.jp/
・上野一彦他『改訂版特別支援教育基本用語100』明治図書
・「特別支援学級及び通級指導教室経営の手引き」大分県教育センター

【武井恒】

| 障害者手帳（通称） | Handicapped person's passbook

# 障害者手帳（通称）

●教育行政・制度

> 障害者手帳とは、障害のある人が取得することができる手帳である。障害者手帳を取得することで、各種の福祉サービスを受けることができる。

障害者手帳には、次の3種類がある。

(1)身体障害者手帳：身体に障害のある方。

(2)療育手帳：知的障害がある方。

(3)精神障害者保健福祉手帳：精神に障害のある方。

手帳により各種障害福祉に関する制度が受けやすくなることや公共交通機関の運賃の割引等が受けられることがある。それぞれの手帳について詳しく説明する。

## ❶身体障害者手帳

身体障害者福祉法に基づき、障害程度に該当すると認定された方に対して交付される。身体障害のある方の自立や社会活動の参加を促し、支援することを目的として作られた。

手帳の交付対象となる障害の範囲は、身体障害者福祉法が定める身体障害者障害程度等級表（身体障害者福祉法施行規則）により1級から6級までの区分が設けられている。1級が最も重度である。

> 都道府県知事、指定都市市長、中核都市市長が交付する。身体障害の種類によっては治療などにより障害の程度が変わることがあるので、障害再認定制度がある。障害者再認定制度に該当しない方でも、障害の程度の変化や新たに障害が加わる場合には、等級変更を行う必要がある。また障害がなくなった場合は返還の手続きをする必要がある。

## ❷療育手帳

知的障害者福祉法に基づき、知的障害児・者に対して、一貫した指導や相談等が行われ、適切な支援をすることを目的として作られた。都道府県、指定都市が独自に要項を策定し、実施している。18歳未満の児童生徒は、児童相談所にて判定される。18歳以上は知的障害者更生相談所などで判定される。都道府県知事または指定都市市長が交付する。

療育手帳は別名を併記することもでき、呼び方は各都道府県によって異なる。多くは療育手帳としているが、東京都や横浜市では「愛の手帳」、埼玉県やさいたま市では「みどりの手帳」と呼ばれている。等級の名称も各自治体で異なる。例えば、次に示すものが一例である。

1 最重度（A1、マルA、1度など）

発達指数・知能指数が概ね20以下、または概ね21以上35以下かつ身体障害者手帳1、2、3級

2 重度（A2、A、2度など）

発達指数・知能指数が概ね21以上35以下、または概ね36以上50以下かつ身体障害者手帳1、2、3級

3 中度（B1、B、3度など）

発達指数・知能指数が概ね36以上50以下

4 軽度（B2、C、4度など）

発達指数・知能指数が概ね51以上70以下（一部地域は75以下。自閉症スペクトラムなどの発達障害があり生活の困難度が高い場合は発達指数・知能指数の上限を90程度まであげる地域も少ないながら存在する。

また何年かに一度、年齢更新の判定を受ける必要がある。これは知的障害が障害の程度が変化しやすいことによるものである。自治体により、更新する期間や年齢は様々である。

## ❸精神障害者保健福祉手帳

精神保健福祉法に基づき、長期にわたり日常生活または社会生活への制約がある方の自立と社会参加の促進を図ることを目的として作られた。

平成7年の精神保健福祉法の改正に基づき、手帳の交付が始まった。精神疾患があるために生活に支障がある方が取得できる。精神疾患の対象としては、てんかんや統合失調症などである。都道府県知事又は指定都市市長が交付する。障害の程度により、1級～3級までの3区分に分けられる。

発達障害者の場合、知的障害がある場合は療育手帳が交付される。知的障害を伴わない場合で精神保健福祉手帳にある基準を満たせば、交付される。病院で初めて診察してから6ヶ月を経過して、初めて申請することができる。手帳は2年ごと更新する必要がある。

## ❹相談窓口

区市町村の障害福祉担当窓口にて、申請したい旨を話し、書類を受け取ることから始まる。

### 《参考文献・HP》

・厚生労働省HP　http://www.mhlw.go.jp/

・上野一彦他『改訂版特別支援教育基本用語100』明治図書

・橋本創一他『特別支援教育の基礎知識』明治図書

・LITALICO発達ナビHP　https://h-navi.jp/

【武井恒】

| 就労 | Employment

# 就労

● 教育行政・制度

「障害者を雇うこと」と「障害者として働くこと」について定めている法律として、障害者の雇用の促進等に関する法律（障害者雇用促進法）がある。障害者の雇用の安定と確保を目的としている。その際、重要なのが法定雇用率である。法定雇用率とは、労働者に占める障害者の割合が一定率以上になるように事業主に義務づけている制度である。

現在（平成29年）は、従業員を50人以上雇用している民間企業の場合の法定雇用率は2.0％、官公庁や特殊法人は2.3％、教育委員会は2.2％と定められている。障害者の雇用率が法定雇用率未満の企業は、独立行政法人高齢・障害・求職者雇用支援機構から納付金を徴収されることになる。企業の障害者雇用は増えてきているが、法定雇用率2.0％を達成しているのは大企業だけという現状である。

### ❶障害のある生徒の就労の現状

障害のある生徒が、生涯にわたって自立し、社会参加していくためには、企業などへの就労を支援し、職業的な自立を果たすことが重要である。しかし、特別支援学校高等部卒業者のうち就職者の割合は高くない。また、高等学校においては、キャリア教育・職業教育について、とりわけ発達障害のある生徒一人一人の障害に応じた指導や支援という観点でいうと、十分な支援がなされているとは言えない。

### ❷学校における進路指導

児童生徒が自らの在り方や生き方を考え、将来に対する目的意識をもって、主体的に自己の進路を選択決定できるように指導していくことが必要である。それには、キャリア教育の視点は欠かせない。小学部の段階から発達段階や特性に応じて指導していく必要がある。具体的な指導として、在学中に大切にすべきことを次の視点から整理する。

(1)好きなことをもつ

できないことではなく、できていること、好きなことを伸ばす。できれば趣味となるような好きなことを3つ以上もてるとよい。就労後も好きなことを励みに仕事を続けられる人も多い。

(2)色々な体験をする

日常的なことで、色々な生活場面を体験する機会をつくる。例えば、買い物、回覧板を回す、家の手伝い等である。

(3)失敗をたくさん体験する

失敗してはいけない、かわいそう、恥をかくからと、先回りしてしまうと本人は変わらない。転んで痛みを知ることや体験を通じて考えること、選ぶことも大切な視点である。

(4)伝える力をつける

自分の考え、思いを自分に合った方法で伝えることが大切である。伝わったことで満たされる有用感を得て自信となる。

(5)社会において必要な習慣をつける

社会において必要な習慣は規則正しい生活、約束やルールを守ること、挨拶・返事・報告、清潔感等である。これらは一朝一夕にはできない。早い時期から無理なく家庭とも協力しながら進めていくことが必要である。また、就労するだけが目的ではなく、いかに働き続けるかが基本である。

### ❸高等部卒業後の進路

企業就労（障害者雇用）と福祉就労に分かれる。

福祉就労では、さらに次のような形態がある。

(1)生活介護：常に介護が必要な人に、日中、入浴や排泄、食事等の介護や創作活動の機会を提供する。

(2)自立訓練（生活訓練）：入浴、排泄、食事等に関する自立した日常生活や社会生活ができるよう、必要な訓練を行う。

(3)就労移行支援：一般企業への就労を希望する人に、生産活動や職場体験等の機会を提供する。

(4)就労継続支援A型：一般企業等での就労が困難な人に、雇用契約に基づく就労の機会を提供する。

(5)就労継続支援B型：一般企業等での就労が困難な人に雇用契約を結ばない就労及び生産活動の機会を提供する。

(6)就業支援センター（就労支援センター）：就職に必要な知識と技能、労働習慣を身に付ける訓練を行う。

(7)地域活動支援センター：身近な地域で、障害者の社会との交流を促進する。

(8)施設入所支援施設：施設に入所する人に、夜間入浴、排泄、食事の介護等を行う。

(9)共同生活援護：共同生活において入浴、排泄等の日常生活上の援助を行う。

### ❹相談窓口

相談支援センター等に相談をし、支援者をつくる。

### 《参考文献・HP》

・H29山梨県立かえで支援学校進路説明会資料

【武井恒】

| 転籍の手続き | Transfer procedure

# 転籍の手続き

● 教育行政・制度

> 平成24年、中央教育審議会が、「共生社会の形成に向けたインクルーシブ教育システム構築のための特別支援教育の推進（報告）」をまとめた。その中の重点項目に、「就学相談、就学先決定のあり方」や「多様な学びの場の整備と学校間連携」がある。

インクルーシブ教育では、どの子どもも適切な指導計画のもと、個のニーズに配慮した教育的活動に参加できることを目指している。そのために、教育のシステムに柔軟性を与え、多様で連続性のある学びの場を用意することが必要である。インクルーシブ教育の観点から、それぞれの子どもの発達の段階に応じて学びの場が適宜変更できる弾力的な転籍の手続きの制度が求められる。

## ❶障害の状態等の変化を踏まえた転学

平成25年、文部科学省より「学校教育法施行令の一部改正について」の通知が出された。この中では、「就学先を決定する仕組みの改正」「障害の状態等の変化を踏まえた転学」等が改正点として挙げられた。この改正により、就学先決定後も柔軟に就学先を見直していくこととなった。障害の状態の変化だけでなく、教育上必要な支援の内容、地域における教育の体制の整備状況、その他の事情が変わった場合においても校長による転学手続きの開始が規定された。したがって、就学後の子どもの教育的ニーズ等の変化に継続的に対応するために、小中学校や特別支援学校においては、個別の教育支援計画を作成し、その内容の充実を図るとともに、計画を定期的に見直すことによって、継続的に教育相談を行うことが必要になった。

## ❷学びの連続性を重視した対応

特別支援学校学習指導要領等（平成29年4月公示）では、障害のある子どもたちの学びの場の柔軟な選択を踏まえ、幼稚園、小・中・高等学校の教育課程との連続性を重視することがポイントの1つになっている。

教育内容についても学びの連続性を重視し、特に必要がある場合は、個別の指導計画に基づき、相当する学校段階までの小学校等の学習指導要領の各教科の目標及び内容を参考に指導ができるよう規定している。小中学校とのつながりに留意し、転籍等を含めた内容となっている。

## ❸転籍の実際

### (1)通常学級から特別支援学級への転籍

小学校入学時は通常学級に在籍していた子どもが、その後特別支援学級に転籍する場合がある。これには小・中学校の校内委員会が関係する。校内委員会とは、子どもの状態に早期に気付き、適切な支援を行うために小・中学校に設置されたものである。その役割は、学習面や行動面で特別な教育的支援が必要な子どもに早期に気付くことや特別な支援が必要な子どもの実態を把握し、担任の指導への支援方策を具体化することなどである。こういった支援体制が小・中学校内にあるため、最初に通常学級に入学した子どもでも、特別支援学級や通級での支援を受けることができる。

### (2)中学校への進学を契機とした転籍

小学校で特別支援学級に在籍していた子どもが、中学校でも特別支援学級に在籍する場合、同じ学区域内であれば、特別支援学校や特別支援学級で行われた特別支援教育の内容は、小学校と中学校の先生、特別支援教育コーディネーターを通して引き継がれる。その際、個別の教育支援計画や個別の指導計画が大切なツールとなる。

### (3)高等学校への進学を契機とした転籍

高等学校においては特別支援学級が設置されていないのが現状である。その理由としては、義務教育でないこと、入学試験など選抜があること、高等学校学習指導要領に特別支援学級に関する記述が少ないことなどが挙げられる。ただし、通級については平成30年度から開始されるよう文部科学省が準備を進めている。

文部科学省の調査によると、中学校の特別支援学級を卒業した子どものうち、進学する子どもの割合は9割を超える。進学した子どもの中では約6割が特別支援学校の高等部に進学している。多くの子どもが特別支援学校高等部もしくは通常の高等学校に進学しているのが現状である。また、各地域で、企業就労を視野に入れて指導を行う高等部のみの高等支援学校も設立されている。

### 《参考文献・HP》

・文部科学省HP http://www.mext.go.jp/
・上野一彦他『改訂版特別支援教育基本用語100』明治図書
・『特別支援教育 No.65 平成29年春号』東洋館出版社
・LITALICO発達ナビHP https://h-navi.jp/

【武井恒】

| 弱視特別支援学級 | special class for visual deficit children

# 弱視特別支援学級

●教育行政・制度

弱視特別支援学級は、障害の程度が「拡大鏡等の使用によっても通常の文字、図形等の視覚による認識が困難な程度のもの」（平成25年10月文部科学省初等中等教育局長通知）である児童生徒を対象にして特別に編成された学級である。

## ❶どこで指導を受ける？　在籍の基準

視覚障害のある児童生徒は、4つの場で学習することができる。

(1)特別支援学校（視覚障害）

1つ目は、特別支援学校である。対象となる障害の程度は「両眼の視力がおおむね0.3未満のものまたは視力以外の視機能障害が高度のもののうち、拡大鏡等の使用によっても通常の文字、図形等の視覚による認識が不可能又は著しく困難な程度のもの」（学校教育法施行令第22条の3）である。

(2)弱視特別支援学級

2つ目は、弱視特別支援学級である。上記の特別支援学校の対象となる基準よりも軽度であるが、障害の程度が「拡大鏡等の使用によっても通常の文字、図形等の視覚による認識が困難な程度のもの」（平成25年10月文部科学省初等中等教育局長通知）の場合は特別支援学級で学習することができる。

(3)通常学級による指導

3つ目は、通常学級で常時すごす場合である。眼鏡をかければ文字を認識でき、授業も受けられる児童生徒は通常学級による指導となる。

(4)通級による指導（弱視）

4つ目は、通級による指導である。対象者は、「拡大鏡等の使用によっても通常の文字、図形等の視覚による認識が困難な程度の者で、通常の学級での学習におおむね参加でき、一部特別な指導を必要とするもの」（平成25年10月文部科学省初等中等教育局長通知）とされている。学校生活の大半は通常学級ですごす。

## ❷弱視の児童生徒への指導のポイント

弱視の児童生徒は、全く見えないわけではない。児童生徒の視覚を活用していくことが必要である。

児童生徒の視覚を活用するためには、情報が見やすい環境を整備する必要がある。情報を見やすくする方法として

①拡大鏡などを使用する。

②教材を拡大して提示する（拡大教科書）。

③教材を単純化、簡明化。

④不必要な情報は排除して提示。

⑤図と地のコントラストを明確にする。

⑥色彩に配慮する。

⑦教材に顔を近づけて見るため、机いすの高さを調整する。

⑧教室の明るさの調整（暗すぎると見えないが、児童生徒がまぶしく感じない程度）。

⑨ICTの活用。

などがある。そしてそれぞれの項目は児童生徒にとってどれくらいが適当か確認する必要がある。

例えば教材を拡大する時に、小さすぎると見えないが、大きすぎると全体像を把握しにくいという問題もある。そのため文字は太めのフォントが見やすいのか？　大きさは何ポイントがいいのか？　などを児童生徒と相談しながら適度な条件を決めていくのがいい。

## ❸自立活動成功のポイント

自立活動は、児童生徒が自立をめざし、障害による困難を改善したり、克服したりするために必要な学習である。

(1)日常生活

登下校が自分一人でできるかどうかを見極めたい。もし一人でできない場合保護者は毎日送り迎えをする必要がある。そのため一人で登下校して欲しいというのは、保護者の方の大きな願いである。自立活動の時間を通して登下校の練習をすることも可能である。担任と一緒に通学路を歩き、自動車が多い所をどう歩くのか、段差や危険な所はないかを確認しながら歩く練習をすると、弱視の児童生徒の自立につながる。

登下校以外にも、着替えや排泄なども大切である。ボディイメージの持ちにくい子どもたちにも身だしなみを教えることは大切である。

(2)コミュニケーション

登下校の練習のついでに近くのお店に買い物に行くのも大変有効である。お店に買い物に行くことでお店の方との買い物のやりとりをすることは自立につながる。さらに買い物に行く道中で、地域の方にあいさつをすることで顔を覚えてもらうことができる。児童生徒は地域で生きていかなければならないので、顔を覚えてもらうことが必要である。あいさつの仕方を学び、顔を覚えてもらって、買い物の仕方も学んで、体力もつく買い物学習は一石四鳥の自立活動である。

【光村拓也】

| 弱視通級指導教室 | special class for visual deficit children

# 弱視通級指導教室

● 教育行政・制度

弱視通級指導教室は、障害の程度が「拡大鏡等の使用によっても通常の文字、図形等の視覚による認識が困難な程度の者で、通常の学級での学習におおむね参加でき、一部特別な指導を必要とするもの」（平成25年10月文部科学省初等中等教育局長通知）である児童生徒が1週間に8時間以内で学ぶことのできる教室である。児童生徒は、学校生活の大半を通常学級で生活する。在籍も通常の学級である。

## ❶どこで指導を受ける？　在籍の基準

視覚障害のある児童生徒は、4つの場で学習することができる。＊P51「弱視特別支援学級」を参照。

弱視通級指導教室を選択する児童は、弱視特別支援学級の児童よりも程度が軽いが、通常の学級で授業を受ける時に困ることがあるという程度の児童である。

## ❷弱視通級指導教室指導のポイント

弱視通級指導教室に通う児童生徒はほとんど通常の学級の児童生徒と同じ内容の授業を受けている。しかし弱視の児童生徒は、画数の多い漢字や、複雑な図形や地図など視覚的に認識が難しい場合がある。そういう場合に通級指導教室で個別に補充学習をする必要がある。

### (1)国語

漢字の読み書きをする場合に困難が生じるとすれば、画数の多い漢字の細部が見にくいということである。通常の学級が使っている漢字ドリルでは、文字が小さすぎるので文字を拡大コピーして、細部まで見られるようにするとよい。そしてさらに、拡大コピーを指でなぞりながら、書き順や形を確認することで、漢字の習得率が高まる。

また高学年になると国語の教科書の文字が小さくなり、1ページに書かれる文字数も多くなる。多くの小さな文字を読むのが困難な場合にも、拡大コピーは有効である。通級指導教室を選択している場合、拡大教科書を使うまででもないにしても、少し教科書のページを拡大することで、読みやすさが上がる。さらに、教師がお手本として教科書を読むことも、音声情報を手掛かりにできるので、児童にとっては理解の助けとなる。

### (2)社会

小学校の社会科では地図を読み取ることは重要な活動である。地図を読み取る時に細部が見にくい場合がある。縮尺の関係で小さな地図が教科書に載っていることもある。そのような場合は、地図を拡大コピーし

て見やすくする工夫が必要である。拡大しても見にくい場合は、色分けをして、田んぼには緑色、畑には黄色というように色を塗っておくことで見やすさが増す。

また等高線のような複雑な地図を読む場合には、立体地図を用意し、山の高さが高くなっている所には、線が集中し、低い所には線が少ないというようなことを触って実感できるようにすると体験が伴って理解しやすい。

### (3)算数

算数科のグラフの細かい目盛りを読むのが難しい場合がある。グラフを拡大コピーして、見やすくする指導が必要である。棒グラフや折れ線グラフの目盛りを数えやすく拡大コピーすることで、グラフを読んだり、グラフを描いたりすることがしやすくなる。

また図形を描く時にも配慮が必要である。例えば1辺が3センチメートルの正三角形を描く場合。底辺を描いてからコンパスで頂点をさがし、残りの辺をひく。

はじめに底辺をものさしを使って3センチメートルの直線を描かなければならないが、ものさしの目盛りが見にくい場合がある。そこではじめの底辺は教師がひいてやり、その3センチメートルの辺にコンパスを開いて頂点をさがすのは児童が行うというようにしたり、または、3センチメートルにこだわらず、この手順で正三角形が描けていれば1辺が何センチメートルでも正解にしたりとその児童にあったゴールを教師が設定する必要がある。

### (4)理科

植物の観察をする時は、実物を見ながら観察カードに絵と言葉で書いていくことが多い。植物の細部が見にくい場合は、タブレット等で写真を撮り、その場で写真の見たいところを拡大して観察カードを書くとよい。植物を観察して絵を描くのが難しい場合は教科書の絵をコピーしてその線をなぞったり、色を塗ったりして植物の構造や形を理解できるようにすればよい。

### (5)体育

ボディイメージが貧困な場合がある。例えば運動会のダンスを自分ではできているつもりでもできていないこともある。タブレットの動画を撮影し、先生が踊っている動画と児童が踊っている動画を見比べることで自分のどこが間違っているのかが、理解しやすくなる。

タブレットなどの機器はどの教科でも急に拡大コピーできない場合にはとても有効であり、教室に用意したい。　　　　　　　　　　　　　　　【光村拓也】

| 難聴特別支援学級 | special class for children

# 難聴特別支援学級

● 教育行政・制度

難聴特別支援学級は、障害の程度が「補聴器等の使用によっても通常の話声を解することが困難な程度のもの」（平成25年10月4日文部科学省初等中等教育局長通知）である児童生徒を対象にして特別に編成された学級である。

## ❶どこで指導を受ける？　在籍の基準

聴覚障害のある児童生徒は、4つの場で学習することができる。

### (1)特別支援学校（聴覚障害）

1つ目は、特別支援学校である。対象となる障害の程度は「両耳の聴力レベルがおおむね60デシベル以上のもののうち、補聴器等の使用によっても通常の話声を解することが不可能又は著しく困難な程度のもの」（学校教育法施行令第22条の3）である。

### (2)難聴特別支援学級

2つ目は、難聴特別支援学級である。上記の特別支援学校の対象となる基準にあてはまらない児童生徒で、障害の程度が「補聴器等の使用によっても通常の話声を解することが困難な程度のもの」（平成25年10月4日文部科学省初等中等教育局長通知）の場合は特別支援学級で学習することができる。

### (3)通常学級による指導

3つ目は、通常学級で常時すごす場合である。補聴器を用いれば会話ができ、授業も受けられる児童生徒は通常学級による指導となる。

### (4)通級による指導（難聴）

4つ目は、通級による指導である。対象者は、「補聴器等の使用によっても話声を解することが困難な程度の者で、通常の学級での学習におおむね参加でき、一部特別な指導を必要とするもの」（平成25年10月4日文部科学省初等中等教育局長通知）とされている。学校生活の大半は通常学級ですごす。

## ❷難聴の児童生徒への指導のポイント

### (1)環境の整備

難聴の児童生徒は、補聴器を使用している。補聴器は全ての音を大きくする。都合のいいように先生の声だけ大きくしてくれるようなものではない。難聴特別支援学級の教室は、雑音をなるべく排除すべきである。以下の項目をもとに教室の環境をチェックしたい。

①教室の近くに音楽室はないか。
②水槽が教室内にないか。
③教師がスリッパ等、足音の出やすい靴をはいていないか。

### (2)指導の工夫

難聴特別支援学級では、教師は視覚的な支援をしなければならない。同時に教師は大きな声で話さなければならない。例えば新出漢字を指さし、大声で読み方を教えるというように。

#### ①国語

児童生徒の実態によって学習内容が変わるが、読む活動、書く活動を中心に行う。新出漢字を覚える場合は、漢字ドリルを見ながら、利き手の人差し指で画数を言いながら指書きをする。その後鉛筆を持って漢字ドリルに書いてあるお手本をなぞり書きし、最後は自分で書く。漢字を覚えたら、読み方を教師が発声し、児童生徒に言わせて練習をする。

#### ②社会

地図記号の書かれたフラッシュカードを提示しながら、教師が読み、児童生徒に読ませる。

これを次々に続ける。まずはカードの字を目で見る。その後に教師の声を聴き、自分で発声する。その後ノートに地図記号を書く。

#### ③音楽

基本的なリズム感覚を養わせる。教師のマネをさせるのが基本である。教師が手を「パンパンパン」児童生徒がマネして「パンパンパン」教師「パパパパパン」児童生徒「パパパパパン」。これも視覚情報と聴覚情報との両方を与えているので、難聴の児童生徒もマネができる。

#### ④体育

体育館や運動場の広い場所で大声を出したり、笛で合図したりするのが難しい場合は合図の方法を工夫しなければならない。例えば50m走の合図を笛ではなく、旗を振り上げたらスタートとしたり、懐中電灯などの光をパッパッと点滅させたら集合というようにルールを確認しておくといい。

## ❸自立活動成功のポイント

自立活動は、児童生徒が自立をめざし、障害による困難を改善したり、克服したりするために必要な学習である。難聴の特別支援学級を選択したことで通常の子どもとの交流がしやすい環境である。交流学級で給食を食べたり、一緒に遊んだりすることを大切にしたい。

状況に応じて筆談をしたり、ジェスチャーで伝えたりと様々な方法でコミュニケーションをとることができる児童生徒に育てたい。

【光村拓也】

| 難聴通級指導教室 | special class for children

# 難聴通級指導教室

●教育行政・制度

難聴通級指導教室は、障害の程度が「補聴器等の使用によっても話声を解することが困難な程度の者で、通常の学級での学習におおむね参加でき、一部特別な指導を必要とするもの」（平成25年10月文部科学省初等中等教育局長通知）である児童生徒が1週間に8時間以内で学ぶことのできる教室である。児童生徒は、学校生活の大半を通常学級で生活する。在籍も通常の学級である。

## ❶どこで指導を受ける？　在籍の基準

聴覚障害のある児童生徒は、4つの場で学習することができる。＊P53「難聴特別支援学級」を参照。

難聴通級指導教室を選択する児童は、難聴特別支援学級の児童よりも程度が軽いが、通常の学級で授業を受ける時に困ることがあるという程度の児童である。

## ❷難聴の児童生徒への指導のポイント

難聴通級指導教室に通う児童生徒はほとんど通常の学級の児童生徒と同じ内容の授業を受けている。しかし難聴の児童生徒は、抽象的な概念の認識が難しい場合がある。担任の先生が説明しても聞き取りにくく理解できない場合に通級指導教室で個別に補充学習をする必要がある。

⑴国語

難聴の児童は、聞こえにくいというだけでなく、正しく発音をするのが難しいということがある。補聴器をつければ聞こえにくさはカバーできるが、正しく発音することを機器でカバーするのは難しい。そのため発音に気をつけながら音読の指導を行う必要がある。教師が1文音読して、児童がその1文を音読する。その一連のながれを追い読みという。追い読みでまずは正しい発音や読み方を練習し、児童だけで正しく読むことができれば合格である。

文章の読解をする場合に、教科書の文章を読むことはできても、イメージが持ちにくい場合がある。例えば「ささやく」。おそらく児童は昔から大人は、大きな声で話しかけてくれるだろうし、友達もわざわざ小さな声で話しかけることはないであろう。そのような場合には、教師が簡単な絵を描き伝えるのがいい。大声で話している人の絵には、吹き出しの文字を大きく書き、人と人との距離を大きくあける。小声でささやく人の絵には、吹き出しの文字を小さな文字にし、さらに人と人との距離を近くにする。という2枚の絵を示すだけでイメージがしやすくなる。

⑵算数

文章問題でイメージしにくい場合には、絵や具体物を活用して場面の理解をしたり、立式したりする時の手助けにする。算数の記号や単位などは、生活と結びつけて考えることで理解をしやすくなる。例えば、ペットボトルの容量は何Lか？　チラシに書いてある割合探し。1000円の3割引きや50％オフなど身近にある物を活用しながら、イメージを持ちやすくする手助けとしたい。

⑶音楽

歌を歌う場合には、補聴器を活用しながら歌唱指導を行う。歌っている様子をビデオで録画して、児童生徒と共に視聴して正しい音程で歌うことができているかを確認することが必要である。楽器の指導では、リズム感に気を付けて楽譜通りに演奏できているかをチェックする。

しかし一番大切なのは、音程が外れたことでまわりの児童に笑われたり、からかわれたりしないように全体へ指導することである。

## ❸弱視通級指導教室メリット

⑴専門の先生が指導してくれる

普段感じている困難さを専門の先生との学習で解消することができる。通常学級では、担任の先生のみであるが、通級指導教室に通うことによってもう一人専門的な先生が指導してくれるため、本人も保護者も学校へ通う時に安心感がある。

⑵通常学級の友達関係

普段は通常学級に在籍しているため、通常学級の友達とのコミュニケーションをはかることができ、友達との交流する時間が多くとれる。

⑶気分転換

1週間に数時間程度、通常学級から離れて学習する時間があるため、リフレッシュすることができる。

## ❹弱視通級指導教室のデメリット

⑴すべての学校にあるとは限らない

通っている学校に通級指導教室があるとは限らない。通っている学校にない場合は、他校まで通学しなければならないし、保護者は送り迎えをしなければならない。

⑵学習進度の遅れ

補充学習をしている間に通常学級での授業は進んでしまう。進んだ1時間分を取り戻すには、宿題などでカバーしなければならず負担になる。

【光村拓也】

| 肢体不自由特別支援学級 | special class for children

# 肢体不自由特別支援学級

●教育行政・制度

肢体不自由特別支援学級は、障害の程度が「補装具によっても歩行や筆記等日常生活における基本的な動作に軽度の困難がある程度のもの」(平成25年10月4日文部科学省初等中等教育局長通知)である児童生徒を対象にして特別に編成された学級である。

## ❶どこで指導を受ける？　在籍の基準

肢体不自由のある児童生徒は、4つの場で学習することができる。

### (1)特別支援学校（肢体不自由）

1つ目は、特別支援学校である。対象となる障害の程度は、

①肢体不自由の状態が補装具の使用によっても歩行、筆記等日常生活における基本的な動作が不可能又は困難な程度のもの

②肢体不自由の状態が前号に掲げる程度に達しないもののうち、常時の医学的観察指導を必要とする程度のもの

である（学校教育法施行令第22条の3）。

### (2)肢体不自由特別支援学級

2つ目は、肢体不自由特別支援学級である。上記の特別支援学校の対象となる基準にあてはまらない児童生徒で、障害の程度が「補装具によっても歩行や筆記等日常生活における基本的な動作に軽度の困難がある程度のもの」(平成25年10月4日文部科学省初等中等教育局長通知)の場合は特別支援学級で学習することができる。

### (3)通級による指導（肢体不自由）

3つ目は、通級による指導である。対象者は、「肢体不自由の程度が、通常の学級での学習におおむね参加でき、一部特別な指導を必要とする程度のもの」(平成25年10月4日文部科学省初等中等教育局長通知)とされている。学校生活の大半は通常学級ですごす。

### (4)通常学級による指導

4つ目は、通常学級で常時すごす場合である。補装具などを使用し歩行や衣服の着脱ができ、授業も受けられる児童生徒は通常学級による指導となる。

## ❷肢体不自由の児童生徒への指導のポイント

### (1)環境の整備

肢体不自由の児童生徒がなるべく自力で学校生活を送ることができるように学校や教室の環境をチェックしたい。

①階段に手すりがある。階段昇降車がある。

②トイレは洋式トイレであり、手すりと十分なスペースがある。

③教室や特別教室への移動中に段差がない。

④靴箱に座るスペースがある（椅子が用意してある）。

### (2)指導の工夫

#### ①補助具

足に不自由がある場合は装具をつけることによって歩いたり、走ったりすることができる。その着脱が自分でできるようにしたり、疲労回復するために外して休憩したりすることを指導する。

手に不自由がある場合には、鉛筆を持ち続けることが難しい児童生徒がいる。鉛筆に取り付けるタイプの補助具を使用することで、小さい力でも鉛筆を持って文字を書くことができるようになる。またリコーダーを吹く時に指が届かない児童生徒もいる。そのような場合は分解できる特別なリコーダーで穴の位置を自在に変えられる物もある。指の届く範囲にリコーダーを変形させて演奏することができるようになる。

#### ②ICT活用

板書をノートに書くのにとても時間がかかる児童生徒がいる。ノートに文字を書くばかりに意識がいってしまうと、授業中に考えさせたいことなど目標が達成できなくなってしまう。そういう場合には、板書を写真にとってプリントアウトして、ノートに貼りつけておけば書き写す必要がない。文字を書くことに向けていたエネルギーを思考に向けることができる。またタブレットを活用すれば、鉛筆をもって書くのが苦手な児童生徒も指で文字を書くことができたり、キーボード入力でメモができたりと負担を軽減できる。

## ❸自立活動成功のポイント

自立活動は、児童生徒が自立をめざし、障害による困難を改善したり、克服したりするために必要な学習である。

### (1)健康の保持

着替え、給食、排泄などの基本的な生活習慣を形成するための指導や体温の調整など健康な状態を保つための指導をする必要がある。

### (2)身体の動き

肢体不自由の状態を維持したり、緩和したりするために、ストレッチやマッサージが効果的である。その際には児童生徒がかかっている医師や、理学療法士と連携して学校でできるストレッチやマッサージを教えてもらい、自立活動の時間に行うのがいい。

【光村拓也】

| 院内学級 | the hospital classroom

# 院内学級（通称）

● 教育行政・制度

院内学級とは、入院中の子どものために病院内に設置された学級のことを指す。法律上は院内学級という言葉の定義は存在しない。

学校教育法によれば第81条の③に「疾病により療養中の児童及び生徒に対して、特別支援学級を設け、又は教員を派遣して、教育を行うことができる。」とあるため、この文章を根拠に県立病院や大学附属病院など、大規模病院の小児科に設置されている場合が多い。学級の先生は病院に配属ではなく、近隣の小・中学校から派遣されて行く形になる。

## ❶院内学級の目的

「入院・療養している子どもに学習の場を保障すること」が最大の目的である。入院期間は一人一人違う。入院する子どもの不安を取り除きつつ、基礎学力を伸ばし、精神的な安定を図ることが何より大切である。入院生活の充実と健康の回復を促すこと、複数学年がいることも考慮し、自学自習形式がとられている場合が多いことも院内学級の特徴である。

また、退院後は元の学校（クラス）に帰ることが前提である。様々な状況の子どもたちがいることを頭に入れて対応する必要がある。

## ❷院内学級への転校の流れと対応

一時的ではあるが転校の手続きが必要になる。送り出す側と受け入れる側、両方の視点から考えられる配慮は以下のようになる。

(1)クラスの子で手術が必要となり、治療を受けられ院内学級もあるＳ病院への入院を決める。

(2)学校間で行政上転校の手続きを取る。児童・生徒の教科書等は、元の学校の物を使う。

(3)配布プリント（案内や学級通信など）は、新しい学校の物と元の学校の物両方を配布できるようにする。

(4)中学校の場合、定期考査は元の学校のテストで受けられるようにする。

(5)退院後、学校間で行政上、再度転校の手続きを取る。

送り出す側になっても、受け入れる側になっても、精神的なサポートを一番大切に取り組むようにしたい。

## ❸院内学級の指導ポイント

(1)体調を最優先する

疾患の状態はそれぞれ違う。酸素吸入をしている子、導尿が必要な子、定期的にバイタルチェックが必要な子などがいるかもしれない。ドクターや看護師は近くにいると考えられるが、何よりもその子の体調の変化を常に頭に入れておくことが大切である。

(2)学習のパターン化と優れた教材の利用

子どもは教科書を使って学習するが、学年、教科書会社、治療の内容によって進度は一人一人違う。一斉指導が難しいため、自学自習形式で行われることも多い。しかしそのような中でも、子どもたちに力をつける指導を行っていきたい。そこで学習のパターン化が有効な手立てになる。

国語なら①漢字②音読③先生問題、算数なら①復習問題②先生と一緒に新しい問題③練習問題など、子どもが一人でできる課題（自立課題）と先生と一緒にやる課題を交互に展開することで、バランスよく対応できる。しっかりと準備計画して、一人一人に力をつけられるようにしたい。

(3)支援機器を活用した学習

院内学級に在籍しているにもかかわらず、様々な事情により院内学級まで通えず、自分の病室での学習を余儀なくされる子どももいるかもしれない。その場合は先生が病室まで行き授業が行われることもあるが、制約が発生する場合が多い。例えば理科。病室で実験が行えなかったり、生き物などを持ち込めなかったりすることが考えられる。音楽も同じだ。伴奏のために大きなキーボードを運ぶことも簡単にできることではない。そんな中、有効活用したいものの1つにタブレット端末が挙げられる。先ほどの理科では、火気厳禁の室内でも、事前に実験の様子を録画しておくことで、限りなく実験に近い様子を見せることができる。音楽ならキーボードアプリや音楽アプリを使うことで、本物以上の楽しみを提供できる可能性がある。

また、テレビ電話アプリを使った交流もすでに実践されている。元の学校のクラスと繋ぎ、近況を報告したり授業の様子を送ったりすることで、入院している子どもにとってどれだけ励みになるか、想像に難くない。いろいろなアイデアで子どもたちのために準備していくことが重要である。

## ❹院内学級＝命と向き合う教育

病気の治療のために入院しているということは、命と向き合っている子どもたちもいるということを忘れてはならない。治療が難しい疾患の場合、最悪の事態もあり得る。そのような細部にまで配慮し、思いを寄せながら、子どもの成長に関わっていけるようにしたい。

《参考文献・資料》

・金森克浩『特別支援教育とAT』
・国立特別支援教育総合研究所ホームページ

【石丸義久】

| 視覚障害者用の教科書 | Braille textbooks

# 視覚障害者用の教科書

● 教育行政・制度

視覚障害とは法律等によって大きく異なるが、大きく分けて以下の2つで考えるとよい。
1 全盲：全く見えない程度から、光を感じる程度の状態。生活全体にわたって支援を要する。
2 弱視（ロービジョン）：少し見えている状態。補助具の活用により、自分で見たり読んだりすることができる。

以上を踏まえて、視覚障害者の支援について考えていくこととする。

## ❶視覚障害者の教科書

### (1)点字教科書

点字によって書かれた教科書のことで、小・中学校で使っている教科書に準じて作られている。基本的に同じように点訳されるが、図表を触ってわかるように（触読）写真で掲載されているものに説明を加えたり、説明文に差し替えたりする場合がある。

点字教科書への点訳は、長らく児童生徒の保護者、あるいはボランティアの点訳者によって行われてきた。しかし、平成20年「教科用特定図書等」の普及促進を目的とした「障害のある児童生徒のための教科用特定図書等普及促進法」を施行し、点字教科書はもちろんのこと拡大教科書までを含めて、無償給与されることになった。

### (2)拡大教科書

おもに弱視の児童生徒が使用する教科書である。上記の法律により、検定済教科書の文字や図形を拡大等して複製し発行している。ボランティア団体等の個人発行や出版社等の企業、社会福祉法人で製作・発行しているものがある。また教科書デジタルデータを提供するサポートも行われている。

## ❷視覚障害児・生徒における指導のポイント

特別支援学級（視覚）の担任になった時に気を付けておきたいポイントをいくつか挙げる。

Q1：特別支援学級（視覚）の担任になりました。授業で一番気を付けておくことはなんですか？
A1：頭に置いておかなければならないキーワードは「触ってわかるようにすること」です。できる限り触れる「物」を用意しましょう。算数の図形、理科の植物、社会の地図など、どのようにしたら触ることができるかを考えて指導してください。
Q2：生活面における注意は何がありますか？
A2：まずは教室の配置をシンプルにしましょう。できる限り動線上に物がないことが望ましいです。

また、物の位置は元あった場所に戻すようにしましょう。
アナログ時計の針の位置と感覚がわかるようになったら、時刻で方向を伝える方法も有効です。机上の物も「〇〇は4時の方向にあるよ。」具体的に伝えることでよりわかりやすいです。

Q3：視覚障害の専門の先生がおらず、相談できる人がいません。どうしたらいいですか？
A3：都道府県内の盲学校に相談してください。近隣の特別支援学校はセンター的機能として常に相談を受けています。早めにつながりを作っておくことで、将来の進路相談等もしやすくなります。

## ❸最新のテクノロジーによる視覚障害支援

視覚障害者をサポートするために、そのサポートが標準化されている物がある。オススメはアップル社のiPhoneやiPadである。

「設定→一般→アクセシビリティ」（下図はiPhoneのアクセシビリティのページの一部）で進んでいくと、視覚サポートという形で標準機能がある。

内容は文字の大小の設定はもちろんのこと、ページの読み上げ、拡大縮小機能、色の反転など、必要と考えられる支援が基本機能として備わっている。タブレット端末のアプリやカメラ機能を有効活用することで、前述した拡大教科書と同じかそれ以上の学習を保証することができている。様々な方法で、視覚障害者にとって必要な情報を保証する指導を行っていきたい。

| ‹一般  アクセシビリティ | | ‹一般  アクセシビリティ | |
|---|---|---|---|
| **視覚サポート** | | さらに大きな文字 | オフ › |
| VoiceOver | オフ › | 文字を太くする | |
| ズーム機能 | オン › | ボタンの形 | |
| 拡大鏡 | オフ › | コントラストを上げる | › |
| ディスプレイ調整 | オフ › | 視差効果を減らす | オフ › |
| スピーチ | › | オン/オフラベル | |
| さらに大きな文字 | オフ › | | |
| 文字を太くする | | | |

《参考文献・HP》
・香川邦生『視覚障害教育に携わる方のために』慶応義塾大学出版会
・文部科学省ホームページ

【石丸義久】

# 聴覚障害者用の教科書

● 教育行政・制度

学校教育法施行令第22条の3、特別支援学校の対象とする障害の程度には、聴覚障害について以下のように定義づけられている。

両耳の聴力レベルがおおむね60デシベル以上のもののうち、補聴器等の使用によっても通常の話声を解することが不可能又は著しく困難な程度のもの

ちなみに40デシベルは図書館の静けさ、60デシベルは普通の会話、80デシベルは地下鉄や電車の車内程度の感覚でイメージするとよい。

しかし測定上は同じ程度の聞こえであっても、聞こえにくさや困っている程度は人それぞれである。障害の程度にかかわらず、

聞こえ方に困っている人

という大きな枠組みで聴覚障害を考えていきたい。

### ❶聴覚障害者用教科書

**(1)小中高に準ずる教科書**

聾学校や難聴の特別支援学級（以下支援学級）で、知的な遅れのない子が主に使用する教科書である。通常の小中学校が使用する検定教科書のことを指す。

法律上の根拠は学校教育法第34条の「小学校においては、文部科学大臣の検定を経た教科用図書又は文部科学省が著作の名義を有する教科用図書を使用しなければならない。」という部分である。

**(2)「学校教育法附則第9条」に基づく教科書**

特別支援学校（学級）にかかわる人は、ぜひ知っておきたい法律がある。学校教育法附則第9条である。

（前略）特別支援学校並びに特別支援学級においては、当分の間、（中略）文部科学大臣の定めるところにより、第34条第1項に規定する教科用図書以外の教科用図書を使用することができる。

つまり特別支援学校（学級）では、発達段階に合わせた各教科に該当する絵本等を教科書として採択ができるという法律である。

**(3)文部科学省著作教科書**

障害種別に応じた教科書を文部科学省が著作で発行されている。聴覚障害の場合以下のような教科書がある。

| 国語 | 言語指導 | ことばのべんきょう | 一年上・下 | 二年上・下 | 三年上・下 | | | |
|---|---|---|---|---|---|---|---|---|
| | | ことばの練習 | | | | 四年 | 五年 | 六年 |

| 音楽 | 音楽 | たのしいおんがく | 一年 | 二年 | | | | |
|---|---|---|---|---|---|---|---|---|
| | | 音楽 | | | 三年 | 四年 | 五年 | 六年 |

（文部科学省「特別支援学校小学部聴覚障害者用」より引用）

聴覚障害の場合、通常の国語の教科書とは別に聾学校用「国語」の教科書が無償給与される。自立活動や国語の時間に使用されることが多い。

### ❷聴覚障害と補聴器

聴覚障害と聞くと最初に「補聴器」を連想するのではないだろうか。補聴器は「聞こえない音が聞こえるように補ってくれる」と考えている方も多いだろう。もちろんそれは間違いないのだが、知っておかなければならない配慮がある。それは、

聞こえている音も含めて、すべての音を拾う

ということである。機会があれば補聴器の聞こえ具合をチェックする道具で、聞こえ方を体感してみたい。

仮に教室で勉強しているとする。一見静かな学習環境のように感じても、実は様々な音が補聴器に入ってきているのである。例えば廊下の向こうから歩いてくる足音、鉛筆や教科書の落ちる音、空調や水槽のモーター音、鼻をすする音や咳込み、2つ隣りの教室出入り口の開閉音まで、すべての音が大音量で耳に届いているのである。補聴器をつけている人は、その中から自分に必要な情報（音）を聞きわけなければならない。そのような中で、学習（生活）しているということを知ったうえで、かかわっていく必要がある。

### ❸聴覚障害への支援

長い聴覚障害の歴史において、手話、補聴器、FM補聴器、人工内耳、筆談など、様々なコミュニケーション手段が生まれた。それらを活用しつつ、今日において便利な機器であるタブレット端末も利用したい。会話をサポートするアプリも無料のものから有料のものまで、数多く提供されている。

また、メモのページ（白紙のページ）を開けば、筆記用具や紙も必要なくすぐに筆談ができる。前述のページでも紹介したが、アップル社の製品には「設定→一般→アクセシビリティ」と進んでいくと、障害者サポート機能が基本機能として備わっており大変優れている。有効活用して、適切なサポートをしていきたい。

《参考文献》

・中野善達他『聴覚障害教育の基本と実際』田研出版

【石丸義久】

# 知的障害者用の教科書

●教育行政・制度

特別支援学校（知的障害）の教科書は、文部科学省の著作によって小学部及び中学部の国語、算数・数学、音楽の教科書が作成されている。通称「星（☆）本」と言われている。各教科書は、学習指導要領における特別支援学校（知的障害）の各教科に示している具体的内容の各段階に対応するように作成されている。

下の表は文部科学省著作教科書、特別支援学校の小・中学部知的障害者用の一覧である。右上図は「こくご☆☆☆」の表紙である。

| こくご | 一〜六年☆・☆☆・☆☆☆ |
|---|---|
| さんすう | 一〜六年☆・☆☆(1)・☆☆(2)・☆☆☆ |
| おんがく | 一〜六年☆・☆☆・☆☆☆ |
| 国語 | 一〜三年☆☆☆ |
| 数学 | 一〜三年☆☆☆ |
| 音楽 | 一〜三年☆☆☆ |

実際は星本の使用が難しい児童生徒が多い。そのため学校教育法附則第9条で以下のように示されている。

（前略）特別支援学校並びに特別支援学級においては、当分の間、（中略）文部科学大臣の定めるところにより、第34条第1項に規定する教科用図書以外の教科用図書を使用することができる。

よって、特に特別支援学校では、発達段階に合わせた各教科に該当する絵本等を教科書として採択しているのが実情である。この絵本の採択は文部科学省によって認可されている絵本の中から県の教育委員会が選定し、発達段階等が振り分けられ、各学校の担任がその中から選定するというのが一般的な方法である。

❶星本の特徴

上記の星本は星の数に応じて使用の目安が示されている。教科書解説から引用すると以下のようにある。

1段階（☆）障害の程度が比較的重く、他人との意思の疎通に困難があり、日常生活を営むのにほぼ常時援助が必要とする者を対象。

2段階（☆☆）障害の程度は前段階ほどではないが、他人との意思の疎通に困難があり、日常生活を営むのに頻繁に援助を必要とする者を対象。

3段階（☆☆☆）障害の程度が比較的軽く、他人との意思疎通や日常生活を営む際に困難さが見られるが、前段階の程度までは達せず、適宜援助を必要とする者を対象。

あくまでも目安のため、実態に合わせて決定する。

❷知的障害児・生徒における指導のポイント

特別支援学級（知的）の担任になった時に気を付けておきたいポイントをいくつか挙げる。

(1)保護者の願いを指導に取り入れる

子どもに対する保護者の願いは大きい。まずはその点を受け止めてから指導を行っていく。「平仮名が読み書きできるようになってほしい。」「計算よりもお金の理解ができるようになってほしい。」など、様々な願いが挙げられるだろう。もちろん教科書を使った指導が原則であるが、実態に合わせての指導を取り入れる必要がある。

(2)子どもの興味関心を生活と結びつける

平仮名が書けるようになってほしいという願いと、子どもの興味関心をどう結び付けるとよいだろうか。例えば、食べ物が好きなら食べ物の名前の練習、乗り物が好きなら乗り物の名前の練習、植物が好きなら植物の名前の練習というようにする。そうすると保護者の願いと子どもの意識を自然と結びつけることができる。

お金への理解を深めるなら、教科領域を合わせた指導（生活単元学習）などで買い物へ出かけ、実際の場面を経験することも非常に大切である。

(3)優れた教材教具・自作教材の活用

自作の教材教具を使う場合もあるが、すべて自分のアイデアで作ることは難しい。その際、参考にしたいオススメの書籍、教材教具がある。

・武井恒『特別支援の必要な子に役立つかんたん教材づくり29』学芸みらい社
・「TOSS Kids School」http://www.tosskids.com

1つ目の書籍では100円均一ショップなどで手に入る材料を使って作れる教材が紹介されている。初めて手作り教材を作るという人に手に取っていただきたい書籍である。2つ目のサイトでは特別支援学級の子どもたちにすぐに使えそうな教材が購入できる。様々なものを取り入れて子どもたちに有効活用していきたい。

《参考文献》

・文部科学省『こくご（☆〜☆☆☆）さんすう（☆〜☆☆☆）教科書解説』

【石丸義久】

# 特別支援学級の学級編成

●教育行政・制度

学校教育法第81条に以下のように定義されている。

小学校、中学校、高等学校及び中等教育学校には、次の各号のいずれかに該当する児童及び生徒のために、特別支援学級を置くことができる。

一　知的障害者
二　肢体不自由者
三　身体虚弱者
四　弱視者
五　難聴者
六　その他の障害のある者で、特別支援学級において教育を行うことが適当なもの

しかし実際の運用では、文部科学省初等中等教育局長通知「障害のある児童生徒の就学について」（平成14年第291号）等によって、上記のその他は、言語障害、自閉症・情緒障害に限定されている。

**❶学級人数について**

学級編成の標準および1学級あたりの平均人数（平成23年5月1日現在）は以下のようになっている。

|  | 標準 | 平均 |
|---|---|---|
| 特別支援学校（小学部・中学部） | 6人 | 3人 |
| 特別支援学級（小学校・中学校） | 8人 | 3人 |

平均人数は3人となっているが、障害種すべての平均値であるため、弱視学級、難聴学級は人数が少なく、知的障害学級、自閉症・情緒学級は定員上限の8人クラスやそれに近い人数編成になっている場合が多い。

**❷特別新学級編成における注意点**

(1)教室の配置場所

特別支援学級（以下支援学級）を校内のどこに配置するのかは、その目的によって変わってくる。例えば、支援学級で過ごす割合が多い肢体不自由の児童生徒がいるなら、下駄箱から近い1階という視点が合理的である。交流先へ行く頻度が多いのであれば、2階であっても交流先の近くに配置するのが配慮だろう。他にもこのような考え方がある。

①障害種にかかわらず、万が一の避難等の優先順位を考えて、一番逃げやすい1階に配置する。

②防犯の面から考えて2階以上に配置する。

など、考え方一つで支援学級の配置は変わってくる。支援学級をどこに配置するのかというのは、インクルーシブ教育システムと合理的配慮の考え方から、校内でしっかりと提案できるようになっていきたい。

(2)交流先との「報（告）・連（絡）・相（談）」

「報・連・相」で最も注意したいのは、時間割変更についてである。特別支援を要する児童・生徒とかかわるときの大原則がある。それは、

時間割の変更は行わないこと

である。予定の変更が苦手だったり、見通しの不安定さを抱えていたりする子が多い支援学級にとって、時間割の変更はNG対応である。しかし、運動会や学習発表会の練習等でどうしても仕方なく変更が生じてしまうことがあるかもしれない。そのような場合は、

予告と承認

つまり、変更になったことを事前に伝え、本人が納得するようにすることが極めて重要である。

その他にも、どの教科を交流先で過ごし支援学級で過ごすのか、保護者宛てのプリントは交流先と支援学級とどちらで配布するのか、下駄箱の位置などについて、混乱のないように打ち合わせておきたい。

(3)編成上の難しさと加配（支援員）の大切さ

例えば知的障害学級8名の担任になったつもりで考えてみたい。定員の8名いると仮定する。まず8人の学年はバラバラ。A君とB君は交流学級、C君とD君は交流学級で図工。できれば支援学級の先生がついて行った方が好ましい状況。E、F、G、Hは支援学級で自分が指導。このようにパズルのような時間が1日中続くわけである。とても自分一人で対応できる状況ではない。実際は他の支援学級の担任と協力したり、支援員さんが入ってくださったりしている場合が多いだろう。支援学級の担任になった時には、管理職と相談しながら、校内システムの工夫、様々なサポート体制の活用をして学級経営をすることが必要である。

(4)求められる専門性

特別支援学級こそ、専門性ある人が担任にならなければならない。単に障害特性の知識や理解だけではない。脳科学に基づいた正しい対応や、検査などを活用した正しいアセスメントなど、「科学的」にアプローチできる人材を目指し、子どもたちとかかわっていけるようにしたい。

**《参考文献・HP》**

・『特別支援教育コーディネーター』大阪教育出版
・『発達障害児本人の訴え』東京教育技術研究所
・文部科学省ホームページ

【石丸義久】

| 特別支援学校の教員 | teacher of special needs education school

# 特別支援学校の教員

● 教育行政・制度

特別支援学校は、障害のある幼児・児童・生徒の自立や社会参加に向けた主体的な取組を支援するという視点に立ち、それまでの盲・聾・養護学校を統合し、複数の障害種別を対象とすることのできるよう、平成19年に改称された学校である。

それまで障害種別ごとに分かれていた免許状も、特別支援学校の免許状に一本化されている。

幼稚部、小学部、中学部、高等部で担任を行う教諭は、特別支援学校教諭免許状のほか各部に相当する学校の教員免許状を有する者でなければならないことが原則となっている（教育職員免許法第3条第3項）。

特別支援学校の教員は、幼児・児童・生徒の健康面を管理したり、保護者からの相談に応じたり、センター校として地域の学校への支援を行ったりと、様々な業務にあたっている。

## ❶特別支援学校教員の授業

担任の子どもに授業で指導することが中心の業務となる。当然、小中高校のような各教科（国語、算数など）の授業もある。各学部の学習指導要領に準じた内容で指導される。

同時に、遊びの指導、生活単元学習、自立活動、作業学習といった特別支援学校に独自の授業も担当する。こうした授業の場合、子どもたちの実態に応じて目標、授業内容を設定していく。計画を立てる段階から難しい面もあるが、一人一人に応じて個別の授業内容を自由に考えることもできる。

## ❷特別支援学校の教員の1日

1日の大半を子どもたちと生活する。例えば、特別支援学校（知的障害）高等部を担当していた頃のある日の流れを示す。

```
 8:20～ 8:30   職員朝礼
 8:30～ 9:00   生徒登校・着替えの補助等
 9:00～ 9:10   朝の会  健康観察  1日の予定確認等
 9:10～12:20   午前中4時間授業  国語  作業学習等
12:20～13:20   給食・昼休み  生徒と一緒に教室で
13:20～15:00   午後2時間授業  職業等
15:00～15:30   帰りの会  生徒下校見送り
15:50～16:30   部活指導  会議等
16:30～18:00   授業準備  分掌業務  打合わせ等
```

18:00　　　　　退勤

職員室での職員朝礼後は、基本的に教室で生徒と一緒に過ごす。給食も教室でとる。休み時間も生徒の休み時間であって、職員の休憩時間ではない。教員は寸暇を惜しんでトイレに行き、水筒のお茶で喉をうるおす程度である。

夕方、子どもたちが下校するまで、息の抜けない時間が続く。放課後は、今日も1日無事で終わったという心地良い疲労感、子どもの頑張りを見ることができたという幸福感に包まれることが多かった。

## ❸保護者との関わりでの喜び

特別支援学校の子どもたちは、学校であったことを家庭で伝えることの難しいことも多い。自然と保護者と直接に関わる時間も増えてくる。

小学部の場合には、直接送迎の際にお伝えし、中高等部の場合には、連絡帳でやり取りする。

自分が若い頃は、自分よりも年上の保護者の方と接するのがあまり得意ではなかった。しかし、次第に慣れ、苦手意識も軽くなっていった。保護者との関わりで1つだけポイントをあげるなら、子どもの頑張り、成長、良さを伝えることである。「国語のフラッシュカードの漢字を全部正しく読めました」「体育の授業で、10分間、一度も止まることなく、走ったんですよ」と具体的な場面を描写するように伝えていく。

子どもの成長を認めてくれる担任を、保護者も信頼するようになる。連絡帳で伝える場合の記述も、マイナスのことは書かない方が良い。どうしても伝える必要があるなら、直接お会いした時に、表情を見ながら伝えた方が安全である。

## ❹周りの方々との連携が大切

特別支援学校の場合、複数の教員で学級を担任することがほとんどである。年齢や性別も違う方とコンビやチームを組む。授業もチームティーチングで行うことが多い。それぞれの専門性、特技を活かしながら、協力して指導にあたっていく。共に子どもたちの成長に立ち会い、大きな喜び、感動を共有できる。

保護者や、医療など他業種の方々との連携も不可欠であり、素晴らしい方々との出会いも多かった。仕事を通じて、自分自身も成長できる素晴らしい仕事である。

【大恵信昭】

| 巡回相談 | traveling consultation

# 巡回相談

● 教育行政・制度

巡回相談は、小・中学校等からの要請に応じて巡回相談員を派遣し、障害のある幼児児童生徒の学級担任等を専門的立場から支援している。校内支援体制の充実が図られるよう、必要な助言等を行うこともある。

巡回相談員には、大学教授、教育委員会の指導主事、特別支援学校のコーディネーター、精神科医、臨床心理士などが任命されている。いずれも地域の特別支援教育の推進役と言える。

## ❶巡回相談の具体的な役割

巡回相談の具体的役割としては、次のようなことがあげられる。

(1)対象となる児童生徒や学校のニーズの把握と指導内容・方法に関する助言
(2)授業場面の観察等
(3)校内における支援体制づくりへの助言
(4)個別の指導計画の作成への協力
(5)専門家チームと学校の間をつなぐこと

学校に対して適切な助言を行うために、校内の窓口となるコーディネーター等と連携し、場合によっては専門家チームにつないでいく。

## ❷巡回相談員に必要とされる資質

巡回相談員には、幅広い特別支援教育に関する知識、具体的な教育技術、地域での人的なネットワークなど、多様な資質が必要とされる。

文部科学省による巡回相談員の業務としては、①特別支援教育に関する知識と技能、②LD、ADHD、高機能自閉症など発達障害に関する知識、③アセスメントの知識と技能、④教師への支援に関する知識と技能、⑤他機関との連携に関する知識と技能、⑥学校や地域の中での可能な支援体制に関する知識、⑦個人情報の保護に関する知識、が挙げられている。

## ❸巡回相談、成功のポイント

巡回相談は、小中学校等からの要請で派遣される。まず学校のニーズの把握をすることから始まる。

たくさんのニーズがある場合も想定される。一度の訪問で、全てを改善することは難しい。ニーズを整理し、優先順位をつけていく。すぐに着手し改善できることと、長期的に取り組んでいくことを整理する。

当日は時間も限られる。成果を少しでも多く出すために、事前に書類や電話で打ち合わせをしておくことが必要となる。

場合によっては、保護者との面談を設定することもある。要請先と相談員で充分に協議し、学校の代わりに、相談員から第三者的に伝えて欲しいことを整理しておくと良い。保護者の思いに一方的に相談員が肩入れしてしまい、学校の体制を非難してしまうような状況は避ける。

## ❹授業場面の観察のポイント

授業の観察で得られる情報は大きい。その際に担任と、巡回相談員が一緒に授業見学し、その場で情報を共有できるのが望ましい。

対象の子どもの特性が出やすい教科を選んでおく。国語や算数などは、音読や、ノート作業、発表など多様な学習活動がある。その中で困り感や、改善点なども表れてくる。こうした点を共有していく。

子どもが頑張っている場面、ほめる場面も共有できると良い。「発表では一番最初に発言した」「ノート作業で定規を使って丁寧に取り組むことができた」等の場面である。次年度以降の個別の指導計画の作成にも活かされる良き機会となる。

対象の子ども以外にも、発達障害の特性のある子どもが見つかるケースも多々ある。表情、姿勢、発言内容、運筆、ノート記入など、直接的に得られる情報は大きい。

同時に教室の掲示物、机やロッカーの中の整理状況など、周囲の状況も意味のある情報となる。担任が気づいていない特性や、有効な支援手段も共有できる機会となる。

## ❺授業後の話し合い

授業後の話し合いに、誰が出席するかも重要となる。担任だけに留まらず、授業担当者、支援員、特別支援コーディネーター、養護教諭、学年主任なども一緒に話すことができると望ましい。

必要があれば、校内支援体制についてや、個別の指導計画作成についても検討していく。

教育は点でなく線である。巡回相談日を起点に、よりよい指導体制について継続して改良する。このことが、子どもたちの明るい未来につながっていく。

【大恵信昭】

# 交流及び共同学習

● 教育行政・制度

> 平成23年6月に改正された障害者基本法第16条2項に「国及び地方公共団体は、障害のある児童及び生徒と障害のない児童及び生徒との交流及び共同学習を積極的に進めることによって、その相互理解を促進しなければならない」という内容が追加された。
>
> 障害のある子どもが障害のない子どもと交流し、一緒に学習することは、両者の社会性や豊かな人間性を育成する上で意義のある活動である。

## ●交流及び共同学習の進め方

筆者が経験した「体育の体づくり運動」での交流及び共同学習のことを踏まえ、その進め方と留意点を以下に示す。筆者が通常学級の四年生の担任、交流先は特別支援学校の小学部の知的障害のある子どもである。

(1)活動のねらいを明確にする事前の話し合い

まず、活動の関係者が顔を合わせる機会をもった。目的は、交流及び共同学習のねらいを明確にすることである。ねらいがはっきりしていないと、活動後に子どもにどのような力がついたのかはっきりとしなくなる。「活動あって学びなし」では困る。

話し合いの中で、通常学級側は「交流先の子どもの障害の特性を理解し、共に活動することを通してサポート方法を考え実践することができる」、特別支援学校側は「教師や子どものモデルの動きを真似しながら、運動を楽しむことができる」をねらいに設定した。

(2)事前の指導案作成で、話し合いを円滑にする

活動内容は、体づくり運動であった。主な内容は、「太鼓のリズムに合わせて歩いたり走ったりする」「手つなぎ鬼等の鬼遊び」等である。

事前に筆者が活動内容を示した指導案を書いておき、話し合いの場でその内容を説明した。説明をする中で、予想されるつまずきや留意事項をつめていった。円滑な話し合いにするためには、事前の指導案作成は有効である。

(3)指導者が障害の特性を理解し配慮事項を考える

障害のある子どもに関わる際には、障害の特性等に応じて、それぞれ配慮が必要である。

交流先の児童には、知的障害があった。担任からは、「理解に時間がかかるので、ゆっくりと丁寧に指示や説明をして欲しい」、「言葉だけでの説明では理解が難しいので、モデルを示す等の視覚支援を活用して欲しい」という要望があった。また、「慣れない環境での活動には躊躇することが多いので、優しく安心感のある雰囲気づくりをして欲しい」という願いも出された。話し合いの中で出てきたこれらの要望を踏まえて、指導案に留意事項を加えていった。

(4)事前指導で子どもの障害理解を促す

障害のない子どもに行う事前指導では、指導者が、交流先の障害のある子どもの障害の特性について説明する。また、どのような支援や協力ができそうかを子どもたちに考えさせたりする。このような事前指導で、障害理解を促すことができる。

筆者は、まず「交流するAちゃんは、ゆっくりと体と心が成長しています。理解したり動いたりするのに時間がかかることがあります。Aちゃんがみんなと一緒に楽しく運動できるためには、どのような協力ができるか考えましょう」等と話した。

子どもたちからは、「ペアになる人を決めておいたらいい」、「動き方がよく分かるようにお手本をするといい」、「並ぶ場所にしるしをつけておいたら安心して並べるのではないか」等の意見が出された。子どもなりにAちゃんの特性を理解し、可能なサポート方法を考えていた。教師が支援方法を示すだけではなく、子どもにも考えさせることで、一緒に活動する仲間であるという意識を高めることができる。

(5)安心感を生むセロトニン対応

交流当日は、事前に話し合った留意事項を意識して指導すると共に、TOSSで提唱しているセロトニン対応の授業を行い、安心感のある環境づくりを目指した。

セロトニン対応とは、「みつめる」「ほほえむ」「ふれる」「はなしかける」「ほめる」の5つである。ただし、Aちゃんのように障害のある子どもに対して、いきなり「ふれる」ことは大きな抵抗感を生む恐れがあったので、その対応はやめておいた。

(6)事後指導の工夫で次回の活動への期待をもたせる

交流及び共同学習を実施した後、活動を振り返る機会を設定すると、双方の理解を深めたり、次回の活動への期待を高めたりできる。

交流後は、活動のことを絵日記でまとめた。それをコピーして、手紙と共に交流先の特別支援学校に送った。後日、交流先からも感想と絵が送られてきた。

### 《参考文献》

・文部科学省「交流及び共同学習ガイド」

【杉本友徳】

# 生活単元学習

● 教育行政・制度

> 生活単元学習は、「領域・教科を合わせた指導（の形態）」と言われている。
> 学校では「各教科」を指導するが、支援学級、特別支援学校（以下、支援学級・支援学校）はそれだけでなく、より総合的に実生活に結びついているような学習が求められる。

領域・教科を合わせた指導として、生活単元学習、遊びの指導、日常生活の指導、作業学習などが実践されてきている。

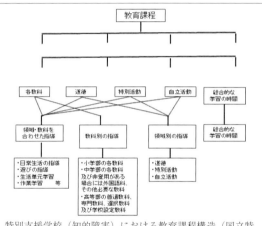

特別支援学校（知的障害）における教育課程構造（国立特別支援総合研究所ホームページより画像引用）

このような指導（形態）が可能な法的根拠は、学校教育法施行規則第130条-2に以下のように記されている。

> 特別支援学校の小学部、中学部又は高等部においては、知的障害者である児童若しくは生徒又は複数の種類の障害を併せ有する児童若しくは生徒を教育する場合において特に必要があるときは、各教科、道徳、外国語活動、特別活動及び自立活動の全部又は一部について、合わせて授業を行うことができる。

この法律を根拠に、生活単元学習などの領域・教科を合わせた指導ができる。

❶生活単元学習でのポイント

生活単元学習は各学校で年間の授業計画が作成されている場合も多い。ここでは初めて支援学級の担任になった時をイメージしながら、生活単元学習の授業の様子やポイントを紹介する。

Q1：校外学習に向けての指導を生活単元学習で行うことになったのですが、具体的な単元計画が思い浮かびません。どのような計画がいいですか？
A1：人数や授業時数にもよりますが、以下のような計画が一例として挙げられます。

【単元名：校外学習に行こう】
(1)校外学習について知ろう〜日時・行き先・持ち物〜
(2)校外学習のしおりを作ろう
(3)路線バスの乗り方を練習しよう〜お金とICカード〜
(4)見学先のマナーを知ろう
(5)お昼ご飯を決めよう
(6)出発前にもう一度点検しよう〜日程・持ち物〜
(7)校外学習に行こう→当日1日過ごす
(8)楽しかった様子をまとめよう

(1)の校外学習について知ろうでは、プレゼンテーションソフトなどを使い視覚的に説明することで、子どもたちが見通しを持ちやすくなります。

(2)のしおりづくりでは、個に応じたしおりづくりができるとよいです。イラストが必要な子にはイラストの用意、文字も視写にするのかなぞり書きにするのかなど、必要に応じて準備しましょう。

(3)の路線バスの学習では、実際に乗ってから降りるまでの動画を提示できるといいでしょう。車内でのマナーもクイズ形式で学習できると楽しいですね。(8)のまとめに向けて、当日の写真を撮っておきましょう。写真を通して振り返りをすることができます。

Q2：生活単元学習の授業で気を付けることは何ですか。
A2：生活とのつながりを意識することです。知識・技能の習得だけでなく、身に付けた内容が生活に生かされるものであることが大切です。例えば「買い物」という活動をイメージしてみましょう。

私たちはレジでの支払いと言うと、ついつい硬貨やお札を出すことをイメージしがちです。しかし事前にチャージしておくことで使えるICカードの使い方を覚えるとどうでしょうか？ 障害の程度にかかわらず、「レジでの支払い」をスムーズにできる可能性が大きく広がります。生活とのつながりを考えて家庭と連携しながら、このような指導を提案できるようになっていくとよいでしょう。

《参考文献・HP》
・『「領域・教科を合わせた指導」のABC』東洋館出版社
・国立特別支援総合研究所ホームページ

【石丸義久】

| バリアフリー化 | 障害者や高齢者などに対応可能 | barrier free

# バリアフリー化

● 教育行政・制度

対象者である障害者、高齢者等の社会的弱者が社会生活に参加するうえで、生活の支障となる物理的な障害や、精神的な障壁を取り除くための施策、もしくは、具体的に障害や障壁を取り除いた状態を指す。「設備やシステムが障害者や高齢者等に対応可能であること」を指して、英語では、アクセシビリティ（accessibility）と表現する。

## ❶歴史（主なもの）

○1974年：バリアフリーデザインに関する専門家会議において、『バリアフリーデザイン』報告書が作成され、バリアフリーという言葉が広く知られるようになった。

○平成18年：『高齢者、障害者等の移動等の円滑化の促進に関する法律』が決議された。

この法律は、高齢者、障害者等の自立した日常生活や社会生活を確保することを目指して、公共交通機関、道路、駐車場、公園施設、建築物等及びこれらの間の経路等の施設の一体的な整備を推進し、高齢者、障害者等の利便性及び安全性を向上させ、公共の福祉の増進を目的としている。通称は「バリアフリー新法」。

○平成25年：『障害を理由とする差別の解消に関する法律』が決議された。

障害者基本法の基本的な理念に則り、障害をもつ人がもたない人と同じように、基本的人権を有する個人としての尊厳を重んじられ、障害による差別を解消するための措置等を定めることにより、差別の解消を推進し、障害の有無によって分け隔てられることなく、人格と個性を尊重し合いながら共生する社会の実現を目指すことを目的とした法律である。通称は「障害者差別解消法」。

## ❷障害者のための国際シンボルマークについて

車いすを図案化しているが、単に車いす利用者が使用可能ということを表しているのではなく、様々な障害をもつ人たちのために配慮された施設設備であることを表している。

## ❸施設設備面でのバリアフリー

(1)車いす利用者向け
・ノンステップバス ・超低床電車 ・低床バス
・スロープ ・車いす対応エレベーター、運搬機
・手すり ・スペースの広いトイレや電話ボックス
・車いす利用者駐車場スペース など

(2)視覚障害者向け
・点字ブロック ・牛乳パックの上部の切欠き
・ラップフィルムの紙箱の凹凸のWマーク
・シャンプー等の容器の側面の刻み
・音響式信号 ・玄関付近での電子チャイム など

(3)赤ちゃんを連れた人向け
・ベビーチェア ・ベビーベット ・ベビーシート
・授乳室 など

(4)内部障害者向け

内部障害とは、疾患などによって内蔵の機能に障害があり、日常の生活が制限されている状態のことである。内部障害をもつ人の多くは健常者と変わりなく見えるため、理解を得にくいという実態がある。身体障害者福祉法では、心臓機能障害、呼吸器障害、腎臓機能障害、膀胱または直腸機能障害、小腸機能障害、ヒト免疫不全ウイルスによる免疫機能障害を内部障害と定めている。

・歩きたばこの禁止とその表示 ・携帯電話使用禁止とその表示 ・施設の禁煙化とその表示 ・小便器付近への手すりの設置 ・玄関付近等への呼び出し器具の設置 など

## ❹心のバリアフリー

バリアフリーは、施設の整備といったハード面だけでなく、一人一人が進んで手を差し伸べる環境づくりといったソフト面も重要である。

高齢者や障害者に対して正しく理解し、支援ができるよう、車いす利用体験・視覚障害者疑似体験・高齢者体験・介助体験などの体験活動を通じた高齢者・障害者理解を進める取り組みが、学校内外で広がっている。

## ❺コミュニケーションのバリアフリー

文字放送、手話通訳、手話放送など。

## ❻人にやさしいまちづくり

高齢者や障害者に配慮したまちづくりを推進するため、安全かつ快適な移動を確保するための施設設備の充実を推進する取り組みが行われている。

### 《参考文献》

・日比野正己『交通バリア・フリー百科』TBSブリタニカ
・上野一彦他『改訂版特別支援教育基本用語100』明治図書

【齋藤徳三】

| 特別支援教育就学奨励費 | 特別支援教育を受ける経費を補助する仕組み | Special support education encouragement costs

# 特別支援教育就学奨励費

● 教育行政・制度

障害のある幼児・児童・生徒が、特別支援学校や小学校・中学校の特別支援学級等で学ぶ際に、保護者が負担する教育関係費について、家庭の経済状況に応じて、国及び地方公共団体が補助する仕組み。平成25年度より、通常の学級で学ぶ児童生徒（学校教育法施行令第22条に定める障害の程度該当）についても、補助対象に拡充された。

## ❶だれが支援を受けられるのか？

・特別支援学校、特別支援学級に通っている幼児・児童・生徒。
・サービスを提供する市町村にある小学校、または中学校に在学していて、学校教育法施行令第22条の3に定める障害の程度に当てはまる障害がある幼児・児童・生徒。

## ❷どんな支援が受けられるのか？

・通学費　・給食費　・教科書費　・学用品費
・修学旅行費　・寄宿舎日用品費　・寝具費
・寄宿舎からの帰省費　等
※実際に支給を受けられるのは小・中学校在学中であるが、領収証等があれば、入学前に購入したものも対象に含まれる。

## ❸支給額はどれくらい？

支給額は保護者の経済的負担によって異なってくる。収入が少なく、家計への負担が大きいほど、より多くの補助を受けられるようになっている。
【東京都の場合】
保護者の収入額に応じて支弁区分が定められている。支弁区分とは、支給の程度を定めるために振り分けれれる段階で、子どもが施設等に入所している場合を除いて3つに分けられ、それぞれに応じて補助の割合が決められている。
第1段階：収入額が生活保護基準の1.5倍未満
　　　⇒　全額補助
第2段階：収入額が生活保護基準の1.5倍〜2.5倍
　　　⇒　半額補助
第3段階：収入額が生活保護基準の2.5倍以上
　　　⇒　補助なし
〈支給額の例〉
○親1人・子1人の場合の例
　・1段階：約278万円以下
　・2段階：約463万円以下

・3段階：約466万円以下
○親2人・子ども3人の場合の例
　・1段階：約516万円以下
　・2段階：約860万円以下
　・3段階：約861万円以下

## ❹申請方法はどうなっているのか？

年度始めに学校を通して案内が届くので、その案内に従って書類を提出する。

## ❺どのような書類が必要なのか？

【東京都の場合】
東京都の場合は次の4つが必要書類となっており、該当する物品を購入した際の領収書等がある場合は、添付するようになっている。
①就学奨励費受給調書
　　就学奨励費の受給申請に必要な書類
②交通調書
　　交通費又は帰省費の受給申請に必要な書類
③支払金口座振替依頼書（新規・変更用）
　　就学奨励費の振り込み支給に必要な書類
④住民税関係書類
　　課税（非課税）の証明書

## ❻支給方法はどうなっているのか？

【東京都の場合】
奨励費を支給する際に、「金銭支給」と「現物支給」の2通りの方法を取っている。
①金銭支給
　・振込支給…保護者名義の預金口座に振り込まれる。
　・現金支給…保護者に学校に来てもらい、現金で支給する。
②現物支給
　　直接必要な額を受け取るのではなく、本当であればかかる費用を代わりに支給する。
　㋐修学旅行や宿泊生活訓練のような行事に参加する場合に、それにかかる費用を学校から業者等に支払う方法等をいう。

《参考文献・HP》
・東京都教育委員会ホームページ

【齋藤徳三】

| 就学時健康診断 | Attendance at school medical examination

# 就学時健康診断

● 教育行政・制度

初等教育に就学する直前に行われる健康診断である。就学時健康診断。

## ❶健診概要

就学時健康診断では、身体の疾病や知的発達の状態が検査される。

健常児であれば小学校普通学級に就学することになるが、心身に障害があり、特別な支援が必要であると診断された児童の場合、障害のある児童を対象とした就学相談を受けるよう指導される。

健診後1月31日までに、就学先学校が各家庭に通知される。

市町村立小学校の普通学級や特別支援学級に就学する児童は市町村教育委員会が所管し、特別支援学校に就学する場合は都道府県教育委員会が所管することとなる。

就学時健診が始まったのは昭和33年である。

近年、特別支援教育の視点から、知能検査の実施の必要性が増している。就学時健診では、知能検査を実施し、知的障害の有無を調べ、特別支援教育の必要性を判断する。

## ❷健診の内容

就学時健康診断は、学校保健法第11条に定められており、「市（特別区を含む。以下同じ。）町村の教育委員会は、学校教育法第17条第1項の規定により、翌学年の初めから、同項の規定する学校に就学させるべき者で、当該市町村の区域内に住所を有するものの就学に当たって、その健康診断を行わなければならない。」としている。

## ❸就学時健診の検査項目（学校保健法施行規則第3条より）

(1)栄養状態

皮膚の色沢、皮下脂肪の充実、筋骨の発達、貧血の有無等について検査し、栄養不良又は肥満傾向で特に注意を要する者の発見に努める。

(2)脊柱の疾病及び異常の有無

形態等について検査し、側わん症等に注意する。

(3)胸郭の異常の有無

形態及び発育について検査する。

(4)視力

国際基準に準拠した視力表を用いて、左右各別に裸眼視力を検査し、眼鏡を使用している者については、当該眼鏡を使用している場合の矯正視力についても検査する。

(5)聴力

オージオメータを用いて検査し、左右各別に聴力障害の有無を明らかにする。

(6)眼の疾病及び異常の有無

伝染性眼疾病その他の外眼部疾患及び眼位の異常等に注意する。

(7)耳鼻咽頭疾患の有無

耳疾患、鼻・副鼻腔疾患・口腔咽喉頭疾患及び音声言語異常等に注意する。

(8)皮膚疾患の有無

伝染性皮膚疾患、アレルギー疾患等による皮膚の状態に注意する。

(9)歯及び口腔の疾病及び異常の有無

齲歯、歯周疾患、不正咬合その他の疾病及び異常について検査する。

(10)その他の疾病及び異常の有無

知能及び呼吸器、循環器、消化器、神経系等について検査するものとし、知能については適切な検査によって知的障害の発見に努め、呼吸器、循環器、消化器、神経系等については、臨床医学的検査その他の検査によって、結核疾患、心臓疾患、肝臓疾患、ヘルニア、言語障害、精神神経症その他の精神障害、骨、関節の異常及び四肢運動障害等の発見に努める。

## ❹健診の目的

・児童とその保護者が、児童本人の健康状態について関心を寄せ、認識する。

・疾病や異常を発見し、必要な治療や支援につなげる。

・診断結果を就学先決定の判断材料として利用する。

## ❺就学時健診後の流れ

健診の後、1月下旬に入学通知書が郵送される。これにより、入学する小学校が決定する。学区を越境する場合などは別途手続きが必要である。1月～2月頃、それぞれの学校で入学説明会がある。就学時健診と入学説明会と同時に開催している学校もある。

### 《参考文献》

・国立特別支援教育総合研究所『特別支援教育の基礎・基本』ジアース教育新社

・上野一彦他『改訂版特別支援教育基本用語100』明治図書

【齋藤徳三】

| 就学相談 | 就学にあたって悩みに答えるために相談に応じること | Attendance at school consultation

# 就学相談

●教育行政・制度

子どもが小学校に入学する前に、何らかの障害があったり、長期にわたる疾病等で入院経験があったりする場合、または、現在入院中で退院のめどが立っていない場合等の悩みに答えるため、当該市町村教育委員会が、相談に応じること。

児童・生徒の障害の状態や発達の状態等に応じて、適切な教育を受けられるように転学の相談を行うことも含む。

## ❶目的

○子ども自身のため、子どもに最も適している教育環境を準備するため。

○障害のある児童一人一人の可能性を最大限に伸ばし、自立し、社会参加するための基盤となる生きる力を培うために、その子にとってどのような教育が必要かを明らかにし、その障害の程度に応じて最も相応しい教育が受けられるようにするため。

## ❷就学相談の一般的な流れ

〈保護者〉
↓　就学相談の申し込み
↓　・電話により相談日の予約
〈教育相談室（就学相談員）〉
↓　就学相談の実施
↓　・就学支援ファイルの作成
↓　　就学相談票（保護者記入）
↓　　面接票（相談員記入）
↓　　児童・生徒実態把握票（保育士・担任等）
↓　　医師の診察記録（医師）
↓　　心理検査（市の委嘱を受けた心理士が実施）
〈特別支援学校・特別支援学級〉
↓　学校・学級の見学又は体験入級
↓　・見学については、教育相談室を介して設定す
↓　　る場合と、直接保護者が見学の要望を学校に
↓　　行う場合がある。
〈就学支援委員会〉
↓　行動観察、診察、判断
↓　・医学、心理学、教育学の専門家で構成される
↓　　就学支援委員会において、適切な就学につい
↓　　て意見を交換し、判断を出す。
〈市町村教育委員会〉
↓　判断結果保護者へ報告
↓　・保護者の理解と納得の上で、就学先の決定を
↓　　行う。

〈保護者〉
　就学先決定・又は継続相談
　・保護者の理解と納得の上で、就学先の決定を
　　行う。

## ❸選択肢となる学校・学級ごとの特徴

(1)通級指導教室

通常の学級に在籍しながら比較的障害の程度の軽い子どもが、その子にあった個別の指導を受けられる学級。主に各教科の学習や給食等は通常級で受け、通級の時間だけ移動して指導を受ける。障害種別に、言語障害、自閉症・情緒障害、弱視、難聴、肢体不自由、病弱及び身体虚弱と6つの学級がある。

(2)特別支援学級

障害のある子ども一人一人に応じた教育を行うため、小中学校に設置された、障害種別ごとに編成された少人数の学級。1つの学級の人数の上限は8人と定められており、一人一人のニーズに応じた教育が受けられる。

(3)特別支援学校

心身に障害のある児童が通う学校で、幼稚部～高等部までがある。クラスの人数は少人数であり、一人一人のニーズに合わせたきめ細かい教育をするために、「個別の指導計画」と「個別の特別支援計画」が立案・実行されている。

(4)通常学級

通常学級では、通級、支援学級よりもひとクラスの人数が多く、様々な子どもとふれあうことができる。一方、通級や支援学級のような手厚いサポートを受けにくい面がある。

(5)国立の特別支援学校

教育機関であり研究機関でもあるので、先端の教育が受けられるが、定員も限られているため希望しても入学できるとは限らない。

## 《参考文献・HP》

・上野一彦他『改訂版特別支援教育基本用語100』明治図書
・東京都教育委員会ホームページ

【齋藤德三】

| 特別支援教育支援員 | special needs education assistants

# 特別支援教育支援員

● 教育行政・制度

特別支援教育支援員は、平成19年度から小・中学校、平成21年度から幼稚園、平成23年度から高等学校で始まった制度である。

特に専門の資格を必要としなくても採用に至る場合もあるが、子どもへの温かな接し方、周りの先生とチームを組んで円滑に業務に取り組めることなど、現実に求められる資質は多い。

## ❶主な業務

特別支援教育支援員の役割は、校長、教頭、特別支援教育コーディネーター、担任教師と連携の上、次の4つにまとめることができる。

(1)授業での学習支援
(2)日常生活での介助
(3)学校行事での介助
(4)他の児童生徒との良好な関係づくりの支援

教員免許状をもっていても、授業を行うことはできない。

## ❷授業での学習支援

授業では、衝動性の強い児童生徒が教室を飛び出して行こうとする場合もある。適切な言葉かけによって、安定して学習に取り組めるよう支援する。必要な場合、クールダウンを促したり、休み時間からの温かい関わりによって情緒面の安定を図る。やむを得ず教室から飛び出してしまった時には、安全確保や、居場所の確認を行う。

読み・書きなどに学習上の困難を伴う児童生徒に対して、黒板の読みあげをしたり、ノートに書く際の始点を示したりする。テストの代筆をする場合もある。学習用具の準備や片づけに困難を示す児童生徒の場合、一緒に行ったり、必要な物を視覚化するなどの支援をする。

学習障害の子の障害はあまり目立ちにくい場合もある。その子の困り感に気付いて寄り添い、さりげなく支援できると良い。

## ❸日常生活の介助

衣食の介助も大切な業務である。衣服の着脱をする時のボタンの留めはずし、食事の際の適切な大きさへの切り分けなど、子どもに応じて必要な支援は変わってくる。介助の際、過剰な言葉かけをしない。

支援員がすべてやってしまうのでなく、あえて完結する場面を残し、子どもにさせていくことも必要であ

る。そしてできた場面でほめる。ほめることで、その行動も定着していく。

車いすの移動、排泄の指導が必要な場合など、担任だけでは時間的にも厳しいこと、不十分になってしまうことも多い。車いすの乗り降りの際には、そばにつき、事故を未然に防ぐ。

てんかん発作が頻繁に起こる児童生徒もいる。発作の前駆症状を把握しておき、安全な場所で着座させる。頭を強打するような事故を防いでいく

## ❹学校行事での介助

特別支援を要する子どもは、非日常に弱い。学校行事で不安定になってしまうこともよくある。特性を踏まえ、事前にスケジュールを確認しておく。問題が生じそうな場面を想定し、対処する。

修学旅行や宿泊訓練の時なども、同行を求められるケースもある。慣れていない場所での移動や、乗り物への乗降を介助する。

## ❺他の児童生徒との良好な関係づくりの支援

他人への危害を加えるような問題行動が現れると、良好な関係は築きにくい。自傷行為も含めて、未然に防いでいく。

支援員自身が適切な関わり方を、対象の子どもにしていくことが何よりも大切である。周りの子どもたちにとっての接し方の良きモデルを目指す。過剰な言葉かけ、叱責を慎み、頑張りをほめる。

そうした対応を周りの子どもたちも見て真似をする。特性などは、最初にすべて伝えるのでなく、発達段階に応じて分かる範囲で、さりげなく伝えていく方法をおすすめする。その際も個人情報の漏えいに注意する。

## ❻特別支援教育支援員、活用のポイント

子どもたちと直接に接する非常に重要な役割である。夏休みなどの長期休業中などに、必要な研修を実施できると良い。「発達障害の子の特性とその効果的な対応」「ほめ方演習」などの研修で、専門性が向上していくと、子どもたちにとって良き支援者となる。

### 《参考文献》

・文部科学省『「特別支援教育支援員」を活用するために』平成19年6月

【大恵信昭】

| 発達障害者支援センター | support center for developmental disorders

# 発達障害者支援センター

●特別支援

発達障害者支援センターは、都道府県・指定都市に設置されている。電話相談等も受け付けている場合がほとんどである。相談内容によって、市町村の相談機関や医療機関の情報を提供し、連携して業務にあたっている。

## ❶発達障害者支援センターの事業内容

「発達障害者支援センター運営事業実施要綱」では、発達障害者支援センターの事業内容として、

(1)相談支援
(2)発達支援
(3)就労支援
(4)普及啓発・研修

の4つを行うこととされている。

都道府県・指定都市の人口規模、面積、交通アクセス、既存の地域資源の有無などによって、各センターの事業展開には地域性がある。

地域における総合的な支援体制整備の推進役として、個別の事例をとおしての関係機関との連携や、支援ネットワークの構築を進めていくことも、重要な役割となっている。

(1)相談支援

発達障害児（者）とその家族、関係機関等から日常生活での様々な相談（コミュニケーションや行動面で気になること、保育園や学校、職場で困っていること）などに応じている。福祉制度やその利用方法についても相談でき、保健、医療、福祉、教育、労働などの関係機関への紹介も行っている。

(2)発達支援

発達障害児（者）とその家族、周囲の人の発達支援に関する相談に応じ、家庭での療育方法についてアドバイスしている。発達検査などを実施したり、支援計画の作成や助言を行うこともある。その際、児童相談所、知的障害者更生相談所、医療機関などと連携を図っている。

(3)就労支援

就労を希望する発達障害児（者）に対して、就労に関する相談に応じ、公共職業安定所、地域障害者職業センター、障害者就業・生活支援センターなどの労働関係機関と連携して情報提供を行う。必要に応じて、支援センターのスタッフが学校や就労先を訪問し、障害特性や就業適性に関する助言を行うほか、作業工程や環境調整などを行うこともある。

(4)普及啓発・研修

発達障害の特性や対応方法などについて解説したパンフレット、チラシなども作成している。保健、医療、福祉、教育、労働といった関係の深い公共機関だけでなく、交通、消防、警察などの機関や、一般企業などに配布することもある。合理的配慮の考えが世の中に広がっていく中で、今、非常に求められている業務と言える。

発達障害を支援する保健、医療、福祉、教育、労働などの関係機関の職員や、都道府県及び市町村の行政職員などを対象に講演会や、研修も行っている。

## ❷職員の配置は

「発達障害者支援センター運営事業実施要綱」に基づき、専任3名の職員を配置されている。

センター長は兼務でも良い。都道府県・指定都市が独自に予算措置を行い、2箇所目を開設しているところや、職員の増員を行っているところもある。職種として規定されているのは、社会福祉士の配置だけであるが、臨床心理士、言語聴覚士、精神保健福祉士、医師等を配置しているところもあり、地域によって特色が出ている。

## ❸具体的な例　香川県の場合

かがわ総合リハビリテーションセンター内に、発達障害者支援センター『アルプスかがわ』が置かれている。支援スタッフとして、社会福祉士に加えて、精神科医師・小児科医師・言語聴覚士・心理士なども在籍している。医療面での充実が著しく、地域での信頼も厚い。

家庭だけでなく、保育所・幼稚園・学校等での支援の方針や具体的な援助の方法も一緒に考えることができる。教員にとっても、心強いサポートである。専門のスタッフによる、保育所・幼稚園・学校等への訪問も可能であり、実際に行われている。

医学的な診断や心理的な判定のニーズも多い。

ハローワーク等との連携で、就労に向けた支援も手厚く行われている。生活習慣の形成、職業生活上の一般的なルールの理解、必要な知識の習得などの支援を行っている。

普及啓発・研修として、「発達障害についての正しい理解」のテーマなど、支援に関する研修会や講演会の開催も大きな役割である。

【大恵信昭】

| NPO法人 | 特定非営利活動法人 | Nonprofit Organization

# NPO法人

● 特別支援

NPO法人とは、特定非営利活動法人のことである。「特定非営利活動促進法」を根拠に、不特定かつ多数の市民に対し、「医療・福祉等の増進を図る活動」、「社会教育の推進する活動等」をする団体に対して承認される。

NPO法人設立のためには、一定の条件を満たし必要な書類を準備し申請の上、審査を受ける必要がある。承認された後、登記の手続きをすれば正式にNPO法人として認められる。

NPO法人には、任意の団体と違い社会的な信用度が高いというメリットがある。また、法人企業と違い、資本金が必要ない、収益事業を行わなければ法人税の減免が行われるというメリットがある。

NPO法人では、役員等に対して給与は支払われるが、収益が分配されることはない。また、資金運用等の情報開示が義務づけられている。

## ❶特別支援教育に関するNPO法人との連携

学校においては、NPO法人や医療機関等の学校外の専門機関と連携して、特別な支援を要する子どもたちへの支援を協力して行うことが重要とされている。

現在たくさんのNPO法人が設立されているが、歴史があり、特別支援教育に関する研究・実践を積み重ねているNPO法人及び、障害者の就労に関係のあるNPO法人を中心に紹介する。

## ❷NPO法人翔和学園

平成11年に設立。翔和学園では、発達障害のある子どもたちの苦手な部分を支援するだけではなく、得意な部分を伸ばすことを重視していて、「ギフテッド教育」にも熱心に取り組んでいる。

翔和学園には、小・中学部、高等部、大学部、就労支援をしている「ワークセンター翔和」が設置されていて、就学から就労まで一貫した専門的な支援が受けられる。

翔和学園では、TOSSと連携した教職員研修に力を入れている。TOSSに所属している高い技量をもった先生を招いた研修会を行ったり、そのような先生の授業VTRをそっくりそのまま真似ることで授業の技量を高める研修を行ったりしている。そのため、教職員の特別支援教育に関する専門性は高い。

〒 164-0011 東京都中野区中央 1-38-1

アクロスシティ中野坂上ビル 2F
TEL 03-5338-0338
ホームページ http://www.showa-gakuen.net/

## ❸全国LD親の会

平成2年に設立。LD（学習障害）等の発達障害のある子どもの保護者の会の全国組織である。

主な事業は、LDへの理解を広めること、日本LD学会等の研究者との交流等である。また、会報「かけはし」を発行し、各地の親の会への情報提供や活動への支援を行っている。

〒 151-0053 東京都渋谷区代々木 2-26-5
バロール代々木 415
TEL/FAX 03-6276-8985
ホームページ http://www.jpald.net/

## ❹NPO法人えじそんくらぶ

平成10年に設立。ADHDの正しい理解の普及と、ADHDである人々の支援を目的として設立された。ADHDの障害の特性を個性の1つとしてとらえ、その長所を伸ばし、弱点を克服できるよう支援する団体である。

主な事業は、ADHDのある子どもとその家族の支援、最新情報の収集、医療・教育等の専門家との連携等である。

〒 358-0003 埼玉県入間市豊岡 1-1-1-924
TEL/FAX 04-2962-8683
ホームページ http://www.e-club.jp/

## ❺就労継続支援事業所

就労継続支援事業所とは、通常の事業所に雇用されることが困難な障害者に、就労の機会を提供すると共に、就労訓練を行う事業所のことである。就労継続支援事業所の中には、NPO法人の登録をしているところも多い。

就労継続支援事業には、A型とB型があり、A型の事業は、障害者と雇用契約を結び、原則として最低賃金を保障する「雇用型」の福祉サービスである。

一方、B型の事業は、雇用契約は結ばず、利用者が作業分の工賃を受ける比較的自由に働ける「非雇用型」の福祉サービスである。

《参考HP》
・各団体ホームページ

【杉本友徳】

| 国立特別支援教育総合研究所 | 独立行政法人 | National institute of Special Needs Education

# 独立行政法人
# 国立特別支援教育総合研究所（特総研）

●特別支援

国立特別支援教育総合研究所（以下：特総研）は、障害のある子どもの教育の充実と発展のために、昭和46年に文部省（当時）の直轄の研究所として設置された。

当時の名称は「国立特殊教育総合研究所」であった。平成13年に独立行政法人に移行し、平成19年に現在の名称に変更された。

特総研では、「特別支援教育の施策に関する研究」、「教職員に対する専門的な研修」、「研究の成果の普及」、「資料の収集と整理、情報の提供」、「相談、指導、助言」の主に5つの業務を行っている。

## ❶合理的な配慮の実践例から学び、専門性を高める

特総研のホームページでは、【「合理的配慮」実践事例データベース】のページを開設している。

「合理的配慮」実践事例データベースURL
http://inclusive.nise.nise.go.jp/?page_id=15

「合理的な配慮」とは、特別な支援を必要とする児童生徒等の障害の程度や特性等を踏まえて、学校の設置者及び学校が必要かつ適当な変更・調整を個別に行うことである。

〈「合理的配慮」実践事例データベース〉は、検索機能が充実している（下図：検索結果例）。

ファイル名：H27 0204PC4-EDAD

例えば「条件指定による検索」では、「障害種」や「対象児童の在籍校」、「学年」、「合理的な配慮の観点（例えば、学習内容の変更・調整）」等、配慮を必要としている子どもに対応した条件を指定することで、関連する事例が示されるようになっている。

「障害者差別解消法」が施行され、適切な合理的な配慮を行わなかった場合には、差別に当たるとされている。先行事例に学び、適切な合理的な配慮を実施していきたい。

## ❷講義配信サービスを使った研修

特総研では、障害のある児童生徒等に関わる教職員の専門性を高める支援の1つとして、インターネットによる講義配信を行っている。パソコンやタブレット端末、スマートフォンから講義を視聴することができる便利なサービスである。

講義の長さは1つが15分から30分程度であり、個人研修としてサービスを利用したり、校内研修において教職員で視聴し特別支援教育に関する知識を深めたりできる。視聴に際しては、事前に利用登録をインターネット上で行い、「ユーザーID」と「パスワード」を発行する必要がある。

講義タイトル例
○視覚障害の特性と教育課程
○ADHDのある子どもの理解と対応
○発達障害のある子どもの思春期
○LDのある子どもの理解と対応

## ❸特別支援教育の指導者としての資質を高める研修制度

特総研では、各都道府県の特別支援教育の指導者的な立場にある教員を対象に「特別支援教育専門研修」、「インクルーシブ教育システムの充実に関わる指導者研究協議会」を開設している。

例えば「特別支援教育専門研修」では、各都道府県の教育委員会等の推薦を受けた者が研修生に選ばれる。「視覚障害教育専修プログラム」、「発達障害・情緒障害教育専修プログラム」等が開設されていて、より専門的な知識、最新の情報を学ぶことができる。また、それぞれのプログラムに応じて「教育職員免許法施行規則」に基づく単位を修得することもできる。

募集人数は各70名、研修期間は2か月程度である。受講料は徴収されないが、研修施設への宿泊費用等は別途必要である。

### 《参考HP》
・特総研ホームページ　http://www.nise.go.jp/cms/

【杉本友徳】

# どのような障害があるの?

●ガイダンス

> 発達障害者支援法（平成16年12月成立、平成17年4月施行）は、どんな障害が「発達障害」に含まれるのか、その例を挙げている。
> 第2条　この法律において「発達障害」とは、自閉症、アスペルガー症候群その他の広汎性発達障害、学習障害、注意欠陥多動性障害その他これに類する脳機能の障害であってその症状が通常低年齢において発現するものとして政令で定めるものをいう。

しかし、アメリカ精神医学会が編集した、診断基準（DSM）の変更・改訂に伴い、障害の呼び名が変わってしまっているものもある。

たとえば「アスペルガー」は「アスペ」などと呼ばれて、その存在や名称が広く知られるようになったが、その名称が存在したのは、DSM-Ⅳまでのことである。DSM-5においては、アスペルガーは「ASD」（自閉症スペクトラム）の定義に吸収されてしまっている。

また、LD（学習障害）に関しても、DSM-5においては、その名称が「SLD」（限局性学習障害）と変更になった。

学術的・医学的な「発達障害」とは、DSM-5によれば、**SLD（限局性学習障害）**、**ASD（自閉症スペクトラム）**、**ADHD（注意欠如・多動症）** に加えて、**知的能力障害**、**DCD（発達性協調運動障害）**、**トゥレット障害**、**チック障害**、**言語障害を含むコミュニケーション障害**等をさしている。

## ❶「発達障害」に含まれないもの

特別支援教育は「発達障害」者のみを、その対象としているわけではない。

たとえば、学校教育法施行規則第140条では、通級指導教室の対象者を、言語障害者、自閉症者、情緒障害者、弱視者、難聴者、学習障害者、注意欠陥多動性障害者、その他障害のある者で「この条の規定により特別の教育課程による教育を行うことが適当なもの」としている。

言語障害とは、言語情報の伝達や処理に困難を示す様々な障害の総称で、口蓋裂等が原因となる**器質的構音障害**、誤学習が固定化された**機能的構音障害、吃音障害**などがある。

情緒障害は、文部科学省の「就学指導資料」（平成14年6月）によれば、ある特定の場面で話せなくなる心因性の**選択性緘黙**、**不登校**、**多動**、**常同行動**、チッ

クをさしている。専門家の分類によっては、それに加えて、**拒食**、**過食**、**不眠**、**夜尿**、**引っ込み思案**、**虚言癖**、**粗暴行為**、**無気力**等を含むこともある。

視覚障害は、めがねによる矯正では回復しない、視力や視野が低下する障害で、光を一切感じない**全盲**と、光は感じるものの視覚の認識が困難な**弱視**に分けられる。

聴覚障害には、音が小さく聞こえる**伝音性難聴**、音が歪んで聞こえる**感音性難聴**、伝音性と感音性の両方の障害を持つ**混合性難聴**などがある。すこしでも聴力が確保されていれば「難聴」と呼ばれるが、まったく聞こえないレベルになると「**聾**」と呼ばれる。それとは逆に「音が聞こえすぎる」タイプは、**感覚過敏**に含まれる。

## ❷肢体不自由者、身体虚弱者

特別支援学級の対象者となると、ここに「肢体不自由者」と「身体虚弱者」が加わる。（学校教育法第81条②）

肢体不自由とは、身体の動きに関する器官が病気やけがで損なわれ、歩行や筆記等の動作が困難な状態のことである。

肢体不自由の医学的原因は様々にあるが、中枢神経系の脳障害の**脳性まひ**、脊髄障害による**二分脊椎**、筋肉の疾患である**筋ジストロフィー障害**、骨系統の疾患である**軟骨無形成症（アコンドロプラジア）**、**骨形成不全症**などがある。

「身体虚弱」は医学的な用語ではなく、体を弱らせる様々な疾病の概念を含んでいる。障害としては、身体障害者福祉法が定める「内部障害」が身体虚弱の概念に含まれており、**心臓機能障害、腎臓機能障害、膀胱又は直腸の機能障害、小腸機能障害、ヒト免疫不全ウイルスによる免疫機能障害、肝臓機能障害**の7つがある。

また、学級編成上の**重複障害**というものもあり、視覚障害、聴覚障害、知的障害、肢体不自由、病弱の5つのうち、2つ以上の障害が重複するものをいう。

## 《参考文献》
・『特別支援教育総論』放送大学教材
・『特別支援教育基礎論』放送大学教材
・宮尾益知他『発達障害のリハビリテーション』医学書院

【後藤隆一】

| 知的障害 | intellectual disability

# 知的障害

● 精神神経学用語

　IQ70以下の知的機能で、意思伝達、自己管理、家庭生活等で困難が存在する。IQ70付近の場合、支援学級へ通級しての個別指導が望ましい。知的障害を主とする特別支援学校への措置に関しては、知的障害の診断を受けているか、もしくは療育手帳等を取得していることが基本となる。アメリカ精神遅滞学会による新定義の中では、社会的観点から能力障害のレベルの判定にIQは用いられず、社会適応とその状態が重要とされる。文部科学省もインクルーシブを重視していることから、世界的な潮流に日本も同調していくだろう。

## ❶特徴的に表れるところ
・時間や数量の理解が苦手である。
・覚えたことをすぐ忘れてしまいやすい。
・運動発達の遅れが見られる。
・手先を使った動きが苦手である。

## ❷教室で見られる症状・症例
・小学校：授業中、分からないことが多く、授業についていけなくなり、鉛筆などでいたずらを始めてしまうことがある。平仮名50音もしっかり覚えられていないときには、ノートを取れないこともしばしば見受けられる。国語・算数に関しては特に支援学級等で発達段階に合った学習が必要である。
・小学校四年生でIQ70の場合、認知面で2〜3歳遅れた発達段階ということになり、行動が周りから見て幼く見える場合も多い。
・中学校：中学校の一般学級の授業にはほとんどついていくことが難しくなる。支援学級等で、発達段階に合った学習が必要となってくる。以前、知的な遅れがあるが、一般学級での指導を望んで支援学級等にはあまり行かない生徒がいた。一般学級ではノートを取ることが中心の学習となり、後は説明が分からないことが多いため、資料集を見て過ごしたり、本を眺めたりしていた。家庭科で、掃除の仕方のお手本など活動があると、積極的に前に出ていた。

## ❸支援の方法
・支援員が教室に配置され、教科書を出すよう声をかけたり、プリントの今やっているところを指さして教えたりする支援がある。しかし、支援員は学習の指導は制限されており、授業に直接かかわることが難しい。担任との連携が重要となる。
・全体に指示した後、分からず困っていることがしばしばあるので、個別の指示をする。全体の指示をし、他の生徒が活動をし始めた後、さりげなく個別指示、指導をすることが必要である。

## ❹早期発見のポイント
・小学校に入学した際、ひらがなが書けるか、見る必要がある。読み書きの力が分かる。
・入学して早い段階でケンケンパーをさせてみる。知的遅れがある場合、うまくできず、ぎこちない動きになる。運動の協調性を見る。
・キラキラ星の歌を、振付を付けて歌い真似をさせる。模倣の力が分かる。

## ❺医療につなげる観察記録の条件
・箇条書きで具体的内容を端的につけておく。「スキップができる」「じゃんけんで勝負が分かる」「左右が分かる」など、具体的に書いておくと発達の状態が伝わる。

## ❻教室でやってはいけない対応
・「何でやらないの」とやっていないこと、できていないことを叱る対応である。分からずにやらないことがしばしばある。分からないことを「はやくやりなさい」と叱られると、「こんなのやりたくない」と癇癪を起こしたり、勉強が嫌いになったりしてしまう。
・何も支援をせず、様子を見るだけでもいけない。言葉かけや何かできる活動の保障が必要である。

## ❼保護者への対応のポイント
・保護者はこれまで苦労を重ねてきている。まずは話をよく聞くことである。連絡であるが、よいことは連絡帳で伝えてよいが、子どもの相談ごとなどは、直接会って話さないと誤解を招いてしまう。

## ❽相談窓口
　各市町村の保健センター、福祉課、子育て相談課等に相談する。療育教室のある市町村もある。

### 《参考文献》
・総編集：新庭重信　編集：神尾陽子『DSM-5を読み解く』中山書店
・有馬正高『知的障害のことがよく分かる本（健康ライブラリーイラスト版）』講談社
・くどうのぞみ・吉見礼司『ふしぎだね!?　知的障害のおともだち（発達と障害を考える本）』ミネルヴァ書房

【河村要和】

| コミュニケーション障害 | 言語伝達の障害 | Communication Disorders

# コミュニケーション障害

●精神神経学用語

コミュニケーション障害とは、言葉を扱って他者とコミュニケーションをとることに困難が生じる疾患群の総称である。正式には、「コミュニケーション症群／コミュニケーション障害群」という。(DSM-5『精神疾患の診断・統計マニュアル』第5版)

コミュニケーション障害には、次の5つの疾患が定められている。①言語症、②語音症、③小児期発症流暢症（吃音）、④社会的（語用論的）コミュニケーション症、⑤特定不能のコミュニケーション症群

## ❶特徴

(1)言語症―話したり書いたりするための言語の取得を困難とする疾患である。使える語彙が少ない、正しい文章を作る力が弱い、表現力が弱いなどの症状が発生する。

(2)語音症―言葉をうまく発声できないことで起こる疾患である。語音症の人が話す内容を周囲の人が理解できず、意思伝達が正しく行われない場合がある。

(3)小児期発症流暢症（吃音）
どもったり、会話の途中でいきなり話せなくなったりしてしまう症状を中心とした疾患である。

(4)社会的（語用論的）コミュニケーション症
社会生活においてのコミュニケーションを難しいと感じてしまうことが特徴の疾患である。

(5)特定不能のコミュニケーション症
上記の疾患のどれにも当てはまらないが、コミュニケーション障害の症状が発症する場合に診断される。

## ❷教室での様子

・相手に伝わるように言葉を発することができない。
・正しく言葉を使うことができず、単語が不自然な区切りで途切れる。
・「あーあー」というように音声や音節を頻繁に反復したり、延長したりする。
・会話の途中でいきなり無言になる。
・相手の話を聞かず自分の話ばかりしてしまい、会話のルールに従うことができない。

## ❸必要な対応

音読や発表など、学習の中で発音する場面は多い。特に国語では、コミュニケーションを中心とした学習となる。コミュニケーション障害の児童に、他の子と同じように活動させようとしても難しい。周囲と比べて劣等感をもたせないように、その子なりの表現を認

め、子どもたち同士、話し方の違いを尊重し合いながらコミュニケーションがとれるように指導することが必要である。話すことの抵抗感がとれず、日常生活や身体の調子に支障が出ているなどの場合は、早めに専門家に相談して、適切なサポートを受けることが必要である。また、言語障害特別支援学級が開設されている場合は、発音のトレーニングなど個別の指導を行うことで、コミュニケーション能力の向上を図ることができる。

## ❹医療機関との連携

コミュニケーション障害の原因は、聴覚や発声気管の異常、生活環境や心の問題、障害や疾病など様々なものが考えられる。症状を考えて医療機関等に相談することが大切である。以下、コミュニケーション障害の相談ができる公的機関、医療機関である。
①児童相談所、②全国精神保健福祉センター
③耳鼻咽喉科、④精神科、⑤心療内科
学校では、家庭と連絡をとり、受診した結果や児童の様子を把握して指導に生かすようにする。

## ❺教室でやってはいけない対応

・発表や音読を強いるなど、緊張場面を作る。
・グループの話し合い活動の中に放置する。何らかのサポートをするべきである。
・話がかみ合わない、はっきり話せないことについて不快な態度をとったり叱責したりする。
・児童のコミュニケーション障害について、共通理解を図らずに、自己紹介などをさせる。
・コミュニケーションが上手でないと活躍できないようなクラスの雰囲気を作ってしまう。

## ❻保護者への対応ポイント

児童のコミュニケーションの困難さを一番わかっているのは保護者である。児童の気持ちに寄り添い、障害への理解を示すことで、保護者との信頼関係を築くよう心掛けることが大切である。また、家庭や学校での児童の様子を伝え合い、有効な支援の仕方について情報交換できるようにしたい。

### 《参考文献・HP》
・LITALICO発達ナビ https://h-navi.jp/column/article/35025990
・小川仁『子どものコミュニケーション障害』学苑社
【牧山誠一】

教室の子どもたちの障害―どんなことが考えられるか

| 自閉症スペクトラム障害（ASD） | Autism Spectrum Disorder

# 自閉症スペクトラム障害（ASD）

● 精神神経学用語

　自閉症は３歳前より症状が現れ、社会的な相互交渉の質的な障害、コミュニケーションの質的な障害、行動、興味及び活動の限定的、反復的、情動的存在の３つの必須の行動症状を持つ障害である。以上の３つの症状を様々な程度に併せもち、症状が３歳以降に出現することもある障害を含めて広汎性発達障害としていたが、DSM-5では分類が変わり、自閉症スペクトラム（ASD）としてまとめられた。現在はこの考えが主流になりつつある。アスペルガー障害もこの中に含まれる。

### ❶特徴的に表れるところ
・視線が合わない。言葉を字義通りに受け取ってしまう。人の気持ちや場の雰囲気が読めない。おうむ返しをする。変化のない遊びにこだわり、やめさせようとするとパニックになる場合がある。

### ❷教室で見られる症状・症例
・その日の予定が分からないと、不安定な気持ちになってしまい、声をあげたり、ロッキングをしたりするなど、落ち着かない様子を見せることがある。
・日常の会話や音楽の合唱など、自分の声の大きさに気付かず、場に合わない大きな声でしゃべったり、歌ったりしてしまう。
・低学年では、教室からすぐに走り出してしまう子がいる。追いかけるとケラケラ笑っている。そのことに対して、「だめでしょ！」「もどりなさい！」などのような叱責だけでは行動は収まらない。
・体育館の集会や運動会、体育祭など、集団が集まる場は苦手で、体育館に入れなかったり、演技に参加しようとしなかったりする場合がある。

### ❸支援の方法
・予定を書く、献立を書く、牛乳パックを片付ける、音楽ではじめのあいさつをするなど、当番でも係の活動でもよいので、学級の中で役割を作ることが大切である。身につけるまで時間がかかることもあるが、身につければ行動の安定につながる。
・予定を伝える。その日の予定について、小さなホワイトボードなどに、朝のうち書いておいて確認する。変更があれば、そこに書き足す、時間を示すといったことが安定してその日を過ごすことにつながる。
・声の大きさの段階表をボードなどに書いて掲示するか、手のひらサイズのものを作り、いつでも提示して視覚的に大きさの違いが分かるようにしておく。
・行動のレパートリーが極めて少ない。その行為を注

意されても適切な行為をとることができづらい。適切な行動を教えることで解決されていく。例えば、「この時間は教室の後ろから本を持ってきて、きちんと広げて、見ています」といって、本のとり方、広げ方、座り方などを、手を添えながら教える。必要なことは、スモールステップで具体的な操作を加え、繰り返し丁寧に教えることである。

### ❹早期発見のポイント
・乳幼児の段階から過敏症で、母乳を嫌がり、寝かせて哺乳瓶を口に当てて飲ませないといけない子もいた。過敏性は１つの目安である。また、声をかけても反応しない、目が合わないなど、気になることがあれば、保健センターに相談することを勧めたい。

### ❺医療につなげる観察記録の条件
・場に沿わない発言や行動、目線が合うか、こだわりはあるかなど、３つの必須症状について意識し、箇条書きで付ける。

### ❻教室でやってはいけない対応
・その場で不安定になってしまったり、不快を示したりしたときに、ただ我慢させることは危険である。特別な感覚が不快を呼んでいる場合がある。場を変えたり、原因を聞いて取り除いたりさせたい。チャイムが鳴る前の通常の場合は、聞こえない電子音なのに、いつもイライラして大声を上げるという事例もある。

### ❼保護者への対応のポイント
・相談があれば、よく話を聞くことである。話しながら、考えが整理してくる場合もある。協力者として、その子にとって何が良いか、何ができるか、いつも寄り添って考えたい。

### ❽相談窓口
　各市町村の保健センター、福祉課、子育て支援課、県の発達支援センター等に相談する。

《参考文献》
・佐々木正美『自閉症のすべてがわかる本』講談社
・田中康雄・木村順『自閉症とアスペルガー症候群』成美堂出版
・アレン・フランセス『DSM-5 精神疾患診断のエッセンス』金剛出版

【河村要和】

| 注意欠陥／多動性障害（ADHD） | attention deficit hyperactivity disorder

# 注意欠陥／多動性障害（ADHD）

● 精神神経学用語

ADHDは、不注意、多動性、衝動性などのうち1つ、もしくはいくつかが基本症状としてあり、国や地域にかかわらずおよそ5%程度の有病率といわれる。一般的な数の教室には、2～3人がいることとなる。DSM-5によれば、不注意優勢型、多動性－衝動性優勢型、並びに両者を併せ持つ混合型の3種類に分類される。原因は特定されていないが、ドーパミンなどの神経伝達物質が関与する先天性の素因によると考えられている。

## ❶特徴的に表れるところ

・忘れ物が多い。　　・ふらふら歩きだしてしまう。
・何かしようとした時、目についた別なことに興味を取られてそのことをはじめてしまう。

## ❷教室で見られる症状、症例

・小学校：授業参観など大勢が集まる時には、落ち着かず教室の中を走り回るなど、人が多かったり、いつもと違ったりした環境の中では興奮が高まり、騒ぎたててしまうことがある。
・教師の発言や、板書を見て、自分の気になったことに授業の流れと関係なく発言したり、前に出てきてしまったりすることがある。
・ワーキングメモリーが弱く、一度に1つのことしか入らないと言われる。2つ3つの作業指示を同時に出すと、何をすればよいか分からなくなり、「先生、何をするんですか」と何度も聞き返すことがある。
・中学校：小学校で障害のあることや、障害の特性が理解されず適切な対応を受けてこなかった場合、反抗挑戦性障害※という二次障害を発症することが知られている。これは、本当に分からない、できない、気付かないのに叱られ続け、心が傷ついた状態とも言える。早いうちから適切な対応が望まれるところである。（※しばしば、癇癪を起こす。不服従で大人と口論するなどの精神的な障害）

## ❸有効と言われる処方箋・支援

・処方箋　薬剤：ストラテラ・コンサータが現在、使用される。医療機関の指示のもと適切に使用する。
・支援：指示は一時一事で行う。「教科書を出しなさい」「30ページを開きます」と1つの指示で1つの行為をさせるようにする。ワーキングメモリーの弱さに配慮し、一度に多くの指示を出さない。
・教えて、できたらほめる。また、時にはしようとした行為だけでもほめ、自己肯定感を高めるようにする。ADHDの子は、気になることがあると、衝動的に動いてしまうため、いつも叱られたり注意を受けたりして育ってきたことが予想される。ほめることが関係性を改善し、二次障害の予防にもつながる。

## ❹早期発見のポイント

・年齢に不相応な衝動性、多動性が見られる時には早目に保健センター、支援センターへの相談を勧める。

## ❺医療につなげる観察記録の条件

・医療機関への相談は、断片的な現象の羅列ではなく逐条的で具体的な内容の記述をしておくことが肝要である。例えば、「○月○日　隣の子に消しゴムを貸してと言って断られ、大声で泣いた。別室に連れて行き、校内の支援員の先生に対応をゆだねた」というように、事例を細かく記述しておくことが診断に役立つ情報となる。

## ❻教室でやってはいけない対応

(1)目を見て話す―「話す時は、目を見て話しなさい」と言われるが、ADHDの子によっては、攻撃されているように感ずることもあるという。衝動性を抱え、状況が混乱しているときに、強い指示があると、さらに混乱することも予想される。
(2)学級全員の前で、「この間も言ったでしょ。何回言えばいいの」というような形で、その子だけ、叱責するということを繰り返すこと―事態の改善になるより、かえって、二次障害を引き起こしかねないと言われている。

## ❼保護者への対応のポイント

・医療機関の診断は出ていないが、かなり疑わしいと思われる時、「様子を見ましょう」というような対応で、適切な対応の機会を逃してしまうと、その子の人生にとって大変なマイナスを与えることになる可能性がある。サポートセンターなどとも連携を図りながら、医療機関への橋渡しをすることを、校内で共有しておくと説明責任を果たす目安にもなる。

《参考文献》
・ラッセルAバークレー博士『ADHDのすべて』VOICE
・杉山登志郎『発達障害の子どもたち』講談社現代新書
・安原昭博『ADHD・LD・アスペルガー症候群かな？と思ったら』明石書店
・森孝一『LD・ADHD・高機能自閉症　就学&学習支援』明治図書

【河村要和】

| 学習障害（LD） | Lerning Disoder

# 学習障害（LD）

● 精神神経学用語

学習障害（LD）とは、全般的な知的発達は正常範囲にあるが、聞く、話す、読む、書く、計算するまたは推論する能力のうち、特定のものの習得と使用に著しい困難を示す様々な状態を指すものである。一般にはこの捉え方が広く使われているが、これらは合併することが明らかになっており、米国精神医学会の診断基準DSM-5では、学習の困難さを広く捉えて、読字、文章理解、書字、文章記述、数の操作、数量的推論のどれか1つでも学習上の困難があれば、限局性学習症／限局性学習障害という診断名となった。なお、その困難さは一過性のものではなく、少なくとも6か月間その困難が持続しているものとしている。

## ❶特徴的に表れるところ

・日常のコミュニケーションは問題が見られず、明るく過ごしているのに、算数の時間になると、黙ってしまったり、なかなか学習に取りかかろうとしなかったりする場合がある。また、字を書くことが嫌いで、国語の時間になると、ノートを取らない、いつも机に伏せてしまうなど、特定の教科に苦手さを顕著に表す。

## ❷教室で見られる症状・症例

○聞いて理解する力（聴覚認知）に困難がある場合
・似た音や言葉を聞き誤る。
・となりの教室の音が耳に飛び込んできてしまう。
・言葉のみの説明や指示がなかなか伝わらない。
・全体指示が伝わらず、個別に指示しないと学習が遅れる。
・指示されたことを忘れて何度も聞き返す。

○見て理解する力（視覚認知）に困難がある場合
・似たような文字を読み間違ってしまう。
・教科書の文字が追えず、音読できない。
・漢字を書くと、線が抜けたり間違って書いたりする。
・文字や行を読み飛ばしたり途中で止まったりする。

○物の位置関係を把握する力（空間認知）に困難がある場合
・ひっ算の桁がどんどんずれていく。
・図形の学習が苦手でうまく書けない。
・前後左右を間違って書く。
・ロッカーや下駄箱の位置が覚えられない。

## ❸支援の方法

・スモールステップで指導内容を細分化して教える。

・抽象性の高い内容は具体的な教材で補う。
・他の子よりもゆっくりと丁寧に指導する。
・基本的事項の定着が図れるよう繰り返し指導する。

## ❹早期発見のポイント

・特定の教科や授業でやる気を見せない、なかなかノートを取ろうとしないなど見られる場合には、学習障害を一応、疑う必要がある。「どうしてやる気を出さないのだろう」「またふざけている」として片付けてしまうと、見誤ることとなる。
・少し遅れが感じられる場合、ひらがなの読み、書きの状態を確かめたい。そこが落ちていると、学習全般に影響している可能性もある。

## ❺医療につなげる観察記録の条件

・どの授業の時に、どのような状態であるか、具体的、かつ端的にまとめておく。

## ❻教室でやってはいけない対応

(1)「早くやりなさい」とむやみに言わない—字がうまく書けない、読めない、指示がよく聞き取れない、という状態をいつも抱えている。そこに来て、「早くやりなさい」と言われ続けると、イライラが募るばかりである。今どこを読んでいるか指し示すとか、字を大きく見せるなど、分かるための工夫を加えたい。

(2)「ちゃんとやりなさい」とむやみに言わない—これも、上記に通じるものがある。一生懸命やろうとしているができないと捉えた方がよい。そのまま注意をし続けていくと、勉強が嫌いになり、不登校の原因ともなってしまう。

## ❼保護者への対応のポイント

・保護者は、他はできるのに、ここだけ苦手にしているという思いである。LDの場合、障害があるという意識はなかなか持ちづらい。その子をもっと伸ばすためにということを一緒に考え、場合によっては支援級での指導も勧めていく。

## ❽相談窓口

・各県の教育センター・支援センター

《参考文献》
・安原昭博『ADHD・LD・アスペルガー症候群かな？と思ったら』明石書店
・森孝一『LD・ADHD特別支援マニュアル』明治図書

【河村要和】

| 発達性協調運動障害 | developmental coordination disorder

# 発達性協調運動障害

●精神神経学用語

　全身運動（粗大運動）や手先の操作（微細運動）がとても不器用な障害のことである。脳の発達の偏りにより、神経伝達物質の異常といったことが考えられているが、はっきりとした原因が解明されているわけではない。協調運動とは、体の様々な部分を使って１つの動きを行うことである。縄跳びや自転車の操縦などが代表的な例として挙げられている。これらの全身運動の他にボタンをうまくかけられなかったり、箸をうまく使えなかったりといった手先の操作などに困難を示す場合もある。

## ❶特徴的に表れるところ

　学校や家庭の中での人や物への衝突でのケガ、社会での交通事故、天災による避難の際の事故……運動能力が高ければ防げたかもしれない事がある。運動能力を高めることは、生きていく力である。ボディイメージがうまくできていないと物によくぶつかる、それは左右が分からないことや相手のまねをすることが苦手であることにもつながる。物をよく壊すことは、力加減ができないことが背景にある場合がある。姿勢の悪さは筋肉の調整機能に問題がある。手先の不器用さ（微細運動障害）があると、単にスポーツが苦手というレベルではなく、身辺自立や様々な創作活動等に支障をきたすことも懸念される。

## ❷教室で見られる症状・症例

　「帽子や手袋が苦手」「糊や粘土、砂が苦手」「ドアや家具によくぶつかる」「飲み物を注ぐのが苦手」「運動全般がぎこちない」「モノの扱い方が乱暴」「ボールを取るのが苦手」「いつも落ち着きがない」「板書を写すのが苦手」「左右が分からない」「着替えに時間がかかる」「ボタンかけに時間がかかる」「靴ひもが結べない」「人や物との距離がとれない」「同じ姿勢を長くとれない」「歩くとき、同じ手足を同時に出す」「号令に合わせて行動できない」「音楽に合わせて動けない」「つま先立ちができない」「ボールをうまく投げられない」「物の扱い方がうまくできない」「筆圧が一定しない」「教室移動が苦手、よく道に迷う」など。

## ❸支援の方法

　日常生活が一人でできるようになることが目標である。そのために、基礎的な運動スキルを高めていく。その運動スキルは、以下に示した5項目である。これらを単独で行うことはもちろん、組み合わせたりすることが大切である。

　A：身体意識

　自分の手足がどのような位置にあるかの感覚（固有受容感覚）が機能していないことが多い。よって、手押し車、押し相撲、なわとびなどの運動や粘土遊びや歯ごたえのある食べ物を嚙むといった訓練が効果的である。固有受容感覚を使った活動は注意力や整理整頓に問題ある子どもに特に有効である。感覚入力を増やすことで心を落ち着かせる効果があるためだ。

　B：運動プランニング

　体の動きや順番をまねする活動、ジェスチャーゲームや障害物コースを動物の歩き方をまねながら通り抜ける、ビブスをボールに見立てて投げたり捕ったりする。普通以上の練習と強化を必要とするために行う。

　C：両側性統合

　身体の中央を縦に通る正中線を交差する能力の発達が運動スキルを向上させる。ツイスターゲームや石けりや馬跳び、わらべ歌の手合わせ遊びなどおすすめだ。

　D：バランス能力

　ブランコやすべり台、ジャングルジム、メリーゴーランドといった動きのある固定遊具遊び。平均台や綱などを歩く。このような動きによって、前庭感覚の入力意識を高めてバランス能力を発達させる。

　E：微細運動

　トランプをシャッフルしたりまとめたりする。手話や影絵や指人形遊び。また、上半身全体を強化するエクササイズ（手押し車歩き、動物歩き、懸垂、雲梯、綱引きなど）をする。

## ❹教室でやってはいけない対応

　ボールがキャッチできない子どもに対して「ちゃんと捕れ！」といったような対応はNGである。また、ハサミやノリの使い方が上手にできない子に「切って貼っておきなさい」という指示のみは時にNGである。「紙を半分に折ります」といったスモールステップで手順を追って指示をする必要がある。発達性協調運動障害かもしれないという視点を持ち対応することが多くの子どもを救うことにつながる。

《参考文献》

・宮原資英『発達性強調運動障害』スペクトラム出版
・リサ・A・カーツ『不器用さのある発達障害の子どもたち　運動スキルの支援のためのガイドブック』東京書籍
・福田恵美子『人間発達学』中外医学社

【桑原和彦】

| チック症（TD） | Tic Disorders

# チック症（TD）

●精神神経学用語

チック症とは、突発的、不規則的、常道的な体の一部の早い動きや発声を繰り返す状態が一定期間継続するものである。精神的な緊張やストレスで増悪することが多い。運動チックと音声チックに分けられ、また、それぞれ、単純チックと複雑チックに分けられる。

## ❶特徴的に表れるところ

・チックは、ピクンとかピクピクッという突如として起こる素早くて断続的な運動である。やるつもりがなくてもやってしまう。運動チックはまばたきや肩をすくめる動きに現れ、音声チックは、咳やうめき声として現れる。

## ❷発生の頻度

・発生は一般的に人生の早期で、18歳以下である。チックは、子どもの10人に1～2人が体験するといわれている。4～11歳ごろに発生することが多く、12歳ごろを境に症状が軽減していくことが多い。チック症の中でも重症といわれるトゥレット症候群の頻度は1万人に4～5人程度とされている。

## ❸原因

・遺伝的な要因があると考えられている。しかし、それは遺伝病というものではなく、身体的特徴や性格が似てくる程度の、様々な要因の1つとして捉えられている。

・ドーパミンを中心とする神経伝達物質のアンバランスが強く影響しているのではないかといわれている。ドーパミンの影響を抑える薬物が、チックでも有効であることが要因としてあげられる。

## ❹症状の見通し

・10人に1～2人が体験するといわれるだけあり、その頻度は意外に多い。しかし、その分、多くのチックは一過性のチック症であり、1年以内に消失する。慢性のチック症でも10歳から10代半ば過ぎくらいまでが最も重症で、それ以降は回復に向かうことが大半である。ただし、少数の重症なチックは大人まで継続し、重篤になる場合がある。

## ❺薬物の有効性について

・強い不安や緊張を軽減するものとして、向精神薬を使用する方法もあるが、依存症の問題が懸念されるため、短期間の使用が望まれている。

・チックが強い場合、ドーパミンの過剰な活動を抑える作用のある神経遮断薬の使用も有効とされている。ただし、かゆみや手の震え、吐き気などの副作用も

あり、薬物療法を避ける保護者も多い。

## ❻医療の必要について

・すべての場合、医学的治療が必要なわけではない。チックが激しく、生活に影響が及ぶ場合、小児科の受診が必要となる。例えば以下である。
　①大きな叫び声の音声チックがある場合。
　②コプラリア（汚言症＝社会に受け入れられないしばしば卑猥な言葉を言ってしまう）がある場合。
　③チックで、字が書けない、食事ができない場合。
　④自傷や他傷の行為が出ている場合。

## ❼教室でやってはいけない対応

・やめさせようとして叱る：チックは意図的に行っている運動ではないので、強く叱ることで症状を意識させて、悪化を招く場合がある。

・触れないように意識し過ぎたり、行動を全く無視したりする：チックに関してあまり意識しないことは必要であるが、激しいときや頻繁なときには、心身の疲労や緊張感に配慮する必要がある。

## ❽行動を改善するための方策

・チックを、過度に意識しないように配慮しながら、大多数が一過性のものなので、特に異常なものではなく、やがて消えていくことを伝える。

・ストレスや緊張も原因の1つとなっている可能性があるので、学習面や人間関係面で苦手感を探り、学習量や学習課題を軽減したり、教師も一緒に遊びの輪に入り、場を取り持つ工夫を施したりする。

## ❾保護者への対応ポイント

・「自分が注意しすぎたためにチック症になったのでは」と考える保護者がいる。チックが発達の過程にある生理的現象の1つであることを伝え、少しでも精神的不安を取り除く。

・チックは、意志による抑制が難しく、やるつもりがなくても出てしまうことを伝え、過度に意識して注意をしない方向を一緒に探る。

《参考文献》

・NPO法人日本トゥレット協会『チックをする子にはわけがある』大月書店

・アレン・フランセス『DSM-5 精神疾患診断のエッセンス』金剛出版

【河村要和】

| ダウン症（DS） | Down Syndrome

# ダウン症（DS）

● 精神神経学用語

　ダウン症（ダウン症候群）は、通常23組46本の染色体のうち、21番目の染色体が1本増え、全部で47本になったことが原因で起こる。発見者であるダウン（John Langdon H.Down）にちなんで名付けられた。21番目の染色体が3本ある一般的なものが最も多く、21トリソミーと呼び、これがダウン症全体の95％を占めている。このほか、3本目の染色体が別の染色体にくっついている転座型、21番目の染色体が3本のものと2本のものが混じっているモザイク型というタイプもある。

## ❶身体的な特徴
・身体の特徴は、丸い顔、丸い目、低い鼻、丸いぽっちゃりした手、短い指、少し斜めに吊り上った目などに共通点がある。
・全般的に筋肉が少なく、筋緊張低下のため、運動発達がゆっくりと進む。
・先天性の心疾患、消化器合併症その他内臓疾患、頸椎の弱さ、難聴などを併せ持つことが多い。
・口腔（口の中）の容積が狭いため、咀嚼がうまく行われずにのみ込みがちである。また、聞き取りにくい話し方になる場合がある。

## ❷性格的な特徴
・明るくひょうきんで人懐こい。／・音楽やダンスが好き。／・頑固なところがある。／・気持ちの切り替えが難しいときがある。／・嫌なことを我慢して、固まってしまう場合がある。

## ❸かかりやすい病気、疾患
・心臓疾患の合併が起こりやすい。発症率は、健常児では1％であるが、ダウン症では50％と高い。
・風邪などから呼吸器疾患になりやすい。早めに医師の診断を受けることが必要である。
・首の構造が弱く、頸椎異常が起きやすい。
・消化器系の疾患が発症しやすい。
・眼科疾患が起きやすい。

## ❹学校で見られる症状・配慮すること
・体育でマット運動（特に前転）は保護者や医師の確認の上で行う。頸椎を損傷しやすいので、その他、首や頭部周辺に負荷がかかる運動は十分配慮する。
・体温の調節もスムーズではない場合があるので、暑い日の水分補給や寒い日の衣服の調節には気を配る。

暑さや寒さは衣服等を調節し徐々に慣れさせていく。
・ゆっくりと丁寧に物事を理解していくところがあり、気持ちの切り替えが難しく、納得いかないとその場に座り込んで動かなくなるときがある。

## ❺食事の指導の必要性
・生まれたときから口腔（口の中）の容積が狭いため、咀嚼がうまく行われずに成長してきた子が多く見られる。よく噛まず、のみ込み食べをしている状態である。そのため、ダウン症の子は、のどに食べ物を詰まらせ窒息してしまう危険がある。
・給食の時間には、咀嚼（よく噛むこと）に十分配慮する。大きく堅いものは調理ばさみで一口大に切る配慮が咀嚼の状態に応じて必要となる。
・一気にのみ込むように食べてしまう傾向がある場合には、小分けにしておいて、よく噛んでのみ込んでから次のものを食べるという調節が必要である。
・成人では、口の周りの筋肉も硬くなってくるので、ますます、噛むことが少なくなる可能性が高い。小さいうちに噛む習慣を定着させたい。

## ❻早期療育の必要性
・生活上の困難を軽減させ、障害があっても不自由なく生活できるようにするための教育的援助を療育と呼ぶ。現在は0歳から可能となっている。地域の療育教室、民間機関など様々な場で行われているが、地域の格差が大きい。入学してきたときには、どの程度療育を受けてきたか確認し、継続している支援があれば、学校でも協力するなど連携が必要である。

## ❼保護者へ伝えておきたいこと
・トイレ、着替えなど、できないことにこだわると、本人も保護者もきつくなるので、スモールステップに分けて、少しずつ教え、できたらほめる。訓練にならず、できる楽しさを教えるようにする。
・お手伝いは、人へ協力する大事な社会勉強となる。また、自立の手立てとなる。買い物で一緒に品物を選ぶなど、できることから行うとよい。

### 《参考文献》
・安藤忠『新版 ダウン症児の育ち方・育て方』学研
・池田由紀江『ダウン症のすべてがわかる本』講談社
・玉井邦夫『ダウン症のこどもたちを正しく見守りながらサポートしよう！』日東書院

【河村要和】

教室の子どもたちの障害—どんなことが考えられるか

| 統合失調症 | Schizophrenia

# 統合失調症

●精神神経学用語

統合失調症とは、10代から30代にかけて発症することの多い精神疾患で、思考や行動、感情をおかれた状況や環境、他者との関係の中で処理できず、歪が生まれ、それが様々な問題的な形で現れるものである。

## ❶特徴的な症状
・妄想型（幻覚や妄想にとらわれている）
・解体型（会話や行動にまとまりがない、奇妙な行動をとる）
・緊張型（体の動きが過剰になる、もしくは極端に低下する）
　以上は陽性症状とされるが、陰性症状として、
・喜怒哀楽の欠如
・無気力、無関心のひきこもり
・思考力の減退による口数の減少
などがあげられる。
　これらの症状は、常に一定ではなく、他の障害とも重複する場合があり、多くの場合、混同し合って現れる。

## ❷教室で見られる症状
・私のことをバカにしている。私の悪口を言っていると思いこんでしまう。
・避けているわけではないが、私を避けている、と捉えて執拗に追いかけてしまう。
・イライラが急激に溜まってしまい、暴言を吐いたり、他にあたったりする。
・悲しさが急にこみあげ、涙が止まらなくなる。

## ❸医療を生かす・医療と連携する
・統合失調症治療に用いられる薬物を「抗精神病薬」あるいは「神経遮断薬」と呼ぶ。精神に作用する薬物の総称である向精神薬のうちの1つである。薬物療法を行うときには、精神療法やリハビリテーションと併せて行うことが効果的である。
・定期的に病院に行き、経過や状況を話し、ドクターから今後の指針をもらうことも重要な方法である。

## ❹パニックの時の対応
・良好な関係性と気付いている大人がすぐに駆けつけられる体制を取っておく。
・中学、高校など、様々な授業形態で行われる場合、授業のグループごとに、もし、パニックになってしまったら誰がその生徒に付き、どこに連絡し、誰が

駆けつけるか、確認しておくことが必要である。

## ❺医療に伝える記録について
・1週間単位、もしくは月単位で、どのくらいの数、パニック、もしくはパニックになりそうな感情の変化が起こったか、回数と、その前後の状況をメモしておく。長々とした文章より、頻度やその状況、環境の記録が端的に残っていることが大切である。

## ❻教室でやってはいけない対応
・感情的に強い口調で叱ってはいけない。内容は伝わらず、攻撃的な感情だけが伝わり、怒りが増幅する、もしくはパニックの引き金となる。毅然と言うが、冷静な圧力が必要である。

## ❼教室で必要な対応
・話を聞く：話を聞いてくれる相手を求めている。さりげなく話しかけ、気づかっている気持ちを伝えることが大切である。
・笑顔で声をかける：職員で共通理解をし、できるだけ声をかけるようにする。
・安心できる居場所を作る：教室が安心できる居場所であるという温かい空気を作る。具体的には教師が笑顔を絶やさず、よい所を褒め、励ます指導を行う。
・CCQの原則：静かに、近づいて、小声で話しかける、接し方を心がける。
・疲れたときには休ませる。精神的な緊張を伴いながら生活していること、向精神薬も眠気を誘う場合があり、疲れやすい傾向もある。疲れたときには机に伏せるとか、保健室で休ませる対応を取る。
・対応がまちまちだと混乱を招く。家庭、または在所している施設職員と情報と対応の共有が重要である。

## ❽相談窓口
・病院との連携が不可欠である。ドクターと担当者と保護者で、今後の方向性、対応の共通理解を図ることが重要となる。

## 《参考文献》
・アレン・フランセス『DSM-5 精神疾患診断のエッセンス』金剛出版
・稲富正治『図解 臨床心理学』日本文芸社
・市川宏伸『子どもの心の病気がわかる本』講談社

【河村要和】

| 反抗挑戦性障害（ODD） | Oppositional defiant disorder

# 反抗挑戦性障害（ODD）

● 精神神経学用語

反抗挑戦性障害とは、特に親や教師など目上の人に対して、拒絶的、敵対的、挑戦的な行動をとる疾患である。DSM-5では、怒りっぽく、しばしばかんしゃくを起こしたり、口論好きで人をイライラさせたり、意地悪で執念深かったりする様々な症状のうち、4つ以上が6か月以上持続することとされる。育ちの中での要因の他、ADHDの二次障害として発症しやすいとも言われている。診断として反抗期とは区別され、その重症度や頻度が重篤なものである。

## ❶特徴的に表れるところ

・怒りっぽくイライラしやすい。気分の浮き沈みが激しく、周囲からの刺激に対して過剰に反応し、かんしゃくを起こす傾向がある。
・周囲がイライラする挑発的な行動をとる。家庭や学校の規則が守れず、学校では破壊的な行動を取ったり、校舎の屋根を走り回ってしまったりするなど、注意をされても繰り返してしまうような行動が見られる。
・意地悪で執念深い言動をする。言動はしばしば挑戦的であり、大人のいうことに対していちいち逆らったり、議論をもちかけたりして、その行為を楽しむようなそぶりを見せる。

## ❷原因

・育ちの中での要因がある。自己調整力の弱さを抱える中、拒絶、無視、溺愛、一貫性のないしつけ、学校での不適応、学業不振といった状況が適切に対応されず放置されると、問題行動が増加し、反抗的な感情が積み重なって発症する。
・ADHD（注意欠陥多動性障害）の二次症状としての要因がある。ADHDでは、不注意、多動性、衝動性など症状のため、周囲から注意を受けやすい、その積み重ねが、二次障害として、ODDを発症するとも言われている。

## ❸教室でやってはいけない対応

・問題となる行動に対して、ただ、非難、批判、叱責を繰り返すことは、症状をさらに悪化させる危険性がある。周囲に対して適切な行動をとることができず、これまで、十分に非難、批判、叱責等は受け続けてきていることが予想される。

## ❹教室での対応策

（1）自己肯定感を高める

自己肯定感がかなり低下し周囲の大人は敵である、という認識に至っている傾向がある。近づくだけで、「やらない」「やだ」と言ってくる。そういった言動に感情的に対応せず、できていることを認め、ほめる。席についていること、掃除の場にいることでも頑張っていることを認め、周りの大人が決して敵ではないことを気づかせるようにする。

（2）関係性を改善する接し方に努める

一緒にいる時間は貴重である。朝など、話をする時間を作る。キャッチボールや腕相撲などをする。関係性が上がると、教室内で現れる症状は減少する。

## ❺医療のつなげる観察記録の条件

・1日のうち何時ごろそのような症状が出たのか。
・1週間のうち、何度そのような症状があったか。
・家庭内や学校でそれぞれどうであったか。
・最近の環境変化はなかったか。
などを具体的に記録する。

## ❻未然に防ぐためのポイント

ある日、突然発症するわけではなく、周囲への不満、不信感が積み重なって発症に至る。本人は周囲とうまく対応できず、心の底に強い劣等感が湧き起こり、自己肯定感が下がっていく中での起こるものである。早い段階から、うまく行動できないことは、具体的に教えてほめる対応を心がける。本人がうまくできない苦しさを理解して接する。

接する上では周りの大人が共通理解をもって接することが必要である。一貫した態度を取るように心がける。

## ❼相談窓口

・福祉課：育児の相談ができる機関でもある。
・保健センター：精神保健福祉の相談ができる。
・小児科：発達に問題を抱える子どもについて相談が可能である。

《参考文献》
・高橋三郎『DSM-5スタディガイド 1冊で身に付く診断と面接の技法』医学書院
・市川宏伸『子どもの心の病気がわかる本』講談社
・上野一彦／緒方明子／柘植雅義／松村茂治／小林玄『改訂版特別支援教育基本用語100』明治図書

【河村要和】

| 解離性障害 | Dissociative Disordres

# 解離性障害

●精神神経学用語

通常人間は、記憶や思考、感情、行動といった感覚がまとまっており、自分自身（アイデンティティー）だと感じている状態になっている。これが、バラバラ（解離している）になり、日常生活に支障をきたすような状態。

強いストレスなどにより、心身の防衛機能（→P111「防衛機制」）が働き、苦痛を最小限に抑えるため、解離の状態になると考えられている。「意識が飛ぶ」現象ともいわれる。

## ❶特徴的に表れるところ

**・解離性健忘**

最近の記憶で、重要な出来事（事故にあった、恐ろしい事件を目撃した、親しい人の死別などショッキングな出来事）、に関して、記憶がすっぽり抜け落ちたり、途切れ途切れになったりしてしまう。脳に衝撃を受け損傷を受けたわけではなく、特定の出来事に関して思い出せない、記憶があいまいになる。

**・解離性とん走**

家出のように現在の家庭や学校などの生活から離れ、別なところで新たな生活を始めてしまう。とん走中は健忘があるが、第三者には、行動は何ら問題が無いように見えることがある。

**・離人症**

自分を"外側から見ている自分"がいるように感じたり、自分で経験したことなのに第三者として見ていたことのように感じたりしてしまう。

**・解離性同一障害（多重人格障害）**

一人の心の中に2つ以上の異なる人格が存在している状態。異なる人格が交互に出現し、別々の思考や発言などをする。別の人格は、性格、趣味、嗜好などだけではなく、名前や性別、年齢にも違いがあり、互いの人格について全く知らないこともあれば、他の人格の存在を認知していることもある。人格が入れ替わるとまさに「人が変わったよう」に見える。

## ❷教室で見られる症状・症例

ボーっとしている、話しかけても反応がない、特定の出来事が思い出せない、いつの間にかどこかへ行ってしまう、いきなり人が変わったように見える、等。

## ❸有効と言われる治療・支援等

心療内科、精神科での治療。心理療法を中心に行うことが多い。子どもの場合は遊戯療法などを行う。

## ❹早期発見のポイント

ボーっとすることが多くなった。話しかけてもなか

なか返事をしない。いつの間にか教室からいなくなってしまうことが繰り返された。

## ❺医療につなげる観察記録の条件

無気力、無表情で以前のような元気さが感じられなくなった時期。嫌いな授業や活動というわけではないのに、教室や学校からいなくなってしまうことがあった時の状況など。

## ❻教室でやってはいけない対応

解離性健忘の状態になっている子に対し、その時の状況などを聞き出そう、問い質そうとすること。

解離性同一障害の状態になっている子に対し、人格の統一を求めたり、表出していない人格に対して否定したりすること。

## ❼その他

幼児期には「想像上のお友達（イマジナリーフレンド）」と言われる、目に見えない想像上の友達がいて、会話をしたり、遊んだりしていることがある。幼児特有の解離現象であり、「想像上のお友達」の関係によって、心の安定を図ったり、他者との人間関係を築こうとしたりしていると考えられている。通常は成長とともに「想像上のお友達」は消失していくものとされている。

その他の症状として、わざと間違った、的外れな答えをする「ガンザー症候群」もあるが、ふざけているのか解離性障害からくるものなのかは、専門家の判断が必要になる。

## ❽相談窓口

・精神科、心療内科など医療機関。精神保健福祉センター、保健所など保健機関

### 《参考文献・WEBサイト》

・『DSM-5 精神疾患の分類と診断の手引』医学書院
・『ICD-10 精神および行動の障害新訂版』医学書院
・『改訂第3版 精神保健福祉士養成セミナー 第1巻 精神医学』へるす出版
・厚生労働省「みんなのメンタルヘルス 解離性障害」http://www.mhlw.go.jp/kokoro/know/disease_dissociation.html
・LITALICO発達ナビ「解離性障害とは？」https://h-navi.jp/column/article/35026305

【富山比呂志】

| 情緒障害（ED） | Emotional disturbance

# 情緒障害（ED）

● 精神神経学用語

情緒障害とは、何かの原因で感情面に問題が生じ、不適切な行動が引き起こされ、それらを自分の意思ではコントロールできないことが継続して、学校生活や社会生活に適応できなくなる状態をいう。
※ただし、教育上の捉え方と医学上の分類は違うため、教育、医療、福祉の立場により、それぞれ定義には違いがある。

## ❶特徴的に表れるところ

・選択制緘黙（話せないのではなく、話さない状態）
・食事、睡眠、排泄の問題（過食、不眠、失禁等）
・神経的習癖の問題（チック、爪噛み、抜毛等）
・対人関係の問題（孤立、いじめ等）
・情緒不安定（気持ちの浮き沈み、癇癪等）
・学業不振、不登校

## ❷原因

・従来、主として人間関係など心理的な要因と、中枢神経系の機能不全の要因が考えられていた。現在は、中枢神経系の機能不全を主たる原因とする自閉症に関しては、分けて考えられている。家族間の人間関係、特に親の拒否的態度、冷淡、放任、過保護、期待過剰等により、感情生活に支障をきたしたものも大きいとされる。

## ❸教室で見られる症状、症例

・学校に行きたがらなくなったり、学校で一言も口をきかなくなったり、目をぱちぱちさせる、肩をすくめるなどのチック症状が出ることもある。
・友達がうまく作れず、常に落ち込んだ気持ちになり、気分が悪くなったり、頭痛に襲われたりして、保健室に行くことが頻繁となる。
・不安やストレスが強くなってしまい、頭やお腹が痛くなったり、熱が出たりする。本当に体の調子が悪くなっている。
・上記の内向的に見られるものの他、外向的に見られるものとして、離席、教室からの抜け出し、集団行動に入らない、暴言、暴力などに出る場合もある。

## ❹早期発見のポイント

以下のような情緒的なこじれが見えたとき、見逃さないようにする。
・朝になると、体調不良を訴え、学校に行けない日がある。

・分からないことがあると、興奮して大きな声を出したり、周りにあたりだしたりする。
・初対面の人とうまくコミュニケーションが取れず、黙ってしまう。
・休み時間や放課後に友達と遊べず、仲間に加われない。
・大人に対して妙に甘えたり、強く反抗したりする態度が時折みられる。

## ❺行動を改善するための方策

・問題となる行動が見えたとき注意するのではなく、まず、なぜそうするのか、と考える。
・教室は安心できる場とするよう、教師は笑顔を心がけ、学級の子どもたちに対して褒め言葉を旨とし、温かい空間づくりをする。
・声をかけたり、話を聞く時間を作ったりし、気にかける時間を多くする。

## ❻保護者への支援、対応ポイント

・「大丈夫」と元気なふりをし、我慢する子もいる。そのような子には、無理しなくても大丈夫であることを伝えてあげる。
・「大丈夫」といってもその裏に悩みを大きく抱えている場合がある。日々の様子を見て、悩みを読み取ることも必要。
・情緒障害がこじれ、お腹が痛い、頭が痛い、だるいという体調不良につながることもある。それが、サイン、心の声ではないかと疑ってみることも大切。

## ❼医療機関への受診について

・小児科や児童精神科を受診する。身体症状が中心的に出ている場合は、まず小児科に受診する。情緒面の問題が主なら、子ども専門の精神科に受診する。近くに児童精神科がない場合には、大学病院や総合病院の精神科に相談してみる。

## 《参考文献》

・杉山登志郎『子どもの発達障害と情緒障害』講談社
・上野一彦／緒方明子／柘植雅義／松村茂治／小林玄『改訂版特別支援教育基本用語100』明治図書
・石部元雄／伊藤隆二／鈴木昌樹／中野善達『心身障害辞典』福村出版
・市川宏伸『子どもの心の病気が分かる本』講談社

【河村要和】

教室の子どもたちの障害—どんなことが考えられるか

| 重複障害 | 2つ以上の障害 | Multiple disabilities

# 重複障害

● 精神神経学用語

視覚障害・聴覚障害・知的障害・肢体不自由・病弱の障害のうち、2つ以上併せ持っている状態。

例えば、脳性まひによる歩行障害（肢体不自由）があり、かつ、自閉症（知的障害）がある場合など。

ヘレン・ケラー女史のように、視覚障害と聴覚障害といった身体の障害の重複もある。

知的発達の遅れが顕著で程度として重度であり常時介護を必要とする場合、あるいは多動や自傷行為などの問題行動が顕著で常時介護を必要とする場合は、「重度重複障害」と呼ばれる。

医療技術の発達により、超未熟児での出生も可能になってきたが、重い障害が残る場合もあり、重度重複障害のある子どもは増加傾向となっている。

どのような障害との重複があるかによって、出現する特徴は千差万別である。

## ❶重複障害の例

併せ持った障害の特性が出現する。

例えば、肢体不自由と自閉症の重複障害の場合。歩行障害があり、一人で歩くことは困難で、車いすを利用したり、歩行に介助を要したりする状態が、身体の障害としての特徴となる。ここに、言葉の遅れ、極端なこだわり、といった自閉症の特徴も併せて出現する。

歩行が困難であるため、自分で興味のある所へ行ったり、興味のあるものをとったりすること（探索行動）が制限されていることもあり、興味の幅が極端に狭くなる。（乳幼児期の発達課題が未達成）。よって、いつも同じものばかりに固執しがちになることがある。また、コミュニケーションもうまくできないため、必要な支援、介助の意思疎通ができず、本人の思いと違ったり、不安になったりして、パニックになってしまうこともある。

## ❷学校における重複障害への対応

特別支援学校は、学級の編成として、「重複障害学級」を設置し、児童生徒3名で1学級の扱いとなる。より手厚い指導、対応を行うことができる。

重複障害のある児童生徒については、教育課程の特例があり、教科や領域の内容を合わせたり、下学年と代替えしたり、自立活動を主とした指導など、特別の教育課程とすることができる（学校教育法施行規則第131条）。

ベッドで授業を受ける児童生徒もおり、障害の重い子の場合、ごくごくわずかな動き（目、指、呼吸など）を教師が的確にとらえながら指導を行っていることもある。

## ❸訪問教育

障害が重度で学校へ行くことが難しい場合に対応するため、教員が自宅や施設、医療機関へ行って指導を行う、「訪問教育」も行われている。保護者や関係者と協力しながら、自立活動を主とした指導を行う。ベッドの近くで、ベッドサイド学習を行っていることもある。必要に応じて学校へ行っての学習を行う「スクーリング」は、普段会うことのできない学校の友達と触れ合える機会となる。またインターネットを使い、ビデオチャットなどで自宅（施設、医療機関）と学校をつないで学習を行っているケースもある。

## ❹医療的ケア

登校している児童生徒で、必要に応じて、医療的な措置を行い、学校での学習活動や生活ができるような支援を行っている。たんの吸引、経管栄養、人工呼吸器、導尿などの医療行為を看護師（学校に常駐配置、あるいは非常勤）が行う。

医療的ケアの一部については教員も行うことができるが、専門的な研修を受け、看護師と連携しながら行うこととなる。

医療的ケアによって、訪問教育から学校での学習に変更できる児童生徒も増加した。

## ❺その他

障害者手帳としては、肢体不自由と自閉症の重複障害であれば、身体障害者手帳と療育手帳の2つを取得することができる。また、障害の重複により、重度の判定基準が変わる。

## ❻相談窓口

・小児科など医療機関
・保健所など保健機関
・各県教育委員会「特別支援学校地域支援センター」

## 《参考文献・WEBサイト》

・「学校教育法施行規則」
・「特別支援学校学習指導要領」
・高松鶴吉・佐々木正美監修『保育者・教師のための障害児医学ケア相談辞典1 病名別・症状別にみる医学ケア』学研
・独立行政法人国立特別支援教育総合研究所「(1)重複障害児の概念（重度・重複障害を含む）」http://www.nise.go.jp/cms/13、973、50、205.html

【富山比呂志】

| 筋ジストロフィー | Muscular Dystrophy

# 筋ジストロフィー

● 精神神経学用語

骨格筋の筋力低下を起こす遺伝性筋疾患の1つ。難病に指定されている。進行性で、筋肉細胞の構造が壊れていき、筋力が次第に弱くなる。それに伴い運動機能が低下し、歩行や筆記が困難になるだけではなく、進行すると呼吸機能の低下や拘縮（筋肉や関節が固まって動きにくくなる）、骨格の変形などが生じる。これまでできていた事ができなくなっていき、生活機能も低下してしまうことがある。歩行が困難になれば車いすを使用し、全身の筋力が低下して姿勢の保持が難しくなれば、ベッド上での生活をする場合もある。

## ❶特徴的に表れるところ

・デュシェンヌ型

X染色体の異変により、骨格筋や心筋に異常を発する。小児の時期に歩行のぎこちなさなどの症状が見られ、小学校高学年くらいから歩行の困難、呼吸の困難などが顕著になってくる。男児のみに発症する。

・ベッカー型

デュシェンヌ型に似ているが軽症で、15歳を過ぎても歩行が可能。心肥大、心不全を併発することがある。

・福山型

先天性の筋ジストロフィー。知的発達の遅れ（→P74「知的障害」）やてんかん（→P97「てんかん」）などが合併する。乳幼児期の健診で手足の動きの少なさや、体がふにゃふにゃしているといったことから、疾患に気づくことがある。

## ❷教室で見られる症状・症例

運動、歩行の困難。

姿勢（立位、坐位）の保持の困難。

呼吸のしづらさ、息苦しい感じ。

筆記、道具の操作の困難。

## ❸有効と言われる処方・支援等

筋力低下を可能な限り減速したり、姿勢を保持したり、運動能力を維持したりしていくためリハビリテーション（理学療法PT）が、治療の中心となる。

足や腕、背骨などの変形、拘縮を予防するための補装具を装着することもある。

また呼吸の困難がある場合は、呼吸訓練を行ったり、人工呼吸器を使用したりすることがある。

腕の筋力が低下しても、軽い力で動かせる装置を使ってパソコンやスマートフォンなどで文字を入力したり、インターネットをしたりすることは可能。

## ❹早期発見のポイント

今までできていた運動にぎこちなさが出てきた。歩行の速度が落ちてきた。

座っている姿勢を保っているのがつらくなってきた。疲れやすくなってきた。

鉛筆で筆記した文字が薄くなってきた。

夏休みなど長期の休み明けの変化に注意。

## ❺医療につなげる観察記録の条件

上記「早期発見のポイント」の観点で、行動観察。

急激な身体的な機能の低下が見られた場合、転倒などの事故があった場合には、時間や場所、状況などを詳細に記録しておく。

## ❻教室でやってはいけない対応

「（今までできていたのに）何でできないんだ！（あるいは、「やらないんだ」）根性が足らない！」など叱咤激励して、運動などをやらせること。

他の友達と比較して「友達もやっているのだから、がんばってやりなさい」とやることを強要すること。

「（筋力低下が進み一人ではできないので）見ているだけでいいですよ。友達にやってもらいなさい」と、活動をさせないこと。

※筋ジストロフィーが進行していくと、自分の体や運動機能が低下していくことを感じてしまう。今までできていたことができなくなっていくことに精神的な苦悩がある。

## ❼その他

小児の「指定難病」となり、医療費助成が受けられる。

身体障害者手帳を取得でき、福祉サービスを利用することができる。

## ❽相談窓口

・小児科など医療機関、保健所など保健機関

・一般社団法人日本筋ジストロフィー協会各県支部

・各県教育委員会「特別支援学校地域支援センター」

《参考文献・HP》

・三宅貴夫『キーワードブック 医療と医学』クリエイツかもがわ

・高松鶴吉・佐々木正美監修『保育者・教師のための障害児医学ケア相談辞典 1 病名別・症状別にみる医学ケア』学研

・一般社団法人日本筋ジストロフィー協会 https://www.jmda.or.jp

・難病情報センター 筋ジストロフィー（指定難病113） http://www.nanbyou.or.jp/entry/4522

【富山比呂志】

| 脳性まひ | Cerrbral Palsy

# 脳性まひ

● 精神神経学用語

先天性の運動障害で、受胎から新生児期までの間で、脳への何らかの影響により、四肢（手足）に麻痺（神経の障害によって、動かすことや、感覚がきかなくなる）がある。永続的だが、運動機能や姿勢などその状態は変化することがある。

歩行や筆記が可能な場合から、ベッドでの生活になる場合まで、障害の程度は様々である。また、動きが制限されていることから、手足の変形、関節の拘縮、側弯などになりやすい一方、リハビリテーションなどケアを適切に行うことで、新しい動き（運動）を獲得できることもある。

知的障害（→P74「知的障害」）やてんかん（→P97「てんかん」）、嚥下障害、呼吸障害などを合併することがある。事故による脳損傷、一過性および進行性の疾患によるものや、将来正常化が見込まれる運動障害などは該当しない。（他の麻痺と区別するため）「脳性小児まひ」とも言う。

## ❶特徴的に表れるところ

・痙直型

おもに大脳に影響を受けたことで、筋肉が常に緊張し続け、手足や全身が突っ張った状態になる。ずっと突っ張った状態により、姿勢が固定されがちで、背骨が曲がってしまう側弯になってしまうこともある。また、関節なども伸びたままなので、拘縮することもある。

・アテトーゼ型

おもに大脳基底核に影響を受けたことで、自分の意思とは関係なく体が動いてしまう不随意運動がおきる。そして、筋肉の緊張のコントロールが難しく、姿勢を保ち続けることが困難なことがある。くたっとした姿勢になったり、急にピンと突っ張った状態になったりする。

・失調型

おもに小脳に影響を受けたことで、体の姿勢的なバランスを保つことが困難になる。また筋の緊張が弱く、歩けるようになっても、バランスを崩して転びやすい、スローな感じでしゃべる。

・混合型

複数の型が合わさったもの。それぞれの型の特徴が複合的にあらわれる。

## ❷教室で見られる症状・症例

歩き方や体の動かし方にぎこちなさがある。不安定な歩き方をしている。急に名前を呼ぶと、手足をピンと突っ張り力を入れた感じで返事をする。手に力が入

りすぎていて、書いている文字の形が整いにくい。椅子に座っている姿勢が保てない。

## ❸有効と言われる処方・支援等

リハビリテーションとして、ドーマン法、ボイタ法、ボバース法、動作法、感覚統合法等の身体的なアプローチから、脳や神経の機能、運動機能などの発達、維持、改善をめざす。

運動障害が重度の場合は、必要に応じて学校での医療的ケア（→P86「重複障害」）を受けながら、学校での学習活動へ参加できるよう支援する。

## ❹早期発見のポイント

就学以前に障害が診断されていることが多いため、学校で脳性まひをうたがうことはほとんどない。

## ❺医療につなげる観察記録の条件

すでに医療機関にかかりながら適切なケアを受けていることが多く、就学後は、主治医やセラピストと連携をとって、学校での学習や生活の支援を行っていく。「連絡ノート」のような連携ツールで、子どもの様子について家庭、学校、医療機関、関係機関で情報共有を図るなどの取り組みが行われている。

## ❻教室でやってはいけない対応

無理な運動をさせること。（まひがあってうまく字が書けないのに）「もっと丁寧に字を書きなさい」と書き直しをさせること。

## ❼その他

出生後の乳児健診で、首の座り、寝返り、おすわり、ハイハイなどの運動の遅れから、診断へとつながることがある。

また、近年は医療技術が発達しているため、超未熟児でも生まれてくることができるが、脳に何らかの影響を受けて、脳性まひなどになる確率も少なくない。

## ❽相談窓口

・小児科など医療機関、保健所など保健機関

・各県教育委員会「特別支援学校地域支援センター」

《参考文献・WEBサイト》

・高松鶴吉・佐々木正美監修『保育者・教師のための障害児医学ケア相談辞典1 病名別・症状別にみる医学ケア』学研

・LITALICO発達ナビ「脳性まひとは？」https://h-navi.jp/column/article/35026106

・佐賀整肢学園子ども発達医療センター「脳性まひについて」http://www.saganet.ne.jp/saseishi/center/nouseimahi.html

【富山比呂志】

| 境界線知能 | Child of border intelligence

# 境界線知能

● 精神神経学用語

境界線知能の子は、知的発達の程度が知的障害児と健常児の境界領域に位置する子である。知的障害者は、一般的に知能指数（IQ）が69または75以下であることから判断がなされている。この判断で70〜85の知能領域にいるのが境界線知能の子である。

境界線知能の子は、知的障害とは認定されない。学校では、普通学級に在籍していても日常生活は可能なため、「ちょっと勉強が苦手な子」程度の認識しかもたれないことが多い。

しかし、学習面での遅れが出やすく、それが生活面にも影響するので、常に配慮や支援が必要である。また、特別支援学級では、情緒障害学級に在籍することが多い。

## ❶境界線知能の問題点

近年、境界線知能は大きな問題となってきた。発達障害者支援法が施行され、知的障害を持たない発達障害児への支援が注目されているが、この中で境界線知能が占める割合は非常に高い。特に学習障害を伴うグループについては、境界線知能の児童が正常知能の児童よりも圧倒的に多いことが知られている。また、子ども虐待の環境で育った児童は、正常知能を示す者はまれで、知能検査をすると、その大半が境界線知能を呈する。さらに、軽度発達障害および子ども虐待と密接に関係する青少年非行の事例においても、正常知能を示す者はまれで、ことごとく境界線知能を示す。非行の事例においては、学習の遅れを伴う者が多く、特に国語力の不足が内省力の不足に直結し、悩みを保持できずに非行に走るという傾向がある。

## ❷教室での様子

境界線知能の子は、知的障害には該当せず、一応「正常」とされているが、学校生活の中では、教師の指導や本人の適応が大変な実態がある。学習面では、下位の学力であるため学習指導の配慮が必要になる。また、学習の遅れに対して本人が劣等感や周りからのプレッシャーを感じ、情緒が不安定になる場合がある。発達障害を伴った境界線知能の子は、学習や対人関係の不安や不満を上手く処理することができず、学級の雰囲気を左右するような態度や問題行動をとることがある。

## ❸必要な対応

境界線知能の子は学習に遅れが出やすく、いわゆる9歳の壁で躓く子が多いことから、小学校教師の力量が最もよく反映される児童である。普通学級では、インクルーシブ教育システムを念頭に、工夫や配慮のある『わかりやすい授業』を行うことが重要である。また、軽度発達障害児は、全IQが境界領域を示していても、知能を構成する要素に著しいばらつきが見られる。特別支援学級では、その内容を分析・検討し、交流学級と情報を共有すると共に、子どもの不得手な領域を補完するための指導を行うことが必要な対応となる。

## ❹支援のポイント

境界線知能の子はとても多い。計算上は14%の児童がこの範疇に入り、一般に学力が低い児童がこれに該当する。しかし、学力が振るわなくても学校や社会に上手く適応できれば大きな問題はない。将来、個々の特性に合った分野へ就労することで、社会を支える力になることができる。問題は学校や社会に不適応な状態に陥ることである。支援のポイントは、その子にとって必要な力を見極めながら、基礎的な学力を身に付けさせ、社会性を育てていくことである。

## ❺特別支援学級と交流学級の連携

境界線知能の子は、普通学級在籍の場合と特別支援学級在籍の場合がある。どちらにしてもお互いの学級との連携はとても重要になってくる。普通学級に在籍している児童に対しては、情報交換を密にして就学指導が必要かどうかを考慮し、特別支援学級に在籍している児童に対しては、学習や活動の予定について事前に交流学級と連絡・調整をしておく必要がある。

## ❻保護者の対応ポイント

境界線知能の子の保護者は、児童の生活や学習について不安があると考えられる。児童の良いところを認めながら学校での様子を伝え、家庭との協力関係を築いていきたい。その上で、特別支援教育の情報を提供し、児童に必要な支援について話し合うようにする。

### 《参考資料・文献》

・杉山登志郎『発達障害の子どもたち』講談社現代新書
・有馬正高『知的障害のことがよくわかる本』講談社

【牧山誠一】

| 感覚過敏 | Hyperesthesia

# 感覚過敏

● 精神神経学用語

感覚過敏とは、五感（視覚・聴覚・嗅覚・味覚・触覚）の働きの中でいずれかの感覚が敏感すぎるためにちょっとした刺激にすぐ反応してしまう状態である。人間は、体の外で何が起こっているかを感じ取り、そこで得た情報を中枢神経系に運び、脳で判断し処理するということを常に行っている。ところが、これら感覚が過敏すぎると、日常生活に支障が出てしまう。

## ❶感覚過敏と自閉症

感覚過敏は、人が何らかの刺激によって強い衝撃を受けることから始まる。そして、その衝撃が苦痛となる場合は、耳を押さえるなどの回避行動が生まれる。逆に受け入れやすい場合はその世界に没入することになる。例えば、自閉症の子が小石や水やその他愛好するもので延々と遊び続けている姿はよく見かけるものである。また、刺激は強く焼き着いた場合にはずっと記憶に残り、周囲の状況とは独立して本人に働きかける。自閉症者が独り言を言ったり、一人で笑ったり、怒ったりしている様子を見かけることがあるのはこのためである。感覚過敏がもたらす影響は、多様でありまた自閉症という症状を作る上で非常に大きな働きをしている。感覚とは人の内部で生じていることなので、外部にいる人にはわかりにくい。自閉症者には敏感と見られる部分と同じように、鈍感と受け止められる部分も存在している。

## ❷教室で見られる症状・症例

聴覚が過敏すぎると、教室のざわつきに耳をふさぎ、いらだちやすくなる。触覚が過敏だと、上履きを履きたがらなかったり、クラスメイトが触れただけで痛がったりすることがある。反対に、寒さや痛さに鈍感な子もいる。嗅覚に過敏さがあると、ちょっとしたにおいでも不快感をあらわにしたり、いろいろなものをまず鼻でにおいをかいで確かめたりする。体を揺らしたり走り回ったりするのは、自ら感覚刺激を求めての行動と理解できる。

## ❸有効な対応策

感覚の違いが、クラスの中で違和感を生じさせることがある。そのようなときは、まず、本人の不快感を緩和する方法を考えるべきである。聴覚過敏には、耳栓やイヤホン・ヘッドギヤの使用、場合によってはBGMを流すことも役に立つ。触覚過敏には、タッピングやにぎり玉など、本人の好む触覚刺激を味わうことができるように工夫するとよい。視覚刺激を意図的

に取り除いた教室環境も有効な対応策である。それ以上に、その子の繊細さをクラスメイトに理解してもらうことが大事である。「誰でも、海で日焼けした後は触られたくないほど過敏になる」「トンネルの中で反響する音が耳に残る人がいる」などの例をあげ、本人の苦しさを理解し、互いに調整できるクラスの雰囲気を作ることが必要である。

また、感覚過敏に対して有効とされる指導法やプログラムもある。感覚の障害に対しては、感覚統合療法によるアプローチが有効である。TEACCH（ティーチ）学習プログラムでは、「構造化」によって自閉症者の感覚過敏に対する配慮が随所になされている。

## ❹教室でやってはいけない対応

児童の感覚過敏を把握しているならば、それに対する手立てを講じずに放置してはいけない。また、感覚過敏が原因でこだわりが出ている可能性も考慮しなければならない。食事の好き嫌いや洋服の好みの裏には、感覚的な過敏さがあることが多い。過敏に反応してしまうのは、見た目（視覚）か、手触り・舌触り（触覚）か、味覚なのかを観察して理解することが大切である。感覚過敏という症状を理解せず、わがままと決めつけて無理強いすることは、虐待につながる行為である。

## ❺保護者への対応のポイント

感覚過敏の児童に対しては、学校での配慮と同時に家庭環境についても適切な対応がされているか確認しておきたい。家庭でも感覚過敏を把握し、配慮がなされている場合は、その方法を教えてもらい学校でも生かすようにする。また、幼いときのようすを聞いておくことも有用である。そこから感覚の過敏さや鈍感さがわかることがある。大人が手をつなごうとしても、その手を振りほどいて、駆け出していたことはなかったか、砂場が嫌いで滑り台の上にばかりいたことをきれい好きと誤解していなかったかなど、家庭で把握している感覚の発達のようすが、新たな指導の手がかりになることも多いはずである。

《参考資料・文献》
・黒澤礼子『気づいて・育てる発達障害の完全ガイド』講談社
・熊谷高幸『自閉症と感覚過敏』新曜社

【牧山誠一】

| 反応性愛着障害 | Reactive Attachment Disorder

# 反応性愛着障害

● 精神神経学用語

 反応性愛着障害（Reactive Attachment Disorder：RAD）とは、親（母）子関係の歪みに基づく子どもの行動障害の１つで、生後５歳未満までに親やその代理となる人との愛着関係がもてず、人格形成において適切な人間関係をつくる能力の障害が生じたものである。
 ICD-10（世界保健機関の国際疾病分類）では、愛着障害を、他者に対して過度な警戒や無関心を示す抑制型と、他者に対して過度な愛着を示す脱抑制型に分け、抑制型を反応性愛着障害、脱抑制型を脱抑制型愛着障害としている。

## ❶愛着形成の重要性

 愛着障害は、愛着形成の不全に起因するが、５歳までの愛着形成が及ぼす影響は、身体的な栄養不足とは異なるレベルで深刻な影響をもたらす。例えば、愛着者から急に引き離された乳幼児は、無反応になり、依存抑うつと呼ばれる状態に陥る。たとえ十分な栄養が与えられていても、心身の発達が著しく遅れ、さらには免疫機能の低下までが生じ、時として死に至ることもある。子どもにとって愛着者との関係はそれほど重要なのである。

## ❷愛着障害の分類

 愛着障害は、反応性愛着障害と脱抑制型愛着障害に分類される。反応性愛着障害は、自閉症圏の発達障害に非常に似ている。他者に対して異常に過敏であったり、全く関心を示さなかったりする。一方、脱抑制型愛着障害は、非常に落ち着かず多動であることが多く、注意欠陥多動性障害によく似た行動を示す。

## ❸教室で見られる症状・症例

 反応性愛着障害は自閉症と似たような症状を示す。例えば、他人の感情を把握できず、共感や同情ができない。人の目を見ない。触られるのをいやがる。生活パターンの変化に適応できずパニックを起こしやすい。衝動や欲求不満に抑制がきかない。パターンに固執し柔軟な考え方ができない等。このように、児童の行動から自閉症の症例と区別することは極めて難しい。

## ❹反応性愛着障害の診断の根拠

 反応性愛着障害は、DSM（米国精神医学会の診断基準）の中では特異な障害である。症状（行動）で診断するのがDSMの原則だが、反応性愛着障害は関係性の障害であり、母子関係の歪み（愛着障害）という原因が明示されなければならない。子の症状を評価するだけでなく、母親との関係の評価が診断の根拠にな

っている。

## ❺虐待との関連

 自閉症と区別がつかないことから、学校現場においては、自閉症児と同様の対応をとることになるが、反応性愛着障害の診断の根拠となる母子関係については、注意深く情報収集する必要がある。障害の原因として愛着形成不全の具体的状況を考えたときに、虐待という環境要因が浮上してくる。虐待の把握について、学校では身体的な傷や暴力の痕をもとに、適切な対応をとることが求められるが、生後５歳未満までに形成された愛着不全は、児童の観察のみでは把握できず、家庭や医療との連携によって対応を探ることになる。また、継続的な虐待が疑われる場合は、児童相談所や児童福祉施設との連携も必要になってくる。

## ❻教室でやってはいけない対応

 自閉症への対応と同様に、こだわりや共感の欠如に対して、叱責したり説得したりすることは逆効果で、感情の混乱を招くことになる。愛着不全が原因であることを念頭に、愛情深く落ち着いて接することが望まれる。歪んだ家庭環境で育ってきた子は、自尊感情が低く、ちょっとしたことでトラブルを起こしやすい。状況によっては虐待のフラッシュバックも起こりうる。理由を問い詰めるなどして感情を混乱させてはいけない。何かあったときには、一人で判断せず、複数の教員で対応した上で、医療機関に相談することも必要である。

## ❼保護者への対応ポイント

 虐待が疑われる児童から、家庭内の様子について伺い知ることは難しい。保護者との連携は、適切な支援を行う上でとても重要である。虐待が起こる背景には保護者自身の心の問題が存在する。児童の状況について情報交換するだけでなく、保護者自身の生活状況や心の状態も把握できるように、ていねいに対応し信頼関係を築いていくことが大切である。

## 《参考資料・文献》

・原仁『最新子どもの発達障害事典』合同出版
・杉山登志郎『子どもの虐待という第四の発達障害』学習研究社
・中根允文、岡崎祐士『ICD-10「精神・行動の障害」マニュアル』医学書院

【牧山誠一】

| うつ病 | Depression

# うつ病

● 精神神経学用語

憂うつ、気分の落ち込みといった、気持ちがすぐれない症状を「抑うつ気分」といい、気分転換をしても元気になれず、抑うつ気分が強く、日常生活に支障がある状態。

抑うつ気分が1日中や長期間続き、ほとんどの活動に対してもやる気が起きないといった様子が見られる。

近年では、従来のうつ病に当てはまらない、通称「新型うつ病（非定型うつ病）」も現れており、だれでもうつ病になりうる可能性があるといわれている。

なお、そう（躁）状態がある場合は、躁うつ病（双極性障害）となる。（躁うつ病→P98「双極性障害」）

## ❶特徴的に表れるところ

・抑うつ気分、活動への興味・喜びの著しい低減、体重の極端な増減、睡眠障害（→P103「睡眠障害」）、疲労感、無気力、集中力の減退、死についての反復思考などが複数（5つ以上）、2週間の間にほとんど毎日のように見られる。

・新型うつ病：従来のうつ病といくつかの点で違いがある。好きなことや都合がいいことに関しては気分の落ち込みはなく、むしろ明るくなったりして、あたかもやりたくないことから逃げている、わがままのように見えることがある。食欲は低下せず、甘いものを食べたがって体重が増えることがある。自分のミスなどは、自分のせいではなく他に原因があると考えたり、他人に攻撃的になったり不平不満を口にしたりする。比較的若い世代、とりわけ女性に発症しやすい。なお、「新型うつ病」という病名は正式ではない。

## ❷教室で見られる症状・症例

大好きで積極的だった体育や図工などの学習、友達と遊ぶ時間などをやろうとしなくなる。忘れ物が増える。給食を食べたがらない。やたらとイライラして、友達とトラブルを起こす。

成績が落ちていき、勉強についてこられなくなる。夢中になっていた部活動などもやりたがらない。体重の極端な減少（ダイエットではない）、あるいは増加による、体形の変化。疲労感。友達との付き合いをしなくなる。遅刻、欠席の増加から不登校。「死にたい」と言う。リストカットや飛び降りなど自殺を考える（自殺をしようとする）。

## ❸有効と言われる治療・支援等

児童精神科医による適切な治療のもと、心理療法と薬物療法が施される。心理療法として、カウンセリング（指示的精神療法：カウンセラーに不安を話し共感してもらいながら、安心感を得たり、自信を持ったりすることができる）、認知行動療法（悪い方へと考えてしまう自動思考に対し、実際には問題ないことを示し、実際にやってみて、考え方を修正していく）、グループカウンセリング、家族療法などがある。薬物療法としては、抗うつ薬としてSSRI（選択的セロトニン再取り込み阻害薬：デプロメール・レクサプロ等）を適量処方することがある。

## ❹早期発見のポイント

食欲不振、集中力や積極性の低下、眠そうにしているか、遅刻や欠席の連続などが一定期間中に増加傾向にあるかを確認する。

## ❺医療につなげる観察記録の条件

家庭での様子と合わせ、行動観察の記録と、遅刻・欠席状況の記録があるとよい。行動観察については、トラブルだけではなく、気力、食欲、学習への取り組み、友達との関係、など特徴的な部分をカテゴリー化して記録しておくとよい。

## ❻教室でやってはいけない対応

「気持ちの問題だ」というような安易な言葉かけや、やる気を出させようとあれこれ声をかけすぎたり、活動を強制したりすること。

## ❼その他

精神障害者保健福祉手帳の取得が可能となり、福祉的サービスを受けることができる。また、自立支援医療制度を利用し、医療費の負担軽減をすることができる。

## ❽相談窓口

・小児科、心療内科、精神科など医療機関

《参考文献・WEBサイト》

・『DSM-5 精神疾患の分類と診断の手引』医学書院
・『ICD-10 精神および行動の障害新訂版』医学書院
・三浦四郎衛他『精神科ポケット辞典新訂版』弘文堂
・厚生労働省「みんなのメンタルヘルス　うつ病」http://www.mhlw.go.jp/kokoro/speciality/detail_depressive.html
・「子ども情報ステーションbyぷるすあるは　うつ病」http://kidsinfost.net/disorder/illust-study/depression/
・「日本うつ病学会」http://www.secretariat.ne.jp/

【富山比呂志】

| 摂食障害 | Eating Disorders

# 摂食障害

● 精神神経学用語

健康を保つ目的ではなく、自分の体重や体形にこだわりすぎて、食事が正常に摂れなくなってしまう。食べられない、食べようとしない「拒食症」と、異常なほど食べてしまいそれを嘔吐する、を繰り返す「過食症」がある。拒食症と過食症は表裏一体の関係にあり、両方を繰り返すことがある。

拒食症では、食べないことにより、一時的に体重が減少するという結果が明確なため、自分をコントロールできていると感じることがある。しかし、空腹感からイライラを感じるようになり、これを抑えるために食べ始めたことが拒食の時期（拒食期）から一転する。過度な食べ物の摂取、いわゆるむちゃ食いの状態へとなることがあり、過食症となっていく（過食期）。ところが、今度は体重増加となるため、自分をコントロールできていないと感じてしまう。摂取しすぎた食べ物を消化器官が処理できないことや、「食べすぎた、太ってしまう」という意識にとらわれ、指を喉の奥に突っ込んで嘔吐したり下剤などで強制的に排便したりして、食べたものを体の外に排出しようとする。そして再び体重が減少することから拒食の状態になっていく。拒食と過食を繰り返すことにより、心身共に衰弱してしまう。

思春期を中心に、小学高学年のころから発症することがあり、女子に多く見られる。

## ❶特徴的に表れるところ

・拒食症

自分の体重や体形などが気になり、ダイエットと思って、数日間以上にわたって食事量を極端に減らしたり、我慢して食べなかったりする。さらに過度に食事を拒み続けると栄養が不足し、体温や血圧が低下するだけではなく、意識がぼんやりしたり、（女性は）月経が止まったりすることもある。

・過食症

頑なに食べようとしなかったのが、驚くほどの量を食べるようになる。食べすぎての嘔吐。下剤の服用による強制的な排便。

## ❷教室で見られる症状・症例

・拒食期

ダイエットと称し給食を食べない（揚げ物や肉、パンなど、カロリーの高いものは食べない）。食べ物をやたらと小さく切ったり、並べたりしている。自分の分を友達に食べさせようとする。朝ごはんも食べてこないので元気がない。体温が低く血色が悪い。体重の

減少、体形が細くなる。「（自分は）太っている」と言ったり、体形を気にする素振りをしたりする。

・過食期

急に給食でお代わりをして食べる。給食の後トイレにこもっている。お菓子などを持ってきて（隠れて）食べている。

## ❸有効と言われる治療等

心理療法として個別カウンセリング、認知行動療法、家族療法、自助グループ。

拒食症が重篤で体重の著しい減少や栄養不足の場合、入院しての治療。栄養療法。

## ❹早期発見のポイント

急に給食を食べなくなった、あまり食べずいじっている、他の人に食べさせようとする。（自分は）「太っている」と言い出す。

急に給食をたくさん食べるようになった。

## ❺医療につなげる観察記録の条件

体重測定時の値の増減（拒食であれば、標準体重よりも20％以上も少ない）。給食の食べ方。月経の確認。

## ❻教室でやってはいけない対応

体重や体形について指摘すること。

給食を無理に食べさせること。

食べることについて説得しようとすること。

## ❼その他

過食期には食べ物ほしさから、万引きをしてしまうことがある。

また、過食期に食べすぎたものを嘔吐することができず、急激な体重増加となってしまう場合もある。

摂食障害の原因として、ストレスだけではなく、家族内での関係性に影響を受けている場合があり、必要に応じ、家族療法での解決を目指すことがある。

## ❽相談窓口

・小児科、心療内科、精神科など医療機関
・地域の精神保健福祉センター、保健所など保健機関

### 《参考文献・WEBサイト》

・『DSM-5 精神疾患の分類と診断の手引』医学書院
・『ICD-10 精神および行動の障害新訂版』医学書院
・三浦四郎衛他『精神科ポケット辞典新訂版』弘文堂
・「子ども情報ステーションbyぷるすあるは　摂食障害」http://kidsinfost.net
・「摂食障害情報ポータルサイト」http://www.edportal.jp

【富山比呂志】

| パニック障害 | Panic Disorder

# パニック障害

● 精神神経学用語

不安障害（→P99「不安障害」）の１つ。他者からいきなりびっくりさせられた、怖い目にあったなどといったきっかけがないにもかかわらず、急に動悸や、息苦しさ、めまい、吐き気などの発作があらわれ、「死んでしまうかもしれない」といった不安を強く感じる。不安そのものはだれでも感じるものだが、明確な理由がなく、著しい不安を感じ、それが長く続いて、心身に発作として症状が現れ、日常生活に支障をきたしている状態。青年期に発症しやすい傾向がある。

脳内で、恐怖や不安に関係する神経伝達物質「ノルアドレナリン」と、興奮を抑える「セロトニン」のバランスが崩れているためと考えられているが、詳しいことはわかっていない。

## ❶特徴的に表れるところ

・パニック発作

突然、しかも理由なく強い恐怖や不安を感じ、身体症状あるいは精神状態として以下のような発作が複数現れる。動悸、発汗、息苦しさ、胸の痛み、吐き気、めまい、悪寒、しびれ。非現実感、自己分離感、狂ってしまったように感じる、死の恐怖。

・予期不安

パニック発作の経験から、発作がない時にも、発作が起きてしまうのではと不安になる。例えば、電車に乗っている時に発作になり、また発作になったらどうしようと、電車に乗ることにも不安を感じたり、電車に乗ること自体を避けるようになったりする。

・広場恐怖

予期不安が強まり、以前発作を起こした場所や状況などを恐れて、そこを避けようとすること。バスや電車などの乗り物、広い駐車場や公園など開放空間、映画館、エレベーター、トンネルなどの閉鎖空間、行列や人込みなど。一人でいる時。

## ❷教室で見られる症状・症例

突然のパニック発作（動悸、発汗、吐き気、めまいなど）。

予期不安、広場恐怖として、以前発作を起こしたことがある教室へ行けない。怖がって、活動に参加できない。

## ❸有効と言われる治療・支援等

心療内科、精神科での治療。抗うつ薬（SSRI→P92「うつ病」）によるパニック発作の軽減、抗不安薬、漢方薬（→P99「不安障害」）による不安の軽減。カウ

ンセリング、心理療法、認知行動療法、自律訓練法。

パニックの発作の際には安心できる場所で落ち着けるようにする。

## ❹早期発見のポイント

学校でのパニック発作の初回発生時に迅速に対応する。

動悸や息苦しさから、呼吸困難、心臓発作などのようになることから、医療機関での確認が必要になることもあるが、検査で異常が出なかった場合は、不安障害、パニック障害の可能性が考えられることになる。

## ❺医療につなげる観察記録の条件

パニックの発作を起こした場所、状況（どこで、何をしていた。誰がいた、様子を見ていたか）などを詳細に記録しておく。パニックの発作を起こした、ということが不安になり、再度似たような状況で発作になることが考えられるため。

## ❻教室でやってはいけない対応

「（パニック発作は）そのうち治るから」と勝手な判断をして放置すること。予期不安のある事をやらせようとする、広場恐怖のある所（以前パニックになった教室、バスに乗せる、など）へ無理やり連れて行こうとすること。

## ❼その他

動悸やめまいなどの身体症状から内科を受診するが、検査を受けても特に問題なしと診断されることもあり、パニック障害と分かるまでに時間がかかることもある。

## ❽相談窓口

・精神科、心療内科など医療機関
・精神保健福祉センター、保健所など保健機関

### 《参考文献・WEBサイト》

・『DSM-5 精神疾患の分類と診断の手引』医学書院
・『ICD-10 精神および行動の障害新訂版』医学書院
・三浦四郎衛他『精神科ポケット辞典新訂版』弘文堂
・「医療法人和楽会　パニック症（パニック障害）」
http://www.fuanclinic.com/med_content/panic.php
・「パニック障害の症状、検査、治療、改善するための生活について」http://panic-guide.net
・ファイザー株式会社「心の陽だまり　パニック障害情報サイト」http://www.cocoro-h.jp/panic/

【富山比呂志】

| ギフテッド | Gifted

# ギフテッド

● 精神神経学用語

発達凸凹の「凸」（才能）の部分が突出していること、あるいは「凸」の部分が突出している子どものこと。ギフテッド教育は、いわゆる「エリート養成」や天才児の優遇などではなく、むしろ「子ども一人一人の発達凸凹（思考スタイルや認知スタイル）に合わせた教育」と理解されなければならない。

## ❶特徴的に表れるところ

杉山登志郎・岡南・小倉正義『ギフテッド 天才の育て方』では、ギフテッドの認知特徴を**視覚映像優位型**と**聴覚言語優位型**に分けている。これはギフテッドにおいて、視覚と聴覚の一方の認知能力が優位（凸）であるとき、もう一方が極端に苦手（凹）であることがよくあるからである。

## ❷教室で見られる症状・症例

視覚映像優位型の子どもの場合、パズルやプラモデル、折り紙、地図の読み取り等が得意な一方で、言葉で説明するのがうまくできないとか、しりとりがうまくできないとかいうことがある。

視覚映像優位型はさらに、2次元の線が得意な「線優位性」と3次元の立体や色が得意な「色優位性」に分けられる。とくに「色優位性」の子どもの場合、空間の認知は得意でも、文字などの線の認知が苦手だったりするので、文字が見えているにもかかわらず、その文字の読み書きができないというケースがある。そういう子は「鏡文字」風の字を書いたり、文字の鋭角の部分（たとえば「れ」や「2」の鋭角に折れたところ）を丸く書いたりする。

聴覚言語優位型の子どもの場合、視覚情報の処理が苦手で、奥行き感のない見え方をしていることがある。空間の位置関係の認知や立体視が可能になるのは小学三年生くらいなのだが、聴覚言語優位型の子どもはその時期を過ぎても、その能力が十分に育たないのである。

だから、階段を踏み外すとか、階段の昇り降りを極端に怖がるとかする。教室の机と机の間を歩くときも、机に体をぶつけてしまい、教科書や文具を落としてしまったりする。給食時に、牛乳瓶や汁器類を倒してしまうこともある。また、ななめの線をとらえることができず、カタカナの「マ」と「フ」を書き分けることができなかったり、折れ線グラフの〈折れ線〉が書けなかったりする。

## ❸支援の方法

視覚映像優位型の子どもの語彙力を増やしたいというときに、言語（抽象）→映像（具体）の順序で言葉を理解させるのはむずかしい。

だから、それとは逆の方向で、つまり映像（具体）→言語（抽象）の段階を踏ませる。たとえば、紙芝居や絵本、画像、映画等を共に楽しんでから、その映像と照らし合わせるようにして、言葉を覚えさせるのである。ある言葉が理解できないときには、その子がそれまでに見たことのある映像を思い出させながら、その言葉を入力させていく。

視覚映像優位型で「色優位性」の場合、3次元は認知できるが、2次元の線の認知が苦手なので、紙に書かれた文字が読めないというケースがある。こういうときは、粘土で文字の形を「立体的に」（3次元的に）作って、その文字を声に出しながら触らせるというやり方で、その文字を読めるようにさせる。

聴覚言語優位型の子どもの場合、視覚情報としての言葉の入力が苦手である。たとえば、真っ白な紙に黒いインクで文字が印刷されているというのは、白と黒のコントラストが強すぎて、本人が「読みにくい」と感じるケースがあるのである。こういうケースはどうすればいいか。

薄い青や薄いピンクの色の紙に印字するとうまくいく。『自閉症だったわたしへ』の作者のドナ・ウィリアムズは、色つきのめがねをかけたら、世界の深さと奥行きがまるでちがって見えたという。色付き紙に印字するのは、これと同様の支援である。

## ❹教室でやってはいけない対応

視覚映像優位型と聴覚言語優位型には、それぞれの特性に合った学習の仕方がある。だから、最もよくないのは、教師が特定の指導法・学習法に固執して、それらばかりをやらせてしまうことである。

たとえば、昔から、漢字をくり返し書いて覚えるというやり方があるが、視覚映像優位型の場合、そのやり方が最適であるとはかぎらないのである。

### 《参考文献》

・杉山登志郎・岡南・小倉正義『ギフテッド 天才の育て方』学研プラス
・ドナ・ウィリアムズ『自閉症だったわたしへ』新潮社

【後藤隆一】

| DSM-5　精神疾患の診断・統計マニュアル | Diagnostic and Statistical Manual of Mental Disorders

# DSM-5　精神疾患の診断・統計マニュアル

●精神神経学用語

　DSM-5は、米国精神医学会（APA）によって2013年に発行された精神疾患の診断分類体系の最新版である。DSMとは、米国精神医学会が作成する、精神疾患、精神障害の分類マニュアルである。正式には「精神疾患の診断統計マニュアル（Diagnostic and Statistical Manual of Mental Disorders）」という。本来は米国の精神科医が使うことを想定したものだが、事実上、国際的な診断マニュアルとして使われている。DSMの初版（DSM-Ⅰ）は1952年に出版され、以降数回にわたって改訂版が発行されてきた。

## ❶DSMの歴史

　米国における精神疾患分類の歴史は19世紀の人口調査における疾病の統計分類に始まった。1917年、米国精神医学会（APA）は各精神科病院で統一して用いる統計分類を作成し、これは後の国税調査に採用された。当時の精神疾患分類は、臨床よりも統計上の使用を主な目的としていた。その後、第二次世界大戦を経て、精神科診断の信頼性を高める機運が国際的にも高まり、統一した精神疾患分類の開発が進んだ。

## ❷DSMの目的

　第二次世界大戦中、兵士の適性検査や帰還兵の治療において精神科医が重要な役割を果たした。その治療を目的としてこの時に使われた診断マニュアルが、現在のDSMのもとになっている。

　第3版（DSM-Ⅲ）以降、DSMは、精神医学に「共通言語」を与えるという目標があった。これは、精神科医のそれぞれの見解によるものではなく、統一された基準を作り、それにしたがって根拠に基づいた医療行為を行うということが大きくあった。この方針が、DSMの在り方の基本となっている。

　そして、作られた診断基準が適切かどうかを見直し、場合によっては修正することも、DSMが「共通言語」として機能していくためには大切なことであり、改訂がなされてきた。

## ❸DSM-5全体の改訂点

　DSM-5でこれまでの改訂版と比較して最も大きく変わったのは各精神障害群の章の構成である。DSM-ⅢからDSM-Ⅳまでは、冒頭に児童青年期の精神障害があり、続いて器質性精神障害、物質関連障害統合失調症・精神病障害等の順であった。DSM-5では、生

涯の発達に沿って構成され、「幼年期・児童期」で現れる統合失調症・スペクトラム障害及び他の疾患、その後「青年期・成人期早期」に出現することの多い障害群、最後は「老年期」に関連する障害群という流れになった。

　具体的な診断の中での変更点として、最もよく知られているのは、「自閉症スペクトラム／自閉症スペクトラム障害（autism spectrum disorder）」という概念が導入されたことである。「自閉症スペクトラム／自閉症スペクトラム障害」は、DSM-Ⅳ-TRで「自閉性障害」「アスペルガー障害」「広汎性発達障害」「高機能自閉症障害」などと呼ばれていたいくつかの障害をすべて含んでいる。アスペルガー障害という名称は広く使われているが、医療の世界では、現在、診断名もつかなくなった。

　「スペクトラム」（連続体）という見方は、DSM-5でとくに重視されている見方である。これは、診断項目に「当てはまるか、当てはまらないか」を判断するよりも、その症状が少しあるのか、強くあるか、「どの程度当てはまるか」を判断するほうが適切だろうという考え方である。こうした考え方は、診断名としてはもちろん、診断方法としてもDSM-5を特徴付けている点の1つでもある。

## ❹診断のされ方

　DSM-5では、まず、精神障害が大きく22カテゴリーに分類されている。その下に、一つひとつの診断名が挙げられている。たとえば、ADHD（注意欠如・多動症／注意欠如・多動性障害）は、DSMでは「神経発達症群／神経発達障害群」という大分類の下にある。「神経発達症群／神経発達障害群」には、ADHDのほかに、・知的能力障害群（知的障害）・コミュニケーション障害群（吃音など）・自閉症スペクトラム／自閉症スペクトラム障害・限局性学習症／限局性学習障害（ディスレクシアなど、いわゆる「学習障害」）・運動症群／運動障害群（発達性協調運動障害、チックなど）が含まれている。

### 《参考・引用文献》

・神庭重信・神尾陽子『DSM-5を読み解く』中山書店
・アレン・フランセス『DSM-5 精神疾患診断のエッセンス』金剛出版

【河村要和】

| てんかん（癲癇） | Epilepsy

# てんかん

● 精神神経学用語

脳の慢性的な神経疾患の1つ。脳の神経細胞（ニューロン）に激しい電気的な興奮が突然起こり、発作（てんかん発作）を繰り返す。電気的興奮が発生する脳の個所によって、症状（発作）の違いがある。

部分発作は、脳の一部の個所の興奮によるものに対し、全般発作は、脳の全体や大部分が「電気の嵐」に巻き込まれるように興奮して発作を起こす。しかし、最初は部分的な興奮だったのが、脳全体に広がる場合もあり、様々な発作が存在する。

## ❶特徴的に表れるところ

・強直発作
きょうちょく
突然意識を失い、手足を伸ばし、全身に力が入ったように固くなる発作。

・間代発作
手足をがくがくと一定の間隔で曲げ伸ばしするけいれんが起こる。強直発作の後、続けて間代発作になることもある。（強直間代発作）

・脱力発作
いきなり全身の力が抜け、崩れるように倒れてしまう。

・欠神発作
いきなり（数秒～）意識が消失する発作。

・脱力発作
突然筋の緊張が弱まり、手足に力が入らなくなる。

・ミオクロニー発作
一瞬体がびくっとけいれんする。

## ❷教室で見られる症状・症例

突然ボーっとすることがある、力が抜けてしまう。
手足のツッパリやけいれん、不随意運動。

## ❸有効と言われる処方・支援等

てんかんが疑われたら、医療機関で脳波を測定し、脳のどの部位にどのような、てんかん波があるかどうかや、発作の型を検査する。その他の検査と合わせ、抗てんかん薬が処方される。部分発作ならばテグレトール（カルバマゼピン）など、全般発作にはデパゲン、セレニカ（パルプロ酸ナトリウム）などの他、多数の抗てんかん薬があり、発作の型や年齢、体の発育などに合わせ量を調整しながら、発作に対応させていく。

発作による転倒などが懸念される場合は、ヘッドギアなどを装着し、頭部を保護することもある。

## ❹早期発見のポイント

突然ボーっとすることがある、力が抜けてしまう。
呼び掛けても振り向くなど反応がない。

## ❺医療につなげる観察記録の条件

発作時の、開始時刻や発作の時間、様子などについて記録をしておく。発作の様子や続く時間によって、救急搬送などの対応を行う。

## ❻教室でやってはいけない対応

発作で倒れた際に、舌をかまないようにと思い、ハンカチなどを口につっこむこと。

※かえって口腔内を傷つけたり、窒息したりする可能性があるので、絶対にやらない。

発作中に体を揺さぶったり、押さえつけたり、大声で名前を呼んだりすること。発作後に眠ってしまうことがあるが、無理に起こさないこと。

※周囲の危険物を取り除く、衣服を緩める、気道確保の姿勢にするなど、の対応をする。

発作直後に、水や薬などを飲ませること。

※誤飲してしまう。

## ❼その他

大きな発作は周囲の人間が驚いてしまうが、正しい治療によって対処できることを、学級の子どもたちにも指導し、てんかんへの理解を広げていくことが大切である。

なお、しばらくてんかん発作が起きていなくても、再発する可能性がある。幼児期にあった発作が小学生のころにはおさまっていたとしても、中学、高校生になり思春期（第二次性徴）を迎えるころにまた発作が出てくることもあるため、注意が必要。

## ❽相談窓口

・小児科など医療機関
・保健所など保健機関

## 《参考文献・WEBサイト》

・小阪憲司他『改訂第3版 精神保健福祉士養成セミナー 第1巻 精神医学』へるす出版
・三宅貴夫『キーワードブック医療と医学』クリエイツかもがわ
・杉山登志郎・原仁『特別支援教育のための精神・神経医学』学研
・「公益社団法人 日本てんかん協会」http://www.jea-net.jp
・「独立行政法人国立病院機構 静岡てんかん・神経医療センター てんかん情報センター」http://epilepsy-info.jp
・大塚製薬「てんかんinfo」http://www.tenkan.info

【富山比呂志】

教室の子どもたちの障害―どんなことが考えられるか

| 双極性障害 | Bipolar disorder

# 双極性障害

● 精神神経学用語

「躁うつ病」とも呼ばれ、気分障害の1つで、そう（躁）状態とうつ（鬱）状態が現れる。（うつ（鬱）状態・うつ病→P92「うつ病」）

気分が落ち込んでいて何もしようとしなかったのが、一変、「ハイ状態」になり、饒舌、行動的、大胆になったりする。それがまた、元気がなくなり抑うつ気分に戻る、を繰り返してしまう。

※双極性……2つの極（方向性：そう・うつ）がある状態

そう（躁）状態：ハイテンションな状態になり、気分はハッピー、ヤル気はまんまんで、いろいろなことをやりたがる。しかし、すぐに気が変わってしまう。あまり眠らず休憩も取らずに活動し続けたり、突拍子もないこと（大金を使う、暴力をふるうなど）をしたりすることがある。機嫌も悪くないので、自分は病気ではないと思い、心配してくれる周囲からの手助けを拒んでしまい、人間関係などを悪化させてしまうこともある。しかし、正しく治療しコントロールができるようになっていないと、いずれはうつ状態となってしまう。

## ❶特徴的に表れるところ

うつ状態あるいはそう状態が数日間続いた後変化し、繰り返される。

・うつ状態—抑うつ気分、意欲低減・無気力、食欲不振、睡眠障害等

・そう状態—異常なハイテンション、睡眠の減少、多弁、活動への積極性の極端な増加、注意散漫、お金の使いすぎ等

## ❷教室で見られる症状・症例

・うつ状態

勉強に身が入らない・集中しない、成績が落ちていく。部活動や趣味をやりたがらない。友達と遊ぼうとしない。遅刻・欠席増加、不登校。給食を食べない。「死にたい」と言う、自殺を考える。

・そう状態

やたらと張り切って勉強しようとする（が、続かない）。友達や先生にだれかれ構わず話しかけ続ける。ほとんど寝ないで登校してくる。部活や学級活動などでやたらと張り切る。思いついたことや、今までやったことがないことに次々と手を出す。無駄なことにパッとお金を使ってしまう。

## ❸有効と言われる治療・支援等

児童精神科医による適切な治療の下、心理療法と薬物療法が施される。心理療法として、個別カウンセリング、グループカウンセリング、家族療法などがある。薬物療法としては、そう状態、うつ状態それぞれに対応した薬物を処方。うつ状態には、抗うつ薬（SSRI→P92「うつ病」）、そう状態については、抗躁薬として炭酸リチウム、カルバマゼピン、バルプロ酸ナトリウムなどがある。

## ❹早期発見のポイント

行動や気分の極端な変化がないかを確認する。

## ❺医療につなげる観察記録の条件

そう状態の時には、「元気がある」というように見えがちであることを理解し、行動や気分がこれまでと極端な違いになっていないか、行動観察し、違いを記録しておく。

## ❻教室でやってはいけない対応

うつ状態の対応→P92「うつ病」

そう状態の時に「元気があってよろしい！」などと安易にほめて、やったことを強化してしまうこと（強化→P131「応用行動分析」）。また、極端なことをしている時に、無理に諭そうとしないこと。

## ❼その他

そう状態にも様々あり、ハイテンションにならない場合もある。うつ状態から比較して、気分が高めであっても、見た目には普通なこともあり、病気は治ったものと思ってしまう（思われてしまう）ことがある。長期間にわたる治療になるため、正しく治す（コントロールできるようになる）ことが大切になる。

## ❽相談窓口

・小児科、心療内科、精神科など医療機関

## 《参考文献・WEBサイト》

・『DSM-5 精神疾患の分類と診断の手引』医学書院
・『ICD-10 精神および行動の障害新訂版』医学書院
・三浦四郎衛他『精神科ポケット辞典新訂版』弘文堂
・厚生労働省「みんなのメンタルヘルス 双極性障害（躁うつ病）」http://www.mhlw.go.jp/kokoro/speciality/detail_bipolar.html
・子ども情報ステーションbyぷるすあるは「双極性障害（そううつ病）」http://kidsinfost.net/disorder/illust-study/bipolar_disorder/
・日本うつ病学会「双極性障害委員会」http://www.secretariat.ne.jp/jsmd/sokyoku/

【富山比呂志】

| 不安障害 | Anxiety disorder

# 不安障害

●精神神経学用語

不安が異常に高まり、生活に支障をきたしてしまう状態。不安の高まりから、パニック障害（発作）となることがある。不安を感じた場面や状況などが引き金となり、再び発作になるのではという予期不安から、様々な症状を引き起こす。

## ❶特徴的に表れるところ
・パニック障害　→P94「パニック障害」
・トラウマ、PTSD　→P101「心的外傷及びストレス因関連障害群」
・社会不安障害

他人からの目が気になり、恥をかいてしまう、変に思われてしまうかも、といったことに強い恐れを感じる。人前での発表、目上の人との会話、会食など。不安が強くなると、学校での学習活動に参加できなかったり、人と会うのが怖くて登校できなかったりすることもある。

・全般性不安障害—様々なことに対して、過剰に不安になり、それが長い期間続く状態。
・恐怖症—特定の対象や状況などに対して、著しい恐怖を感じる。
・対人恐怖症—人に対して不安を感じる。他人から嫌われているのでは、相手に嫌な思いをさせてしまっているのでは、と思い込み不安になる。
・視線恐怖症—他者から見られていて、変に思われている、悪口を言われていると思い込んで、不安になる。
・閉所恐怖症—狭い部屋や囲まれた場所に対する不安、恐怖。
・暗所恐怖症—暗く何も見えない場所、空間に対する不安、恐怖。
・高所恐怖症—高い場所に対する不安、恐怖。

## ❷教室で見られる症状・症例
・対人恐怖症・社会不安障害

人に対する不安や恐怖であるため、友達や先生との関係性で症状が出やすい。たくさんの人の前で発表するとき、人前で恥ずかしい思いをしてしまったとき、強く叱責されたときなど。

・閉所恐怖症・高所恐怖症など場所に対する不安

いじめにあい、ロッカーなど狭いところに閉じ込められた、高いところから突き落とされそうになったといった経験をしたときなど。

## ❸有効と言われる治療・支援等
心療内科、精神科でSSRI（抗うつ剤→P92「うつ病」）や抗不安薬（ベンゾジアゼピン系抗不安薬：脳の活動をスローダウンさせる効果〈デパス・ソラナックス等〉）や漢方薬（神経の鎮静効果：甘麦大棗湯・半夏厚朴湯等）が処方されることがある。

心理療法として、カウンセリング、認知行動療法、ソーシャルスキルトレーニング、暴露療法（エクスポージャー）、森田療法などにより、不安に対する軽減や、不安による誤学習の消去をはかったりする。

不安が高まったときには、別の安心できる場所で落ち着くまで待つ。

不安ではないことで成功体験を積み、自己肯定感、自己効力感を高めていく。

## ❹早期発見のポイント
強い不安を感じている様子に注目する。

## ❺医療につなげる観察記録の条件
強い不安を感じている場面や様子などを記録しておく。不安がっていたことについて話を聞き、いつ頃から苦手だったのか、不安になったきっかけなどを確認するとよい。

## ❻教室でやってはいけない対応
不安に感じていることに対し「気持ちの問題、勝手に怖がっているだけ」と決めつけて指導すること。

「怖いことは克服させた方がいい」などと考えて、恐怖症で怖がっていること（人前に立たせて視線を浴びさせる、高いところへ連れていく等）を無理やりやらせること。

## ❼その他
「性格的な問題」として見られてしまいがちであるが、若年での発症は慢性化しやすいため、早期に適切な治療や対処をしてくことが大切である。

## ❽相談窓口
・精神科、心療内科など医療機関
・精神保健福祉センター、保健所など保健機関

### 《参考文献・WEBサイト》
・『DSM-5 精神疾患の分類と診断の手引』医学書院
・『ICD-10 精神および行動の障害新訂版』医学書院
・三浦四郎衛他『精神科ポケット辞典改訂版』弘文堂
・「せせらぎメンタルクリニック」http://seseragi-mentalclinic.com

【富山比呂志】

| 強迫性障害 | Obsessive Compulsive disorder

# 強迫性障害

● 精神神経学用語

不安障害の1つで、強迫神経症とも呼ばれ、強迫観念と強迫行為がある。強迫観念は、つまらないことだと理解していても、そのことが頭から離れずしばしば気になってしまう、そして、そのことを何度も何度も考えてしまう。強迫行動は、分かっているのに何度も同じことを繰り返してしまい（確認してしまう）それによって相当な時間を費やしてしまうことが続き、日常生活に支障が生じている状態。

## ❶特徴的に表れるところ

・不潔恐怖

汚れが取れていない、ばい菌などがついていると思い込み、何度も何度も手を洗い、手が痛くなってしまう、石鹸を数日で使い切ってしまう。

・確認行為

戸締まりをしたかどうか、電気のスイッチを切ったかどうかなどを、何度も何度も確認しに戻ってきてしまい、なかなか出かけられない。

・儀式行為

自分で決めた手順などにこだわり、どんなときでも同じやり方や道具などでやろうとする。

・その他のこだわり

特定の数字にこだわりすぎ、その数になるよう個数をそろえたり、点数になるよう何度もやり直したりする。物の並べ方や向きなどにこだわり、他人のものでも勝手に触って並べ直したり、取り替えたりする。

## ❷教室で見られる症状・症例

何度も繰り返す過剰な手洗い。ドアや手すりなどに触りたがらない。友達と手をつなごうとしない。ちょっとでも服に汚れが付くと脱いだり着替えたりする。

教室に入って席に着くまでの動作が決まっていて、中断されると最初からやり直そうとする。給食を食べる順番と量が決まっていて、時間がないのに、その順番でないと食べられない。

テストの点数が100点ではなかったことが気になり、点数を書き直すように言う、自分で点数を書き直す、あるいは100点になるまで何度でもテストのやり直しをしようとする。

## ❸有効と言われる治療・支援等

心理療法として、カウンセリング、認知行動療法、暴露反応妨害法（段階的に行動を我慢してコントロールする）などを行い、不安を低減させ、強迫行為をしなくても大丈夫な状態にしていく。

不安が強い、抑うつなどの症状がある場合は、精神

科、心療内科から抗うつ薬（SSRI→P92「うつ病」）、抗不安薬などの処方により、症状を緩和させて、心理療法を行うことがある。

安心して落ち着ける場所などを確保しておく。

不安ではないことで成功体験を積み、自己肯定感、自己効力感を高めていく。

## ❹早期発見のポイント

（手洗い、戸締まりの確認など）やたらと同じことを繰り返し行ったり、（やり方や並べ方など）こだわりが過度になってきたりした、といった行動の観察。

## ❺医療につなげる観察記録の条件

強迫行動が、どのような行動が、いつぐらいから、どれくらいの期間続いているか。それによってどのような支障が生じているか（授業に参加できない、友達とのトラブルになっている）を記録しておくとよい。

## ❻教室でやってはいけない対応

不安に感じていることに対し「気持ちの問題、勝手に怖がっているだけ」と決めつけること。「そんなこと繰り返しやって無駄、やめなさい」と強迫行為を無理やりやめさせること。

## ❼その他

強迫行為、強迫観念は他の疾病や障害でも起こることがあり、その連続性を「強迫スペクトラム障害」という概念でとらえることがある。アスペルガー症候群、チック、自傷行為、摂食障害、依存症などが含まれていると考えられている。

## ❽相談窓口

・精神科、心療内科など医療機関

・精神保健福祉センター、保健所など保健機関

《参考文献・WEBサイト》

・『DSM-5 精神疾患の分類と診断の手引』医学書院

・『ICD-10 精神および行動の障害新訂版』医学書院

・三浦四郎衛他『精神科ポケット辞典新訂版』弘文堂

・「せせらぎメンタルクリニック」http://seseragi-mentalclinic.com

・厚生労働省「みんなのメンタルヘルス 強迫性障害」http://www.mhlw.go.jp/kokoro/know/disease_compel.html

・NHK福祉ポータル「若者のこころの病情報室〈強迫性障害〉」http://www.nhk.or.jp/heart-net/kokoro/ks/index.html

【富山比呂志】

| 心的外傷及びストレス因関連障害群 | トラウマやストレスに関連した障害群 | Trauma- and Stressor-Related Disorders

# 心的外傷及びストレス因関連障害群

●精神神経学用語

平成25年に米国精神医学会から出版された国際診断基準である「精神疾患の分類と診断の手引第5版（DSM-5）においてストレス関連障害は「心的外傷及びストレス因関連障害群」としてまとめられており、反応性愛着障害、脱抑制型愛着障害、心的外傷後ストレス障害、急性ストレス障害、および適応障害が含まれる。

## ❶ストレス関連障害

### ⑴反応性愛着障害

親（母）子関係の歪みに基づく子どもの行動障害の1つで、生後5歳未満までに親やその代理となる人との愛着関係がもてず、人格形成において適切な人間関係をつくる能力に障害が生じ、他者に対して過度な警戒や無関心を示すもの。

### ⑵脱抑制型愛着障害

親（母）子関係の歪みに基づく子どもの行動障害の1つで、生後5歳未満までに親やその代理となる人との愛着関係がもてず、人格形成において適切な人間関係をつくる能力に障害が生じ、他者に対して過度な愛着を示すもの。

### ⑶心的外傷後ストレス障害

PTSD（Posttraumatic Stress Disorder）の日本語訳。事件や事故、災害などによって強いストレスを受け、1ヶ月以上しても生活に支障が出ている状態。災害や事故にあって、心に傷を負うことは、誰にでもあるが、その傷が深く、また長く続く場合にPTSDと診断される。

### ⑷急性ストレス障害

ASD（Acute Stress Disorder）の日本語訳。事件や事故、災害などの直後から心的外傷反応があり、その後のPTSD発症が考えられる状態。心的外傷体験から1ヶ月以上経過しないと診断できないPTSDに対して、体験の直後から診断できるのがASDである。

### ⑸適応障害

適応障害は、重大な生活上の変化や、ストレスに満ちた生活上の出来事が原因で引き起こされる情緒面や行動面の症状であり、社会的機能が著しく阻害されている状態である。

## ❷子どもの心的外傷

災害や事件は、心的外傷体験として認識されやすく、被害が起きた当初からPTSDの可能性が考慮されるので、周囲がケアをすることができる。それに対して、児童虐待やいじめなどは、被害自体がまわりに見えにくく、支援も遅れがちになる。その点で、大人の場合よりも深刻だと言える。以下のような状況による子どもの心的外傷は、ストレス関連障害の原因となる。

①虐待

家族からの暴力。家庭にとどまりたくて耐え続けている子が多い。対人関係にも問題が出てくる。

②いじめ

交友関係での被害。誰にも言えず、一人で悩んでいることが多い。身体的な暴力の他、心理的ないじめもあり、周囲が気づきにくい傾向がある。

③ネグレクト

育児放棄。食べ物や衣類を与えられない、家族に話しかけてもらえないなど、必要なケアを受けられない子は心理的に不安定になる。

## ❸必要な対応

子どもは社会的にも弱い存在である。暴力やいじめを受けると、抵抗する術がなく、一方的に被害を受け続けてしまうことがある。周囲の大人が子どもの安全を守っていかなければならない。子どもに心的外傷が認められる場合は、まず子どもの身を守ることが優先される。子どもを被害の原因から遠ざけ、安全を確保してから治療に入る必要がある。

・虐待がある場合、保護者のもとから一度隔離する。
・いじめがある場合、ためらわずに学校を休ませる。

## ❹ストレス関連障害と脳の機能不全

強いストレスは、脳の働きや発達に大きく影響を与える。虐待環境で育った子どもの場合、感情の抑制をつかさどる前頭前野の機能に支障が生じてくる。感情中枢の抑制の不良さが、大脳皮質と中脳との間の抑制と興奮のバランスを崩し、大脳皮質の発達そのものに影響を与える。脳の器質的発達に影響することから、ストレス関連障害の中でも、虐待による重大な愛着障害は、第四の発達障害と呼ばれている。また、つらい体験によってPTSDが引き起こされるメカニズムにも、脳の働きの乱れが関係していると考えている。

《参考資料・文献》
・飛鳥井望『PTSDとトラウマのすべてがわかる本』講談社
・水島広子『正しく知る心的外傷・PTSD』技術評論社
・杉山登志郎『子ども虐待という第四の発達障害』学研

【牧山誠一】

| 高次脳機能障害 | higher brain dysfunction

# 高次脳機能障害

● 精神神経学用語

高次脳機能障害とは、運動障害や感覚障害を除いた、言語や記憶、意欲にかかわる脳の働きの障害である。高齢者の脳血管障害から起こることが知られているが、若年層では頭部外傷のためになることがかなりの比率で多い。外見上は障害が目立たないため、見過ごされ、本人や家族が大変な悩みを抱える場合も多い。

## ❶特徴的に表れるところ

頭部外傷により、脳に傷ができる（脳挫傷）、または脳出血、脳周辺への圧迫が起こる。その力は前頭葉や側頭葉に集中する。すると、その部分の損傷による症状として、記憶障害などが現れやすい。重傷な脳外傷の人の半数は記憶障害を残しているともいわれる。さらに、注意集中の悪さも見られる。

## ❷原因

・発生する原因としては、病気による場合と頭部外傷による場合がある。障害が生じる病気には、脳梗塞などの脳血管障害、脳腫瘍、頭部外傷、てんかん、脳炎、アルツハイマー病などがある。
・原因となる頭部外傷は交通事故、高所からの転落、堅い物で殴られる等である。外部からの強烈なダメージを受けた場合に起こるものである。若年層ではこのケースが多い。

## ❸2つの意味で用いられる用語とその背景

・高次脳機能障害という用語は2つの意味で用いられる。1つは科学的な用語で、言語の障害である失語症、道具の操作等にかかわる失行症、ものが分からなくなる失認症等である。もう1つは行政的な用語で、従来のものから失語症、失行症、失認症を除いて、記憶の障害、意欲の障害、注意の障害、そして遂行機能障害を含むものである。
・行政的な用語が用いられた背景には、社会的な救済の必要性がある。交通事故や転倒などの外傷によって、社会復帰が難しい子どもたちが多いが、社会福祉の対象とならなかったため、厚生労働省によって、「高次脳機能障害支援モデル」も立ち上げられた。

## ❹必要な社会の理解

前頭葉に障害が起こるため、外見上は特に問題が見られないのに、記憶の低下、意欲の損失が著しく見られる。従って、周りからは「さぼっている」「なまけ

ている」と見られやすい。その症状において、様々な脳のリハビリがある。医師と相談の上、適切なリハビリを焦らず行いながら、周囲の支えも極めて重要である。

## ❺社会復帰を手助けするための方策

・事故等にあって発症し、治療を終え、いよいよ復学する場合、試験登校には必ず誰かが同行する。
・復学にあたっては専門家等の協力も得て支援会議を事前に開き、校内の支援体制を検討しておく。
・過去の自分との違い、周りの対応の変化、頑張ってもなかなか良くならない焦りを本人が抱えていることを、周りが分かる努力をする。

## ❻どのような支援が必要か

・生活のスキルを取り戻す場合、日常生活の一連の流れを追い立てるように促すのではなく、顔を洗う、歯を磨く、着替えるといった生活のスキルを一つ一つ丁寧に学び直す。
・多くは記憶の障害があるため、置いたものなど忘れてしまいやすい。かごやケースにラベルを貼り、置き場所を決めておく。
・発症後、ほとんどの人が神経疲労（脳の疲れ）を起こしやすい。疲労が起こると、周りについていけずボーッとなってしまう。疲れたときには休むなど本人と相談しておく。周りにも理解を促す。
・発症前の自分のようにうまくいかない、また、周りが話を聞いてくれないと自己肯定感がどんどん下がってしまう。頑張った過程を認めること、困り感を聞くことに努める。
・授業のユニバーサルデザイン化を図る。黒板の周りはシンプルにし、集中が高まる環境を心がける。図や具体物を使って一目で分かる工夫をする。

## ❼相談窓口等

・NPO法人日本脳外傷友の会
・キッズネットワーク

## 《参考文献》

・武田克彦『新版 脳のリハビリQ&A』講談社
・太田令子『わかってくれるかな、子どもの高次脳機能障害』クリエイツかもがわ

【河村要和】

| 睡眠障害 | Sleep Disorder

# 睡眠障害

● 精神神経学用語

睡眠（眠ること）に何らかの問題がある状態。眠れないことだけではなく、寝すぎてしまう、日中に過度に眠くなる、いきなり眠くなる、いつも変な時間に目が覚めてしまう、とにかく寝付けない、どうしても起きられない（覚醒しない）、など症状は様々。その原因も、身体的、心理的、環境的なものなどがあり、複合的な場合もある。睡眠の問題と、日中の活動への支障が1か月以上続く場合、「睡眠障害」としてとらえることがある。

## ❶特徴的に表れるところ

・不眠

（夜間、睡眠するべき時間に）なかなか寝付けない、（一度は眠りにつけるが）途中で目が覚めてしまうと再び寝付けない、寝ていられる時間が短い、熟睡できない。

・過眠

日中に過度な眠気を感じ、居眠りなどをしてしまうことがある。

※前夜の夜更かしや徹夜をしていたわけではなく。

・ナルコレプシー（居眠り病）

突然強烈な眠気を感じ、自分ではコントロールできない状態となり、脱力して、活動中であっても、時や場所に関係なく発作的に眠り込んでしまう。

・睡眠時無呼吸症候群

眠っている間に呼吸が止まってしまう病気。10秒以上呼吸をしていない状態が、1時間当たり5回以上続く。

・概日リズム睡眠障害

体内時計のリズムがくるい昼夜の生活サイクルと合わなくなる。そのため、寝る時間や起きる時間が生活サイクルとずれてしまう。

## ❷教室で見られる症状・症例

登校してから眠そうにしている。あくびを何度もしている。だるそうにしている。授業へ集中できていない。居眠りしてしまう。漢字の書き間違いや計算間違いなど、ケアレスミスが目立つ。給食をあまり食べない。頭痛があると訴える。遅刻、欠席が増える。不登校。

## ❸有効と言われる治療等

疾患によって治療法が異なる。いずれも専門医による治療による。

ナルコレプシーは日中の眠気を抑えるための薬と脱力発作を抑える薬が処方されることがある。

睡眠時無呼吸症候群は睡眠時の呼吸を補助するマスクと機器を使った「CPAP（シーパップ）治療」や生活の改善指導（生活リズム、食事の管理、体重の管理）など。

概日リズム睡眠障害は、メラトニンや睡眠薬などの処方と合わせ、寝る時間を調整していく「時間療法」、朝日や（高照度光療法器具による）強い光を浴びる「高照度光療法」などがある。

## ❹早期発見のポイント

日中の眠気、倦怠感、頭痛、居眠りなどの行動観察。

## ❺医療につなげる観察記録の条件

日中の眠気や居眠りなどが、どのくらいの時間で、何日間続いているか。活動への参加についてどの程度支障が出ているか。倦怠感や頭痛などの身体症状はどの程度出ているのか（保健室へ行った回数など）、といったことを行動観察し、記録しておく。

## ❻教室でやってはいけない対応

居眠りしてしまった場合に、「いつも（気持ちが）たるんでいる、（授業がつまらないと思われ）なめられている」と思い込んで、叱責などの指導。

## ❼その他

睡眠障害は、発達障害やうつ病など、他の障害や疾病との関連性も考慮する必要がある。※睡眠障害への対応だけではなく、原因となっている障害や疾病にも適切に対応していく。

また、不登校との関連性も高い。夜中にパソコン、スマートフォン、ゲームなどのやりすぎによる影響（ブルーライトによる刺激、テクノストレス不眠）も指摘されている。

## ❽相談窓口

・小児科、耳鼻咽喉科、心療内科など医療機関

### 《参考文献》

・『DSM-5 精神疾患の分類と診断の手引』医学書院
・『ICD-10 精神および行動の障害新訂版』医学書院
・三浦四郎衛他『精神科ポケット辞典新訂版』弘文堂
・厚生労働省「みんなのメンタルヘルス 睡眠障害」http://www.mhlw.go.jp/kokoro/know/disease_sleep.html
・「認定NPO法人 日本ナルコレプシー協会」http://narukokai.or.jp
・田辺三菱製薬 健康支援サイト「Suimin.net 健やかな眠りのために……」http://www.suimin.net

【富山比呂志】

教室の子どもたちの障害—どんなことが考えられるか

103

| 水頭症 | Hydrencephalus |

# 水頭症

● 精神神経学用語

脳脊髄液（脳全体を保護する液体）が貯まりすぎることにより、脳が圧迫を受けたり、頭蓋内の圧が高くなったりする状態。髄液が作られすぎたり吸収されにくかったり、あるいは流れが悪くなったりして起こる何らかの異常。髄液が貯まり、脳圧が高まって、脳室が正常より大きくなる。

小児水頭症の場合は、まだ頭骸骨は成長過程であり、脳室内が閉塞状態で、髄液が貯まって、頭蓋内の圧力が高くなって起きることがある（非交通性水頭症・閉塞性水頭症）。小児の場合は、自分で頭が痛い、苦しい、といった自覚症状を正しく言えないことがあるため、イライラしている、ちょっとしたことでも泣いてしまう、という行動となってしまう。

## ❶特徴的に表れるところ

・頭痛
・嘔吐
・脳圧が高くなり頭蓋骨が広がって頭（頭囲）が大きくなる。
・洛陽現象：黒目が下方にくるりと引っ張られ、いわゆる「白目をむく」状態になる。
・けいれん発作がある。
・ぐったりしている。
・イライラしたり、意識がボーッとしたり、すぐに泣いたりすることがある。

## ❷教室で見られる症状・症例

シャントのつまりによる頭痛、嘔吐など。
イライラしている、ボーッとしている、ぐったりしている。めそめそしている。

## ❸有効と言われる処方・支援等

シャント（短絡）手術によって、脳内から腹部へカテーテル（管）を通し、髄液を腹部に流すことでコントロールする。
適切な治療によって、日常生活に支障がない場合もあるが、カテーテルのつまりなどがないかを定期的に確認する必要がある。
シャントに脳髄液の量をコントロールする圧可変バルブを装着していることがあり、装置によって（医療機関で）バルブを調整することができる。
転倒などによる頭部への衝撃が懸念される場合は、ヘッドギアなどで頭部を保護する。

## ❹早期発見のポイント

連日のように、頭痛を訴える。
※頭が痛い、ということがはっきり言えないことが

あり、頭を押さえていたり、頭を軽く振っていたりすることがある。
白目をむいている。
頻繁に嘔吐する。顔色が悪い。
ほんのちょっとしたことで泣き出す。
頭の大きさが、（他の子に比べて、あるいは体形から見て）大きい。

## ❺医療につなげる観察記録の条件

頭痛、嘔吐、白目などの症状について、日時、継続時間、様子等を記録しておく。こうした症状があった場合の対応方法について、家庭、医療機関と取り決めをし、必要に応じて緊急搬送を行うなど、迅速な対応ができる体制をとっておく。

## ❻教室でやってはいけない対応

脳への衝撃や過度な刺激を与えること。ドッジボールでボールを頭にぶつける。強い磁力を近づける。
シャントが通っている頸部から腹部への圧迫。

## ❼その他

早期にシャント手術を受け、髄液が正しく流れていれば、普通に生活することができる。予後（疾病についての見通し）がよく、後遺症などもなく、正常な発達が見込まれる。
近年では出産前の検査で、先天性の水頭症について調べることもできるようになり、早期からの治療や対応について、産婦人科や小児科に相談が可能となっている。
ただし、他の疾病の合併や影響による水頭症の場合は、知的障害や身体の障害などに関連することがある。

## ❽相談窓口

・小児科、脳神経外科など医療機関
・保健所など保健機関

### 《参考文献》

・高松鶴吉・佐々木正美監修『保育者・教師のための障害児医学ケア相談辞典 1病名別・症状別にみる医学ケア』学研
・「水頭症.jp」http://www.suitoushou.jp
・東海大学医学部脳神経外科「絵で見る脳と神経の病気 水頭症」http://neurosurgery.med.u-tokai.ac.jp/edemiru/suitou/
・Neuroinfo Japan「脳神経外科疾患情報ページ 水頭症」https://square.umin.ac.jp/neuroinf/medical/601.html

【富山比呂志】

| 性別違和 | Gender Dysphoria

# 性別違和

● 精神神経学用語

　生まれたときのジェンダーに関して、それが自分にはふさわしいものではないとか、決定的な違和感を覚えているとか、自分が本当は反対のジェンダーであるとかいう、自覚や確信のこと。性別違和の人は、自然が重大な誤りをおかしてしまったせいで、自分の身体はどこかまちがったものであると感じている。

## ❶特徴的に表れるところ／診断への目安

　DSM-5の「性別違和」は、DSM-Ⅳの「性同一性障害」と非常に類似しており、両者を混同してしまいがちだが、「性別違和」は定義や性質が若干異なるものである。「性別違和」は、個人的な苦しみや、家庭環境の崩壊、社会的な困難の経験も含んでいる。周囲が本人に「理解」を示しているような、受容的な環境が用意されたとしても、その人がみずからの身体の特徴（性器や、第二次性徴に伴う身体的な変化）に著しい違和感を覚え、そのことで苦しんでいるのであれば、医学的に「性別違和」の診断が下される。

　診断につなげるためのポイントは、本人が「望まないジェンダー」について、苦痛や不快、著しい不一致を感じているかどうかである。

## ❷教室で見られる症状・症例

　男の子の場合。母親や姉の衣装を着用したがるだけでなく、女性用の下着や靴も身に付けたがる。マスカラ、チーク、口紅等の化粧品を試す。両親や教師が、その行動を禁止しようとすると、本人は落ち込んだ態度を見せ、数日間は不機嫌になる。

　この男の子は、自分は子どもが産めないことを悲しむ。自分のペニスを嫌悪し、衛生上必要なとき以外は触ろうともしない。「そもそもこれがここにあるのはまちがいだ」と主張する。また、自分が「普通ではない」と感じ、人から拒絶されたり、馬鹿にされたりするのをいやがり、いつも一人でいることを選ぶ。

　女の子の場合。幼少期のころから人形やままごと遊び、ぬいぐるみ等に関心を示さず、むしろ自動車や飛行機、剣・盾等の武器関係の玩具を好む。その上で、本人自身は女の子でありながら「ぼくは男の子だ！」と宣言したり、そうではないことをまわりの大人が教えようとすると、泣いて抗議したりする。

　思春期に至り、初潮を迎えると、本人はその事実を受け入れられず、何日も泣き崩れる。あるいは、自分の胸が膨らむのを嫌って、さらし等の布紐で胸部をぐるぐる巻きにしている。

## ❸支援の方法

　本人が精神的、社会的、身体的な苦痛を語るのであれば、その話を傾聴する。その場合、受容的、支持的、共感的な態度で理解につとめる。具体的には「○○がつらかったんだ」「○○がつらかったんだね」のように、相手の言葉をくり返す言い方をしながらきくといい。

　学校側の支援の仕方としては、文部科学省が「性同一性障害に係る児童生徒に対するきめ細かな対応の実施等について」（平成27年4月30日）で事例を紹介している。自認する性別の制服・衣服、体操着、水着等の着用を認めるとか、保健室・多目的トイレ等の利用を認めるとか、修学旅行の入浴時間をずらすとかであるが、そのような支援の仕方は可能であることを、本人に伝える。

## ❹医療につなげる観察記録の条件

　まずは、その人自身が「わたしは生まれたときのジェンダーではない、もう一方のジェンダーに属している！」という、一貫した（6カ月以上の）根強い確信を抱いているかどうかを確認する。

　その上で、本人が日常の何を嫌悪し、何に反感を抱くのか、あるいは逆に、日常のどのような場面で何を求め、どのような形で扱ってもらいたがったのか、具体的に記述しておく。

## ❺教室でやってはいけない対応

　普段から、性別違和や性同一性障害等の「性的マイノリティ」の可能性を考慮し、安易な発言・判断をつつしまなければならない。

　たとえば、ある男の子のしぐさが生まれながらのジェンダーにふさわしくないからといって、安易に「男の子らしくない」とか「男の子はそんなことはしない」といってはならない。服装や髪形、趣味、嗜好も同様である。ジェンダーにまつわることがらについて、一方的に否定してはならない。揶揄してもならない。あるいは、特定のジェンダーの役割を強制してもいけない。これらの点に注意を払いつづけることが、極めて重要である。

### 《参考文献》

・高橋三郎『DSM-5 スタディガイド』医学書院
・落合慈之監修・秋山剛編『精神神経疾患ビジュアルブック』学習研究社

【後藤隆一】

| 神経認知障害群 | Neurocognitive Disorders

# 神経認知障害群

● 精神神経学用語

　基本的には、老化を主要な原因とする脳機能障害の総称であり、一般的に「認知症」と呼ばれているものも含んでいる。ただし、神経認知障害は、老人に特有の疾病ではない。若年者が発症するケースもある。脳損傷や感染症、治療薬の副作用が原因となって、神経認知障害を発症するケースがあるのである。

## ❶特徴的に表れるところ／診断への目安

　神経認知障害群は主に、せん妄、軽度認知障害、認知症の3つに分けられる。

　**せん妄**とは、急性の脳機能障害である。注意力・集中力・判断力・記憶力が低下し、幻覚を見たり、妄想に憑りつかれたり、うわ言をいったりする。また、暴力を含む錯乱状態に陥ることもある。高齢者の認知症に似た症状ではあるが、せん妄は老化が原因というより、身体疾患や薬物中毒が原因で発症することのほうが多い。

　**軽度認知障害**と**認知症**は、慢性の脳機能障害。いずれも、その人の「以前の水準に比べて」注意力や実行機能、学習、記憶、言語、知覚―運動、社会的認知等の能力が低下する障害である。これらの症状がありながらも、日常生活に支障がない（具体的には、その人自身が自分で請求書を支払ったり、内服薬を管理したりすることができる）のであれば、「軽度認知障害」と診断される。一方、日常生活に支障が出るほど、症状が重症であれば、「認知症」と診断される。

　ただし、軽度認知障害も認知症も「病態をあらわす名前」であって、病因（血管性疾患、外傷性の脳損傷、物質・医薬品使用、HIV感染、プリオン病、パーキンソン病、アルツハイマー病、レビー小体病など）は様々にある。

## ❷教室で見られる症状・症例

　その人の「以前の水準に比べて」表情が乏しくなるとか、態度や感情の活発さが失われているとか、ぼんやりしているとかする。さらに加えるなら、今日が何月何日か途中で分からなくなるとか、何時何分か分からなくなるとか、会話の内容がかみ合わず、ちぐはぐなものになるなどの症状が表れる。記憶力、計算力、判断力が以前の水準に比べて、極端に低下しているというケースもある。これらの症状の様子が見られるときには「神経認知障害群」を疑う。

## ❸有効と言われる処方箋

　せん妄の治療薬で多いのが、抗精神病薬のハロペリドール（静脈内投与）、リスペリドン（経口投与）、クエチアピン（経口投与）などである。

　認知機能の阻害の原因が〈薬物〉という場合もあるので、薬物が原因と思われるときには、その薬物の投与を「中止する」という治療の仕方もある。

## ❹早期発見のポイント

　せん妄の症状を引き起こす代表的な物質としては、まずアルコールが挙げられるが、じつは治療薬の副作用として表れるケースもある。たとえば、つぎのようなものがこれに当たる。鎮痛薬、ステロイド、免疫抑制薬、インターフェロン（C型肝炎の治療薬）、ドーパミン作動薬、抗コリン薬、抗ヒスタミン薬（胃潰瘍薬など）、GABA受容体作動薬（睡眠薬など）。これらの薬の服用が、せん妄の誘因となるケースがあるのである。

　また、何らかの手術を受けたあとであるとか、やけど等の外傷を負ったときとかにも、せん妄の症状を引き起こすことがある。

## ❺医療につなげる観察記録の条件

　その人の「以前の水準と比べて」どうなのかという点をふまえて、具体的に記録する。重症度の指標となるのが、症状が表れた「期間」というケースもあるので、その点も記入する。

　また、せん妄の症状は日中には表れず、夕方や夜間に表れるというケースもよくあるので、症状が表れた「時間帯」を記録しておくことも、非常に大事である。

## ❻教室でやってはいけない対応

　せん妄の症状（殴る、蹴る、噛み付く等の暴力）が出ているときに、その暴力を強引に止めようとするのはよくない。余計に興奮したり、骨折したりすることがあるからである。そのようなケースでは、わたしたちのほうが一時的に距離を置く必要がある。

　医療の現場では、睡眠を中断させないとか、せん妄患者同士を同じ部屋にしないとか、突然の部屋移動を避けるとかのケアをしている。また、患者の部屋と看護師の部屋を近くにするなどの工夫もしている。

### 《参考文献》

・高橋三郎『DSM-5 スタディガイド』医学書院
・落合慈之監修・秋山剛編『精神神経疾患ビジュアルブック』学習研究社

【後藤隆一】

| パーソナリティ障害 | 人格障害 | Personality Disorder

# パーソナリティ障害

● 精神神経学用語

　パーソナリティ障害は、偏った考え方や行動パターンのため、家庭生活や社会生活、職業生活に支障をきたした状態である。DSM-Ⅳでは、「著しく偏った内的体験や行動の持続様式」とされている。だいたい青年期から成人早期にかけて、その傾向が見られるようになり、ある程度の持続性をもつもので、薬物や他の病気、ケガの影響でそのときだけ一過性に出現したものは除かれる。児童の段階では、パーソナリティの変化の余地が大きいため、通常18歳以上の年齢の人に用いる。

## ❶パーソナリティ障害のタイプ

　DSM-Ⅳ（精神疾患の診断・統計マニュアル）の分類では、パーソナリティ障害は大きく、A群、B群、C群の3つのグループに分けられ、さらに10のタイプに分類される。

・A群：風変わりな考え方や行動が特徴的なパーソナリティ障害である。その名の通り統合失調症とよく似た傾向が見られる。

①妄想性パーソナリティ障害
　疑い深い傾向があり、周囲の出来事や人の行動を自分に対して悪意があると解釈したりする。

②ジゾイドパーソナリティ障害
　社会への関わりが薄く感情を示すことがあまりない。

③統合失調型パーソナリティ障害
　人との関係を築くのが苦手であり、ものの捉え方や考え方が奇妙で現実離れしていることが多い。

・B群：感情が激しく不安定なタイプであり、移り気で行動も劇的なため、周囲の人が巻き込まれやすい。

④反社会性パーソナリティ障害
　倫理観や道徳観が薄く、問題行動を起こしやすい。

⑤境界性パーソナリティ障害
　周囲に依存し、周囲が抑えきれなくなると激しい反応を示すタイプである。

⑥演技性パーソナリティ障害
　自分が悲劇の主人公であると思いたがり、他人の注目を引くための行動を繰り返す。

⑦自己愛性パーソナリティ障害
　他人を思いやることが乏しく、自分を誇示し賞賛を集めることを求める。

・C群：不安が強いタイプのパーソナリティ障害であり、その他のパーソナリティ障害もこの群に含まれる。

⑧回避性パーソナリティ障害
　問題があった時に、立ち向かっていくのではなく避けてやり過ごすパターンを繰り返す。

⑨依存性パーソナリティ障害
　自分で何かを決めたり判断したりすることができず、いつでも決断を人任せにする。

⑩強迫性パーソナリティ障害
　完璧主義で自分のきまりや手順に固執する。

## ❷パーソナリティ障害と発達障害

　発達障害の原因が、遺伝や中枢神経の障害と考えられているのに対し、パーソナリティ障害の原因は、生来の性格や生育環境、社会背景や脳の障害など、複数の要因が複雑に関係していると考えられており、発達障害の二次障害として起こることもある。パーソナリティ障害は、一般的に思春期以降に発症するとされ、この点で幼児期から発症する発達障害とは大きな違いがある。しかし、生活の変化や思春期の低年齢化に伴い、パーソナリティ障害の診断を受ける年齢も下がってきている。学校では、様々な発達障害への対応に加え、パーソナリティ障害への理解も求められる状況になってきている。

## ❸パーソナリティ障害への対応の留意点

　パーソナリティ障害への対応は、とても難しいと考えられる。特に、まわりを巻き込んで振り回す特徴がある境界性パーソナリティ障害については、精神科の専門医でさえも対応に苦労することがある。パーソナリティ障害の相手に関わるときは、心の距離をとって冷静に対応するべきである。パーソナリティ障害についての知識を身に付けておくことも必要である。

## ❹相談できる医療機関

　パーソナリティ障害についての相談や受診は、「精神科」や「精神神経科」で行うことができる。個人医院では「メンタルクリニック」や「神経科」などの名称を使っていることが多い。地域の保健所や精神保健センターで相談することもできる。

### 《参考資料・文献》

・市橋秀夫『パーソナリティ障害のことがよくわかる本』講談社
・岡田尊司『パーソナリティ障害がわかる本』法研
・牛島定信『パーソナリティ障害とは何か』講談社現代新書

【牧山誠一】

| パラフィリア障害群 | 性的倒錯 | Paraphilic Disorders

# パラフィリア障害群

● 精神神経学用語

性的な満足を手に入れる方法の極端な偏り。正常な性的関心・性的嗜好を逸脱する、強烈で持続的（6カ月以上）な空想、衝動、または行動をする人が、そのことによって苦痛を感じたり、対人関係や法的領域で機能の障害が生じたり、あるいは同意していない人を巻き込んだりしている場合に、この障害の診断が適用される。

## ❶特徴的に表れるところ／診断への目安

パラフィリア障害の症例は、あまりにもその人のプライベートな領域に関わることであるため、その発見は困難を極める。たとえば、医療の現場においても、患者はパラフィリア的な空想、衝動、行動に関して、自ら話したがらないものである。また、法的問題が関係してくると、医師も守秘義務の限界というものがあり、そうなると、患者の一部は発言に躊躇してしまうのである。

刑事制度の精神鑑定で、ようやくその人の障害が疑われるケースもよくある。

ちなみに、パラフィリア障害は男性に多く、その半数以上が18歳以前に発症している。最も多く表れるのは15〜25歳で、その後は徐々に減少する。

## ❷症状・症例

DSM-5が詳細に記述しているのは、つぎの8つである。

(1)窃視障害

警戒していない人の入浴であるとか、衣服の着脱、または性行為をおこなっているのを見ることで、性的に興奮すること。

(2)露出障害

警戒していない人に対して、自分の性器を露出することで、性的に興奮すること。

(3)窃触障害

同意していない人に触れたり、身体の一部または全部をこすり付けたりすることで、性的に興奮すること。

(4)性的マゾヒズム障害

性行為中に辱められる、打たれる、縛られる、またはそれ以外の苦痛を受けることで、性的に興奮すること。

(5)性的サディズム障害

他者へ身体的苦痛を与えたり、心理的苦痛を与えたりすることによって、性的に興奮すること。

(6)小児性愛障害

思春期以前の子ども（通常13歳以下）を対象に、その子どもとの性行為を含む空想、衝動、または行動

によって、性的に興奮すること。

(7)フェティシズム障害

靴や下着、ゴム、プラスティック等の無生物に固執したり、性的対象者の生殖器以外の部位にこだわることで、性的に興奮すること。

(8)異性装障害

異性の服を身に付けることで、性的に興奮すること。

これらのほかには「他の特定されるパラフィリア障害」があり、先端切断性愛（acrotomophilia）、死体性愛、わいせつ電話、動物性愛等が含まれる。

## ❸有効と言われる処方箋

薬剤で性欲を抑制する治療が試みられることがあるが、効果は限定的である。認知行動療法は、学習された性的嗜好の偏りを壊し、社会に受け入れられる形に変化させることが目的となる。また、社会技能訓練、性教育、被害者への共感の構築などの方法もある。リラクゼーション法、刺激を避ける行動選択の学習などもある。

自助グループとして、セクサホーリクス・アノニマス（SA）を利用することもできる。

いずれにしても、治療の効果は良好とはいえず、いまだに多くの課題が残っている。

## ❹教室でやってはいけない対応

教育関係者が覚えておかなければならないのは、DSM-5では、「パラフィリア」と「パラフィリア障害」を明確に区別しているということである。

パラフィリアとは、フェティシズム（異性の靴や下着など、特定の無生物から性的刺激を得ること）や、服装倒錯（性的興奮を得るために、異性の衣服を着用すること）などの、行動を指す用語である。

パラフィリア障害は（DSM-5によれば）、パラフィリアが原因で生じる結果も加えている。結果とは、相手の同意がないにもかかわらず、性的衝動を実行に移してしまうとか、パラフィリアが原因で本人が苦痛を感じているとかである。

要するに、パラフィリアそのものは「障害」ではない。その人に特定の性的嗜好や傾向が見られるからといって、精神病理学的な「障害」とレッテルを貼るのは、自戒しなければならない。

### 《参考文献》

・高橋三郎『DSM-5 スタディガイド』医学書院
・落合慈之監修・秋山剛編『精神神経疾患ビジュアルブック』学習研究社

【後藤隆一】

| 吃音障害 | stammering symptom

# 吃音障害

●精神神経学用語

> 話し言葉がなめらかに出ないという、発話障害の1つ。ある言葉を話そうとするときに、①同じ音がくり返される、②音が引き伸ばされる、③言葉の出はじめで音が詰まる、この①〜③のうち、1つ以上の症状が見られるものを「吃音」という。

## ❶特徴的に表れるところ／診断への目安

たとえば「いぬ」といいたいのだが、同じ音がくり返されて「い、い、い、いぬ」（連発）のようになったり、音が引き伸ばされて「いーーーぬ」（伸発）となったり、あるいは発語で音が詰まって「……っいぬ」（難発）となったりする。

吃音障害は、連発・伸発・難発のうち、1つ以上が当てはまるものをいう。世界保健機関（WHO）による国際疾病分類第10改訂版（ICD-10）によれば、吃音障害は「通常小児期および青年期に発症する行動および情緒の障害」に分類されている。

## ❷教室で見られる症状・症例

連発・伸発・難発の症状は、たとえば人が焦っているときにも、一時的に表れるものである。このような、一時的に表れるものは「吃音」とはよばれない。あくまで、長期的・持続的に症状が表れるものを「吃音」という。

吃音障害は言語症状だけでなく、言語症状に伴って、様々な問題も併せ持っているものである。たとえば、連発・伸発・難発と同時に顔をゆがめるとか、同時に手を動かすとかする。また、自分が流暢に話せないことに不安を感じ、学級の友達と話すのを避けたり、学級集団に恐怖を抱いたりしているケースもよくある。

## ❸支援の方法

現在では、環境調整（言葉かけやかかわり方など、周囲の環境を調整する）をした上で、様々な治療プログラムをおこなうのがよしとされている。たとえば、リッカム・プログラムは、なめらかに話せたときに、そのことのよさを本人に伝えることで、吃音を減らしていくという行動療法である。発話モデリングは、なめらかに話すモデルを示す方法で、発話誘導は、課題の中で子どもがなめらかに話せたときに褒めることで、成功体験を積ませていく方法である。

小学校の言語障害特別支援学級（通称「ことばの教室」）には、言語聴覚士（ST）等の医療スタッフが配属されていることがある。吃音障害は、ことばの教室

の対象となるので、同学級を持つ学校に問い合わせれば、専門的な相談に乗ってもらうことができる。

## ❹早期発見のポイント

吃音の発症率は、人口の約5%、有症率は約1%といわれている。吃音のはじまりは2〜5歳で、幼児期の吃音は自然に治癒することもあるが、小学校入学以降の場合は治りにくくなるともいわれる。

幼児の場合、2語文以上の複雑な発話を開始する時期に吃音が起きやすいとされるので、早期発見のポイントはそのあたりからだろう。

## ❺医療につなげる観察記録の条件

吃音が起こったときの、連発・伸発・難発の記録だけでなく、症状を引き起こした言葉（「ぼく」とか「いぬ」とか「さる」とか）を書き込んでおく。特定の言葉が苦手な場合があるからである。

また、言語症状だけでなく、言語症状に伴う問題も併記しておくといい。ここでいう「言語症状に伴う問題」とは、学級集団内における友達の有無とか、吃音が起きやすい場面とかのことである。

## ❻教室でやってはいけない対応

日本国内においては、吃音は長らく「どもり」とよばれてきたが、近年においては、この「どもり」が差別用語・放送禁止用語に含まれており、公の場では使われなくなってきている。ゆえに、使用は控えるべきであろう。

また、意外に気をつけなければならないのが、たとえば「ゆっくりしゃべればいいんだよ」等の話し方へのアドヴァイスである。それをやると、相手は「吃音は悪いことなのだ」と思ってしまうからである。そうではなくて、「吃音が生じてしまっても、相手に伝わればいいのだ」と本人に思わせることが、非常に大事であるとされている。

## ❼相談窓口

・言語障害特別支援学級（通称「ことばの教室」）
・言語聴覚士（ST）のいる病院

## 《参考文献》

・『特別支援教育総論』放送大学教材
・「国立障害者リハビリテーションセンター」http://www.rehab.go.jp/index.html　　【後藤隆一】

| 選択性緘黙 | Selective Mutism

# 選択性緘黙

● 精神神経学用語

選択性緘黙とは、特に発声器官には問題なく、言葉を話したり理解したりする力があり、ある場面では自信をもって話すことができるが、話すことが求められるある場面では話せないことが続く状態である。DSM-5では、不安症／不安障害に分類される。

## ❶原因
　以前は反抗的で、わがままな子と受け取られていたが、現在は、内気で不安を抱えやすい子が多いことが調査研究される中で明らかになった。「不安」が極めて重要な要因になっている。

## ❷特徴的に表れるところ
　話しかけられると黙っているが、家庭では話しているということが多い。

## ❸教室で見られる症状、症例
・入園や入学をする時期に気付かれることが多い。
・話しかけられても黙っている。
・言葉は発しないが、うなずいたり、首を振ったりしてコミュニケーションをとる。
・言葉は発しないが、教室で着席したり、学習の場を移動したりすることは特に問題なくできる場合が多い。
・話しかけられても黙っていることが多いが、ときおり日常的な話題など話せることがある子もいる。

## ❹早期発見の重要性
　「自然に治るから大丈夫」と放置されると、不安を抱える環境の改善がなされず、よりストレスをため続けていき、緘黙が癖や習慣化してしまったり、不登校、学業不振につながったりする場合がある。気付いたら、早めに学校や保護者と情報を共有し、対応の仕方を相談することが必要である。

## ❺してはいけない対応
・話すようプレッシャーをかけ続けること。
・強要したり、脅したりすること。
・話さないことを責めたてること。
・周りを集め、人に注目させること。
　不安が極めて重要な要因である中、以上の行為は、不安を増幅することにつながりやすく、症状を悪化させやすい。

## ❻行動を改善するための方策
・集団の中での出来事なので、保護者が知る由もないということもあり得る。したがって、保護者に過度に受け取られないよう配慮しながら様子を正しく伝える。「なぜ、早く伝えてくれなかったのですか」

と後々困難になったケースもある。早めに情報を共有することで、不安を取り除き、対応や環境調整を相互で図ることができる。
・専門の機関に相談する。年齢や、その子どもの症状によって、行動療法、認知行動療法（CBT）、遊戯療法、精神分析療法などアプローチの仕方が違うものがある。

## ❼緘黙の子の思い
・分かっていてもなかなか言えない。
・質問することが怖い。
・郊外で行けない場所がある。
・家の外に出ると話しかけられるのが怖くなる。
・家族や親せきの中に話せない人がいる。
・伝えたい気持ちはあるが、伝えられない。

## ❽保護者の思い
・選択性緘黙を理解している人が本当に少ない。
・専門家や関係機関と頻繁に連絡を取らなければならず、ストレスが多い。
・周囲からなにかと批判されてしまう。
・周りの人たちになかなか理解が得られず、手助けがもらえない。
　選択性緘黙に対する周囲の理解が必要である。

## ❾意思を引き出す接し方
・ポジティブな態度で励ます話しかけを心がける。「何もしなくていいよ」ではなく、「安心できたらやってみようか」など。
・言葉にできない時には、「〜ということかな」と、子どもの気持ちに合う言葉を探す。
・紙や絵に書いて確認を取りながら気持ちの選択を図る。「どっちかな。指さしてみる？」「両方かな」と気持ちを量りながら意思を確認する。

## ❿相談場所
・市の福祉課、児童相談所、小児科、心療内科、心理クリニック（児童精神科医や心理士との相談）

## 《参考文献》
・かんもくネット『場面緘黙Q&A』学苑社
・ベニータ・レイ・スミス／アリス・スルーキン他　『場面緘黙 支援の最前線』学苑社

【河村要和】

| 防衛機制 | Defence Mechanism

# 防衛機制

● 精神神経学用語

適応機制とも言う。自分の欲求が満たされない、ストレスを感じている場合に、自分の心や体を守り自分自身が壊れてしまわないようにする、心（精神）のセキュリティシステム。

このシステムを超えたストレスがかかってしまうと、心身への影響が大きくなり、精神的な疾病や身体症状として表れてしまう。

精神分析を創始したジークムント・フロイトが最初に提唱した概念で、その後、娘であるアンナ・フロイトら精神分析家が発展させた。

## ❶防衛機制の種類

・抑圧：本音や嫌なことを心の奥に抑え込む、いわゆる「我慢」をしてしまうこと。

・反動形成：自分の感情と反対の行動をとること。例えば、好きな人に意地悪をする、嫌いだと言ったりする。

・退行：現在よりも未発達な段階へ逆戻りしてしまう、いわゆる「子ども返り・赤ちゃん返り」のこと。

・隔離：受け入れがたい感情や思考などを、自分の意識から切り離し、客観的に捉えようとすること。

・打ち消し：「やり直し」ともいう。罪悪感や恥ずかしさを、反対の行動や考えで打ち消そうとすること。いわゆる「償い」。例えば、非難した相手に後でご機嫌を取ろうとするなど。

・投影：自分の不安や不快な考え方を、他者が持っているように考えること。例えば、本当は自分がピーマンを嫌いなのに、友達がピーマンを嫌いだと言っていると、言いふらしたりすること。

・同一視：他人の行動などを自分のことのように感じることで、欲求を満たそうとする。例えば、タレントのファッションや口癖などをまねる。

・置き換え：自分の感情を他の対象にぶつけて解消しようとすること。いわゆる「ものに当たる・人に当たる」こと。

・合理化：自分の失敗や非を認めず、理由をつけて正当化する、いわゆる「言い訳」をすること。

・昇華：感情や衝動を、社会的に価値のある行動や活動に変化させること。例えば、もやもやした気持ちをスポーツに打ち込んで解消すること。

・攻撃：自分の感情や不安を、物や他者に対してぶつけたり、乱暴したりすること。物を壊す、他人への暴力やハラスメントだけではなく、自傷行為なども含まれると考えられる。

## ❷学校での指導に関して

同じ防衛機制を繰り返し使う（例えば、合理化としていつも言い訳をする、退行として甘えたりする）のは、ストレスがかかった時に行った行動・行為が、たまたま自分にとって効果があった（ストレスが低減できた）ことから、強化された結果と考えられる。

昇華のような、社会的に好ましい形でのストレス低減は他者が困るようなことはないが、攻撃、合理化、退行などは他者に迷惑をかけてしまうことがある。よってこれらがいつも繰り返されてしまうと、本人はストレス低減のために防衛機制を使ったはずなのに、他者から非難され、結局ストレスが低減できずに、さらに防衛機制を重ねて使う、しかも先ほどと同じ防衛機制を使うので、堂々巡りになってしまい、もっとストレスを強めてしまう結果になってしまうことがある。

根本的には、不安、ストレスから心身を守る行動、行為ととらえ、安心できる環境づくりや接し方で、不安やストレスを低減、解消へと導くことが大切である。そして、社会的に許容される他の防衛機制の行動や考え方を指導することが必要になる。

## ❸その他

防衛機制と心（脳・精神）の疾病・障害は密接な関係にある。防衛機制が守り切れないほどの耐え難い不安、ストレスは、不安障害やうつ病、PTSD、強迫神経症、解離性障害、統合失調症、行動障害、チック、睡眠障害、摂食障害……といった様々な心身症状として現れ、心と体をむしばんでいく。とくに子どもの時期の強い不安やストレスは、一生涯にわたって影響を及ぼす可能性もあり、長い人生のQOLを低下させてしまう要因にもなりうる。

だからこそ、学校での指導での、功体験や他者から認めてもらう体験の蓄積から、セルフエスティームを高め力強く生きていく力をつけていくことが極めて大切となる。

### 《参考文献・WEBサイト》
・氏原寛他編『心理臨床大辞典 改訂版』培風館
・日本神経学学会「脳科学辞典 防衛機制」https://bsd.neuroinf.jp/wiki/%E9%98%B2%E8%A1%9B%E6%A9%9F%E5%88%B6

【富山比呂志】

教室の子どもたちの障害―どんなことが考えられるか

| 愛着障害 | attachment disorder

# 愛着障害

● 精神神経学用語

愛着障害とは、母親やそのほかの養育者との愛着が何らかの理由で形成されず、情緒面や対人面に問題が起こる状態のことである。

従来、特殊な家庭環境で育った子どもの問題とされたが、近年は大人でも、その影響が大きいといわれる。

うつや不安障害、過食症などの要因の1つとされている。

ICD-10（世界保健機関の国際疾病分類）では、5歳までに発症するとし、反応性愛着障害（笑顔がない、無表情、他の子どもと接触しないなどの症状）」と脱抑制型愛着障害（誰にでも無差別に愛着行動を示したり、注意を引こうとして見境なく親しげな振舞いをしたりするなどの症状）に分けている。

## ❶愛着とは

愛着とは、主に乳幼児期の子どもと母親をはじめとする養育者との間で築かれる、心理的な結びつきのことで、専門用語でアタッチメントともいう。愛着は乳幼児が声をかけられるところ、抱っこされ、触れ合うところからすでに形成される。

## ❷愛着の必要性

・人への基本的信頼感が芽生える。乳児期の3か月を過ぎるころから、自分を養育してくれる人に愛着が形成され、6か月を過ぎるころから、明確に母親を意識していく。自分を養育してくれる人に甘えたり、触れたりすることで、相手を明確に意識し、人との信頼関係の基礎が築かれる。

・自己表現力やコミュニケーションの力を高める。愛着を形成した相手に自分の要求を何らかの形で表現し、それが受け入れられたり、うまく伝わらなかったりする中で、人とのやり取りが生じ、コミュニケーション力の基礎が築かれる。

・自己の生存と安全を確保する。不安や心配を感じたときに愛着を形成した相手に寄り添うことで、安心を得る。人といる安心感を培う。そこで拒否されたり、放置されることで愛着不全が起こる。

## ❸愛着障害の原因

・愛着が形成される前に養育者と死別、離別してしまった。（愛着形成の臨界期は1歳半までといわれる。）

・養育者から虐待を受けるなど、不適切な養育環境に置かれ続けた。

・養育者が子どもに対して最低限の世話はするもののまったく無関心であった。

・養育者のような立場の大人が頻繁に交代した。

・他の兄弟と明らかに差別されて育てられた。

## ❹発達障害との関係

乳幼児のうちから、触れられることを嫌がったり、目が合わなかったり、呼びかけに反応しなかったりするなど、成育の中で愛着を育み難い状態に置かれやすい。多くに愛着形成の不全が考えられる。

## ❺教室で見られる症状、症例

・回避型愛着の場合、友達や先生との関係が深まりにくい。

・不安型愛着の場合、過剰に友達に近づき、疎遠にされると執拗にしてしまうなどある。

・ストレスを自分に対する攻撃と受け止め、暴力や暴言になってしまう。

・ストレスが自分に向かうと、急に落ち込んで泣きはじめ、神経過敏に陥る場合もある。

## ❻早期発見・対応のため

「子どもとの愛着形成に不安がある」と思ったときは、精神科のある病院やクリニック、カウンセリングセンター、地域の子育て支援センター、児童相談所で一度相談することも必要となる。

## ❼行動を改善するための方策

・親族やかかりつけの医者、教師など、まわりの人々全体で親子を支援していく。

・低学年の場合、担任が子どもを膝に載せたり、抱いたりするなど愛着形成を助ける。（オキシトシン効果）

・教室の中でも、教師が笑顔、よい所を見つける、褒める指導を中心に据え、安全地帯を形成する。

・他者との愛着の回復を目指すことで問題行動の症状を改善するだけでなく人生も豊かにしていく。（愛着修復的アプローチ）

・重要な他者との関係回復にこだわらず、誰であれ、身近にいる存在の人が、臨時で、安全基地となることで安定化を図る。（愛着安定化アプローチ）

《参考文献》

・岡田尊司『愛着障害』光文社新書

・岡田尊司『愛着障害の克服』光文社新書

・ビビアン・プライア／ダーニヤ・グレイサー『愛着と愛着障害』北大路書房

【河村要和】

|発達障害の仕組み|脳の機能障害| Mechanism of developmental disorders

# 発達障害の仕組み

●ガイダンス

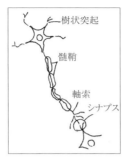

小脳には、1000億以上の神経細胞がある。（脳全体では千数百億といわれている）1つの神経細胞は数千個、数万個の他の神経細胞とつながっている。その神経細胞を伝わって、我々が外部から手に入れた情報が中枢部へと伝達される。

神経細胞は、互いにくっついているわけではなく、10万分の1～2mmの隙間がある。このつなぎ目のことを「シナプス」と呼ぶ。

このシナプスの間に、神経伝達物質という化学物質を放出し、次の神経細胞のレセプターが受け取ることで、情報が伝達される仕組みになっている。

### ❶脳の機能障害

発達障害の子どもたちは、何らかの理由により、神経伝達物質がシナプスの間に出にくい状態になっていたり、神経細胞が神経伝達物質を受け取りにくい状態になっていたりする。

そのため、脳の中枢部に情報が伝達されにくく、不適応行動が起こると言われている。

発達障害が「脳の機能障害」であると言われるのはそのためであり、わざとそのような行動をしているわけではない。

### ❷神経回路を増強する

子どもたちの行動は、脳の神経回路を増強することで変化する。

脳には、「報酬系神経回路」と「不安系神経回路」の二大神経回路が存在するという。
(1)報酬系神経回路－ドーパミン系の神経回路。ほめられたり、優しくされたりすると、報酬系の神経回路が増強される。
(2)不安系神経回路－ノルアドレナリン系の神経回路。怒鳴られたり、叱られたりすることが続くと、不安系の神経回路が増強される。

二大神経回路は、どちらも強くなるのではなく、どちらかが優位に働くことが分かっている。

報酬系の神経回路が増強され優位に働くと、発達障害の子どもたちの行動は改善される。

### ❸神経伝達物質

神経伝達物質には、主に次の4つがある。

(1)ドーパミン（集中力、やる気）
(2)セロトニン（癒し、安心）
(3)オキシトシン（幸せ、愛情）
(4)ノルアドレナリン（緊張）

ドーパミンが不足すると、動いたり、ちょっかいをかけたりするなど、ADHDの症状が出る。

セロトニンが不足すると、不安傾向が強くなり、ASDの症状が出る。

オキシトシンが不足すると、反応性愛着障害を引き起こしやすくなる。

ノルアドレナリンは、一時的に症状を抑えることができるが、使いすぎると脳が回復しにくい状態になるため、注意が必要である。

### ❹行動を改善するための方策

(1)薬剤の活用

シナプスの間の神経伝達物質を調整するために、薬剤を処方することがある。コンサータ、ストラテラなど、それぞれの特性に応じて、医者が処方する。薬を飲んだことによって、行動が改善したという報告も数多くある。

(2)大人の対応

教師や親など、周りにいる大人が彼らの行動に対し、怒鳴ったりせずに、「必要なことは教えてほめる」「笑顔で話しかける」などの対応をし続ければ、行動を改善することができるといわれている。

(3)食事の改善

脳の神経伝達物質を作る「アミノ酸」や脳のエネルギーとなる「ブドウ糖」、神経回路を走る電気を外に漏らさないための絶縁体となる「脂肪酸」などは、体内で作ることができない。脳を改善するためには、食事の改善が必須である。

①アミノ酸－バナナ、納豆、アーモンド、チーズ、卵黄、肉類、鰹節、たけのこ　など。
②ブドウ糖－ご飯、パン、イモ類、野菜、きのこ、海草、大豆、魚類　など。
③脂肪酸－不飽和脂肪酸のオメガ3がよい。青魚、エゴマ油、紫蘇油、亜麻仁油　など。

《参考文献》
・平山諭『満足脳にしてあげればだれもが育つ！』ほおずき書籍
・平山諭『満足脳を作るスキルブック』ほおずき書籍

【堀田和秀】

|神経伝達物質|化学物質| Neurotransmitters

# 神経伝達物質

●脳科学

**神経伝達物質を介して次の神経細胞へ**

前項で述べた通り、神経細胞はひとつながりにはなっておらず、電気信号として神経細胞を伝わってきた情報は、物理的なすき間のあるシナプスを渡ることができない。

そこで下図のように送り手の神経細胞から神経伝達物質という化学物質を放出し、次の神経細胞のレセプターが受け取ることで、情報が伝達される。このように情報は、電気信号と化学信号によって伝達される仕組みになっている。

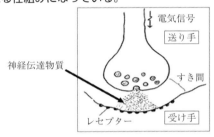

**❶神経伝達物質の種類**

神経伝達物質は、100種類以上が発見されている。その中で教育分野において注目されてきたのが、次の4つである。

(1)ドーパミン（英：Dopamine）

ドーパミンは、中枢神経系に存在する神経伝達物質。アドレナリン、ノルアドレナリンの前駆体。やる気・学習能力・注意力・集中力・行動抑制に関与する物質である。楽しいとき、ワクワクしたときに分泌される。運動、変化、スピード、強い刺激などで増える。

ドーパミンが分泌されると報酬系の神経回路が増強される。

授業中にドーパミンが不足すると、やる気が出なかったり、集中が続かなくなったりする。また立ち歩いたり、座っていても体の一部を動かしたりという行動につながることもある。

(2)セロトニン（英：Serotonin）

ドーパミン、ノルアドレナリン、オキシトシンと並ぶ、神経伝達物質である。脳の感情面などに大きな影響を及ぼし、癒しや安心感をもたらす。セロトニンが働くと、人間にとって心地のよい刺激となり、心を落ち着かせるなどの効果がある。

授業中にセロトニンが不足すると、イライラしたり、集中が続かなくなったりする。また、その結果として姿勢の崩れにつながる場合もある。

(3)オキシトシン（英：Oxytocin）

オキシトシンとは視床下部の室傍核と視索上核の神経分泌細胞で合成され、下垂体後葉から分泌されるホルモンであり、9個のアミノ酸からなるペプチドホルモンである。「幸せホルモン」、「愛情ホルモン」とも呼ばれ、ストレスを緩和し幸せな気分をもたらすホルモンとされている。

(4)ノルアドレナリン（英：Noradrenaline）

ノルアドレナリンとは緊張状態にあるとき分泌される神経伝達物質である。ストレスホルモンの一種で、緊張・不安・恐怖といった感情と深く結びついている。ストレスに反応して神経を興奮させる働きがあり、注意力・意欲・集中力を高めることができる。ノルアドレナリンはドーパミンが変化したものであり、ノルアドレナリンはアドレナリンに変化する。この3つの神経系は密接に関わり合っている。

ただ、ノルアドレナリンは不快物質なので増えすぎるとストレスになることもある。緊張を与えすぎると心を追い詰めてしまい、二次的な障害につながる恐れもある。

**❷神経伝達物質の知見を授業に活かす**

平山諭氏は、教師の良い対応、悪い対応を神経伝達物質とのかかわりを通して示している。それぞれの神経伝達物質を分泌するためのスキルを紹介する。（詳しくは、それぞれの神経伝達物質の頁を参照）

(1)ドーパミンの分泌を促すスキル

「立って読みましょう。」「3つ書けた人はノートを持って来ましょう。」といった指示など運動等を取り入れた対応などが知られている。

(2)セロトニンの分泌を促すスキル

「そうだね」「すごいね」「できるようになってきたね」とほめる、また握手するなど触るなどの対応が知られている。

(3)ノルアドレナリンの分泌を促すスキル

「○分で片づけましょう。」という指示や、そばに行くなど緊張感を与える等の対応が知られている。

(4)オキシトシンの分泌を促すスキル

上記のドーパミン系、セロトニン系、ノルアドレナリン系の対応。その中でも「撫でる」「手をつなぐ」「ハグをする」などの対応などが知られている。

《参考文献》
・池谷裕二『進化しすぎた脳』講談社
・平山諭『満足脳を作るスキルブック』ほおずき書籍

【浜田啓久】

|脳の障害の場所|前頭葉と扁桃体|Frontal lobe & Amygdala

# 脳の障害の場所

●脳科学

発達障害は、脳の機能障害である。
ADHD（注意欠如多動症）、ASD（自閉症スペクトラム障害）は、それぞれ脳の一部が未発達であるために引き起こされると言われている。

❶前頭葉の働き
　ADHDは、前頭葉の機能障害である。
　前頭葉とは、脳の中心溝よりも前にある広い領域のことを言う。一般的に、「おでこの裏側」あたりにあると言われている。

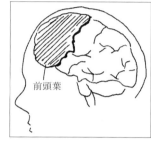

　前頭葉は、主に次のことを司っている。
(1)集中力（見る・聞く）
(2)抑制力（感情や行動を抑制する）
(3)計画力（見通し）
(4)創造力（工夫して創り出す）
(5)共感力（人を愛する）
(6)ワーキングメモリ（短期記憶）
(7)元気・意欲
　ADHDの場合、前頭葉の機能に問題があるため、集中力に欠けたり、感情が抑えられなくなり衝動的に殴ってしまったりする。
　また、ワーキングメモリが少ないため、暗算ができなかったり、黒板の文字が写せなかったりするなど、学習に支障が出ることもある。

❷扁桃体の働き
　ASDは、扁桃体の機能障害である。
　扁桃体は、側頭葉内側の奥にあり、大脳辺縁系の一部であると言われている。
　扁桃体は、主に次のことを司っている。
(1)「好き―嫌い」を決めてレッテルを貼る。
(2)「恐怖」や「不安」を感じる。
　ASDの場合、扁桃体の機能に問題があるため、「不安」を強く感じ、その不安を解消するために脳の防衛反応が働き、キレたり、パニックを起こしたりすると言われている。

　また、好き嫌いがはっきりしており、一度嫌いになるとレッテルが強く貼られるため、元に戻すためにかなりの時間を要する。
　担任教師との関係でいえば、好きになると1年間安定して過ごすことができるが、一度嫌いになってしまうと、1年間元に戻らないこともあるので、出会いの場面は入念に準備する必要がある。

❸前頭葉と扁桃体の機能低下の原因
　1960年代から1970年代にかけて、前頭葉と扁桃体の機能が低下したと言われている。
　原因は、次の3つではないかと言われている。
(1)食事の変化（食の欧米化による、アミノ酸の摂取低下と油の摂取過多）
(2)遊びの変化（テレビ、ビデオの普及によるイメージ力の低下）
(3)親の変化（両親の多忙化による、親子のかかわりの希薄化）
　前頭葉と扁桃体の機能の低下によって、発達障害の症状を引き起こしやすくなっているのである。

❹前頭葉と扁桃体を育てるスキル
　前頭葉と扁桃体は、大人の対応スキルによって育てることが可能であることが分かっている。
【前頭葉を育てる6つのスキル】
　(1)楽しませる
　(2)待たせる・我慢させる（ゲームは1日2時間など）
　(3)見通しを立てさせる（10分で終わる　など）
　(4)工夫をさせる
　(5)考えさせる（読書もイメージさせるのに効果的）
　(6)ドキドキさせる（時には、厳しい声かけも必要）
【扁桃体を育てる7つのスキル】
　(1)やさしくほほえむ
　(2)やさしく見つめる（ほほえむとセットで使う）
　(3)やさしく話しかける（名前を入れるとより効果的）
　(4)ほめる
　(5)子どもを触る（一、二年までは抱っこもよい）
　(6)太陽光線を浴びさせる
　(7)リズム運動をさせる

《参考文献》
・平山諭『親と教師のためのADHD・ASを変える環境対応法』麗澤大学出版会
・『第5回ADHD授業作りセミナー記録冊子』TOSS岡山サークルMAK作成

【堀田和秀】

| ドーパミン | 集中力・やる気ホルモン | Dopamine

# ドーパミン

●脳科学

ドーパミンは、中枢神経系に存在する神経伝達物質。アドレナリン、ノルアドレナリンの前駆体。やる気・学習能力・注意力・集中力・行動抑制に関与する物質である。楽しいとき、ワクワクしたときに分泌される。運動、変化、スピード、強い刺激などで増える。

ドーパミンが分泌されると報酬系の神経回路が増強される。

## ❶主な作用

快感を与える／意欲を向上させる／物事への執着を生む／動機付け／モチベーションアップ／学習能力・記憶力・集中力の向上／疲労感の減少／抗ストレス作用／運動機能の制御

## ❷不足すると起こる主な症状

ドーパミンが不足すると、物事への関心や意欲などが薄れやすくなり、何事にも無関心で無気力、うつっぽい症状が現れやすくなる。また、ワーキングメモリが働きにくくなり、動いたり、ちょっかいをかけたりするなどの症状が出る。ドーパミン不足になる大きな要因の1つに「ストレス」がある。

・ドーパミン不足の主な症状

抑うつ症状／意欲の減退／モチベーションの喪失／無気力・無関心／引きこもり／学習能力の低下／記憶力の低下／集中力の低下／行動力の低下／運動能力の低下／疲労を感じやすくなる／過眠／ストレスに弱くなる／依存症になりやすくなる

## ❸ドーパミンを増やす方法

平山諭氏によると、ドーパミンの分泌を促す方法として、次の5つを挙げている。

(1)運動を取り入れる

動きはドーパミン作動系神経を活性化する。動くことで脳が興奮し、集中力がアップするのである。授業にも運動（作業）を取り入れることで、児童が集中することができる。授業の始めは、1分間フラッシュカードや百玉そろばんのような短くテンポのよい活動から入る。声を出したり、そろばんの「カチッ」という音を聞いたりすることで一気に脳が活性化する。

漢字の学習であれば、空書き、指書き、なぞり書きをしながら、画数を声に出して数える。また、書けた子からドリルを教師のところに持っていくことも運動になる。手を挙げる、立って音読するといった活動も

もちろん運動である。授業の中で、児童を動かすための様々なパーツを用意しておくとよい。

(2)変化をつける

ドーパミン作動系は、「慣れ（脱感作）」現象が付きまとう。楽しい活動でも同じ内容を長時間続けていると飽きてしまうので、活動に変化をつける。百玉そろばんであれば、2とび、5とびと数え方を変えたり、一斉読みと個別読みなどパターンを変えて読ませる。音読であれば、全員読み、男女で交代読み、列ごとや一人ずつ読むというように様々なバリエーションを用意する。活動自体も5〜10分ぐらいのコマとパーツで構成し、メインの学習へと入るようにすると、脳が常にいきいきと動く状態を保持できる。

(3)高得点を与える

評価をつける際に、高得点を与えることでドーパミン濃度が増す。例えば、音読の場面で「この列は10点満点の9点。あともう少し背筋が伸びたら10点。もう1回挑戦する？」というように評価すると、必ず「やる！」と、10点満点を目指して意欲が向上する。最後は満点になるように評価するとよい。金メダルや花マルも効果的である。

(4)見通しを示す

数字は基準を作り、見通しが立ちやすくなる。見通しが立つということは安心感をもたらすことにもつながる。「大切なことを3つ言います」「あと2分で片づけができたら賢い」など、数字を使うことで計画的な行動がしやすくなる。

(5)目的を伝える

目的は到達点であり、何をめざすのか何ができればいいかを示すことで子どもの動機を高める。動機、やる気の高まりにはドーパミンが不可欠である。「今日は漢字を5個覚えます」「運動場をきれいにするために石を30個拾います」などが分かりやすい。

## ❹注意点

ドーパミンの過剰分泌は、行動抑制が効かない、依存症になるといった弊害をもたらす。過剰分泌を抑える作用があるセロトニンとのバランスが重要である。

## 《参考文献》

・平山諭『満足脳を作るスキルブック』ほおずき書籍

【堀田知恵】

| セロトニン | 癒し・安心ホルモン | Serotonin

# セロトニン

● 脳科学

ドーパミン、ノルアドレナリン、オキシトシンと並ぶ、神経伝達物質である。脳の感情面などに大きな影響を及ぼし、癒しや安心感をもたらす。セロトニンが働くと、人間にとって心地のよい刺激となり、心を落ち着かせるなどの効果がある。

## ❶主な作用

心を落ち着かせる／心地よい睡眠／痛みの軽減／よい姿勢の維持

## ❷不足すると起こる主な症状

不安／ちょっかい／パニック／こだわりの増強

## ❸セロトニンを増やす方法

セロトニンの分泌量を増やすための方法として、主に「太陽の光を浴びる」「一定のリズム運動」がある。

(1)太陽の光を浴びる

【学校生活】休み時間における外遊びの奨励。また、休み時間にはカーテンを開け、教室に太陽の光をたっぷりと注ぐ。

【家庭生活】起床時にカーテンを開け、太陽の光を部屋にたくさん取り入れる。短時間でも、散歩ができればより良い効果が期待できる。

(2)一定のリズム運動

【学校生活】体育でリズム運動を取り入れる。簡単にできる運動は朝の学習等で取り入れてもよい。教師の指示・発問・指名などをテンポよくすることで一定のリズムのある授業を作っていく。授業開始5分程度でフラッシュカードや百玉そろばんを用いた数唱などを取り入れることは、セロトニン神経の活性化を図り、安定した精神状態で課題に取り組ませるために効果が高いと考えられる。

【家庭生活】咀嚼や自転車に乗る、散歩なども一定のリズム運動となる。だから、食事をきちんと摂るようにする。また、出かける際は、車で送迎をするよりも、可能な範囲で自転車や徒歩を選択するとよい。

## ❹セロトニンを作る食べ物

セロトニン分泌のためには、必要な栄養素を含む食べ物を摂取しなければならない。例えば、乳製品や大豆製品、バナナ、卵などがある。

## ❺セロトニンの男女差

女性のセロトニン量は、一般的に男性の約52パーセントしかないと言われている。よって、不安傾向が高くなりがちであり、パタパタと走ったり、髪の毛を触っていたりという様子がよく見られる。そのため、男子より女子に対して意識的にセロトニンを促す関わりを増やす必要がある。

## ❻授業で使えるスキル

平山諭氏によると、次にあげる5つの方法でセロトニンの分泌を促すことができる。

(1)見つめる

やさしく見つめることで、安心感をもたせることができる。まばたきをすることで目を大きくし、やわらかな笑顔を作ることができる。

(2)ほほえむ

口を横に大きく開き、歯が少し見えるくらいがよい。5つのスキルの中で抜群に癒し効果が高い。笑うとは異なる。ニヤニヤ笑ったり、はははと高笑いしたりすると馬鹿にされたと感じる子もいるため、注意が必要である。

(3)話しかける

肯定的な声かけが前提である。名前を呼ぶ、問いかけるなど1日に1回は必ず全員に声をかけるとよい。「そうだね」「そうか」「そう」「そうそう」など「そ」のつく言葉は安心感をもたせることができる。

(4)ほめる

・力強く短い言葉でほめる
「いいね」「天才」「すごい」「よくやった」

・名前を呼んでほめる
「○○くん、がんばっているね」

・成長を感じさせられるようにほめる
「ここまでできるようになったね」

・事実をほめる
「教科書が出ているね」「読んでいる、読んでいる」

・期待の気持ちをこめてほめる
「○○してほしいな」「賢い人は○○できます」

(5)触る

握手が基本。その他、肩をトントンと触る、ハイタッチする、背中の中央部分に手のひらを置く、なでるなどがある。これは、教師の側にも幸福感が得られるため効果的なスキルである。

《参考文献》
・平山諭『満足脳を作るスキルブック』ほおずき書籍
・有田秀穂『脳からストレスを消す技術』サンマーク文庫

【原田はるか】

| オキシトシン | 幸せ、愛情ホルモン | Oxytocin

# オキシトシン

●脳科学

オキシトシンとは視床下部の室傍核と視索上核の神経分泌細胞で合成され、下垂体後葉から分泌されるホルモンであり、9個のアミノ酸からなるペプチドホルモンである。「幸せホルモン」、「愛情ホルモン」とも呼ばれ、ストレスを緩和し幸せな気分をもたらすホルモンとされている。

## ❶主な作用

不安が減る／社交性が増強される／鎮静作用／鎮痛作用／好奇心が強くなる／人との絆を形成する（警戒心を和らげる）／抗ストレス

## ❷不足すると起こる症状

不安が強くなる／社交性がなくなる／不信感が強くなる／攻撃的になる／警戒心が強くなる

## ❸分泌を促す状態

心地よい感覚刺激（タッチやマッサージ、だっこ、スキンシップなど）／良好な人間関係により「安らぎと結びつき」システムを活性化する活動（話す、一緒に過ごすなど）／食べ物による体の内側からの刺激（脂肪分の多いものがより分泌を促す）／心地よい運動刺激

## ❹授業で使えるスキル

(1)感覚刺激を使う

手のひらからの刺激は、特により多くのオキシトシンを分泌させる。不安傾向が強い子どもには、そっと後ろから背中に手を当てて、「トントン」とリズムよく優しく刺激を入れる。低学年であれば、教師が「だっこ」することで愛着形成が乏しい児童にとって効果は大きい。

子どもの手のひらを刺激する方法もよい。握手する、ハイタッチをする、手をつなぐなど、子ども自身の手のひらへの刺激を入れる。授業中であれば、「よくできたね。先生と握手しよう」というように握手する場面を教師が設定することもできる。ハイタッチも同じである。「すごい！」「やったね！」とハイタッチすることで分泌を促すことができる。体育の授業であれば、友達同士が触れ合える運動（ストレッチやおんぶなど）や、手が触れ合うような手遊びなどを取り入れるのもよい。音楽の授業であれば、リズム打ちをする際、手のひらを合わせながらやることもできるだろう。また「ゲームする前には必ず握手をする」というルール

を作ることで、自然に手と手が触れられるようにすることができる。

(2)話しかける

教師と子どもに信頼関係がある場合であれば、話しかけることでその効果は得られる。授業になる前に「今日も先生と頑張ろうね」と、ほんの数秒話をするだけで、落ち着く場合がある。さらに先ほどの感覚刺激と併用すると効果は高い。

背中を「トントン」とする際に、「よくがんばってる」「それでいいんだよ」「えらいなぁ」と声をかけながら触れる。低学年であれば「よくできたね」と頭をなでてもよい。

(3)ほほえむ

平山諭氏によると、話しかける際、怖い顔ではその効果は出ない。オキシトシンは母性のホルモンでもある。優しくほほえみながら話しかけたり、触れたりすることが重要である。

(4)運動を取り入れる

心地よい運動刺激を授業中に取り入れる。教師のリズムテンポに合わせて音読をするのも運動刺激である。読む場所によって立ったり座ったりすることも変化を取り入れながら音読できる運動である。またノートを教師に持ってこさせることで、歩く運動を取り入れ、「よし！」とほめてやれば効果は大きい。

## ❺注意点

気をつけたいのが感覚過敏の子どもがいるということである。ほんの少し触れただけでも「痛い」「叩かれた」と感じる子どももいる。背中をトントンとしたはずが、頭をなでたはずが、「先生に叩かれた」となってしまう。そうならないためにも、子どもがどの程度の感覚だと大丈夫なのかを知っておく必要がある。また、そうした子どもがいる場合は、友達同士での感覚刺激は難しい。握手でさえ「痛い。強く握られた」となってしまう場合があるからである。

いずれにしても子どもが心地よいと感じる感覚刺激を入れることが重要である。

## 《参考文献》

・平山諭『満足脳を作るスキルブック』ほおずき書籍
・シャスティン・ウヴネース・モベリ『オキシトシン 私たちのからだがつくる安らぎの物質』晶文社

【眞山和加子】

| ノルアドレナリン | 緊張ホルモン | Noradrenaline

# ノルアドレナリン

● 脳科学

　ノルアドレナリンとは緊張状態にあるとき分泌される神経伝達物質である。ストレスホルモンの一種で、緊張・不安・恐怖といった感情と深く結びついている。ストレスに反応して神経を興奮させる働きがあり、注意力・意欲・集中力を高める。

**❶主な作用**
・正の作用：集中力・判断力・意欲・作業効率の向上
・負の作用：恐怖感・攻撃性・不安・イライラ

**❷不足すると起こる主な症状**
　ノルアドレナリンが不足すると、授業に集中できなくなる。ぼーっとしたり、居眠りしたりする。また、失敗することに恐怖感を覚えるため、挙手をして発言することが少ない。学習意欲が低下し、注意力が散漫になりがちなため、成績が低下する傾向にある。
・精神的症状：無気力・無関心・作業効率の低下など
・身体的症状：めまい・立ちくらみ・眠気・貧血など

**❸ノルアドレナリンを増やす方法**
　緊張・不安・恐怖といったストレスを伴う感情を強いられたとき、ノルアドレナリン濃度が上昇する。また、タンパク質に含まれるアミノ酸からできているため、牛乳・大豆・赤身の魚を摂取することでも補給される。ノルアドレナリンの不足により多動症状がある場合、薬物療法として、アトモキセチンやミルナシプランが使われることもある。

**❹ノルアドレナリンを分泌させる5つの方法**
(1)時間を制限する
　「あと1分で書きなさい」というように時間を制限するスキルである。例えば、「3分で計算スキルをします」や「3つ数えるまでに並びなさい」というような場面で使うことができる。また、「最初に"あ"のつく言葉を見つけます。時間は1分」とし、見つけた数を競わせるとゲーム性が増し、楽しんで活動させることができる。
(2)指示する
　「整理整頓をしなさい」や「勉強の準備をしなさい」といった指示や命令をすることで、一定の緊張感をもたらす。しかし、一方的な指示を嫌う子どももいる。指示する際はにこやかに、明るい声で、はっきりと指示できるように心がけたい。また、教師と子どもが、指示する・指示されるだけの関係ではなく、日頃から信頼関係を築いておくことが大切である。
(3)指名する
　指名されると、何らかの発言や行動を求められるた

め、緊張しやすい。最も緊張させるのは個人を指名した場合である。前から順番に指名したり、ランダムに指名することもできる。また、子どもの理解度や内容の重要度によっては、「念のためもう一度」と同じ発問を繰り返して指名することで、自信を持てない子でも負担なく答えられ、さらに大切なことも覚えさせることができる。
(4)待たせる
　"我慢"や"待つ"という行為は子どもたちにとって典型的なストレスを与える行為である。我慢させるときはきっぱり「できません」と伝えることが必要である。しかし、抑制ばかりでは反発の原因になりかねない。例えば、「〜だからできません」とできない理由を伝えたり、「後でさせてあげるよ」と欲求を操作してやったりする。もちろん、約束は守らなければならない。そして我慢できたときに「よく我慢できたね」と目一杯ほめてやることが必要だ。
(5)そばに行く
　授業中、教師が子どもに近づくことで緊張感を与えることができる。授業は黒板の前ではなく、子どもたちの机の前である。そして、1時間に1度は必ず机間巡視を行いたい。机間巡視では瞬時に指導の方法を判断することが大切である。「さっとノートだけ確認する」「立ち止まって少しの間様子を見る」「"その調子"と声をかける」「頭にそっと触れる」「ヒントを与える」「赤鉛筆指導をする」などが考えられる。

**❺注意点**
　ノルアドレナリンの分泌が増えすぎると、神経がたかぶり、落ち着きがなくなったり、攻撃的になったりする。反応性愛着障害やPTSD（心的外傷後ストレス障害）などの場合はノルアドレナリン濃度が上昇しやすいため、キレやすくなったり、常に恐怖感を抱いたりするようになる。ノルアドレナリンの効果を上手く使うことができれば注意力や意欲を高めることができるが、使いすぎると強いストレスを与えてしまうため、注意が必要である。

**《参考文献》**
・杉山登志郎『発達障害の子どもたち』講談社現代新書
・平山諭『満足脳を作るスキルブック』ほおずき書籍
・平山諭『8歳で脳は決まる！子どもを救う父親の力』河出書房新社

【池田あゆみ】

# なぜ立ち歩くのか

●脳科学

> 脳には足りなくなった物質を増やそうとする自動機能（ホメオスタシス）があると考えられている。
> とりわけ脳の神経伝達物質ドーパミン量がシナプスで低下しがちな多動傾向の児童に見られる「授業中に立ち歩く」「しゃべりすぎる」などの多動行動は、脳の神経伝達物質ドーパミンを増やそうとする脳の守りであり、ほとんど無意識の状態である。「鼻がむずむずしてくしゃみが出る」「のどがイガイガして咳が出る」などと同様に、脳からの指示による行動ともいえる。

## ❶教師のNG対応

「動きたい」という無意識の行動に対する嫌味、否定、頻繁な叱責は、すべて教師のNG行動である。仮にこれらの対応で少しの間、多動行動がおさまることもあるが、それは脳からの「動け」という指示を必死に抑えている状態なのである。

例えば、授業中じっとしていることができない子を担任したことがある。叱ってその場は席に戻れても、また次の時間になると同じように動きまわった。叱ることでは、望ましい行動は一向に定着することはなかった。

また多動性の症状の行動は周囲に理解されにくい症状である。そのため上記のようなNG対応が増えると、心が追い詰められて卑屈になったり、強い反抗や強い攻撃性につながったりしやすくなる。

## ❷教師の良い対応

### (1)動ける時間の保障

「じっとしていることが苦手」という多動性の症状への理解があれば、「動ける時間を保障するしくみ」を授業の中に作ることである。例えば、「3問できた人は、ノートを持ってきなさい。」などという指示は、「体を動かす場面」を教師が意図的に作り出す環境調整ともいえる。

また「立って読む」「役割を与えて動く」など、教師の指示によって「動きたい」という無意識の欲求を満たすだけではなく、学級の中で特定児童の多動の行動が目立たなくすることにもつながる。

### (2)ドーパミン系ネットワークを強くする

多動行動が見られる子どもには、「楽しさ」を通して満足感を与えられるような対応をする必要がある。

これらの対応としては、平山諭氏の5つの対応、「運動を取り入れる」「変化を付ける」「高得点を与える」「見通しを示す」「目的を伝える」などでドーパミンのネットワークの働きを良くすることなどが挙げられる。（詳しくはP116『ドーパミン』参照）

上記の多動性に対する理解ある支援・環境づくりが、対象児童の成功体験を生まれやすくする。

### (3)どこまで許すのか

叱ることで望ましい行為が定着していくことはない。しかし、どこまでその行動を許せばよいのかということで悩んでいる教師は多い。小野隆行氏は、『喧嘩・荒れ　とっておきの学級トラブル対処法』（学芸みらい社）の中で、ADHDの児童を叱る基準を「他の子の学習権が侵害されるかどうか」としている。学習権の侵害とは、例えば次のような行動である。

①友達に暴力をふるう。
②友達に、ちょっかいを出して、邪魔をし続ける。
③大きな音を立てて動き回る。

上記のような行動を放置しておくと、他の子が追随し、クラスは荒れていく。

発達障害の子は、叱ってはいけないのではない。発達障害の子を叱る時は、「ルールに照らし合わせて叱る」ことが大切になる。

### (4)叱る時の原則

小野氏は、次の「叱る3原則」で対応することで多動性のある児童を核とした学級経営を成功させている。

1つ目は、「全体の前で叱る」である。このようにすることで、対象児童だけが叱られているようであっても、クラスに基準を示す作用が働く。

2つ目は、「短く叱る」である。対象児童が「すみませんでした」と謝ればすぐに許すことで、ちゃんと謝れば許してくれるというソーシャルスキルを身につけさせている。短い指導が、子どもが素直に謝れるためのポイントである。

3つ目は、「叱ったことは、その場で終わり」という教師側のスタンスである。このような切り替えができる教師を前にすると、子どもは素直に話を聞くようになっていくのである。

### 《参考文献》

・平山諭『満足脳を作るスキルブック』ほおずき書籍
・小野隆行『喧嘩・荒れ　とっておきの学級トラブル対処法』学芸みらい社

【浜田啓久】

| なぜ不安傾向が強いのか | セロトニン不足 | The reason that becomes uneasy

# なぜ不安傾向が強いのか

●脳科学

> 脳の神経伝達物質セロトニンが不足している、あるいは出にくい状態になると、人は不安になる。叱責する、注意、禁止、否定、姿勢保持などが過度になったり、虐待が行われたりすることにより、脳内のセロトニン作動系神経ネットワークの働きを低下させ、不安が強くなる。特にASD（自閉症スペクトラム）の場合、扁桃体の機能障害により、恐怖や不安をより強く感じてしまう。

## ❶不安が強くなるとどうなるか

不安が強くなると、そこから回避するための行動をとる。例えばチック、指吸い、爪かみが起こる。また授業中、ボーっと思いにふけっていたり、にやにやしたり、ぶつぶつ独り言を言ったりしていることがある。これらの行動は、自分の世界に入ることで脳を癒す防衛反応と考えられている。

さらに、姿勢を保持できなくなる、おどおどびくくしている（特に虐待されている場合）、人にちょっかいを出す、強い反抗、キレる、パニックを起こす、動物虐待などが起こる場合がある。

またASDの場合は、その強い不安感から「変らない安定感」を求め、それが「こだわり」に繋がっている。小嶋悠紀氏によるとASDの「こだわり」には3つあるという。安定感を求める「こだわり」、自分の興味優先の「こだわり」、ロックオン現象（曖昧な言葉や行動から意識が離れない）による「こだわり」の3つである。

このようなこだわり感が表れてくるのも不安が強くなっているということなのである。

## ❷教師のNG対応とは

NG対応とは、強い叱責、禁止、否定である。どんなに大変な場面であっても、教師は冷静に対応しなければならない。強い叱責をすることで、より一層その子の不安感を高めてしまうのである。

突然の変化も不安傾向の子どもにとっては、大きな問題となる。突然行事が入ってきたり、その日の朝になって、いきなり時間割を変えたりすることで、安定したものが失われ、強い不安となり、その行事に参加できなかったり、「次の時間は体育なんだ！」と変化を受け入れられず（こだわることで）本来やるべき授業に参加できなかったりする可能性が出てくる。

## ❸教師の良い対応とは

(1)セロトニン対応

不安傾向が強い子どもには、満足感や安心感を与え

られるような対応をする必要がある。平山諭氏の5つの対応、「見つめる」「ほほえむ」「話しかける」「さわる」「ほめる」をすることでセロトニンのネットワークの働きを良くすることである。（詳しくはP117『セロトニン』参照）

(2)それぞれの「こだわり」別対応

「こだわり」を緩和するための手立てとして、安定感を求めるタイプの場合、「認める→穏やかに制限をかける」という方法がある。

好きなキャラクターの人形がないと学習ができない児童がいた。その子から人形をほんの少し離れた位置に置き、「S君のことを見てるように座らせてもいいかな」と聞くと「うん」と納得して学習できた。次の時には「今度はここで見てることにしてもいいかな。」と、またほんの少し離れたところに置いた。本人が納得しながら少しずつ離していったところ、最後にはその人形がなくても学習できるようになった。こだわりが少し緩和した状態である。

自分の興味優先タイプのこだわりには「ルールの明確化→守ったときほめる」という方法をとる。「二年1組は今から算数をします」と教師が言っても、ずっとお絵かきをしてしまう場合がある。伝えておいて正しい行動ができたとき、しっかりとほめてあげることが大切である。今は何をするべき時かを伝え、できればほめるのである。ロックオン現象によるこだわりには「曖昧さの削除→具体的な言葉とほめ言葉」で緩和される場合がある。「教室をきれいにしましょう」と言われてもできないが、「ゴミを10個拾いましょう」ならできるのである。

## ❹その他の対応

こうした対応をしていても、その不安傾向がなかなか緩和されない場合もある。その場合は専門の医療機関に相談する必要がある。担任が一人で対応すると学校への不信感が出てしまう場合があるので、特別支援コーディネーターと共に連携が必要である。

### 《参考文献》

・平山諭他『ADHD症状を抑える授業力！』明治図書
・杉山登志郎『発達障害の子どもたち』講談社現代新書
・小嶋悠紀『小嶋悠紀アカデミー0からの特別支援教育入門講座』プレステージエイム

【眞山和加子】

| 虐待の影響 | 第四の発達障害 | Influence of the abuse

# 虐待の影響

●脳科学

> 「児童虐待」とは、保護者（親権を行う者、未成年後見人その他の者で、児童を現に監護する者をいう）が監護する児童（18歳に満たない者をいう）について行う次に掲げる行為をいう。
> 1　児童の身体に外傷が生じ、又は生じるおそれのある暴行を加えること。
> 2　児童にわいせつな行為をすること又は児童をしてわいせつな行為をさせること。
> 3　児童の心身の正常な発達を妨げるような著しい減食又は長時間の放置、保護者以外の同居人による前二号又は次号に掲げる行為と同様の行為の放置その他の保護者として監護を著しく怠ること。
> 4　児童に対する著しい暴言又は著しく拒絶的な対応、児童が同居する家庭における配偶者に対する暴力（配偶者（婚姻の届出をしていないが、事実上婚姻関係と同様の事情にある者を含む）その他の児童に著しい心理的外傷を与える言動を行うこと。

## ❶虐待の現状

　全国の児童相談所に寄せられた児童虐待相談件数は平成16年度で33,408件あり、統計を取り始めた平成2年度に比べて約30倍に増加している。内容別に見ると「身体的虐待」が最も多く、次いで「ネグレクト」、「心理的虐待」、「性的虐待」の順となっている。

　しかし実際には通報されていない虐待が相当数存在すると考えられており、虐待の早期発見・早期対応が課題となっている。

## ❷虐待は子どもの脳を変える

　虐待のような慢性的なトラウマを受けることで、子どもの脳は器質的、機能的な変化が引き起こされる。器質的変化とは脳の形や構造そのものに変化が生じることであり、機能的変化とは脳の働きに異常が生じることである。例えば被虐待児の脳は前頭前野および側頭葉の体積が減少している。前頭前野は脳の高度な働きを司る領域であり、その体積が減少すれば当人の思考や行動に重大な影響を及ぼす。

## ❸虐待と発達障害の複雑な関係

　もともと発達障害を有していなくても、虐待の影響で、以下のような発達障害と類似の症状が生じる場合がある。

(1)反応性愛着障害

　他者に対して無関心、又は無差別的に愛着を示してまとわりつく等。対人的社会的能力の欠落。

(2)解離性障害

　記憶がとぶ、複数の人格を持つようになる、フラッシュバック等。

(3)多動性行動障害（ADHD様症状）

　ハイテンションと抑うつが交互におとずれる、不器用、不注意、ちょっかい、キレやすい等。

(4)自閉症症状

　パニック、こだわりの強さ、接触を嫌う等。

　このようなことから、杉山登志郎氏は虐待を「第四の発達障害」と位置付けている。

　その一方で、育児の困難さから発達障害児への虐待につながるケースも少なくない。実際、被虐待児の中には発達障害の診断が可能な子が非常に多い。このように虐待と発達障害は複雑に絡み合っている。

## ❹虐待への対応

(1)早期発見

　学校は常に「虐待を見抜く視点」を持つ必要がある。以下の点に当てはまる児童生徒は要注意である。

　①何日も同じ服を着ている、服が汚れている
　②給食を異様なほどたくさん食べるが太らない
　③急に成績が下がった
　④無表情になった
　⑤行動が荒れてきた
　⑥いつも体にあざがある

(2)迅速な通告

　虐待が発覚した場合（または虐待が疑われる場合でも）、速やかに児童相談所等に通告する義務がある。児童相談所全国共通ダイヤルは「189」番で、電話すると近くの児童相談所につながる仕組みになっている。

(3)被虐待児の治療

　生活療法（安心して生活できる場の確保、愛着の再形成、学習の支援等）、薬物療法、心理療法、家族へのケア等の包括的なケアが必要である。

《参考文献》
・杉山登志郎『子ども虐待という第四の発達障害』学研教育出版
・杉山登志郎『子どもの発達障害と情緒障害』講談社
・杉山登志郎『発達障害の子どもたち』講談社
・杉山登志郎『発達障害のいま』講談社

【津田泰至】

| うつ病の仕組み | 抑うつ状態の長期化・重症 | Depression

# うつ病の仕組み

● 脳科学

うつ病とは、「憂鬱である」「気分が落ち込んでいる」といった抑うつ状態が長期間続くなど、重傷度が高いことをいう。日本での患者数は111万人で、年々増加傾向にある。（平成26年厚生労働省調べ）

原因は、環境によるストレスで、ノルアドレナリンやセロトニンなどの神経伝達物質が上手く働いていないことが挙げられているが、十分に実証されているわけではなく、解明されていない部分も多い。

40代〜50代に多い病気ではあるが、最近では「子どものうつ病」も増えている。

## ❶うつ病の症状
(1)自分で感じる症状

気分が重い／悲しい／不安である／好きなこともやりたくない／物事を悪い方へ考える／死にたくなる／眠れない
(2)周りが感じる症状

表情が暗い／涙もろい／反応が遅い／落ち着かない
(3)身体症状

食欲がない／体がだるい／疲れやすい／頭痛／肩こり／動悸／胃の不快感／便秘がち／めまい
(4)子どものうつ病の症状

落ち着きがない／意味のない行動を繰り返す／行動の速度が遅くなる／寡黙／毎日集中できない／成績が落ちる／食欲がない

## ❷うつ病の原因

原因は実証されていない。ストレスによる「①神経伝達物質セロトニン・ノルアドレナリンの不足」「②扁桃体の暴走」などが原因として挙げられる。

また、子どものうつ病を発症しやすい要因としては、次の4つが挙げられている（傳田健三ら、平成16年）。
(1)喪失体験

身近な人やペットの死、引っ越しなどで親友を失い、孤独を体験する
(2)不安感の蓄積

教師や親から否定的に見られる／失敗体験を数多く積んでいる
(3)怒りの抑圧

教師や親から納得いかないことで叱られる／我慢することが多い環境にいる
(4)不安定な養育環境

虐待を経験する／親の病気や単身赴任、引っ越しの繰り返しなどの環境の変化

## ❸うつ病の仕組み

うつ病は、ノルアドレナリンやセロトニンの不足により起こると言われている。しかし、ノルアドレナリンやセロトニンの血中濃度を増やす薬物が症状改善に効果的だっただけであり、科学的に実証されてはいない。

最近では、うつ病は「扁桃体の暴走」であるという学説も出てきている。メカニズムは、次の通りである。
(1)極度のストレス状態が続く
(2)抗ストレスホルモンであるコルチゾールが、過剰に分泌される
(3)コルチゾールが、脳の神経細胞を破壊する
(4)扁桃体のブレーキと言われる背外側前頭前野などが、制御できなくなる
(5)扁桃体が暴走し、不安傾向が強くなる（うつ状態）

## ❹うつ病の治療

治療法も確立されていないのが現状である。
厚生労働省では、次のような治療法を提唱している。
(1)環境を変える─患者の置かれている環境に大きなストレスがある場合は、患者と話し合った上で環境を調整したり、変えたりする。
(2)精神療法─性格的な問題があり、いろいろな場面でうまく対応できなかった患者の場合、カウンセリングを行ったりするなどの精神療法を行う。
(3)抗うつ薬療法─薬物を使うことに問題がない場合、抗うつ薬を処方することがある。セロトニン再取り込阻害薬（以下、SSRI）を用いることが多い。SSRIを服用すると、頭痛、下痢、嘔気などの副作用が出ることが多い。

## ❺子どもうつ病の治療

子どものうつ病は、"ストレスに強いか弱いか"が大きく関係している。ストレスに強い子どもに育てるためには、「自己肯定感を高めておく」ことが大切だと言われている。自己肯定感を高める方法として、次の2つが挙げられている。
(1)幼少期より、「ほめられる体験」「認められる体験」「愛され体験」「成功体験」をたくさん積むこと。
(2)幼少期・学童期において、「スキンシップ」をたくさん取っておくこと。

「幼少期・学童期」の体験が、子どもうつ病に大きな影響を及ぼすと言われている。

## 《参考HP》
・「大人とは少し違う？子どものうつ病とは」https://www.ishamachi.com/?p=9041
・NHKスペシャル「ここまで来た！うつ病治療」

【堀田和秀】

# 医療からのアプローチとは

●ガイダンス

特別支援教育を進めるには、医療からのアプローチが欠かせない。特に、子どもの障害の状態を把握したり、子どもの支援を考えていく上では、医療からのアプローチは欠かせないものである。

## ❶医療からのアプローチには、どのようなものがあるのか

特別支援教育を進めていくには、子どもの障害の状態がどのようなものであり、どのような特性があるのかを理解することが重要となる。そのため、医療からのアプローチは欠かせないものとなる。

実際に、学校現場では医療との連携が進められている。医療からのアプローチにどのようなものがあるのかを紹介する。

## ❷発達検査

医療からのアプローチで代表的なものは、発達検査と知能検査である。

発達検査は、子どもの心身の発達の度合いを調べる検査のことである。

検査結果から子どもの発達の特徴が分かったり、接し方のヒントを得たりすることができる。

代表的な発達検査に以下のものがある。

・新版K式発達検査
・乳幼児精神発達診断法
・日本版Bayley-III乳幼児発達検査
・ASQ-3
・ブラゼルトン新生児行動評価法
・日本版デンバー式発達スクリーニング検査

## ❸知能検査

発達検査と似た言葉に、知能検査がある。似ているがこの2つは全く異なるものである。知能検査は、物事の理解や、知識、課題を解決する力など、認知能力を測定する心理検査の1つである。知能検査では、知能指数（IQ）を使って指標とすることが多い。

IQは、多くの場合その年齢の平均的な知能の状態を100とし、100を超える数値は平均よりも優れていることを表すことが多い。

逆に100を下回る数値は、知能の発達が平均よりも下回っていることを表している。

代表的な知能検査に次のようなものがある。

・児童向けウェクスラー式知能検査（WISC）
・田中ビネー知能検査
・K－ABC心理・教育アセスメントバッテリー

## ❹発達検査・知能検査の活用

発達検査も知能検査も、障害の有無を判断したり診断したりすることに目的があるのではない。子どもの発達の状態や困難な状況に関する客観的な情報を得て、適切な指導の方向性を考えることが重要である。

発達検査や知能検査を適切に活用することによって、子どもの得意なことや苦手なこと、発達のバランスなどを知ることができる。

それにより、子どものつまずきの原因を把握したり、つまずきが起こらないような具体的な指導の工夫などを考えたりすることができる。

ただ、その活用には十分な配慮も必要である。

保護者によっては、発達検査や知能検査を受けることが障害の認知を強要されるように感じることもある。また、子どもに対しても配慮が必要である。ある程度の年齢になるまでは、安易に発達検査や知能検査の結果を子どもに話すことはないようにしたい。子どものプライドをひどく傷つけることが考えられるからである。保護者とよく相談をして活用していくことがとても重要になる。

## ❺代表的な医療機関

代表的な医療機関としては、次のような機関がある。

・小児科
・小児精神科
・児童精神科
・精神科
・精神神経科
・心療内科

また、発達検査・知能検査は、各都道府県の児童相談所や発達支援センターなどでも実施されていることが多い。現在では、多くの都道府県が診断等が可能な医療機関の一覧を作成している。「都道府県名　発達障害　医療機関」で検索してみるとよい。その都道府県にある様々な医療機関を知ることができる。

【畦田真介】

| 発達検査／知能検査 | Development Test

# 発達検査／知能検査

●アセスメント

> 発達検査とは、子どもの発達の度合いを調べる検査である。検査の結果から、子どもの発達の特徴が分かったり、指導の方向性を探ることができる。
> 知能検査とは、物事の理解や、知識、課題を解決する力など、認知能力を測定するものである。

## ❶発達検査とは

発達検査とは、子どもの発達の度合いを調べる検査である。発達検査は、発達障害の有無の診断を行う検査ではない。

発達障害の有無の診断は、生育歴や行動の観察、発達検査・知能検査などの結果などを合わせて、総合的に判断して行う。従って、発達検査の結果のみで発達障害だと診断されることはない。

## ❷代表的な発達検査

代表的な発達検査として、次のものがある。

- ・新版K式発達検査
- ・乳幼児精神発達診断法
- ・日本版Bayley-III乳幼児発達検査
- ・ASQ-3
- ・KIDS乳幼児発達スケール
- ・ブラゼルトン新生児行動評価法
- ・日本版デンバー式発達スクリーニング検査

## ❸発達検査の結果から何が分かるか

発達検査の結果から、子どもの発達の特徴が分かったり、指導のヒントを得たりすることができる。発達検査は様々種類が存在しており、その検査によって、分かることが異なるが、例えば、その子どもの発達が遅れているのか、それとも進んでいるのかということが分かる。

## ❹知能検査とは

知能検査とは、主に物事の理解、知識、課題を解決する力といった、認知能力を測定するための心理検査の1つである。

認知能力の発達を評価し、その子どもの得意なところや苦手なところを分析することができる。それによって、発達支援や学習指導の方向性を検討することができる。

## ❺代表的な知能検査

代表的な知能検査として、次のものがある。

- ・児童向けウェクスラー式知能検査（WISC）
- ・田中ビネー知能検査
- ・K－ABC心理・教育アセスメントバッテリー

検査の形態は、受検者と検査者の一対一で行う個別式知能検査と、就学時健診などで行われる、検査者一人でたくさんの人を検査する集団式知能検査の2つの形態がある。

## ❻知能検査の結果から何が分かるか

知能検査の多くは知能指数（IQ）を算出し、指標とする。知能検査によっても異なるが、多くの場合、100がその年齢の平均として使われる。そして、130以上は、極めて優秀、120〜129は優秀、110〜119は平均の上、90〜109は平均、80〜89は平均の下、70〜79はボーダーライン、70未満は知的障害と分類されることが多い。

ただ、これはあくまでも多くの場合であり、検査によって知能の考え方が異なったり、測定の方法が異なったりするため、一概には言えない。その検査が何を目的とした検査なのかをしっかりと理解し、検査結果を読んでいく必要がある。

また、知能検査は、目からの情報の入力の方が得意なのか、それとも耳からの情報の入力の方が得意なのかなどといった、その子どもの得意なところや苦手なところも知ることができる。そのため、検査結果から、子どもの得意なところや苦手なところを理解することができ、検査結果を指導に活用していくことができる。

## ❼発達検査や知能検査を受検するには

発達検査や知能検査は、公的病院や民間病院、精神科、児童発達支援センターなどで受検することができる。ただ、検査の受け方は病院によって違うため、病院に問い合わせることが重要である。

費用は、公的機関と民間機関で異なる。公的機関の場合は数千円程度（報告書を書いてもらう場合は別途料金が必要になることがある）、民間の機関の場合は、1〜2万円程度になる場合がある。

## ❽相談窓口

- ・各県の支援センター
- ・各県の児童相談所

### 《参考文献・HP》

- ・国立特別支援教育研究所HP　http://icedd.nise.go.jp/?page_id=1

【畦田真介】

| WISC-IV | 児童向けウェクスラー式知能検査 | Wechsler Intelligence Scale for Children－Fourth Edition

# WISC-IV

● アセスメント

WISC-IV＝児童向けウェクスラー式知能検査とは、5歳0カ月～16歳11カ月の子どもを対象にした、世界の多くの国で使われている代表的な知能検査である。全15の下位検査で構成されており、そのうちの10の検査を実施することで、5つの合成得点が算出され、その得点から子どもの知的発達の様子を把握することができる。

## ❶WISC-IVの歴史

WISC-IVは児童向けウェクスラー式知能検査の第4版となる。原版は平成15年に発刊され、日本版は平成22年に完成した。平成29年現在の最新版はWISC-Vだが、まだ日本版は完成していない。

## ❷検査の対象となる年齢

5歳0カ月～16歳11カ月

## ❸検査の内容

全15の検査（下位検査と呼ばれる）の内、10の基本検査と5つの補助検査（基本検査が正しく検査できなかった場合、基本検査の代わりに使用するために、必要に応じて行われる検査）を行う。検査は、言語理解指標（VCI）、知覚推理指標（PRI）、ワーキングメモリ指標（WMI）、処理速度指標（PSI）の4つのカテゴリーに分かれている。

どのような検査があり、それぞれがどのカテゴリーにあるのかは、以下の通りである。

(1)言語理解指標……言葉の理解や耳から入る情報をどれだけ理解しているかを表す指標
- 類似…共通の概念をもつ2つの言葉を口頭で示し、どのように類似しているかを答えさせる検査
- 単語……口頭で単語を示し、意味を答える検査
- 理解……日常的な問題の解決と社会的なルールについての質問をして口頭で答える検査
- 知識……補助検査。日常的な事柄や場所など、一般的な知識について質問をして、言葉で答える検査
- 語の推理……補助検査。いくつかのヒントをもとに、それらに共通する概念を答える検査

(2)知覚推理指標……目から入る情報をどれだけ理解しているかを表す指標
- 積木模様……積木を使って同じ模様を作る検査
- 絵の概念……共通の特徴のある絵を選ぶ検査
- 行列推理……一部分が空欄になっている絵を見て、当てはまるものを選ぶ検査
- 絵の完成……補助検査。絵の中の足りない部分を指さす検査

(3)ワーキングメモリ指標……聴覚的なワーキングメモリ（一時的な記憶）の量を表す指標
- 積木模様……積木を使って示された模様と同じ模様を作る検査
- 語音整列……数字と仮名の組み合わせを聞いて、数字は小さい方から順に、仮名は五十音順に並び替えて答える検査
- 算数……補助検査。算数の問題を紙や鉛筆を使わずに暗算で答える検査

(4)処理速度指標……目で見た情報を素早く処理する力を表す指標
- 符号……記号を書き写す検査
- 記号探し……記号がグループの中にあるかどうかを判断する検査
- 絵の末梢……様々な絵の中から特定の種類の絵を探して、線を引く検査

## ❹検査から何が分かるか

それぞれの検査の結果は、1～19の点数で表示され、10がその年齢での平均点となっており、高いほどその能力が優れていることを表している。

そして、それぞれの検査の結果を基に、言語理解、知覚推理、ワーキングメモリ、処理速度のそれぞれのカテゴリーの能力が40～160の点数で示される。100が平均を表しており、高いほど優れていることを表す。

また、全検査IQと呼ばれる全般的な知能を表す指標も示される。これも100が平均を表しており、100より高いほど優れていることを表す。

例えば、全検査IQ……103、言語理解……90、知覚推理……113、ワーキングメモリ……97、処理速度……113という結果の場合、全体的な知能は平均より上だが、言葉の理解がやや苦手で、耳から聞いたことを覚えるのもやや苦手、ただ目で見たことを理解することはとても得意なことが分かる。

## ❺相談窓口

・各県の支援センター

## 《参考文献・HP》

・『TOSS特別支援教育』誌 東京教育技術研究所
・日本文化科学社HP http://www.nichibun.co.jp/kobetsu/kensa/wisc4.html

【畦田真介】

| 新版K式 | 新版K式発達検査2001 | Kyoto Scale of Psychological Development 2001

# 新版K式

● アセスメント

> 新版K式発達検査は、乳幼児や児童の発達の遅れ
> や偏りを多面的に評価する発達検査である。

## ❶新版K式発達検査の歴史

　新版K式発達検査は、昭和26年に京都市児童院
（現・京都市児童福祉センター）で開発された発達検
査で、昭和58年に「新版K式発達検査増補版」、平成
13年に「新版K式発達検査2001」が発行されている。

## ❷検査の対象となる年齢

　新生児～成人までだが、国立特別支援教育総合研究
所HPには、「生後100日～満12～13歳頃までと考え
られている」と記載されている。

## ❸検査の内容

・検査とは言っても、いわゆるテストをするのではな
　く、用具や場面を設定して、対象になる子どもが
　どのような反応を示すのかを観察する。年齢ごと
　に、その年齢のほぼ半数の子どもができる行動がい
　くつか決められており、その行動をいくつできるか
　（「通過した」と呼ばれる）によって、発達の状況を
　判断する。

　　例えば、3歳の子どもが3歳で設定されている行
　動の半分以上の行動をすることができれば、その子
　どもは平均的な発達の状態であると判断できる。

・検査は、「姿勢・運動」、「認知・適応」、「言語・社
　会」の3領域で構成されており、「姿勢・運動」領
　域では、　例えば、「寝返り」や「頭をあげる」など
　の行動がある。「認知・適応」の領域では、「積木で
　塔をつくる」や「三角形の模写」などの行動がある。
　「言語・社会」領域では、「5以下の加算」や「短い
　文の復唱」などがある。通過した行動の項目には、
　プラス（＋）の記号が付けられ、できなかった行動
　（未通過の行動）には、マイナス（－）の記号が付
　けられる。3つの領域別に点数を計算して、全領域
　の得点も計算する。その4つの得点それぞれについ
　て、換算表を用いて発達年齢を換算する。さらに発
　達年齢と生活年齢を用いて発達指数を計算する。

・検査の所要時間は、30分程度である。

・検査用紙は、6枚（第1葉～第6葉）に分かれていて、
　それぞれの対象年齢は以下の通りである。

　　第1葉……0歳0カ月～0歳6カ月
　　第2葉……0歳6カ月～1歳
　　第3葉……1歳～3歳
　　第4葉……3歳～6歳6カ月
　　第5葉……6歳6カ月～14歳

　　第6葉……10歳0カ月超～成人

## ❹検査から何が分かるか

(1)新版K式発達検査は、発達の遅れや偏りを多面的に
　評価する発達検査であり、知的能力だけを評価する
　のではなく、社会性や身体の発達までを含めた広い
　範囲を評価するものである。つまり、この検査は発
　達状態を細かく分析するものではなく、精神発達の
　全体的な進みや遅れ、バランスなどの全体像をとら
　えるための検査である。従って、ADHDなどの発
　達障害を診断する検査ではない。

(2)「姿勢・運動」、「認知・適応」、「言語・社会」の3
　つの領域で、対象になる子どもの発達が何歳の段階
　なのかが分かる。また、全体として発達が何歳の段
　階にあるのかが分かる。

(3)また、それらの結果から、平均的な発達と比べてど
　のような状況にあるのかを数字に直した発達指数が
　示される。発達年齢と実際の年齢が同じであれば、
　発達指数は100になり、100を超える場合は、平均
　よりも上の発達を表し、100より下の場合は、平均
　よりも下の発達を表している。

(4)例えば、「姿勢・運動」が96、「認知・適応」が101、
　「言語・社会」が75、「全領域」が88であれば、「姿
　勢・運動」は若干平均よりも下の発達であり、「認
　知・適応」は、年齢よりも若干上の発達であり、
　「言語・社会」は、年齢よりも発達が大きく下回っ
　ていることを表している。そして、「全領域」では、
　総合すれば、その年齢の平均よりも発達が遅れてい
　ることが分かる。

(5)検査と検査の間隔は、1歳未満は1カ月以上、1歳～
　3歳未満は3カ月以上、3歳未満は6カ月以上、それ
　以降は1～2年以上あけることが望ましいとされて
　いる。

## ❺相談窓口

・各県の子育て支援センター
・各県の発達支援センター
・各県の児童相談所
・各県の保健センター　など

### 《参考文献・HP》

・国立特別支援教育総合研究所HP
　http://forum. nise.go.jp/soudan-db/htdocs/index.
　php?key=mudncwnlg-477

【畦田真介】

5 医療のアプローチ―どんなものがあるか

# 田中ビネー知能検査

●アセスメント

田中ビネー知能検査は、日本でよく用いられている知能検査の1つで、発達相談や教育相談、特別支援教育、医療相談など様々な分野で幅広く利用されている。

## ❶田中ビネー知能検査の歴史

田中ビネー知能検査は、フランスのビネーが開発してきた知能検査を基に、日本に合わせて内容を改訂した知能検査である。昭和22年に心理学者の田中寛一によって出版された。その後、昭和29年、昭和45年、昭和62年に改訂され、現在は平成17年に改訂された「田中ビネー知能検査Ⅴ」が最新である。また、「田中ビネー知能検査Ⅴ」を就学時健康診断用にした「就学児版田中ビネー知能検査Ⅴ」もある。

## ❷検査の対象となる年齢

生活年齢（実際の年齢）が2歳～成人までが対象となるが、精神年齢1歳以下の子どもの発達も捉えることができるようになっている。

## ❸検査の内容

・田中ビネー知能検査Ⅴは、「思考」「言語」「記憶」「数量」「知覚」などの問題で構成されている。精神年齢別に1歳級から13歳級までの問題、成人の問題があり、難易度別になっている。

例えば、次のような問題が出題される。

1歳級……チップ差し、犬探し、身体各部の指示、語彙（物）、積木つみ、名称による物の指示、簡単な指図に従う、3種類の型のはめこみ、用途による物の指示など。

6歳級……絵の不合理、曜日、ひし形模写、理解（問題場面への対応）、数の比較、打数数えなど。

13歳級……共通点、暗号、方角、積木の数、話の不合理、三段論法など。

成人級……抽象語、概念の共通点、文の構成、ことわざの解釈、概念の区別、積木の立体構成、マトリックス、語の記憶など。

・検査は、子どもの生活年齢と同じ年齢級の課題から検査を始めていき、1つもパスできない課題があった場合には、年齢級を下げて実施し、全課題をパスできる年齢級の下限を特定する。全課題をパスできた場合には、上の年齢級に進んで、上限を特定する。このような実施手順に従って、子どもの「精神年齢」を算出する。この「精神年齢」と子どもの「生活年齢」（実際の年齢）との比によって「知能指数」（IQ）を算出する。

・14歳以上の測定では、知能の領域が「結晶性」「流動性」「記憶」「論理推理」の4分野に分けられており、得意分野や不得意な分野を分析することができるようになっている。

## ❹検査から何が分かるか

(1)生活年齢が10歳で精神年齢も10歳であれば、IQは100となる。IQ100は、生活年齢に応じた知能をもつことを意味し、100以下であれば、生活年齢に達していないこと、逆に100より大きければ、知能の発達が早いことを示している。14歳以上では、原則として精神年齢は算出せず、上で述べた4つの領域に知能を分け、領域別の偏差知能指数（DIQ：Deviation Intelligence Quotient）と総合DIQを算出する。DIQも平均が100であり、100より高い数値は年齢よりも優れていることを表す。

(2)他の知能検査が「このテストで○点以上なら、IQが○○」というように作ってあるのに対し、田中ビネー知能検査は、「○歳の子どもなら～がほとんどできる」という観点で問題が構成されている。これを「年齢尺度」という。年齢尺度があるため、他の検査と違い、「平均的な子どもより遅れている」あるいは「進んでいる」という抽象的なことではなく、どのような面で問題があるのかが具体的にわかる。また、実生活で即した内容であるため、具体的にどのようなトレーニングをしたらよいのか、どのように対処したらよいのかを示唆してくれる。

例えば、左の6歳級のひし形模写の課題ができなくて、5歳級の三角形模写ができたとする。そのような場合、5歳程度の発達段階にあることや、ひし形をトレーニングすればよいことを教えてくれる。そのように、ただ発達が遅れているということだけでなく、より具体的なことを教えてくれる。

## ❺相談窓口

・各県の子育て支援センター
・各県の発達支援センター
・各県の児童相談所
・各県の保健センター　など

### 《参考文献・HP》

・国立特別支援教育総合研究所HP　http://forum.nise.go.jp/soudan-db/htdocs/index.php?key=mudncwnlg-477

【畦田真介】

| K-ABC 心理・教育アセスメントバッテリー | Kaufman Assessment Battery for Children

# K-ABC 心理・教育アセスメントバッテリー

●アセスメント

子どもの知的能力の部分を、「認知処理過程」と「知識・技能の習得度」の両面から評価して、得意な認知処理の様式を見つけることができる知能検査である。

検査で得た結果を、対象の子どもの指導・教育支援に活かすことを目的として実施されている。

## ❶K-ABCの歴史

K-ABCは、昭和58年、アメリカの心理学者であるカウフマン博士夫妻によって、米国版が開発された。その改訂版であるK-ABCⅡは、平成16年に刊行された。

日本版のK-ABCは、平成5年に標準化され、平成25年に日本版K-ABCⅡが刊行された。

日本版K-ABCⅡは、日本版のK-ABCを継承・発展させた心理・教育アセスメント手段である。認知尺度だけでなく、基礎学力を測定できる個別式習得尺度を備えている。

その利点として、

①カウフマンモデルおよびCHCモデルという2つの理論モデルに立脚している。

②認知処理を、継次処理と同時処理だけでなく、学習能力、計画能力の4つの能力から測定している。

③適応年齢の上限が18歳11カ月まで拡大された。

④行動観察チェックリストが下位検査ごとに設けられている。

等が挙げられる。

## ❷検査の対象となる年齢

2歳6カ月～18歳11カ月

・実施にかかる時間

認知尺度が約40～60分。習得尺度が約30～50分で実施できるように構成されている。それぞれを分けて実施したり、全体を2回に分けて実施することもできるようになっている。

WISC検査の実施時間である1時間半～2時間に対して比較的に短く、検査を分けて実施することもできる。小さな子どもでも、飽きずに検査を受けることができるようになっている。

検査結果の採点処理は、実施した検査者の手採点により採点される。

## ❸検査の結果と意味

得た検査結果は合計得点（粗点）という表現がされる。合計得点（粗点）は、各下位検査における合計得点であり、そのままでは解釈することはできない。

なぜなら、各下位検査の問題数が異なるからである。

そのため、単純に正答がいくつあったかや、合計得点（粗点）が何点かであったかだけで、その下位検査の成績の優劣を判断することはできないようになっているからである。

そこで、子どもが検査で得た合計得点（粗点）が、同年齢の集団の中でどのような位置づけになるか、またその点数はどのような意味を持つのかということを示すため、標準化サンプルをもとに変換を行う。

それが、「評価点」であり、「標準得点」という呼び名になっている。

「評価点」は、平均＝10、標準偏差（SD）＝3になるよう換算されている。

「標準得点」は、平均＝100、SD＝15となるように換算されている。

## ❹継次処理と同時処理の違い

K-ABCの検査の目的は、大きく言うと、子どもの認知処理過程が「継次処理」か「同時処理」のどちらなのかを診断することを目的としている。

そのことによって、子どもの得意な認知処理スタイルを知り、指導・支援に活かすことを目的とされる。

(1)継次処理タイプへの支援例：継次処理＞同時処理

段階的に教える「スモールステップ」や、部分から全体への方向性を踏まえた教え方が効果的である。順序性を踏まえた指導では、流れや順序を重視した指導や、聴覚的・言語的な支援を行うことが有効だとされている。

(2)同時処理タイプへの支援例：継次処理＜同時処理

全体を踏まえた指導で、中心となる部分を含む課題を初めから提示する。複数の刺激を一度に示し、刺激全体を捉えさせた後、細部へ移行することが有効だと言われている。

## ❺相談窓口

・各県の支援センター

・視覚発達支援センター

### 《参考文献・HP》

・日本版K-ABC-Ⅱ制作委員会（訳編）『日本版K-ABC-Ⅱマニュアル』丸善出版

・前川久男編『K-ABCアセスメントと指導—解釈の進め方と指導の実際　第6版』丸善メイツ

【片山陽介】

# 太田ステージ

●アセスメント

太田ステージは、認知発達の評価法として用いられる。提唱者に因んで太田ステージと命名されている。自閉症の特有な認知の特徴を踏まえた上で、ピアジェ等の発達理論を参考に設定した認知構造による発達段階を表す。発達段階は、低い方から順に、StageⅠ、Ⅱ、Ⅲ-1、Ⅲ-2、Ⅳの5段階に分けられる。

また段階別に分けるだけではなく、太田ステージ評価に基づいて治療教育を図る認知発達治療につなげる役割がある。

## ❶ステージ分けの方法

ステージⅠ・Ⅱ・Ⅲ-1・Ⅲ-2・Ⅳの段階に分ける基準は言語の理解の程度である。そのためにLDT-R（言語解読能力テスト改訂版）の課題を用いる。シンボル機能の発達を評価する検査である。シンボルとは、ものには名前があったり機能があったりするということである。

LDT-Rの検査では言葉で答えるのではなく、指差しや動作で問題に答える。問題の例としては「猫はどれですか？」という質問に対して、6つのイラストの中から猫のイラストを選ぶ。また他の物を選ぶ質問もある。ほかには用途（飲む・書くなど）や大きさ、多さなどの問題がある。LDT-Rにもレベルがあり、LDT-R1～6まである。決められた正答率によって、次の段階に進むようなシステムとなっている。例えばLDT-R1の正答が合格基準に満たない場合は、太田ステージではステージⅠとなる。

LDT-Rの実施にはイラストのカードや犬のミニチュア、ハサミ、箱などが必要である。これらのセットが「太田ステージ評価器具（LDT-R）」として販売され「心の発達研究所」で購入することができる。またイラストや質問は『認知発達治療の実践マニュアル』や『太田ステージによる自閉症療育の宝石箱』の巻末にも記載されている。

## ❷太田ステージによる発達段階

太田ステージは、子どもの発達段階を捉えやすくするために、いくつかの発達の節目を捉えて段階別にしたものである。

ステージの概要は以下の通りである。

StageⅠ-1：「シンボル機能がまだ認められていない
　　　　　　段階」
StageⅡ：「シンボル機能の芽生えの段階」
StageⅢ-1：「シンボル機能がはっきりと認められる
　　　　　　段階」
StageⅢ-2：「概念形成の芽生えの段階」
StageⅣ：「基本的な関係の概念が形成された段階」

ステージの、どの段階に子どもが属しているか理解することで、子どもにあった療育を行うことを目的としている。

## ❸ステージ別の認知発達治療

太田ステージではステージ別の課題を系統的にまとめられている。それを認知発達治療と呼んでいる。子どものステージが判定することができたならば、認知発達を少しでも克服したり、改善、代償したりするステージ別の認知発達治療を行う。認知発達治療は遊び、描画、コミュニケーションなどの領域の発達の促進もねらいの1つとしている。ただし、障害の根本治療を目的とはしていない。

各ステージにはそれぞれ療育目標がある。例えばステージⅠの目標の1つとして「人との愛着を高め、意欲を育てる」や「言葉をはじめとするシンボル機能の芽生えを促す」などがある。そして具体的な日常の関わりについて述べられている。関わりには、「模倣」「指差し」「スキンシップ」などシンボル機能、感覚の訓練など、遊びを取り入れながら、活動ができるようになっている。目標だけではなく、ステージ別でそれぞれ、子どもの特徴についても説明されている。対人関係、行動・興味・活動など。それに対応した関わりの留意点についても書かれている。

療育実践の進め方としては、ステージ別にある目標や、関わりを全て実践するのではなく、取り組みやすいもの、子どもの興味があるものから取り組むとされている。詳細な方法は、『太田ステージによる自閉症療育の宝石箱』や『自閉症治療の到達点 第2版』に詳しく記載されている。

### 《参考文献・HP》

・太田昌孝他『自閉症治療の到達点第2版』日本文化科学社
・太田昌孝他『認知発達治療の実践マニュアル　自閉症のStage別発達課題』日本文化科学社
・永井洋子他『太田ステージによる自閉症療育の宝石箱』日本文化科学社
・太田昌孝他『StageⅣの心の世界を追って−認知発達治療とその実践マニュアル（自閉症治療の到達点3）』日本文化科学社
・心の発達研究　http://www.kokorosci.org/p05.html

【出相洸一】

| 応用行動分析（ABA）| 行動の理由を機能的に理解する | Applied Behavior Analysis

# 応用行動分析（ABA）

●アセスメント

応用行動分析学の通称が「ABA」（Applied Behavior Analysis）である。「ABA」とは人間や動物がある行動をした時、なぜその行動を起こしたのかを理解することである。障害児療育の分野では、「ABA」の考え方を用いて問題行動を減らしたり適切な行動を増やしたりする働きかけをしている。「ABA」を使って療育を行うには、ABAの基本原理を知る必要がある。

## ❶ABAの歴史

ABA（応用行動分析学）は心理学の分野である行動分析学を土台にしている。行動分析学は米国の心理学者スキナー（1904-1990）によって創始された心理学の一体系。人や動物の行動を対象にした学問である。

## ❷ABAの概要

ABAでは、「子どもが怒った」「子どもが泣いた」「癇癪をおこした」などといった行動のみに焦点をあてるのではない。行動の前後から行動を理解することが大切である。そこで「ABCフレーム」という考え方が用いられている。

・ABCフレーム

「ABCフレーム」は行動について3段階に分けている。それは「A直前 → B行動 → C結果」である。直前「antecedent」の略として「A」、行動の直前に起きた出来事のことである。行動「behavior」の略として「B」。結果Consequenceの略として「C」、行動の後に起きた出来事のことである。例として「A おもちゃが欲しい → B 子どもが泣いた → C お母さんがおもちゃを買った」。

この「ABCフレーム」で行動を見ることから行動を理解することがはじまる。

## ❸ABAを用いた特別支援教育

(1)なぜ「ABCフレーム」で行動を理解する必要があるのか

その理由は、「A直前 → B行動 → C結果」には法則性があるからである。行動によって現れる結果を分析することによって、その行動が継続して起こるか、あまり起こらなくなるかを予測することができる。

(2)強化

行動の回数が増えたり強くなったりすることを「強化」という。なにかしらの行動が継続して起こっている場合、その行動は「強化」されていると言える。

人間の行動は、直後に「C結果」が現れると「強化」される。その「強化」の要因となった「C結果」のこ

とを好子という。

例えば、「A おもちゃ売り場 → B 子どもが泣いた → C お母さんがおもちゃを買った」。

子どもは泣いたらおもちゃを買ってくれるということを覚えて、毎回泣くという行動に出た。この場合、子どもが泣くという行動によって、お母さんがおもちゃを買ってくれた。「おもちゃを買う」という行動が好子となり、「泣く」行動が強化されたのである。ただし好き嫌いとは関係なく、行動が繰り返される結果のことを好子という。

行動が強化される要因はもう1つある。それは嫌子とよばれ、行動の直後に嫌子が消失すると、その行動は将来繰り返される。

例えば「目が見えない → メガネをかける → よく見える」。

目が見えないという嫌子が消失してメガネをかけるという行動が強化されている。

実際の場面では好子や嫌子などの問題行動を強化している原因を突き止めて、それをなくすことが対策となる。

(3)弱化

行動は継続されるばかりのものではない。今までしていた行動をしなくなるという場合もある。その行動をしなくなることを専門的には「弱化」という。行動の回数が減ったり、弱まったりすることである。

(4)消去

弱化に加えて、行動が減っていく「消去」というものがある。行動しても何も起こらず、行動をやめることを消去という。例えば「A おもちゃ売り場 → B 子どもが泣いた → C お母さんは無視をする」。

何も反応がなければ行動をやめるという原理である。

(5)まとめ

これまで述べた他にも多くの理論がABAにはある。この理論を応用して療育に生かし行動を変えていく。参考文献に示したようにABAの実践方法は様々な書籍に紹介されている。

## 《参考文献》

・シーラ・リッチマン『自閉症スペクトラムへのABA入門—親と教師のためのガイド』東京書籍
・『リサーチから現場へのシリーズ全8巻』学苑社
・三田地真実他『子育てに活かすABAハンドブック』日本文化科学社

【出相洸一】

| ICF-CY | 国際生活分類－児童版 | International Classification of Functioning, Disability and Health-Children and Youth Version |

# ICF-CY

●アセスメント

ICF-CYはICFの児童版である。ICF-CYは、児童に関わる様々な人が児童の健康と生活機能の特徴を記録し状態の把握や療育等利用するために作られている。「特別支援学校学習指導要領解説　自立活動編」より引用すると、「ICFでは、人間の生活機能は「心身機能・身体構造」「活動」「参加」の3つの要素で構成されており それらの生活機能に支障がある状態を「障害」ととらえている」とある。

## ❶ICF-CYの歴史

　国際的な障害に関する分類は、世界保健機関が、昭和55年に国際疾病分類の補助分類として定めた「WHO国際障害分類（ICIDH）」が最初であるが、その後、WHOによる改定作業が行われ、平成13年5月に「国際生活機能分類（ICF）」がICIDHの改定版としてWHO総会で採択された。

　ICFは、概要等で述べるが評価の観点に『環境因子』を加えた点である。その青少年版がICF-CYである。

## ❷ICF-CYの概要

　ICF-CYは、乳幼児、幼児期・少年期の特徴を記録するために、数字とアルファベットで細かく心身状態や環境等を分類できるようになっている。その分類は大きく「心身機能」「身体構造」「活動・参加」「環境因子」の4つに分けられている。さらにその分類を細分化できるような項目が設定されている。ICF-CYでは分類し、アルファベットと数字に置き換えることを「コード化」という。分類項目は『ICF-CY　国際生活分類－児童版』（厚生労働省大臣官房情報部編集）に記述され1600項目以上である。

## ❸ICF-CYを用いた特別支援教育

　ICF-CYはアルファベットと数字を用いるコード化システムを用いており、アルファベットは4つの分類項目の頭文字からきている。

b：心身機能（body の略）
s：身体構造（structure の略）
d：活動と参加（domain（生活領域）の略）
　※活動の場合は a、参加の場合は p
e：環境因子（environment の略）

　大きく4つの分類項目がある。そしてアルファベットの後に数字コードが続く。例えば心身機能 b（body の略）は以下のようになる。

b2　　　感覚機能と痛み　　（第1レベル 1桁 章番号）

b210　　視覚機能　　　　　（第2レベル 3桁）
b2102　視覚の質　　　　　（第3レベル 4桁）
b21021 コントラスト感度　（第4レベル 5桁）

　この数字コードは、心身機能について詳しい分類である。桁が増えるごとに細分化される。

　各コードそれぞれ、1あるいは2以上の評価点が用いられる。（XXXにはb210のような第二レベルの領域が入る。）以下は第1評価点と呼ばれている。

| | | |
|---|---|---|
| xxx.0 | 問題なし（なし、存在しない） | 0-4% |
| xxx.1 | 軽度の問題（わずかな、低い…） | 5-24% |
| xxx.2 | 中等度の問題（中程度の、かなりの…） | 25-49% |
| xxx.3 | 重度の問題（高度の、極度の…） | 50-95% |
| xxx.4 | 完全な問題（全くの…） | 96-100% |
| xxx.8 | 詳細不明 | |
| xxx.9 | 非該当 | |

　例えば「b7302.X」。Xの部分に評価の数字が記入される。例えば「b7302.1：身体の片側の筋力の軽度の機能障害」のように示すことができる。また第2、3評価点も存在し、構造障害の性質や構造障害の部位が評価される。

　コード化した情報を医療や教育などの様々な用途に利用できる。児童の障害についての共通理解や、プロフィールの記録にも利用でき、診断情報の明確化や介入計画等にも役立てることができる。

　ただし児童の障害の分類とコード化の作業は非常に複雑である。『ICF-CY　国際生活分類－児童版』に記載されているガイドラインやコード化のプロセスを参照することが望ましい。また同書には、ICF-CYの使用について研修を受けることを推奨するとしている。その他、利用やICF-CYの作成手順に関する入門書や活用法を記載した書籍等も様々ある。参考文献に記載するので参照していただきたい。

## 《参考文献》

・厚生労働省大臣官房情報部編『ICF-CY　国際生活分類－児童版』（ICF-CYの日本語訳）
・国立特別支援教育総合研究所『ICF及びICF-CYの活用』
・上田敏『ICF（国際生活機能分類）の理解と活用―人が「生きること」「生きることの困難（障害）」をどうとらえるか』

【出相洸一】

| 心の理論 | 他人の考えていることなどを類推し、理解する機能 | Theory of Mind

# 心の理論

● アセスメント

　「心の理論」とは他人の考えていることなどを類推し、理解する機能のことである。その基本概念はチンパンジーなどの動物の社会的知能の研究として始まった歴史がある。デイヴィッド・プレマックとガイ・ウッドルフの論文「チンパンジーは心の理論を持つか」("Does the Chimpanzee Have a "Theory of Mind") において、自己および他者の目的・意図・知識・信念・思考・概念・推測・ふり・好み等の内容が理解できるのであれば「心の理論」を持つと定義した。その後「心の研究」は、定型発達と保育・教育の研究だけではなく、自閉症などの非定型発達とその発達支援の研究、脳神経活動の研究などの多分野に発展してきた。現在「心の理論」の研究は第二世代となっている。

## ❶誤信念について

　様々な種類が研究され「心の理論」の研究の中で有名な課題である。よく知られた課題であるため、以下概要を解説する。

　誤信念課題とは、信念について被験者に質問をした時に誤った事実を答えないかを調べるテストである。その信念とは、心の中で思ったり考えたりしていることである。例えば、被験者に次のようなストーリーを話す。男の子マキシーは、チョコレートを赤の箱の中に入れた。その母親がマキシーの見ていないところで、チョコレートを緑の箱に入れた。以上のストーリーを話したのち、次の質問をする。「マキシーはチョコレートを取るためにどちらの箱を開けるか？」

　質問に正解するには、チョコレートが動いたという現実と、マキシーの信念の違いを理解する必要がある。この課題は、WimmerとPernerが提唱した不移動課題と呼ばれる。

　その他にBaron-Cohenらによって行われた「サリーとアンの課題」がある。前述した不移動課題のストーリーの要素は残したが、より単純な形式に修正した。また年齢の高い子どもに合うように変えている。この課題はサリーとアンと呼ばれる人形について質問をする課題である。この課題は、色によって判断されるため、比喩的に「心の理論」を調べるリトマス試験紙的な課題とも呼ばれている。

　実験の結果では、定型発達児は精神年齢が4歳を超えると正解した。それに対して自閉症スペクトラム児は、精神年齢が4歳を超えても誤答してしまうことが明らかになった。つまり自閉症スペクトラム児は他者の心を推察することができないことが明らかになった。

## ❷心の理論欠損仮説

　心の理論欠損仮説とは、自閉症スペクトラム児・者が相手とのやりとりやコミュニケーションをうまくできないことを説明した仮説である。誤信念課題を自閉症スペクトラム児・者は、4歳になってもなかなか正当することができないことから「心の理論」が欠損していると考えられ、この仮説が立てられた。

## ❸心の理論欠損仮説への批判

　自閉症スペクトラム児・者は9歳を過ぎると誤信念課題に正解できることが研究によって明らかにされた。このことから心の理論欠損仮説が否定されることになった。次の疑問としては、9歳まで誤信念課題に正解できないのはなぜかという問いが生まれた。その仮説に直感的心理化と命題的心理化がある。直観的心理化は、直観的に他人の心や行動を察することである。例えば、相手が不機嫌そうだと感じた場合、理論的に判断したわけではない。直観である。それに対して命題的心理化は、誤信念課題の答えを出すときに直観的ではなく理論的に答えを出すことである。

## ❹自動的処理

　意識せずとも、相手が笑顔になれば、自分も笑顔になるといった模倣や意識せずに他者の身になることを自動処理と呼ぶ研究がある。これは例えば赤ちゃんでも自動処理を行う。それは抱っこをしようとすれば自然と体を動かす動作である。このような自動処理が自閉症スペクトラム児は弱いという指摘がある。例えば視線が合いにくいことや、微笑みの返しが自然にできないことなど。ただし、周囲の環境によって自動処理を形成できる可能性もあるという研究もある。

## ❺最後に

　『心の理論』（新曜社）には、現在行われている研究についてまとめられている。「心の理論」の研究はこの先も進められていくことであり、子どもの養育、保育、教育、臨床などの活動に関わる人々にとって、「心の理論」の基本を理解していくことの重要性が述べられている。

### 《参考文献》
・子安増生・郷式徹編『心の理論　第2世代の研究へ』新曜社
・ピーター・ミッチェル『心の理論への招待』ミネルヴァ書房

【出相洸一】

医療のアプローチ—どんなものがあるか

| ADHD評価スケール | ADHDの診断方法 | ADHD-rating scale

# ADHD評価スケール

● アセスメント

ADHD-RSは世界共通の診断基準DSM-IVを基に、ADHDの診断のために開発された。DSMに記載されたADHDの診断基準に基づく18の質問項目で構成されている。ADHDの的確な診断・スクリーニング・重症度評価に役立つものである。DSM-IVに基づいているため、ADHD-RS-IVという表記の場合もある。また海外ではDSM-Vに準拠したADHD-RS-Vも存在するが、日本語訳が無いのが現状である。（平成29年現在）

## ❶ADHD-RSの概要

ADHD-RSは、家庭版と学校版の2種類それぞれ18問の質問項目がある。完了までの時間は約5分。親や教師が対象児童について回答する形式となっている。過去6ヶ月における子どもの学校や家庭での行動の頻度を最もよく表している項目を選ぶ。（対象となる子どもの親や教師が質問用紙に記入）項目は「ない、もしくはほどんどない・ときどきある・しばしばある・非常にしばしばある」の4項目である。

質問の項目としては、不注意項目と多動性および衝動性の項目がそれぞれ8問ある。例えば不注意に関連する行動の質問は、「学業において、綿密に注意することができない、または不注意な間違いをするか」などである。例えば多動性および衝動性に関連する行動の質問には「気が散りやすいか」などがある。

## ❷ADHD-RSの3つの活用

(1)ADHD-RSは、ADHDについて、より確実な診断を要する可能性のある子ども及び青少年のスクリーニングに秀でている。ADHDの可能性が示唆される症状の頻度と程度を判定することができる。スコアが算出されるので、ADHDのタイプを判断することができる。ただし、ADHD-RSのスコアのみでADHDを診断してはならないとされている。

(2)ADHDの症状の程度を同じ年齢及び性別の標準集団と比較することもできる。

(3)ADHDの衝動的行動に対する治療効果に関するデータを、スコアによって確認することができる。このスケールは、向精神薬の服用、心理・社会的な介入のどちらの効果にも高い感度を示す。そのため、このスケールが比較的簡単なスケールであることから、行動への介入、学業面への介入などの治療が、子どもの注意、衝動性、活動レベルなどに影響を与えたかどうかを判断するために、親や教師が毎日、あるいは毎週記入することが可能である。

## ❸実施方法と採点方法

ADHD-RSには家庭版と学校版があることを述べた。どちらも子どもの親または教師が個別に回答する形式となっている。回答者は、まず子どもの名前、年齢、学年、回答者の名前といった基本情報を記入する。次に、ADHD-RSに表記されている項目について最近6ヶ月の子どもの家庭（学校）での行動を最もよく表している番号を選ぶ。❶で述べた質問の偶数項目である不注意の項目の素点、奇数項目である多動性および衝動性の項目をそれぞれ小計する。質問全体の素点は、注意の項目、多動性および衝動性の項目の素点を合算したものになる。素点は、子どもの性別及び年齢に基づいて、スコア分析シートに該当するパーセンタイル値に換算する。男女別の分析シートに対応するパーセンタイル値が示されている。評価スケール（問題）と分析シートは『診断・対応のためのADHD-RS[DSM準拠]チェックリスト、標準値とその臨床的解釈』の巻末の付録として掲載されている。この本は、「ADHD Rating Scale-IV」を解説した本の翻訳である。ADHD-RSの詳しい内容や、評価方法、探索的因子分析、検証的因子分析の因子分析についても詳しく述べられている。

## ❹ 実施方法と採点方法

ADHD-RSは検証によってスクリーニング、診断、治療結果の尺度として使用されるための適切な心理測定学的特性を備えているとしている。またADHDの症状の教師の評価は、教室での行動観察及び子どもの学力と優位な相関関係があったことが明らかにされている。

## ❺ 臨床効果の評価について

様々な子どもに対する関わりや治療等に効果があったかどうかをどのように評価すべきか。治療前と後でどのくらいADHD-RSのスコアに変化があれば効果があったとみなすことができるのか。またADHD-RSによって判断できるのか。これらについて、判断可能であるとされている。またどのくらいのスコアが出れば有意性があるかについても詳しい算出方法が参考文献に書かれている。

## 《参考文献》

・『診断・対応のためのADHD-RS[DSM準拠]チェックリスト、標準値とその臨床的解釈』明石書店

【出相洸一】

| ASSQ | 高機能自閉症スペクトラムスクリーニング質問紙 | Autism Spectrum Screening Questionnaire

# ASSQ

● アセスメント

ASSQ＝「高機能自閉症スペクトラム・スクリーニング質問紙」の略（以下、ASSQ）で、チェックリストから高機能自閉症やアスペルガー症候群を診断する質問紙である。評価は対象児童の親や教師がする。質問紙での検査なので、簡単に実施できるスクリーニング・テストである。日本では大六氏（武蔵野大学）、林氏（加賀福祉園）、千住氏（東京大学）、東条氏（茨木大学）らがASSQの日本語版を作成している。

## ❶発祥

EhlersとGillbergらが1993年にスウェーデンの通常学級の疫学的調査で、自閉症スペクトラムを含む高機能自閉症をスクリーニングするための質問紙として開発された。

## ❷ASSQは確定診断の補助的ツールの１つ

このような増加の一途をたどる現状の中、研究・臨床のいずれの文脈においても、十分な精度で発達障害特性を評価しうるアセスメントツールが必要とされている。

ASD（自閉症スペクトラム）のアセスメントのやり方は大きく、「面接」「観察」「質問紙」の３つのツールに分類することができる。このうち、「面接」や「観察」によるツールは、専門家が対象者や保護者から直接的に情報を得ることができるが、個々の対象者や保護者に専門家が個別で検査を実施する必要がある上に、1回の実施に30分～2時間程度を要するため、実施のコストが大きいという側面もある。

したがって、臨床の文脈ではある程度ASDの可能性が疑われる対象者に対して、ASSQは、確定診断のための補助的なツールの1つとして使用されることが一般的である。

## ❸ASSQの特徴

ASSQの「質問紙」による形式のツールは、一度に多数の対象者に対して実施可能であり、所要時間も20分程度までと短いため、実施のコストが小さい。また、無償使用が可能となっている。

その一方で、必ずしも専門知識のない対象者本人、保護者、教師などが評定を行うため、面接・観察に比べ信頼性・妥当性がやや劣る面がある。したがって、臨床の文脈では、一般の人々を対象とした一次的なスクリーニング（ふるい分け）の目的で使用されること

が多い。

## ❹各項目について

自閉症に典型的に見られる「①社会性」、「②言語」、「③行動」、「④興味」の特徴の内容が反映されている。

例えば、以下のチェック項目がある。

(1)「社会性」11項目
・友達のそばにはいるが、一人で遊んでいる
・仲の良い友人がいない　等
(2)「言語」6項目
・含みのある言葉や嫌味を言われても分からず、言葉どおりに受け止めてしまうことがある
・独特な声で話すことがある　等
(3)「行動」5項目
・他の子どもは興味をもたないことに興味があり、『自分だけの知識世界』を持っている
・特定の物に執着がある　等
(4)「興味」5項目
・意図的でなく、顔や体を動かすことがある
・独特な表情をしていることがある　等

## ❺採点方法

各項目について対象者が当てはまるかどうかを問う27項目から構成されており、各項目について「いいえ：0点」「多少：1点」「はい：2点」の3段階で評定を求めていく。可能な得点範囲は0点～54点であり、得点が高いほど、ASD特性が顕著であることを意味している。

### 《参考文献・HP》

・伊藤大幸／松本かおり／髙柳伸哉／原田新／他『ASSQ日本語版の心理測定学的特性の検証と短縮版の開発』心理学研究
・大六一志／千住淳／林恵津子／東條吉邦／市川宏伸『自閉症スクリーニング質問紙（ASQ）日本語版の開発』国立特殊教育総合研究所分室一般研究報告
・酒井彩子／是枝喜代治／東條吉邦『高機能自閉症スペクトラム質問紙（ASSQ）』に関する検討』
・独立行政法人国立特別支援教育総合研究所　http://www.nise.go.jp/cms/

【永井貴憲】

| DCDQ | 発達性協調運動機能アセスメント | Developmental Coordination Disorder Questionnaire

# DCDQ

●アセスメント

DCDQ＝「発達性協調運動障害アセスメント」の略（以下、DCDQ）で、発達性協調運動障害（DCD）か否かをチェックする質的評価法である。

## ❶DCD（発達性協調運動障害）とは

「協調運動」とは、「手と手」「手と目」「足と目」「足と手」など個別の機能を一緒に動かす運動のことである。そして、「発達性協調運動障害（以下、DCD）」とは、その協調運動が不正確であったり、困難な症状がみられたりする障害のこと。例えば、「ボールを蹴る」「字を書く」「縄跳びをする」等の動作ができにくい傾向がある。

別名、「不器用症候群」とも呼ばれていた。

一般的に発症率は5%で男児が多い傾向がある。

## ❷発達段階別のDCDの特徴

(1)乳児期（0～1歳）

乳児期は協調運動を学んで覚えていく時期なので、苦手なことがあっても過度に心配する必要はない。

・離乳食を食べると、よくむせる
・寝返りがうてない
・ミルクや母乳の飲み込みが悪い　等

(2)幼児期（1～6歳）

幼児期になると運動能力の差も縮まってくるため、発達性協調運動障害の判断が乳児期よりも付きやすくなる。

・平らな道でもよく転ぶ
・転んだ時に手が出ない（顔から転ぶ）
・ボタンをはめれない　等

(3)学童期（6～12歳）

小学生になると学校や日常生活で、複雑な動作を求められることが増えてくるので、症状が顕著に現れる。

・文字がマスや行線から大きくはみ出す
・靴ひもが結べない
・定規を使っても、まっすぐ線が引けない　等

## ❸DCDQの対象と項目数

DCDQは、5～15歳を対象とし、日常動作に関係する15項目を回答する。

## ❹DCDQの具体的な項目

15項目を「A動作における身体統制」「B微細運動」「C全般的協応性」の3領域に分けてある。

(1)A動作における身体統制

「1ボールを投げる」「2ボールを捕る」「3ボールなどを打つ」「4ひもなどを跳び越える」「5走る」「6考えて動く」の6項目で構成される。

(2)B微細運動

「1速く書く」「2正確に書く」「3努力やプレッシャー（を感じやすい）」「4（はさみなどを使って）切る」の4項目で構成される。

(3)C全般的協応性

「1スポーツを好む」「2新しいスキルを学習する」「3より素早く有能にできる」「4店で商品などを乱暴に扱う」「5疲れやすい」の5項目で構成される。

## ❺回答方法と評価

回答は、「1（全く困難はみられない）～5（非常に多く困難がみられる）」の5段階で得点が設定されている。得点が高いほど困難が高くDCDが疑われることを意味しており、得点幅は最低が15、最高が75点となる。なお幼児期に相当する5～7歳児においては、46点以下は要観察、47点以上だと困難と評価される。

## ❻診断とトレーニング方法

DCDの治療や検査は、「保健センター」「児童相談所」「子育て支援センター」「発達障害者支援センター」「小児神経科」などで診断している。

家庭でのトレーニング方法として以下の内容が挙げられる。

・ブランコ、トランポリン遊びをさせる
・バランスボールで感覚を育てる
・折り紙やお絵かきで微細運動をする　等

いずれにしても「早期発見・治療」が望ましい。

## ❼長所

DCDQの記入は一人あたり2～3分程度であり、長くても10分もかからない程度である。これは、他の検査よりも簡便さに優れていると考えられる。これは項目数の少なさだけでなく、設定された質問項目が日常生活をイメージしやすいように考えられたDCDQの長所である。

その意味では、DCDQがDCDのスクリーニングとして機能する可能性は十分に認められると考えられる。

## ❽相談窓口

・各県の保健センター
・児童相談所
・子育て支援センター
・発達障害者支援センター

《参考文献》

・増田貴人『幼児期における発達性協調運動障害に関する 質的評価の試行的検討』

【永井貴憲】

| ローゼンバーグ自尊感情尺度（RSES） | Rosenberg self-esteem scale

# ローゼンバーグ自尊感情尺度（RSES）

● アセスメント

ローゼンバーグ自尊感情尺度（Rosenberg self-esteem scale：以下、RSES）とは、ローゼンバーグ（Rosenberg）が作成した自尊感情（self-esteem）を測る尺度（scale）のことである（1965）。

ローゼンバーグの自尊感情尺度は「自己に対する肯定的、あるいは否定的な態度」と定義されている。自分はこれでよいと感じる自己受容の自尊感情を測定する尺度として作成した。この尺度は10項目から構成されているため、測定も簡便である。

## ❶自尊感情とは

「自尊感情」とは、「自分には価値があり、尊敬されるべき人間であると思える感情のこと」である。心理学用語Self Esteemの訳語として定着した概念である。

## ❷ローゼンバーグの自尊感情の2つの異なった側面

ローゼンバーグは自尊感情について、2つの異なる意味について述べている。

1つ目は自分を「とてもよい（very good）」と考えるもの、2つ目は自分を「これでよい（good enough）」と考えるものである。

前者は完全性や優越性を含む感覚であり、他者との比較関係を基にした「優劣」を基準に置いている考え方であると説明している。

それに対して後者は、自分なりの満足を感じる感覚であり、自分の中の価値基準をベースとして自分を受容する考え方であり、そこには他者と自分との比較による優劣という意識は含まれてこないと述べている。

## ❸自尊感情尺度の各項目

本書では「Mimura & Griffiths（2007）」の尺度の項目を紹介する。

1　私は、自分自身にだいたい満足している。
2　時々、まったくダメだと思うことがある。※
3　けっこう、長所があると感じている。
4　ほかの大半の人と同じくらい物事をこなせる。
5　誇れるものが大してないと感じる。※
6　時々、役に立たないと強く感じることがある。※
7　少なくとも他の人と同じくらい価値のある人間だと感じている。
8　自分のことをもう少し尊敬できたらいいと思う。
9　よく、私は落ちこぼれだと思ってしまう。※

10　私は、自分のことを前向きに考えている。
※は逆転項目

## ❹調査方法

10項目からなる自己記入式尺度である。回答者は、「1＝強くそう思わない」「2＝そう思わない」「3＝そう思う」「4＝強くそう思う」の4段階（4件法）で評価を行う。得点が高ければ高いほど、自尊心が高いことを示す。

## ❺日本は自尊感情が低い

内閣府による『平成25年度 我が国と諸外国の若者の意識に関する調査』では、自尊感情が軒並み諸外国よりも低い傾向があるという調査結果が出た。

## ❻自己有用感も大切

文部科学省による『「自尊感情」？ それとも、「自己有用感」？』（平成27年）では自尊感情よりも自己有用感が大切であると述べている。「自己有用感」とは、「他人の役に立った、他人に喜んでもらえた、……」等、相手の存在なしには生まれてこない点で、「自尊感情」や「自己肯定感」等の語とは異なる。

## ❼日本版作成の問題点

日本では多くの翻訳版があり、その項目表現の違いによって結果に影響を与えているという問題がある。

さらに、質問項目の訳が同じであっても、選択肢の数が異なっている場合もある。4件法を用いている物から7件法を用いているものまでが存在しており、質問文が同じであっても回答のカテゴリーが異なっており、測定結果に大きな影響を与えているようだ。

ちなみに海外では4件法が多く使われている。

また、表現項目についても、最もポジティブな表現だけでも「当てはまる（18件）」「非常に当てはまる（8件）」「かなり当てはまる（4件）」「非常によく当てはまる（3件）」など多くの表現が用いられていて、一致していないことが問題となっている。

### 《参考文献》
・『Mimura & Griffiths　日本語版RSES』
・『平成25年度 我が国と諸外国の若者の意識に関する調査』
・『「自尊感情」？ それとも、「自己有用感」？』

【永井貴憲】

| SP感覚プロファイル | 日本版感覚プロファイル | Sensory Profile

# SP感覚プロファイル（SP-J）

●アセスメント

SP-Jとは、Sensory Profile（感覚プロファイル）の日本版であり、「日本版の感覚プロファイル」の質問票の検査である。

感覚の過敏さや過鈍さといった問題について、複数の感覚領域にわたり包括的に把握することができる。

## ❶発達障害の身体的問題に考慮すること

発達障害児の身体的な問題は、国際的な診断基準において自閉症スペクトラム障害（ASD）や学習障害などの本質的な特徴としては記述されていなかった。

だが、多くの発達障害児が感覚や運動能力の特異さによる困り感をもつことが多いようだ。

例えば、発達障害の95％は、知的能力にかかわらず聴覚過敏、触覚過敏、偏食のいずれかをもつと言われる。また、ASD児の71％に聴覚過敏、52％に触覚過敏、41％に嗅覚過敏があると報告されている。このような感覚情報処理の問題が発達障害全般に存在する可能性がある。そのため支援に際しては、診断基準である発達障害特性に加え、身体的な問題も考慮することが重要と考えられる。

そのような背景から、最新の診断基準（DSM－5）において、新たに感覚過敏性などの感覚異常が加えられ、そうした感覚異常を客観的に把握できるようにすることの必要性が明確になってきた。

## ❷SP-Jの特徴とは

・「乳幼児版」、「子ども版」、「青年・成人版」と対象の年齢に応じたアセスメントが可能である。
・質問票は、聴覚・視覚・触覚・口腔感覚など、幅広い感覚に関する125項目で構成。
・対象者について、保護者などが質問票に5段階で回答し（他者評定式）、検査者がスコアを集計。
・日常生活で直面している困難の状況を把握し、家族を中心とした支援の実践に活かすことができる。
・発達障害、特に自閉症スペクトラム障害のある方などに有用な検査　等。
スクリーニングや研究目的での使用に適している。

## ❸SP-Jの4つの領域

感覚の問題を4つの領域（感覚の偏り）に分類して整理している。その4つの領域とは以下の通り。

(1)低登録

強い刺激に対する反応が低いことで、感覚が鈍い傾向。いわゆる感覚鈍磨があるとされる。

(2)感覚探求

強い刺激に対して反応が高いことで、やたらと刺激を求めたり、強い刺激が好きだったりする。

(3)感覚過敏

刺激に対して過剰に反応することで、環境の変化やちょっとした刺激も極度に気になるという状態。

(4)感覚回避

刺激に対する過剰な反応があるため、刺激のある環境を回避する行動をとること。能動的にそういった刺激を回避していること。

## ❹感覚過敏の種類

・視覚過敏：発達障害者は視覚的な学習が比較的得意であると言われる一方で、明るさや色に対して過敏であることが多い。
・聴覚過敏：発達障害者は、環境音や人の声などの聴覚刺激を不快に感じることが多い。
・嗅覚過敏：発達障害者の約15％が「化粧品のにおいがとても苦手」、「焦げ臭いにおいにとても敏感」という項目に該当した。等が挙げられる。
・触覚過敏：発達障害者は、定型発達者にとって平気な触覚刺激を「痛い・不快」と捉える。
・前庭感覚：左右の動きや時計回りで回転等で混乱。
・固有感覚：よくぶつかったり、つまずいたりする。
・偏食：食べ物の食感や匂いを耐えがたく感じる。
　　　　　等が挙げられる。

## ❺支援のそれぞれの感覚への対応

「【聴覚】→行動療法」「【触覚】【前庭感覚】【固有感覚】→感覚統合療法」「【その他の感覚】→環境調整」というように対象となる感覚ごとに個別の対応がなされている。

それ以外の支援としては、支援における配慮として「落ち着ける方法を見つける」「苦手な刺激を除く」「見て確認できるようにする」「活動を段階づける」「本人の手で能動的に関わる」等が考えられる。

また、感覚過敏は成長に伴い落ち着くことが多い一方で、思春期以降も継続する感覚特性もある。

感覚の問題に困っている多くの発達障害等の人たちの感覚傾向を把握し、そしてその支援策を考えていく上で、SP-Jの活用とその情報が有効に活用されることが望ましい。

《参考文献》
・『SP感覚プロファイル』日本文化科学社

【永井貴憲】

| SDQ | 子どもの強さと困難さアンケート | Strengths and Difficulties Questionnaire

# SDQ

●アセスメント

SDQとは、Goodmanによって開発された3歳から16歳くらいまでの子どもについての、多側面における行動上の問題に関するスクリーニング尺度である。

イギリスを中心にドイツや北欧などのヨーロッパ諸国で広く用いられており、自閉症スペクトラム障害や注意欠陥多動性障害、行為障害などの測定について信頼性が高く評価されている。

日本では「子どもの強さと困難さアンケート」と訳され、「子育てSDQ」ともいう。

## ❶SDQの特徴とは

SDQは、各5項目から構成される5つの下位尺度（サブスケール：①反抗や反社会的行動などの「行動面」、②集中力の欠如や多動性などの多動と不注意の問題である「多動性」、③抑うつや不安などの「情緒面」、④友人からの孤立や不人気などの「仲間関係」、⑤協調性や共感性の「向社会性」）などに当てはめられた25の質問項目がある。

それらによって子どもの適応と精神的健康の状態を包括的に把握するための質問票である。

## ❷質問紙のやり方

質問について、保護者または保育者・教師が（あてはまる・まああてはまる・あてはまらない）の3段階で回答をする。一部逆転項目もあるが、「あてはまる→2点、まああてはまる→1点、あてはまらない→0点」で得点化する。

また、それぞれの下位尺度の合計得点を出し、その領域における支援の必要性が「Low Need：ほとんどない」「Some Need：ややある」「High Need：おおいにある」の3つに分類する。さらに「多動性、情緒面、行為面、仲間関係」の4サブスケールの合計でTDS（Total Difficulties Score）を算出し、全体的な支援の必要度を把握するという構造である。

保護者による回答と保育士や幼稚園教諭等による回答とをセットにすることで、家庭と集団の両方での立場を評価する。

25問という少ない項目を養育者や保育者が記録することで、子どもの行動面、情緒面から仲間関係の傾向を知ることができるため、日常生活の場での支援に役立てやすい。

日本で子どもの行動評価法として定着している「子どもの行動チェックリスト」よりも質問の数が少なく、

総体的な支援の必要性を簡便に測ることができるとされている。

そのため、診断のついていない幼児期から支援の必要性を早期から把握することができるため、厚生労働省のホームページでも紹介されている。

ダウンロードして検査ができるようにしている。

## ❸SDQのアンケート内容

例えばこのようなものがある。

[One-sided SDQ for the parents of 4-17 year olds]（4〜17歳の保護者用の質問紙）より抜粋。

---

・他人の気持ちをよく気づかう
・おちつきがなく長い間じっとしていられない
・頭がいたい、お腹がいたい、気持ちが悪いなどとよくうったえる
・他の子どもたちと、よく分け合う（おやつ・おもちゃ・鉛筆等）
・一人でいるのが好きで、一人で遊ぶことが多い
・素直でだいたいは大人のいうことをよくきく
・心配事が多く、いつも不安なようだ
・いつもそわそわしたり、もじもじしている
・仲のよい友達が少なくとも一人はいる
・よく他の子とけんかをしたり、いじめたりする
・すぐに気が散りやすく、注意を集中できない
・年下の子どもたちに対してやさしい
・よくうそをついたり、ごまかしたりする
・よく考えてから行動する
・家や学校、その他から物を盗んだりする
・こわがりで、すぐにおびえたりする
・ものごとを最後までやりとげ、集中力もある

---

等25項目で構成。

《引用HP》
・SDQホームページ http://www.sdqinfo.com/
・厚生労働省ホームページ「軽度発達障害児に対する気づきと支援のマニュアル」http://www.mhlw.go.jp/bunya/kodomo/boshi-hoken07/h7_04d.html

【永井貴憲】

| プラシーボ効果 | 偽薬効果 | placebo effect

# プラシーボ効果

● 教育心理

プラシーボ効果（プラセボ効果）とは、偽薬を与えられても、薬だと信じ込むことで症状が改善することをいう。

## ❶プラシーボ効果の由来

プラシーボとは、「私を喜ばせる」を意味するラテン語表現で、「偽薬」と訳される。プラシーボは、新薬の効果を試すための臨床試験において、新薬と比べるための対照群に与えられてきた。薬効成分を含まないプラシーボを与えても、何の効果もないはずである。しかし、プラシーボを与えることで、患者の症状が改善されることが多くあった。研究者は、理由を説明できないこの現象を「プラシーボ効果」と呼んできた。

なお、偽薬を与えることに対する倫理的な批判もあるため、現在は類似薬効薬を用いて比較対照試験が行われている。

## ❷概要

プラシーボ効果の具体例として、ブルーノ・クロファーが同僚の医師から報告を受け1957年に発表した、「がん患者」の心の状態と症状の変化の関連を調べた研究がある。

悪性リンパ腫に侵されてかなり進行している患者がいた。医者たちは「クレビオゼン」というがんに対する新薬の治療を行い、マスコミは「クレビオゼン」ががんの特効薬として大々的に宣伝をした。

多くの医者たちは実は「クレビオゼン」の効果に疑問をもっていた。そして、その患者のがんがかなり進行していたため、彼の気持ちを休めるため処方していたのだった。しかし、「クレビオゼン」を与えているうちに患者がどんどん回復していき、がんが劇的に縮小していった。

しばらくして、マスコミが「クレビオゼン」に期待されたほどの効果がないと報道を始めた。するとその記事を読んだその患者は失望し、がんが再び成長を始めたという。

プラシーボ（偽薬）による症状を改善する効果について、その後も研究が行われた。1987年から1997年にかけて抗うつ薬に関する治験データを調査したアリフ・カーンは、抗うつ薬によるうつの改善率は31％、プラシーボ（偽薬）による改善率は41％であることを報告した。

## ❸外科手術におけるプラシーボ効果

1990年に外科医のモズリーは膝部の骨関節炎をもつ患者に対して、プラシーボ手術を行った。

モズリーは10人の患者を選び、その中に2人に通常の手術を行い、3人に組織から悪い軟骨を取り除く関節洗浄を行い、残りの5人には小さく切開しただけで処置は何もしなかった。そして、他の研究者や患者たちには実際に手術を受けたのか、プラシーボ手術を受けたのかを知らせなかった。すると、プラシーボ手術を受けた患者たちも歩いたり、バスケットボールをしたりできるようになったという。モズリーはもう一度ランダムに患者を選び180名を対照にテストを行ったが、結果は前回と同じだったという。

2004年には、マクレー医師のチームは、パーキンソン病が進行した患者の脳に対し、ヒト胎児由来のドーパミン作動性ニューロンを移植する有効性を検証するため、外科的な医療試験を行った。実際に手術を受けた患者は12名、プラシーボ手術を受けた患者は18名であった。患者たちにはどちらの手術を受けたのか知らされなかった。しかし、「自分は手術を受けた」と思っている被験者のクオリティ・オブ・ライフは「プラシーボ手術を受けた」と思っている被験者に比べて高いという結果が出たという。手術前には寝たきりだったある女性患者はアイススケートやハイキングができるまでに回復していた。

無意味な治療を受けているわけでなくても、マイナスな考えや想像から引き起こされる症状の悪化をノーシーボ効果という。疫学者エレイン・カーターによると、45歳から64歳の女性のうち、「自分が心臓発作にかかる」と思い込んでいる人は、そうでない人と比べて心臓発作のリスクが4倍になるとしている。

## ❹教育におけるプラシーボ効果

プラシーボ効果は教育にも応用できる。例えば「これでもう大丈夫だよ」「よくがんばったね。もうすぐできるようになるよ」のような前向きな声かけをすることで、子どもの学習意欲が増し、学習の効果をあげることになると言われている。

### 《参考文献》

・マリオ・ボーリガード『脳の神話が崩れるとき』角川書店
・田邊敏明他『明日から教壇に立つ人のための教育心理・教育相談』北大路書房
・生田哲『病気にならない脳の習慣』PHP新書

【土師宏文】

| ピグマリオン効果 | 教師期待効果 | Pigmalion effect

# ピグマリオン効果

● 教育心理

ピグマリオン効果とは、教師の期待によって学習者の成績が向上することで、教育心理学における心理的行動の1つである。別名で教師期待効果、ローゼンタール効果と呼ばれることもある。

## ❶ピグマリオンの由来

ピグマリオン効果は、1964年にローゼンタールとヤコブソンによって実験された効果のことである。ピグマリオンという名称は、ギリシャ神話「オウィディウス」に登場するピグマリオン王に由来する。

神話の中でピグマリオン王は女性の彫像を作り、その彫像に恋をする。王が「その彫像が生きた人間であってほしい」という強い願いを持ち続けた結果、願いがかない、王はその女性と結婚することができたという。

## ❷概要

ローゼンタールとヤコブソンは、実験で幼稚園児、小学校一〜五年生までの児童（合計500名）に知能テストを行い、学級担任には、「今後数ヶ月の間に成績が伸びてくる学習者を割り出すための検査」であると説明した。

その知能テスト自体には特に意味はなく、検査の結果とは関係なく無作為に選んだ児童の名簿を学級担任に見せ、「記載されている児童は、今後数ヶ月の間に成績が伸びるはずの児童だ。」と伝えた。

8ヶ月後に再び知能検査を行ったところ、名簿に記載されていた児童の成績が、そうでなかった児童と比べて実際に成績が向上していた。ローゼンタールらの報告論文では、成績が向上した原因として、「学級担任が特定の子どもに対して期待を抱いたこと」「児童が期待されていることを意識したこと」であると主張している。

また、1974年にブロフィとグッドが授業中の教師と子どものやり取りを観察し、教師の期待の高い子どもと低い子どもを比較すると、教師と子どもの関係に大きな差があることが明らかになった。期待の高い子どもは低い子どもに比べて「公的反応の機会が多い」「学習に関連した接触が多い」「挙手の機会が多い」「ほめられることが多い」ことが分かったのである。

その後の研究により、ピグマリオン効果は教師だけでなく親などにも見られることが明らかになった。また、子どもが自分自身に対して期待をする「自己期待」をもつことも成績などに影響があることも明らかになっている。

## ❸ピグマリオン効果を意識した指導

脳科学者の平山諭氏によると、教師が児童に「お願い」することもピグマリオン効果の1つであるという。平山諭氏は自閉症スペクトラム障害の子どもへの効果のある指導法の1つとして次のように述べている。

「〜してほしいな」「〜してくれたらうれしいな」とお願いする。

平山諭氏によると「お願い」を繰り返すことで、自閉症スペクトラム障害の子どもの脳にセロトニンネットワークができ、脳がとても心地よい状態になるという。

## ❹負のピグマリオン効果

ピグマリオン効果に関する研究により、教師や親などが子どもの発達や成長に期待をもつことの大切さが示され、学校や家庭内で子どもたちを励ますような言葉がけが多くなった。

しかし、教師が子どもの性格や能力、発達段階などを理解せずに励ます言葉かけを多くすることは逆効果になることも指摘されている。

例えば、教師や親が子どもに期待して、「がんばれ」と声かけをすることがある。「がんばれ」と励まされた子どもが、その子にとって一生懸命努力しているにもかかわらず、うまくできなかったり、成績が上がらなかったりした場合、「燃え尽き」「無気力」になる可能性がある。

子どもに対して期待をかける言葉かけをする時には、その子の状態をよく考慮したうえで、適切な言葉かけをする必要がある。

また、教師が子どもに対して「できない子」だと思い込み、期待しないことで子どもの成績が下がることを「ゴーレム効果」という。

### 《参考文献》
・『新 発達と教育の心理学』福村出版
・『教育心理学』学文社
・『明日から教壇に立つ人のための教育心理・教育相談』北大路書房

【土師宏文】

| Vineland-Ⅱ適応行動尺度 | 適応行動の評価尺度 | Vineland Adoptive Behavior Scales Second Edition

# Vineland-Ⅱ適応行動尺度

●アセスメント

> Vineland-Ⅱ適応行動尺度は、発達障害や知的障害、精神障害のある人の適応行動の水準を客観的に数値化する評価尺度である。

## ❶検査の概要

Vineland-Ⅱ適応行動尺度は、アメリカ合衆国で2005年にSara S. Sparrow、Domenic V. Cicchetti、and David A. Ballaによって作成された。実施時間は20分～60分である。

研修を受けた心理、福祉の専門家が実施し、対象者にとって支援が必要な行動を客観的な形で示すことができる。医療や教育、福祉などの幅広い分野で支援計画成の資料になるアセスメントツールである。

## ❷検査の対象となる年齢

0歳0ヶ月～92歳11ヶ月の幅広い年齢範囲で実施することができる。

## ❸検査の内容

検査者は、対象者の様子をよく把握している成人に対して「半構造化面接」を行う。対象者が子どもの場合は両親や養育者、成人の場合は配偶者や家族、施設職員などが選ばれる。

「半構造化面接」とは、質問事項をそのまま読み上げていくのではなく、全体的な話をしながら徐々に詳細な話に移っていく形式で、自然な会話の中で質問をしていく面接である。そのため、「半構造化面接」では質問事項が前後入れ替わっても構わないとされている。様々な形で回答者に質問をすることができるので、対象者についてより正確な情報を聞き出すことができるとされている。

検査には対象者の年齢ごとに開始項目が用意されている。上限と下限を設定することで、実施時間の短縮化がされている。

Vineland-Ⅱ適応行動尺度において適応行動の定義を「個人的・社会的充足を満たすのに必要な日常生活における行動」としている。

Vineland-Ⅱでは、適応行動の定義を決定するために、以下の4つの原則を示している。

(1)適応行動は、年齢に関連するものであり、それぞれの年齢で重要となる適応行動は異なる。

(2)適応行動は、他人の期待や基準によって決定される。

(3)適応行動は、環境の影響や支援などによって良くも悪くもなる。

(4)適応行動は、行動自体を評価するものであり、その可能性を評価するものではない。

### 〈Vineland-Ⅱ適応行動尺度の領域及び下位領域〉

【コミュニケーション】
・受容言語　・表出言語　・読み書き

【日常生活スキル】
・身辺自立　・家事　・地域生活

【社会性】
・対人関係　・遊びと余暇　・コーピングスキル

【運動スキル】
・粗大運動　・微細運動

【不適応行動】
・非適応行動指標　・不適応行動重要事項

## ❹検査から何が分かるか

適応行動領域においては、4つの「領域標準得点」と4つを総合した「適応行動総合得点」が出される。それによって、対象者の適応行動における発達水準を知ることができる。

それぞれの標準得点には、「信頼区間」「パーセンタイル順位」「適応水準」「スタナイン」の統計値が備えられている。

4つの適応行動領域における2～3つの下位領域では「v得点」が出されて、対象者の発達の凸凹が分かるようになっている。

適応行動領域、及び下位領域はプロフィールを描くことができるので、視覚的に対象者の特徴を知ることができる。また、下位領域の得点から、対象者がどのくらいの年齢集団の平均的水準にあるのかが分かる。

不適応行動領域では3つの「v得点」が出されて、対象者の不適応行動にどのような特徴があるのかを知ることができる。

## ❺相談窓口

・各県の医療センター
・各県の教育センターなど

## 《参考HP》

・適応行動尺度の作成（北海道教育大学旭川校／萩原拓氏、国立精神・神経センター 精神保健研究所児童・思春期精神保健部／黒田美保）http://www.dinf.ne.jp/doc/japanese/resource/jiritsu-report-DB/db/20/048/report3.html

【土師宏文】

| ADOS-2 | 自閉症スペクトラム観察検査 | Autism Diagnostic Observation Schedule Second Edition

# ADOS-2

● アセスメント

> ADOS-2は、検査用具と質問項目を用いて、自閉症スペクトラム障害の評価に関する行動を観察するアセスメントである。

## ❶検査の概要

ADOS-2はC. Lord、M. Rutter、P.C. DiLavore、S. Risi、K. Gotham、S.L. Bishop、R.J. Luyster、& W. Guthrieによって作成された。黒田美保、稲田尚子監修・監訳の日本語版があり、40分～60分程度で検査をすることができる。

## ❷検査の対象となる年齢

月齢12ヶ月以上。発話できない乳幼児から、成人まで幅広く対応している。

## ❸検査の内容

5種類のモジュールから、対象者の①表出性言語水準、②生活年齢、③興味・能力にあったものを1つ選択し、専用の冊子に従って課題の実施や評定、結果の解釈を行うので、年齢や発達段階に対応した評価ができる。

【モジュールの一覧】
・乳幼児モジュール
　（無言語～二語文レベル、推奨年齢12～30ヶ月）
・モジュール1
　（無言語～二語文レベル、推奨年齢31ヶ月以上）
・モジュール2
　（三語文で話すレベル）
・モジュール3
　（流ちょうに話すレベル、子ども・青年）
・モジュール4
　（流ちょうに話すレベル、青年・成人）

## ❹検査から何が分かるか

(1)行動観察の結果を以下の5領域ごとに数値で評することができる。

| A | 言語と意思伝達 | B | 相互的対人関係 |
| C | 遊び／想像力 | D | 常同行動と限定的興味 |
| E | 他の異常行動 | | |

(2)DSMの診断モデルに基づく判定ができる。

カットオフ値との比較により判定する。乳幼児モジュールは「ADOS-2　懸念の程度」、モジュール1～4は「ADOS-2　診断分類」の判定が可能である。

【乳幼児モジュール】
〈ADOS-2　懸念の程度〉
・中度～重度の懸念
・軽度～中度の懸念
・ごくわずかな懸念～懸念なし

【モジュール1～4】
〈ADOS-2　診断分類〉
・自閉症
・自閉症スペクトラム
・非自閉症スペクトラム

ただし、ADOS-2診断分類による判定は、臨床診断に代わるものではないことに留意する必要がある。

(3)自閉症スペクトラムの症状の目安を知ることができる。

「モジュール1またはモジュール2を実施した2～14歳」「モジュール3を実施した2～16歳の対象者」には、「ADOS-2比較得点」がある。

「ADOS-2比較得点」はADOS-2で評価される自閉症スペクトラムの症状の程度を同じ生活年齢・言語水準のASD児と比較して表す指標である。

【ADOS-2　比較得点】
〈自閉症スペクトラムの症状の程度〉
・重度
・中度
・軽度
・ごくわずかな所見～所見なし

## ❺相談窓口

・各県の子育て支援センター
・各県の発達支援センターなど

## 《参考HP》

・発達障害児者支援とアセスメントに関するガイドライン（特定非営利活動法人 アスペ・エルデの会）http://www.as-japan.jp/j/file/rinji/assessment_guideline2013.ppd
・心理学的見方から ― ASDのアセスメント（福島大学特任教授 黒田美保）https://www.psych.or.jp/publication/world_pdf/67/67-9-12.pdf#search=%27ADOS%EF%BC%92%27

【土師宏文】

| デンバー式発達スクリーニング検査（DDST） | Denver Developmental Screening Test

# デンバー式発達スクリーニング検査

●アセスメント

発達スクリーニング検査とは、発達障害や発達の遅れ、精神遅滞（知的障害）などを早期に発見して必要な治療や療育を受けられるようにするための検査である。アメリカのデンバー式発達スクリーニング検査を、日本の乳幼児向けに改訂して標準化したものが「日本版デンバー式発達スクリーニング検査（JDDST）」である。日本の乳幼児発達検査で最もよく使われるテストである。

## ❶デンバー式発達スクリーニング検査の歴史

日本版デンバー式発達スクリーニング検査（JDDST）は、上田礼子らが東京都、沖縄県、岩手県の検査結果に基づいて標準化して、昭和55年に公表したものである。

デンバー式発達スクリーニング検査は、アメリカにおいて乳幼児期に発達の遅滞や歪みのあるものをスクリーニングする目的で考案され、コロラド州デンバー市の乳幼児の検査結果を基に、昭和42年に標準化したものである。その日本版がJDDSTである。

現在は改訂日本版デンバー式発達スクリーニング検査（JDDST-R）が用いられている。

## ❷検査の対象となる年齢

生後16日〜6歳

## ❸検査の内容・方法

この検査は、乳幼児の発達について『個人―社会』、『微細運動―適応』、『言語』、『粗大運動』の4領域、104項目から全体的にとらえ、評価を行う。各検査項目において各発達年齢に対応した「90％達成月（同年齢の子どもの90％が達成可能な発達課題）」を知ることができるようになっている。

各領域の項目では、その年齢の子どもの90％ができる内容（発達課題）が提示されており、それができるかどうかをチェックしていく。

検査用紙の上と下には、0〜6歳にわたる年月齢尺度があり、それぞれの検査項目は、障害のない子どもの25％、50％、75％、90％が可能になる時期を示す年月齢尺度のところに個人差の幅で記入されている。

検査方法は対象になる子どもの暦年齢を計算して、検査用紙に4領域を通して垂直線を引く。これを暦年齢線と言う。この線を基準として実施する項目を決める。実施する項目は暦年齢線の左側にある各領域の項目から始めて、順次右側にある項目を実施していく。各項目について保護者に「お子さんは○○しますか？」と尋ねる。

回答は「P（合格）」、「F（失敗）」、「R（拒否）」、「NO（したことがない）」のいずれかで答える。それぞれの領域で「F（失敗）」または「NO（したことがない）」の回答を3項目するまで続けていく。

記入が終わったら、遅れの項目があるかを調べる。

その場合、その子どもは、自分と同年齢の子どもの90％が通過する特定の項目を行うことが困難なことを意味する。

年齢水準に比べて、遅れの項目がどのくらい、どの領域にあるかによって、異常、正常、疑問、不能の判定を行う。

## ❹検査から何が分かるか

検査用紙に記載された月齢4か月の項目を見てみる。

『個人―社会』領域では、みて笑いかける、『微細運動―適応』領域では、両手をあわせる、『言語』領域では、かん高い声をだす、『粗大運動』領域では、90°頭をあげる項目を実行できている。

もしも子どもが年齢線より完全に右側にある項目を実行できれば、その子どもの年月齢以上になってからできればよい項目に合格したわけであるから、子どものその領域における発達は進んでいると考えられる。

年月齢線より完全に右に位置する項目が失敗、したことがないあるいは拒否であっても、その子どもの発達は正常とみなされる。年月齢線が25％と75％の間にあるような項目は合格でも不合格でも拒否でもよいということである。この項目に関する子どもの発達は正常とみなされる。

年月齢線が75％と90％の間、あるいはその上にある場合に、その項目が失敗、したことがないあるいは拒否であれば、要注意と判定される。75％以上の標準的な子どもは、判定する子どもよりも低い年齢でその項目ができるからである。

年月齢線より完全に左側にある項目に失敗、したことがないあるいは拒否の時、「遅れ」となる。90％以上の標準的な子どもが、より低年齢でできる項目に、対象の子どもが不合格あるいは拒否を示した場合、その項目の領域について遅れがあると判断する。

## 《参考文献・HP》

・国立特別支援教育総合研究所HP　http://forum.nise.go.jp/soudan-db/htdocs/index.php?key=muw7g4kzh-477

・「日本版DDST用紙」　http://www.pref.niigata.lg.jp/HTML_Article/398/921/sannkousiryou、0.pdf

【戸川雅人】

| Bayley-Ⅲ乳幼児発達検査 | 乳幼児の知能、及び運動能力を測る検査 | Bayley Scales of Infant and Toddler Development - Third Edition

# Bayley-Ⅲ乳幼児発達検査

● アセスメント

Bayley-Ⅲ乳幼児発達検査とは、1〜42ヶ月児を対象とする個別診断検査である。認知、受容コミュニケーション、微細運動、粗大運動の各領域について検査し、発達の様子を調べることができる。平均得点100、SD（標準偏差）15に基づく発達プロフィールが示される。英語圏を中心に用いられている。新生児・小児の医療領域では世界標準的な発達検査法となっている。

## ❶Bayley-Ⅲ乳幼児発達検査の歴史

Bayley-Ⅲ乳幼児発達検査はNancy Bayleyにより開発された発達検査であり、現在は第3版であるBayley-Ⅲ（2006）が用いられている。以降2017年現在まで使用されている。日本版の開発が進んでいるが完成はしていない。

## ❷検査の対象となる年齢

生後1ヶ月〜42ヶ月

## ❸検査の内容

この検査は、認知、運動、言語の3つの状態の他に、適応の程度を調べることができる。

認知領域は91項目の検査項目があり、感覚運動発達、事物の探求と操作、事物の関連づけ、概念形成、記憶などの状態を測定する。

またこの検査では、感覚統合の状態を検査することもできるが、この分野は認知能力ではなく環境適応能力に関連するとしている。検査内容は例えば、物の持ち替え、紙を手で固定する、などといった動作の状態を測ることができる。

運動領域は、微細運動の項目と、粗大運動の項目に分けることができる。微細運動は88項目あり、粗大運動は72項目ある。例えば、体の統制や、動きの質、バランス、運動計画などの検査を行う。この検査は、歩く、座るなどといった指標ではなく、どのように動くのか、体幹、四肢運動の細かい動きなど、また動きの系列分析などを行うようになっている。これは、機能障害のより良い指標となるという報告がある（Miler&Roid、1993）。

言語領域では、相手をそのまま受け入れるなどの受容コミュニケーション（49項目）がある。言葉による対人コミュニケーションの発達程度を検査するものである。

また表出コミュニケーション（48項目）がある。これは、模倣も含め、言葉の能動的な使用の発達程度を検査する。

さらに、概念的、社会的、実用的な側面からの情動面での社会的な適応行動の発達程度を検査することができる。質問紙による検査である。

## ❹検査から何が分かるか

運動領域では、「仰向けから腹ばいになる」に対して、達成できる月齢は早熟な子-4ヶ月、平均6.4ヶ月、95%達成-10ヶ月、という通過率となる。

また、「一人で立つ」に対しては、早熟な子-9ヶ月、平均11ヶ月、95%達成-16ヶ月、という通過率となる。

このように、乳幼児が生後1ヶ月から42ヶ月の間に発達していく月齢を「早熟」「平均」「95%」の3つに区分して評価する。このように発達の順序が明確に決められており、およそ順番通りに発達していく。

しかし、時に発達の順番が違っていたり、逆転していたり、ある発達がとばされていたりするなどが見られる。

通過率の月齢や、発達が遅れている要因などを観察、評価分析し、記録していく。記録したデータを専用の用紙に記入していくことで発達の問題や、学習に対する困難さを発見する手段となる。

基準となる発達チャートが新設され、標準的な発達曲線に比較して、発達チェックができるようになった。

新生児に対する発達心理検査として、世界では極めて有効であるBayley-Ⅲ乳幼児発達検査であるが、日本版はまだ完成していない状況である。

しかし、日本での運用を進めるための研究は行われている。有用性を測るための研究として、すでに日本で使用されている、津守・稲毛式乳幼児精神発達診断法について、それぞれの実施結果との比較検討を行うことにより、その有用性が検討されている。認知領域、言語領域、運動領域全てにおいて、日本でも使用に不都合な条件が見られず、日本での運用が待ち望まれている。

## ❺相談窓口

・各県の支援センター、医療機関

### 《参考文献》

・中澤潤／田中恭子／片桐正敏／松井三枝「Bayley発達検査による発達査定中」（日本発達心理学会第24回大会発表論文）2013年3月

・柿本多千代／松井三枝／中澤潤／吉田丈俊／市田蕗子「日本人小児へのBayley乳幼児発達検査（第3版）の有用性」『富山大医学会誌』22巻1号、2011年

【梶田俊彦】

| ブラゼルトン新生児行動評価法（NBAS） | 新生児の外的環境からの影響による神経行動発達の評価法 | Neonatal Behavioral Assessment Scale

# ブラゼルトン新生児行動評価法

●アセスメント

この評価法は、Berry Brazelton博士によって、1973年に開発された新生児の神経行動発達を評価する方法である。現在でも新生児小児科の分野や、発達心理学の分野では、臨床や研究などに世界的に広く利用されている。

## ❶検査の概要

ブラゼルトン博士は、新生児の発達について①自律神経系、②運動系、③状態系、④注意・相互作用系の4つの行動系が組織化すること、それに加えて、中枢神経系の発達、外環境との相互作用によって獲得されるとした。新生児の4つの行動系、中枢神経系、外環境とがそれぞれどの段階でどのように関係しているのかを見ることによって、新生児の発達行動の状態を評価することができるとして開発されたのが、ブラゼルトン新生児行動評価法である。

## ❷検査の対象となる年齢

新生児（3日目～1ヶ月目）

## ❸検査の内容

ブラゼルトン新生児行動評価法の特徴は、単純に新生児の状態を見るのではなく、新生児が外環境から影響を受けたときの状態を評価する方法であるということである。

従って、環境によって新生児の状態は常に変化することになる。

評価する内容は、新生児の環境に対する統制能力である。生理的にどのように適応するのか、また反応するのかをチェックする。

ブラゼルトン新生児行動評価法は、新生児について、生まれたときからすでに環境と関わるための様々な機能を持っていることを前提に、開発された。

具体的には、光に対する反応、ベルなどの音の刺激に対する反応、また、それらに対する反応の速さ、反応の大きさ、注意力や集中力の持続度、適応度、気持ちの安定の程度といったことを数値により採点する。

1973年以降、新生児に対して評価が継続して行われており、データの蓄積とともに、発展的に研究が進めれている。

また、その結果、その有用性が確実なものとなってきており、全世界で使用されるようになってきている。

以下のような手順で検査は行われる。

最初に新生児が眠っている状態を2分間観察して状態をチェックする。

次に、慣れ現象①光刺激②ガラガラ刺激③ベル刺激④足底圧刺激から評価を始めていく。次に、①足底把握反射②バビンスキー反射③足クローヌス反射を評価する。次に、衣服を脱がせ、他動運動による全身の筋緊張を評価する。次に、把握反射、座位への引き起こし反応を観察する。そして立った状態で①支持反応②自動歩行③台乗せ反応④側彎反射の観察を行う。

次に、抱擁テストを行う。

この間の身体の筋緊張度も評価する。その他にも、例えば方位反応の刺激には、視覚刺激、聴覚的刺および両者の重複刺激がある。

視覚刺激は、例えば人間の顔や赤いボールを新生児の顔から20～30cm離れた距離におき、水平方向への追視運動が誘発されれば、更に垂直方向に動かし新生児の反応をみる。

その他にも新生児の反応を見る様々な細かい検査が用意されている。

このように、新生児に必要な具体的な行動様式を評価するための方法である。

また、草野氏らの研究によると、ブラゼルトン新生児行動評価を行っている様子を母親に観察させることによって、母親は新生児の能力や個性をより深く知ることができたそうである。母親は新生児の行動やストレスサインをより知ることができるようになった。この研究から、ブラゼルトン新生児行動評価法は、正常な新生児と母親に対して、母子相互作用の強化に役立つことがわかったそうである。

このように、ブラゼルトン新生児行動評価法に関する関心は非常に高まってきている。さらなる活用が望まれる。

## ❹相談窓口

・各県の支援センター、医療機関

## 《参考文献・HP》

・草野美根子／穐山富太郎／鶴崎俊哉／内海滉『ブラゼルトンの新生児行動評価時の母親の反応』

・大城昌平「ブラゼルトン新生児行動評価」聖隷クリストファー大学　http://medicalfinder.jp/doi/abs/10.11477/mf.1551100054?journalCode=1551

【梶田俊彦】

| 津守・稲毛式乳幼児精神発達診断法 | 「運動・探索・操作・社会・食事・生活集団・言語」からの理解度を診断 |

# 津守・稲毛式乳幼児精神発達診断法

●アセスメント

この検査は0歳〜7歳を対象に行う。母親や、養育者に子どもの発達状況を尋ねる調査を行う。その内容を分析することによって精神発達の診断を行う。幼児の年齢によって生活状況が異なる。0歳から3歳までは家庭生活で見られる行動を、3歳から7歳では主に幼稚園などでの生活の様子について確認していく。

## ❶検査の概要

乳幼児精神発達診断法は津守真氏・稲毛教子氏を中心にまとめられた検査である「0歳〜3歳まで」の検査資料を津守氏・稲毛氏が昭和36年（現在「0歳〜3歳まで」については、平成7年に出された増補版が用いられている）、「3歳〜7歳まで」の検査資料を津守氏・磯部氏が昭和40年に刊行している。乳幼児について日常生活の中にあらわれるままの行動を集めた上で、標準化の手続きが行われ、検査が行われている。

## ❷検査の対象となる年齢

1歳〜12カ月・1歳〜3歳・3歳〜7歳　所要時間20分

## ❸検査の内容

乳幼児について「運動」「探索」「社会」「生活習慣」「言語」の領域について検査を行う。検査方法は「乳幼児精神質問紙」を用いる。この質問紙は、先ほどの3つの適応年齢である「1〜12カ月」「1歳〜3歳」「3歳〜7歳」でそれぞれ扱っている領域の内容に違いがある。以下のようになる。

```
・1〜12カ月
「運動」「探索・操作」「社会」「食事」「理解・言語」
・1歳〜3歳
「運動」「探索・操作」「社会」「食事・排泄・生活習慣」「理解・言語」
・3歳〜7歳
「運動」「探索」「社会」「生活習慣」「言語」
```

上記の領域について検査し、それぞれの得点をもとにプロフィールを作成して分析する。

検査方法については、対象が乳幼児であるため、母親や養育者への質問という形で行われる。

質問の内容は、対象となる子どもの1カ月前の月齢から始めて先へ進み、質問紙に書いてある行動がこれ以上できないという月齢まで進む。

項目は「確実にできる○」「時々できる、ここ数日内にやっとできるようになった△」「明らかにできない、経験がない×」の3段階で選択する形式となっている。

## ❹検査から何が分かるか

検査は0歳から7歳まで継続的に行うことで、検査結果を統合する。そして先の5つの領域を発達段階ごとに分けて分析し、精神発達段階を示す。0歳から7歳までのデータとなるため、子どもを総合的にとらえることができ、指導に生かすことができる。

津守・稲毛式乳幼児精神発達診断法の特徴は、発達指数の換算を行わないというところにある。

発達指数は、発達検査で調べた「発達年齢」を「生活年齢（実年齢）」で割り、100を掛けて算出する。客観的な数値として他の発達検査から出たデータと比較したり、一般的な数値と比較することで状態を把握したりすることができる。津守氏は、著書である『乳幼児精神発達診断法（0才〜3才まで）』（大日本図書）の中で次のように述べている。

> 指数として示すと、それが個人の特性であるかのような錯覚を起こさせる。子どもの保育・教育に当たっても指数を知ることは先入観をもたせることになり、弊害の方が大きい。

子どもの具体的な様子を観察し、具体的な行動から精神発達を分析考察していくことが、津守氏、稲毛氏らの考えであるという。

子どもたちの日常生活そのままの様子を観察し、分析していくので、検査者の負担もそれほど重くないと言える。子どもは検査室で検査者と向かい合って検査するといった心理的負担がないため、具体的な子どもの情報を得ることができる。

一方、問題もある。例えば、答える母親や養育者が、客観的な情報でなく、主観的に判断して解答する場合がある。また意図的に子どもへの過大評価があったり、逆に過小評価であったりするといったこともおこる。

## ❺相談窓口

・各県の支援センター、医療機関

《参考HP》
・国立特別支援教育総合研究所　http://forum.nise.go.jp/soudan-db/htdocs/index.php?key=mudncwnlg-477

【梶田俊彦】

| 遠城寺式乳幼児分析発達検査法 | 乳幼児向けの発達検査法であり特に心身障害児の発達状況の検査 |

# 遠城寺式乳幼児分析発達検査法

● アセスメント

遠城寺式乳幼児分析発達検査法は、発達を6つの領域に分けて検査を行う。それぞれの領域について評価を出して乳幼児の発達状況を分析する。遠城寺式の特徴として、精神面のみでなく身体的発達も含めて総合的にデータを集めることによって、発達状況を分析的にとらえることができる。

## ❶検査の概要

遠城寺式乳幼児分析発達検査法は、九州大学医学部小児科学教室の教授であった遠城寺宗徳氏を中心に取り組まれ作成された検査法である。

昭和33年に標準化されたものである。現在は昭和52年に改訂された「九大小児科改訂版」が用いられている。

またこの検査は、スクリーニング検査である。

スクリーニングとは、本検査の前に行う簡便な検査のことである。発達検査が必要かどうかを選別するために行うのがスクリーニング検査であり、遠城寺式乳幼児分析発達検査法がそれにあたる。

発達スクリーニング検査は、その簡便さから1歳6カ月健診や3歳児健診でも行われている。

## ❷検査の対象となる年齢

0カ月～4歳8カ月

## ❸検査の内容

乳幼児の発達を「運動」「社会性」「言語」の3つの分野を検査することにより、発達状況を調べている。それぞれの領域は全部で6つの分野に分かれている。

運　動……「移動運動」「手の運動」
社会性……「基本的習慣」「対人関係」
言　語……「発語」「言語理解」

また、発達段階を以下のように分けている。

乳児期1カ月ごとの12段階、1歳から1歳6カ月までは2カ月ごとの3段階、1歳6カ月から3歳までは3カ月ごとの6段階、3歳から4歳8カ月までは4カ月ごとの5段階に分けている。

これは極めて細かく区分されていると言えよう。

さらに特徴として、全ての検査項目には年齢ごとの通過率が示されている。

例えば以下である。

社会性……対人関係は3歳から3歳3カ月までに、同

年齢の子どもと会話ができる。同年齢の子ども同士で簡単な会話ができれば合格。

通過率2歳9カ月～2歳11カ月 → 41.5%
　　　3歳　　　～3歳3カ月 → 71.7%
　　　3歳4カ月～3歳7カ月 → 88.5%
　　　3歳8カ月～3歳11カ月 → 92.3%

検査の方法は、生活年齢を基準として問題にあたるようにする。

合格すれば年齢が上の問題に進む。不合格が3つ続くと検査終了となる。年齢が低い方も同じである。

## ❹検査から何が分かるか

検査を行い、合格した発達年齢をグラフに記録していくことで、発達の全体像を把握することができる。

また以前に行った検査結果との比較も容易となる。

例えば、記録することで完成したグラフが直線に近ければ、バランスのとれた発達を示している。

凸凹が大きい場合、発達に問題があると判断することができる。また障害のある子どもや、発達に問題がある子の結果も、グラフに記録することで現れる。

脳性まひの子どもは、運動面に遅れが見られ、発語が遅れていることが多い。

知的障害のある人では、移動運動はあまり遅れず手の運動や発語、言語理解の遅れがよく見られるという。

情緒に障害のある子どもは、社会性、特に対人関係に遅れが見られることが多い。

従って、継続的に検査を行うことで発達状況を確認しながら指導を進めることができる。

特に障害のある子どもへの実態を把握するのにも役に立つ。発達指数に換算することもできる。しかし、先にも述べたように、この検査はスクリーニングであるため、より詳しい検査が必要であるかどうかを調査するための検査となる。

## ❺相談窓口

・各県の支援センター、医療機関

### 《参考文献・HP》

・『遠城寺式乳幼児分析的発達検査法 九州大学小児科改訂新装版』慶応義塾大学出版会
・国立特別支援教育総合研究所　http://forum.nise.go.jp/soudan-db/htdocs/index.php?key=muw7g4kzh-477

【梶田俊彦】

| 視覚運動統合発達検査 | 目と手の協応運動検査 | Developmental Test of Visual-Motor Integration

# 視覚運動統合発達検査

●アセスメント

提示された図と同じ図を模写することによって、「目と手の協応」能力を検査する。視覚からの情報（インプット）を書き写す（アウトプット）という作業をすることによって、年齢相応の視知覚能力をチェックできる。描く内容は、統計的に標準化されており、男女別、年齢別で描く図形の目安が決まっている。

## ❶検査の概要

昭和36年Beeryによって開発されたBeery視覚運動統合発達検査は、視覚の運動、また身体全体の運動能力、また目と手の協応の状態を検査することができる。

また幼児の認知発達障害を診断するために使用される。2歳以上の個人に検査することができる。

発達障害だけでなく、脳卒中、脳障害アルツハイマー病の成人にも使用することができる。

## ❷検査の対象となる年齢

2歳0カ月以上

## ❸検査の内容

Beery視覚運動統合発達検査は、例えば、医師や精神科医、心理学専門家、カウンセラー、教師など幅広く使用されている。

通常、このテストは個別に行われるが、グループで行うこともできる。

子どもには複雑な図形を含む小冊子が与えられ、小冊子を、向きを変えずに、また回転させることもなく、それらを写すことを要求される。

3歳から8歳までの子どもには15個の異なる図形テストで行われる。

9歳以上や、発達遅延のある高齢の子ども、青少年、成人には24個の異なる図形のテストが使用される。

テスト時間はおよそ10分から15分程度である。

また、Beery視覚運動統合発達検査では、性別、年齢ごとに提示する図形が変わってくる。

例えば、子どもが模写する図形の1つに「｜」を模写することがある。これは、男女とも2歳10カ月でできるとされている。また、3歳0カ月ならば、男女とも「－」を模写することができるとされている。

4歳1カ月になると、男は「＋」、女は「／」を模写することができる。

このように、年齢が進むに従って図形の難易度が上がり、また形が複雑になっていくのである。

検査では、単純にこれらの図形を写すといったものもあれば、同じ形のものを指し示して選ぶもの、また同じ形の立体模型を選んで重ねるなどの作業などがある。これらの作業を通して視覚と運動の状態を評価するのである。

このテストは、他の障害または障害状態の児童の評価に役立つと考えられる。

Beery視覚運動統合発達検査は現在、改訂が進み、第6版になっている。アメリカ全土における2歳から100歳までの2,758人の、子どもから成人までを対象とした検査のデータを収集、分析することで、このテストは標準化されている。

## ❹検査から何が分かるか

視覚、聴覚、および触覚について、刺激の受け取り方を確認することができる。

テストでは、まず単純な線から順に複雑な線、幾何学的な模様などを子どもに提供する。

子どもはその線や図形を見て、その通りに写すことができるかを評価していく。テストで使用された簡単な、あるいは複雑な図形は、実際にどれだけ正確に模写することができたかによって、手の協調の問題などが確認される。そして視覚運動障害を評価することができる。

さらに、各器官の状態を確認することにより視覚、聴覚、触覚の能力を理解するだけでなく、刺激をどのように知覚するのか、結果としてどの程度認識できているのかなどを評価することができる。

そしてこの検査結果は、小児科医および小児心理学者が小児の神経系機能および心理的発達を評価するのに役立つという。

視覚的テストには、色知覚、対象物認識、視覚的組織能力、またそれらが現れる背景と図形を区別する能力が含まれる。視覚的な図形認識の程度を調べることもできる。

## ❺相談窓口

・各県の支援センター
・医療機関（要確認）

## 《参考HP》

・Beery-Buktenica test http://www.healthof children.com/B/Beery-Buktenica-Test.html

【梶田俊彦】

| 絵画語彙発達検査 | 検査者の示す単語に合う絵を選択させ、語彙力を測る検査 | Picture Vocabulary Test ─ Revised

# 絵画語彙発達検査

● アセスメント

現在、スクリーニングテストとして使われている。発話がなくてもある程度の語彙が理解できるようであれば検査可能である。被験者は検査者の質問に指で指し示すことで解答することができる。また、言葉が遅れている、引っ込み思案や人見知りで話をしない、場面緘黙、脳性まひなどで発話ができないといった対象者にも検査をすることが可能である。

## ❶検査の歴史

絵画語彙発達検査（PVT）は、昭和46年、上野一彦氏により開発された。子どもの知的発達を診断することが目的であった。

その後平成3年に「修正版PVT」が作成された。

さらに、語彙の全面的な入れ替えと追加、適用年齢の延長等の改訂が行われた。臨床検査の後、平成20年に「PVT-R」として出版された。

2歳という低年齢でも語彙の発達を測ることができるという点を、上野氏は次のように述べている。

聞いた単語について、その単語が意味する図版を指し示す（ポインティング）という最も単純で、日常的な動作で解答できる検査方法である。

指し示すという簡単な作業であれば、幼児でもできる。言葉の表出が必要ないということである。

## ❷検査の対象となる年齢

3歳0カ月～10歳0カ月　所要時間15分

## ❸検査の内容

まず、4つの絵を見せる。そして質問者は「～はどれですか」と問いかける。子どもは質問者の問いかけを聞いて、質問に即した絵を選んで指さす。

これを繰り返していくという検査である。

絵画、及び質問者の質問それぞれ、簡単なものから難しいものになるように組み立てられている。

まず絵画である。絵画は4つずつの絵が12組ある。

ものが1つだけ描かれたものの絵、また、場面の絵に分かれている。

絵に描かれているものについては、身の回りにあるもの、身の回りにないもの、また見たことがあるだろうもの、見たことがないであろうもの、そして、今までに聞いたことがあって知っているであろうもの、または聞いたことがないため、知らないであろうもの、に分かれている。このように簡単なものから難しいも

のへと変化しているのである。また、場面の絵については、日常よくあるような絵から日常では滅多にないような絵に移行していく。

また質問についても同様に、簡単なものから難しいものになるように作られている。

質問の数は68問であり、その内容は具体的な物事から抽象的な物事になるように組み立てられている。

例えば、具体的な質問は、名前、属性、上位概念、下位概念、部分、用途や機能などの言葉を問いかけるものである。

また、抽象的な質問は、絵に描かれているものやこと、関係、さらに絵からイメージできることを問いかける、といったことになる。

## ❹検査から何が分かるか

この検査を行うことにより、語彙年齢を調べることができる。語彙年齢とは、子どもの知っている言葉と年齢との関係である。絵画語彙発達検査であれば、語彙年齢は「○○歳○○ヶ月」というように結果として表される。また評価点が分かる。これは偏差値と同等の意である。相対的な数値として実態を把握することができる。具体的な評価点は、例えば「1～5は明らかな遅れ」「6～8は平均より下」「15～19は明らかに高い」（平均10、誤差の範囲2）というように表されている。

このデータと、生活年齢を比較することで、語彙の発達レベルを測ることができる。

## ❺相談窓口

保健センター、子育て支援センター、児童相談所、発達障害者支援センター等の相談機関に問い合わせることで、受診することができる施設がある。

また心療内科、小児科、神経内科などの医療機関でも、問い合わせることによって検査を受けることができる機関がある。

### 《参考文献・HP》

・日本文化科学社　http://www.nichibun.co.jp/kobetsu/kensa/pvt_r.html（菊地悠／川口直巳／西山幸子／坂本恵子／岡田安代「PVT-R 絵画語い発達検査で見る外国人児童生徒の語い習得」日本語教育国際研究大会、名古屋、2012）

【梶田俊彦】

STRAW｜小学生読み書きスクリーニング検査｜ Screening Test of Reading and Writing for Japanese Primary School Children

# STRAW
# 小学生読み書きスクリーニング検査

●アセスメント

STRAW（小学生読み書きスクリーニング検査）とは、小学校一年生から六年生までを対象に標準化された日本語（ひらがな、カタカナ、漢字）の読み書きの学習到達度を評価する検査。ひらがな・カタカナ・漢字の音読および書き取りを行う。発達性読み書き障害（発達性 dyslexia）を診断評価するために必要な学習到達度検査。通常の小学校に通う約1,200名のデータをもとに基準値を作成されている。学習障害と同様、今まで客観的な評価基準がなかった小児失語症の読み書きの評価においても有効とされている。

## ❶検査の対象となる年齢
小学校一年生から六年生

## ❷検査の内容
標準化された日本語（ひらがな、カタカナ、漢字）の音読および書き取りを行う。音読は、一文字ずつ読むものと、単語（熟語）を読むものの2種類がある。

書き取りは、検査者の発した文字、および単語（熟語）を聞いて、復唱して書き取る。（各20問）その結果から分析していくことになる。

## ❸読み書きのアセスメントの必要性
「読み書きに障害があるということは全く読み書きができない」ではなく、「読み書きを正確かつ流暢に行うことができない」状態のことを意味している。これは、知的発達を伴う障害とは異なるため、文章の意味そのものを理解できないわけではないと考えられている。

「文字を見て認識することは難しいが、聞いて意味を理解することはできる」児童・生徒や「授業の中で、教科書の文字を拡大したり、行間を広げたりといった調整で意味の理解が助けられた」という児童・生徒も少なくない。

一般的に知られているWISC（ウェクスラー知能検査）やK－ABC（カウフマン・アセスメント・バッテリー・チルドレン）などの、一般的な「知能検査」では、読み書きの能力を測ることができない。そこで、適切な読み書きのアセスメントを子どもたちに行っていく必要がある。STRAW小学生読み書きスクリーニング検査は、知能検査のように有資格者でなくても簡単に実施することができる。

## ❹読み書きの困難のある場面例
(1)読むことが遅い
・教科書などの教材を読む場面で、読むことが遅く

理解に時間がかかるため、理解が不十分なまま学習が進んでいってしまい、学習から取り残されてしまう。
・テストや入試・全国学力状況調査テストなどの文章を読んで答える問題を解く際、文章の理解に時間がかかり過ぎてしまい解答できないままテストの時間が終了してしまう。

(2)書くことが遅い
・授業中、黒板をノートに全部写す前に消されてしまい学習が遅れてしまう。
・作文などの文章を書くことに、極端な苦手意識や苦痛を感じて、学習に支障をきたしてしまう。
・頭では理解ができており、自分の中に書きたいことはあるのに表現ができない。正当に評価されていない状態になってしまう。

## ❺検査で分かること
その子どもの持っている、読み書きの速度や正確性を客観的に数値で確認することができる。

検査は、一年から六年までの各学年の平均値と比較することで、個々の児童生徒の読み書きに対する困難の状態を数値で把握できる。

極端に読み書きの困難がある場合は、「視覚情報で教科書や本などの文章を読む」や「鉛筆を使って黒板を写したり、作文を書くなどの文字を書く学習活動」以外の方法を、学習に取り入れるなど、子どもたちにどのような支援をしていけばよいかを考慮できる。

## ❻相談窓口
・各県の支援センター
・視覚発達支援センター

《参考文献・HP》
・宇野彰他『小学生の読み書きスクリーニング検査──発達性読み書き障害（発達性dyslexia）検出のために』インテルナ出版
・視覚発達支援センター　http://www.ikushisya.com/kensa.html
・近藤武夫「読み書きのアセスメント」東京大学先端科学技術研究センター　人間支援工学分野　http://www.mext.go.jp/component/a_menu/education/detail/__icsFiles/afieldfile/2016/10/27/1378381_15_1.pdf

【片山陽介】

5

医療のアプローチ─どんなものがあるか

# 医療側から見た欲しい情報・記録

●特別支援

> 医療機関では、生まれてから今までの社会性や対人コミュニケーション、言葉の発達、幼稚園・保育園での様子や1歳半健診・3歳児健診での様子など。発達面で知的障害の疑いがありそうか、発達にどんな特性がありそうかなどを見立てていく。

### ❶一般的な医療機関を受診する時期

種類や症状にもよるが、一般的に発達障害は乳幼児期に疑われ、医療機関での診断に至ることが多い。その多くは3歳～4歳頃である。保育園や幼稚園での集団生活が始まり、言葉やコミュニケーションの特徴的な行動や発達の遅れが目立ち始めるからだ。

また、地域の3歳児健診で指摘されたり、保育園・幼稚園から相談機関を紹介される場合もある。乳児期の頃であっても、表情が乏しさや視線のあいにくさ、集団の遊びができない。言葉に遅れが見える。などといった症状から、何らかの違和感に周囲の大人が気付き、医療機関での受診に至ることが多い。

乳幼児期は、成長に従い症状や困りごとが軽減したり大きく変わりやすいこともあるので、一度出た診断が見直されたり、診断名が変わることがある。

学習障害（LD）の場合は、読み書きや算数といった学習が始まってから症状が明らかになるため、就学前後の年齢になってから気付く場合がほとんどであると言われている。

発達障害は、見えにくい症状で、支援の得られない状況で悪化したり、診断が遅くなったりすることもある。周囲が障害に気付かず、大人になってから初めて判断が下る場合もある。

### ❷医療側が保護者に求める情報・記録

医療機関で診断を受ける場合、現れる症状について医師が問診や行動観察を行い、次に、問診で得た情報をもとに、心理検査や発達検査などを行う。

それらの結果から、『DSM-5』や『ICD-10』などの診断基準を満たしているかどうか、また日常生活・社会生活に著しい不適応を起こしているかどうかなどを総合的にみて診断される。

以下に医療側が保護者に求める主な情報を記す。受診の際には事前に電話等の予約が必要となる。

(1)行動観察記録

本人にどのような症状があり、どんな困りごとがあるかの行動観察記録をもとにして生育歴について問診を行うことができる。子どもの場合は保護者に聞き取ることが多い。

(2)生育歴

どんな環境で育ち、どんな人に出会ってきたか、どんな人に育てられたのかで人の価値観は大きく変わる。それらを参考に医療機関は診断を進める。

### ❸医療機関が学校に求める情報・記録

(1)行動観察記録

学校生活で、本人にどのような症状があり、どんな困りごとがあるかの行動観察記録をもとにして問診を行うことができる。学校側からの意見も参考にできる。

(2)成績表（通信簿）

ある特定の教科の習得が著しく難しいLD（学習障害）を視野に入れたり、学習の進度を客観的に評価したりして診断の参考にしていく。

(3)保育園や幼稚園時代の連絡ノートなど

家庭と学校とのやり取りの中で、保護者の要望や学校側の要望を知ることができる。また、普段の学校での様子の記録や、学習の態度などを参考に子どもや保護者からの問診を進めていく。

受診の際には保険証を持参。問診票の記入が必要な場合もある。持ち物や準備は事前に受診する医療機関に確認するのがよい。電話やインターネット等で相談できる機関もある。

発達障害は、互いに重なり合っている場合もあり、知的障害が併存する場合もある。

### ❹相談窓口

【子どもの場合】
- 保健センター
- 子育て支援センター
- 児童発達支援事業所　など

【大人の場合】
- 発達障害者支援センター
- 障害者就業・生活支援センター
- 相談支援事業所　など

まず身近な相談センターに行き、より専門的な相談や受診の必要があればそこから専門医を紹介してもらうケースが多い。

### 《参考文献》

・宮尾益知・橋本圭司編『発達障害のリハビリテーション 多職種アプローチの実際』医学書院

【片山陽介】

# 代表的な医薬品と効能

●薬学

発達障害の症状によっては、薬物療法が必要とされる場合がある。脳内の神経伝達物質のアンバランスを改善することで、神経の働きを調整し、症状のコントロールを行っていく。

障害を根本的に治すものではなく、あくまで特徴を緩和するために処方される。人によっては、食欲不振、吐き気、頭痛、動悸、興奮、チックなどの副作用が生じることがある。

医師と相談の上で、容量・用法を守った服用を心がける必要がある。また、薬で症状が落ち着いている際には、学習内容を吸収しやすくなるので、スキルトレーニングなどを併せて行うとよい。

## ❶多動性・衝動性の症状を軽減する薬

(1)コンサータ
(2)ストラテラ

が代表的である。効能として、集中力や注意力を高め、衝動性や多動性を軽減する。

## ❷コンサータとストラテラの違い

薬の種類によって身体への影響の仕方が異なる。そのため飲む時間・回数・量も変わってくる。

中枢神経を刺激し、ドーパミンを増やして覚醒度を上げ、注意力・集中力を上げるコンサータは、登校前など1日の始まりに一度服用し、日中の間、効果は持続する。効果の持続時間は約12時間と言われている。問題もあり「耐性」「依存性」といった副作用がある。

次に、ストラテラは、24時間血中濃度が安定するように朝と晩の2回の服用でゆっくりと穏やかに効くようにできている。効果が感じられるまでに約2週間かかるが、副作用がストラテラと比べると少ない。

上記の2つの薬は、最も服用されている薬だと言われる。どちらの薬がその子どもに合っているかは、主治医の判断となる。

## ❸新薬「インチュニブ」

平成29年5月より、ADHDの治療薬として「インチュニブ錠」の発売が開始された。インチュニブ錠は効果・作用が前述のコンサータ・ストラテラとは異なる。

インチュニブは、中枢神経刺激薬ではないため、依存性や乱用のリスクが無く、不注意・多動性・衝動性の三大症状の全てに効果が認められている。

特に衝動性・多動性については服用開始1週間後から効果が認められることが多く、不注意も服用開始2週間後には効果が認められると言われている。

## ❹感情を安定に導く薬

(1)リスパダール
(2)エビリファイ
(3)パキシル

が代表的である。

## ❺効能について

不安や緊張、興奮、強迫症状、感覚過敏などを鎮めたり、意欲を引き出したりする。

この他にてんかん発作を抑えるための抗てんかん薬や睡眠の質を高める睡眠導入剤を一緒に処方されていることもある。

それぞれ、どのくらい効き目があるか、飲んだ時と飲んでいない時でどのくらい変化があるかは一人一人で個人差がある。家族や周囲の教師から見て「以前と比べるとずいぶん落ち着いてきたな」「何だか今日はしっかり話が聞けているな」と感じることもある。しかし、薬の効果でそうなっているかどうかはっきり判断できないことも多いのも事実で、必ず効いたり驚くほど効いたりするわけではない。

## ❻薬の副作用について

一般的に「副作用がない薬はない」と言われている。薬には必ず副作用が生じる。

副作用は、その薬が脳内のどのくらいの範囲に作用するかということに関係してくる。例えば、脳内のドーパミンを届けてほしいと狙って飲んだ薬が、他の神経伝達物質にも作用してしまうという場合である。期待していた症状の軽快が見られる一方で、別の症状の出現など思わぬ影響が出てしまうことも考えられる。近年は、効いて欲しいところだけに選択的に作用するように作られている薬が増えているので、安全性は増していると言われている。

具体的な副作用には、食欲不振・吐き気・頭痛・眠気・不眠等がある。副作用は薬の効き目と同じで、飲んでみなければ、その人にどの程度表れてくるのかが分からない。

## 《参考文献》

・宮尾益知・橋本圭司編『発達障害のリハビリテーション 多職種アプローチの実際』医学書院

【片山陽介】

# 教室環境の配慮事項

●ガイダンス

発達障害の子は、見え方や聞こえ方、感じ方が定型発達の子どもとは大きく違う。必要な情報を精選することも困難である。そのため、教室における何気ないものが刺激となり、学習の妨げとなる場合がある。どの子も生活しやすいよう、教室環境を調整しなければならない。以上のことから、次の点に配慮したい。
1　刺激を減らす
2　子どもが生活しやすいように工夫する

## ❶刺激を減らす

(1)視覚刺激への配慮

多くの授業は、黒板を見て学習が進められる。その黒板の近くに気になる掲示物があったりすると、注意散漫になる。掲示物に集中が逸れてしまうことがある。そして、本来見て欲しい情報に集中できなくなる。そうならないために、以下のことが大切である。

　　　刺激になってしまうものは、掲示しない。

黒板の近くの掲示物は極力減らした方が良い。さらに板書の仕方も、真ん中に必要な情報だけを書くなどの配慮をする。そうすることで刺激が減り、必要な情報へ集中することができる。しかし、学習に関することを掲示することは効果のある方法である。側面などにコンパクトにまとめ、貼っておくと良い。

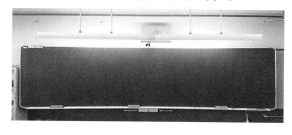

(2)聴覚刺激への配慮

聴覚過敏の子は、必要な音声だけを切り取って聞くことができない。さらに、一定の感覚で鳴る音が特に苦手である。例えば、以下のようなものがある。
・時計の針の音　　・金魚などの水槽のエアー音
・教師が歩く際の靴の音

底の硬い靴の場合、どうしても歩く際に音が鳴ってしまう。底の柔らかい靴を履くところまで意識したい。

(3)嗅覚刺激への配慮

嗅覚過敏の子は、ちょっとした匂いで気分を悪くしたり、体調を悪くしたりする。例えば、以下のようなものがある。
・洗った牛乳パックの匂い
・衣類からの柔軟剤の匂い

意識的に窓を開けて換気したり、消臭グッズを活用したりすることも大切である。

## ❷子どもが生活しやすいように工夫する

(1)見通しを持たせる

時間割の掲示は、どこでもやっていることだろう。しかし、それだけでは見通しが持てず、安心して活動できない子がいる。そのため、時間割の欄に、その日に行う学習内容を書いておくと良い。また、子どもによっては写真やイラストの方がわかりやすいこともある。教科書の写真を、時間割に貼っておくのも良い。

また、やむを得ず時間割を変更することもあるだろう。その場合は、理由を説明し、時間割の掲示も変更しておくようにする。

(2)座席の位置がわかるようにする

多動の子の場合、じっとしていられないので机が動いてしまうことが多い。そのため、すぐに決まった位置に座席を戻せるように印をつける。その際、机の後方に印を書く。前方にすると、屈みながら直さなければいけないが、後方に印があるとスムーズに机を直すことができる。

(3)忘れ物に対応する

忘れ物が多い子がいる。叱っても直ることはない。自己肯定感を下げるだけである。そのため、忘れ物はすぐに貸し出すシステムをつくる。常に予備を準備しておく。その際、「貸してください」などと言わせることを約束事とすれば、ソーシャルスキルが育まれる。

《参考文献》
・谷和樹『発達障害についての一番基本的な知識・理解』NPO TOSS授業技量検定
・『教室ツーウェイNEXT4号』学芸みらい社
・中尾繁樹『通常学級で使える「特別支援教育」ハンドブック』明治図書
・添島康夫『発達障害のある子の「育ちの力」を引き出す150のサポート術』明治図書
・『TOSS特別支援教育No.1』東京教育技術研究所

【相澤勇佑】

| 聴覚過敏 | 音量に対する認知障害 | hyperacusis

# 音に敏感な子どもへの配慮

● 特別支援

> 聴覚過敏＝感覚過敏の症状の１つ。明確な定義はないが、大抵の人が十分我慢できる音を、苦痛を伴う異常な大きさとして経験する症状。自閉症者に多く現れるが、ADHDやLDの人々にも現れることがある。聴覚過敏症、音過敏とも呼ばれる。

## 子どもへの配慮

学校という場所は、多くの人が長時間一緒に生活する場所である。子どもは雑多な音に長時間さらされる。

聴覚過敏の子にとってはつらく疲れやすい場所となることが多いため、次の配慮が必要である。

1　教室から嫌な音を排除する
2　嫌な音から本人だけを守る

## ❶教室から嫌な音を排除する

(1)授業中の私語をコントロールする

授業中の私語をコントロールするのに大切なことは

シーンとした授業環境を作る

ことである。

そのためには、クラス全員に

・教室が「静か」という状態を経験させる
・話を聞くときのルールを徹底させる

ことが必要である。

例えば、全員に作業をさせて、シーンとした状態を作り、「これが静かというのですよ」と教える。さらに、「静かにすると勉強に集中できてみんなが賢くなる」と価値付けをするとよい。

人の話を聞くときは、「話している人の顔を見る」「黙って聞く」などのルールを教え、できた子どもをほめる。できなかったときは、再度やらせてできたらほめる。

(2)授業中の不快な音をなくす

授業中の不快な音には、

・机や椅子の脚がガタガタする音
・椅子を後ろに引く音　・水槽のエアー音
・教師の靴の音　・徒競走のピストル音

などがある。机や椅子のガタつく音は、脚を柔らかな素材で覆い、音が出ないようにできる。水槽のエアー音は、音の静かなものに換えたり、水槽を廊下に出したりできる。このように、様々な工夫で音を防ぐことができる。

## ❷嫌な音から本人だけを守る

(1)雑音の少ない場所へ避難する

雑音の少ない場所とは、

・空き教室　・保健室

などが考えられる。避難する際に大切なことは

避難するときのルールを決めておく

ことである。例えば

・先生に言ってから避難する
・気持ちが落ち着いたら戻ってくる

などである。無断だと、音からの避難なのか、他の原因なのかがわからない。また、いつまでも別室にいると、勉強についていけなくなる。あくまでも「緊急避難場所」という意識を持たせることが必要だ。

(2)子どもの耳を覆う

耳を覆う道具を3つ紹介する。子どもの症状にあわせて使い分けるとよい。

・耳栓

様々な種類がある。遮音性能はdb（デシベル）で表示されている。数値の高いほど遮音性が高い。子どもの症状や耳の形状にあわせて選ぶとよい。

・イヤーマフ

見た目はヘッドフォン。低音から高音まで騒音をカットできる。耳栓より遮音性が高い。人の話し声は聞こえない。

・デジタル耳せん

見た目はイヤホン。環境騒音をカットして人の声は聞こえる仕組み。電池交換が必要。

## 《参考文献》

・熊谷高幸『自閉症と感覚過敏』新曜社
・テンプル・グランディン『自閉症の脳を読み解く』NHK出版
・樋口一宗『教師と子どもの「困った」を「笑顔」に代える本』東洋館出版社
・安部博志『発達障害の子のためのすごい道具』小学館
・笹森洋樹『イラストでわかる特別支援教育サポート事典「子どもの困った」に対応する99の実例』合同出版
・デービッド・M・バグリー／ゲルハルト・アンダーソン『聴覚過敏—仕組みと診断そして治療法』海文堂

【丸山好美】

# 接触に敏感な子どもへの配慮

●特別支援

> 触覚過敏　感覚過敏の1つ。肌に何か触れたとき感じる感覚が過敏に反応してしまうこと。触覚防衛反応ともいう。

　学校では他の人と接触する機会が多く、接触過敏の子にとってストレスとなっていることが多い。クラスの友達が挨拶代わりに背中をトントン叩いたら、その児童が大パニックを起こすということもある。また、体育帽子をかぶるのを嫌がる、靴下をすぐに脱いでしまう、手をつなぎたがらないなど、様々な行動にも出てくることがある。そのため、次のような配慮が必要である。

> 1　無用な接触を避ける
> 2　接触を予告する
> 3　遊びながら感覚を鍛える

## ❶無用な接触を避ける

　接触過敏は、原始的な脳が体を守るために働くものである。通常の子どもにとっては、何でもない接触が、接触過敏の子どもにとっては暴力と感じたり、痛いと感じたりすることがある。このような子どもに、接触を強要したり、我慢させたりすることは、嫌な体験を重ねることになる。

> 無用な接触は避ける

ようにすることが大切である。教室の子どもたちにも説明し、共通理解をしていくことが望まれる。
　ランドセルを取りに行く時やプリントを出す時などたくさんの子どもたちが集まる時は、特に注意が必要である。その場合は数名に分けて取りに行かせる、動線をルールとして決めておく、代表の子にプリントを集めてもらうなど、いくつかの方法をあらかじめ考えておくことも必要である。
　また、体育帽子をかぶるのをどうしても嫌がる場合は、持っているだけでいいとするなど代替の行動で認めるという配慮も必要である。

> 不快に思っている接触を取り除き、学習に参加させること

が基本である。

## ❷接触を予告する

　学校で生活していく以上、どうしても接触をしなければならない時がある。そのような場合、

> 接触を予告する

ことが基本である。接触を予告することで、見通しを持ち、備えることができる。
　例えば、クラスの子どもたちには、「名前を呼んでから、トントンしてあげてね」とか、「呼ぶときは優しく肩をトントンしてあげてね」などと教えておくことも必要である。接触過敏を持つ子と相談をして、最も良い方法を探っていくことが必要である。

## ❸遊びながら感覚を鍛える

　皮膚から入ってくる情報に関心・興味を向け、素材や形を認識できるようになることで、接触過敏の緩和が期待できる。そのために、以下の遊びが有効である。
・『背中に書いた字を当てるゲーム』
　背中に数字や形、文字などを書いて当てる。背中に集中することで、接触感覚を鍛えることができる。
・『箱の中のものを当てるゲーム』
　触覚に集中して見えないものを考えることで、接触感覚を鍛えることができる。
・『ここはどこだゲーム』
　体の一部を触り、どこかを当てるゲーム。2人1組で触る人、触られる人で行う。触られる人は目を閉じて、触られた部位の名前を答える。このゲームも上のゲームと同様に接触感覚を鍛えることができる。
　いずれのゲームも楽しく行うことが必要である。嫌がるようであればすぐにやめる。隙間時間や休み時間など積極的に実施したい。

### 《参考文献》
・TOSS岡山サークルMAK編著『特別支援・場面別対応事例集』東京教育技術研究所
・宮尾益知『発達障害の治療法がよくわかる本』講談社
・木村順『これでわかる「気になる子」の育て方』成美堂出版
・岩永竜一郎『自閉症スペクトラムの子どもの感覚・運動の問題への対処法』東京書籍

【高杉祐之】

# 教室に置いておくと便利なグッズ

●特別支援

どんな学級にも必要な学習用具を忘れてくる子がいるものだ。特別支援を要する子に、教師はその都度叱ったり、注意したりしても、そのような子どもの忘れ物がなくなることは少ない。教師が子どもをほめるために、そして子どもたちが活動する時に困らないように、教師が教室に常備しておけばよい。

❶子どもにとって便利なグッズ、❷教師にとって便利なグッズを紹介する。

## ❶子どもにとって便利なグッズ

(1)筆記用具

子どもが筆記用具を忘れたら、教室に常備している筆記用具を貸し出せるようにする。返却する時は教師に「ありがとうございました」とお礼を言わせることで、しつけをすることもできる。

筆記用具は、黒鉛筆、赤鉛筆、消しゴム、ミニ定規、ペン、のりなどである。物の位置と数を決めておき、当番の子が毎日揃えて整頓する。

また、筆箱そのものを忘れた子には貸出用筆箱を貸す。筆箱には黒鉛筆数本、赤（青）鉛筆、ミニ定規、消しゴムが全て入った状態にしておく。

(2)貸出用ノート

ノート1冊まるごとと背を裁断したノートを用意しておく。授業ごとに使用しているノートのマス目に合ったものを用意しておくとよい。

忘れ物をした子どもだけでなく、授業中ノートを使い切ってしまった子どもにも貸し出すことができる。貸したノートを切り取って持ち帰らせ、家で自分のノートに写させたり、貼らせたりする。

(3)貸出用教科書

年度初めに、各教科の教科書を数冊用意しておく。教科書が子どもの手元になく、授業に参加できないことだけは避けなければいけない。

(4)タイマー・ストップウォッチ

興奮してクールダウンさせる必要がある子に持たせる。例えば「10分たったら教室に戻ってくるんだよ」とストップウォッチを子どもに渡す。そして、予め教師と子どもとで決めている、子どもが一人になれる場所に行かせて落ち着かせる。

(5)トレーシングペーパー

書くことが苦手な子どもがいる。トレーシングペーパーの下にお手本を入れなぞればお手本そのままに写すことができる。教師はそれを見て、「すごいね」「よくできたね」と子どもをほめることができる。おすすめが「直写ノート※」である。1冊のノートに薄い白無地の紙が綴られている。昆虫や植物などのお手本が厚紙に印刷されている「おてほんくん※」とセットで常備しておく。暴れたり立ち歩いたりするなど、授業から逸脱行為をする子に直写ノートとおてほんくんを渡して直写させると、席について集中して取り組むという事実が多く報告されている。

※東京教育技術研究所で購入できる。

## ❷教師にとって便利なグッズ

(6)パッと行動支援　絵カード

支援が必要な子どもに、絵カードを見せて視覚的に指示を出すものである。詳しくは次頁に書かれている。

(7)一筆箋

特別支援を要する子どもは、ほめられることが少ない。そんな子どもをほめるために欠かせないグッズである。机の中や近くに常備しておくとよい。子どもの活躍した様子や子どもの良いところなどを、保護者に向けて手紙を書くことに使う。書いた一筆箋をコピーしたり、カーボン紙で転写したりすることで、記録にもなる。子どもの問題行動で、連日学校からの電話に心を痛めている保護者もいる。そんな保護者への一筆箋は保護者を喜ばせる。その子どもは保護者からもほめられる。

(8)救急セット（絆創膏・体温計など）

特別支援を要する子どもは転ぶことが多い。ちょっとした傷でも、目に見えない傷でも、痛さを教師に訴えてくる子もいる。痛いと言ってきた子には、「大丈夫だよ。絆創膏を貼ればすぐに治るよ」と言って貼ってあげる。絆創膏とやさしい声かけで対応する。

また、嫌なことから逃げる傾向がある子どもは、「頭が痛い」「熱がある」などと訴えてくることがある。そのような子どもには、体温計で体温を計ってあげて、子どもを安心させることができる。

《参考文献》
・『教室ツーウェイNo.426、443』明治図書
・『教育トークラインNo.484』東京教育技術研究所

【加嶋紘平】

| 視覚支援カード | Visual support card

# 視覚支援カード

● 特別支援

　視覚支援カードとは、支援したい内容を整理し、子どもがわかりやすいシンプルなイラストが描かれたカードのことである。
　特別支援が必要な子どもの中には、音声による情報（指示）よりも、絵や写真などの視覚による情報の方が、理解が早く適切な行動がしやすいという特性の子どもがいる。そのような子どもに有効である。

## ❶視覚支援とは

　子どもが目で見て理解し正しく行動できるよう、絵カードや学習時間割などのスケジュール表で視覚化して支援することである。視覚で支援し理解させることで、子どもの不安や混乱が少なくなり情緒が安定する。
　視覚支援カードは、音声入力だけでは難しい子どもに、絵や写真を見せることで脳に判断をさせ、適切な行動をさせるという教材である。

## ❷「パッと行動支援　絵カード」とは

　発達障害を持つ子や小さな子どもとのコミュニケーションで活用されている視覚支援カードに着目し、小学校の先生の意見を取り入れて制作した。TOSS特別支援教育担当者が、アメリカのミシガン特別支援教育視察で目にした視覚支援カードを、より日本の子ども向けにアレンジをして開発している（東京教育技術研究所発行）。

　カード内容を小学校生活で必要な5つのカテゴリー
「場所」教室・廊下・トイレ・体育館等
「行動」歩く・座る・手を挙げる・発言する等
「禁止」止まれ・しゃべらない・怒らない等
「教科・行事」算数・クラブ活動・運動会・集会等
「学校必需品」上靴・鉛筆・教科書・ランドセル等
に分け、わかりやすいシンプルなイラストで表現している。また、イラスト面に文字による説明がなく、状況に応じた様々な支援ができる。まだ文字が読めない子どもにも有効である。

## ❸視覚的に指示が出せる

　発達障害や自閉的傾向のある子どもは、目で見て判断し理解をすることが得意な子が多い。絵カードにより視覚的に指示が出せれば、目立たずに支援することができる。学校生活では、教師の音声（言語）で指示されることが多く、なかなか動けないことが多い。全体指導後に個別に音声で指導すると、周りの子が聞いてしまい、「また○○くんは注意された。」となる。教師の指示の真似をして、「○○くん、〜〜だよ！」と、注意を繰り返すことも予想され、その子の自尊感情を下げてしまう原因にもなる。

## ❹絵カードの使い方

例　教室から「体育館に行きます」という指示の場合
(1)「体育館」「歩く」のカードを用意する。市販のコードリール等を活用し、腰に携帯すると素早く支援ができる。
(2)最初に言葉や板書で、「体育館に行きます」と、子どもたち全体へ指示を出す。
(3)指示が通らない子のそばへ行き、「体育館」のカードを見せる。次に「歩く」のカードを見せ、視覚的に「体育館に行きます」の指示を出す。

## ❺適切な支援方法

(1)なるべくカードのみの指示をする
　音声と視覚情報が混じらないよう配慮する。
(2)さりげなく見せる
　真正面では、教師が無言の圧力を与えてしまう場合がある。他の子に支援が見えてしまうので、そっと子どもの横や斜めから見せるようにする。
(3)その子に合ったカードで支援する
　行動支援のためのツールは、子どもが指示を理解し行動しやすいものでなくてはならない。インターネットでは、デジカメで撮った写真などで絵カードを簡単に作成できるサイトもある。

《参考文献》
・北出勝也『発達の気になる子の学習・運動が楽しくなる　ビジョントレーニング』ナツメ社
・TOSS特別支援教育研究会『パッと行動支援絵カード：学校生活編　教師用ユースウェア』東京教育技術研究所

【真野二郎】

| フラッシュカード | Flash card

# フラッシュカード

● 特別支援

　カードやスクリーンに写されたスライドで、絵や文字、記号などを次々と見せ、子どもたちに唱えさせていくのがフラッシュカードである。大量の情報を子どもたちの脳にインプットさせるのが最大の目的である。

　もともと乳幼児への早期教育のための教材であったが、現在は学校現場でも広く使われている。

　1枚1枚を高速でめくって読み上げていくので「フラッシュカード」と呼ばれる。

## ❶種類

　様々な種類のフラッシュカードが市販されている。数字、九九、ひらがな、カタカナ、漢字、国旗、都道府県、歴史人物、星座、百人一首、視知覚トレーニング、その他にも様々な種類がある。スクリーンに映し出すデジタル型教材としてのフラッシュカードも、教室で活用されている。市販のフラッシュカードだけでなく、教師が自作することもできる。

## ❷やり方

　手順の一例を示す。

①教師が数枚のフラッシュカードを持つ。
②教師が一番手前のカードを見せながら、そのカードの言葉を読む。
③教師がそのカードの言葉を読んだら、子どもたちが同じ言葉を繰り返す。
④教師がカードを次々にめくり、子どもたちも次々とそのカードの言葉を唱えていく。

　カードの表を見せながら裏に書かれた言葉を唱えさせたり、教師が読まなくても子どもたちだけで読ませたりするなど、様々なバリエーションが考えられる。

　また、カードにリングを付けて次々とカードを持っている手から離していく方法もある。

　大切なことはめくるスピードである。「赤ちゃんの読みの研究」で知られるグレン・ドーマン博士は、著作の中で、カードによる「読み」の指導について次のように述べている。

・スピードは特に大事。遅すぎると失敗につながる。
・1枚のカードに1秒以上かけると、子どもはついてこない。
・子どもを退屈にさせない。見せ方が遅すぎると速すぎる場合より子どもは退屈する。

（『赤ちゃんに読みをどう教えるか』より引用）

　時間は1〜2分程度がよい。長くやっても子どもたちは集中力が持続しない。短時間で毎日続けていけば効果が上がる。どの子も楽しくできるようになるためには、教師はテンポよく、子どもたちが見やすいようにカードをめくっていく必要がある。カードの持ち方や読み方、めくり方などは練習が必要である。

## ❸効果

　フラッシュカードの最大の効果は「大量の情報を脳にインプットできる」ことである。ただし、情報量が多すぎると、子どもの脳を混乱させてしまい効果は低くなる。1回に扱うカードは5〜7枚程度がよい。

　東京教育研究所から販売されている「1分間フラッシュカード」には、次のような効果があるとされる。

①授業開始1分間が安定する。
②学習内容を楽しく覚えられる。
③集中力がアップする。
④特別支援を要する児童も取り組める。

　特別支援を要する子どもも、無理なく楽しみながら覚えることができる。発達障害の子どもたちが通う民間スクールもあるが、フラッシュカードを使った実践で優れた効果を出しているところもある。

## ❹学級での事例

　小学校五年生の社会で、毎回授業開始1分間行った。カードは「都道府県フラッシュカード」。授業開始直後、どの子も一気に授業に引き込まれ、教室に遅れて入ってくる子も叱られず授業に参加し、勉強が苦手な子も楽しく声を出し、「社会大好き」と言うようになった。

### 《参考文献・HP》

・田中博司『どの子も「安心」できる学級づくり・授業づくり』学事出版
・グレン・ドーマン『赤ちゃんに読みをどう教えるか』ドーマン研究所
・甲本卓司編『すぐれた教材が子どもを伸ばす』学芸みらい社
・『特別支援教育教え方教室42号』明治図書
・『教育トークライン№440』東京教育技術研究所
・東京教育研究所　www.tiotoss.jp

【加嶋紘平】

# アンガーコントロールキット

●特別支援

アンガーコントロールキットとは、「フラッシュカード」と「ログファイル」を組み合わせたトレーニングを行うことで、発達障害の子どもをはじめ感情のコントロールが苦手な子どもたちに怒りの感情の理解を促し、認知を良い方向に導くことを目的とした教材である。

## ❶なぜ必要か

怒りの感情にまかせた暴力や暴言は、人間関係に大苦手な子どもたちに怒りの感情の理解を促し、認知を良い方向に導くことが必要である。

## ❷特長

アンガーコントロールキットは、以下のものがセットになっている。

①アンガーコントロールフラッシュカード
②アンガーログファイル

①アンガーコントロールフラッシュカード

(表) マイナスの気持ち

(裏) プラスの認知

怒りの感情の言葉を身につけるために使用する。12枚あり、表にはマイナスの気持ち、裏にはプラスの認知が書かれている。

②アンガーログファイル

アンガーログファイルにある「いかりのおんどけい」は、出来事の軽重によって、怒りの大きさと表現が異なることを体得させるためのものである。アンガーログファイルは、怒りの感情を判別・記録させ保存していくものである。落ち着きを取り戻せる方法を付箋などで貼り付ける箇所も備わっている。

(左：いかりのおんどけい　右：アンガーログファイル)

## ❸ユースウエア

STEP1から4のトレーニングを行い、子どもが感情をコントロールする力を高めていく。

(1)STEP1　怒りの感情の言葉を身につける

フラッシュカードでマイナスの気持ちを言わせる練習をし、子どもの身の回りで起きた怒りの場面と結びつける。

(2)STEP2　感情の程度を認知する

子どもが怒りを抱える出来事があった時に、今の怒りの状態を聞き、「いかりのおんどけい」の1から5のメモリのどれに該当するか指を置かせる。その後、教師が怒りに見合った目盛りに指を置き、いかりの大きさを正しくとらえさせる。出来事の軽重によって、怒りの大きさと表現が異なることを説明する。

(3)STEP3　怒りを抑えるための行動

「アンガーエクササイズ」とマイナスの気持ちをプラスに変える「ポジティブ・チェンジ」を行う。アンガーエクササイズは、子どもと話し合い、落ち着く方法を記載したメモをログファイルに残す。ポジティブ・チェンジは、フラッシュカードを使い、マイナスの気持ちとプラスの認知を交互に言わせる。

子どもが怒りの場面に遭遇したときに、どんなマイナスの言葉だったか、その気持ちを言い換えるプラスの気持ちは何だったかを根気強く聞く。

(4)STEP4　怒りの感情を判別・記録する

子どもが怒りに遭遇したときに、付箋などのメモに日時、出来事、怒りの温度計や思ったことを記入する。そして、感情を判別・記録、保存していく。定期的にファイルに保存したメモを確認し、怒りを感じた回数の増減、過去の出来事と似た状態が発生した際に「前は3だと決めて我慢できたね。今回もできると思うな」と、過去の自分の振り返りをさせる。

詳しくは、東京教育技術研究所のHPにあるアンガーコントロールキットの紹介ページにユースウエアが記載されている。

《参考HP》
・東京教育技術研究所HP　アンガーコントロールキット指導用ユースウエア

【高杉祐之】

# アタマげんきどこどこ

● 特別支援

> 「アタマげんきどこどこ」は吉川武彦医学博士が監修された日本初ワーキングメモリを鍛えることができる絵本である。

ワーキングメモリとは、短時間情報を保持して同時に処理する能力である。吉川武彦医学博士は「頭の中のメモ帳」みたいなものと表現されている。

ワーキングメモリには以下の4つの要素がある。
・音韻ループ（音や文）
・視空間スケッチパッド（絵）
・エピソードバッファ（経験）
・中央実行系（集中）

「アタマげんきどこどこ」を使うと、この4種類あると言われているワーキングメモリの全てをバランスよく鍛えることができる。

> 「アタマげんきどこどこ」は、以下の3つから構成されている。
> ① 「みつけてどこ？」
> ② 「かぞえてどこ？どこ？」
> ③ 「さがしてどこ？どこ？どこ？」

## ❶みつけてどこ？

左端に描かれている絵の子を全体の絵の中から探す活動を行う。絵の特徴をつかんで、それと同じ絵を探すことで、ワーキングメモリを鍛えることができる。

左端にある絵を見ながら、ページ全体の中から探す。つまり、目から入った情報を頭に保持しながら探す。

視覚的ワーキングメモリである「視空間スケッチパッド」を鍛えることができる。選択的情報の切り出しが弱い自閉症傾向の子どもにも有効である。

## ❷かぞえてどこ？どこ？

ページ下中央に「紙ぶくろを持っている人4人」などの文字が書かれている。この文字を読んで音に変換する。この音の情報を目で変換して見つける。

文字から絵への変換が必要になるので「音韻ループ」と呼ばれるワーキングメモリが鍛えられる。同時に、記憶を保持しながら探す作業が入ってくるので実行機能の抑制や衝動性に関わる「中央実行系」も鍛えることができる。

また、かぞえてどこ？どこ？では、絵のあちこちに目を動かし、いろいろなものを探して数える。このように探すことで、子どもの注意力も高めることができる。つまり、注意選択する力も鍛えることができる。

## ❸さがしてどこ？どこ？どこ？

ページ右下に「手を上げている人。はーい、タクシー。」という文字を読む。そして自分の記憶から「手を上げて、はーい、タクシー。」という記憶を呼び戻す。頭の中でイメージし、絵から見つける。

文を読み、自分の経験したことのある光景を長期記憶から引き出す「エピソードバッファ」を鍛えることができる。これは、認知症予防にとって極めて重要なパーツとなる。

文章で書いてある問題を解くので、文章理解能力を高めることもできる。

また、さがしてどこ？どこ？どこ？では、言葉を頭の中で絵にして、当てはまる子を探す。書かれているせりふによって、探す子のイメージができる。つまり、脳全体が活発になり、前頭連合野も鍛えることができる。

## ❹オリジナル問題作り

通常の使い方の他に、オリジナル問題作りがある。上記3つで出ていない自分だけの問題を作って、ペアで出し合う。これは、とても盛り上がる。ペアで行うことで、言葉でのやり取りが生まれる。コミュニケーション能力も鍛えることができる。

自閉傾向のある子どもはかなり独創的な問題を作る。他の子が考えつかないような問題なので、子どもたちは楽しんで問題を解こうとする。オリジナル問題作りはアクティブラーニングの1つの形となる。

「アタマげんきどこどこ」は、ワーキングメモリだけではなく、注意選択する力、前頭連合野の3つを鍛えることができる。

ワーキングメモリは学力にも関係すると言われている。計算をするとき、文章問題を解くときにもワーキングメモリを使うからだ。つまり、ワーキングメモリを鍛えれば、成績も上がることが期待できる。「アタマげんきどこどこ」で楽しくアタマを鍛えることができる。

《参考文献》
・吉川武彦『アタマげんきどこどこ』騒人社
・湯澤美紀／河村暁／湯澤正通『ワーキングメモリと特別な支援 一人ひとりの学習のニーズに応える』北大路書房
・湯澤正通／湯澤美紀『ワーキングメモリと教育』北大路書房

【橋爪里佳】

| ソーシャルスキルかるた | Social skill karuta

# ソーシャルスキルかるた

● 特別支援

　ソーシャルスキルかるたとは、ソーシャルスキルトレーニングの一部で、子どもたちにソーシャルスキルを身に付けさせる教材である。
　ソーシャルスキルとは、社会生活での様々な集団や活動に参加するための態度や能力、考え方をいう。

❶なぜ必要か

　スキルを身に付けていない子には、発達障害や生育歴など様々な原因がある。そのような子は、まわりに合わせて適切な行動をすることが難しく、自分のペースを優先して行動をしがちでトラブルが多くなる。
　近年、発達障害があるないにかかわらず、人間関係を築く力が弱いと言われるようになった。いじめや不登校など、不適切な行動が社会問題になっている。そこでクラス全員にソーシャルスキルを指導し、人間関係を育てていこうという考え方が広がってきている。

❷スキルをどのように身に付けていくか

　通常、幼児期に学んでいく。「あいさつをしよう」「くつをそろえよう」など、言葉で教えることが多い。ただ、発達に課題のある子どもには、このような言葉による音声情報だけでは指導が入らないことがある。耳よりも目、視覚的に伝えるほうが理解の早い場合が多い。例えば、大人がモデルとなって実演したり、映像や写真を見せて学習させたりする方法がある。

❸五色ソーシャルスキルかるたとは

　小学校に入学した時に必要なソーシャルスキルを、かるた遊びを通して、子どもたちが自然と身に付けられる教材である。（東京教育技術研究所発行）
　100個のソーシャルスキルを5つのテーマ【学校生活・学習規律・挨拶・社会生活・対人関係】で五色に分類し、それぞれ20枚ずつのかるたになっている。
　かるた遊びをする時は、「今日は○色をします」と言って20枚のかるたで行う。20枚は数分間でできるので、集中を続けるのが難しい子どもでも楽しく取り組むことができる。短時間なので、朝の会や空き時間に毎日繰り返して行うことができるので、子どもたちも内容を覚え、自然と意識の中にソーシャルスキルがたくわえられていく。かるたの絵（視覚）と音声（聴覚）の両方で学習するので、定着に効果がある。

❹ソーシャルスキルかるたの遊び方

【基本的な遊び方】
①かるたの色を決め、20枚かるたを並べる
②教師が読み、子どもたちは「はい」と言って取る
　〈例〉
　　教師「つかったら　もとのところへ　もどそうね」
　　子「はい」
③取った札は、裏面を上にして自分の近くに置く
④お手つきの場合、1回休みか自分の取った札を1枚出し、次に取った人がその札を一緒にもらう
⑤慣れてきたら、最後の五音を言いながら取る

【特別支援学級など指導が難しい場合】
①対戦ではなく1人で取る練習をする
②枚数を少なくして5枚や10枚を並べて始め、慣れてきたら枚数を増やしていく
③かんしゃくを起こす子は、教師が読みながら対戦し、取られても怒らなかったことを褒める
④少しずつ基本的な遊び方ができるようにする

❺学級での事例

　Aくんが友達とぶつかってトラブルになった。言い訳や相手を責める発言があり、解決するには時間がかかっていた。かるたの指導後、似たようなトラブルがあった時に自分から謝ることができた。失敗した時は、謝るというスキルが身についてきた。「謝りなさい」の指導ではなかなか変化しなかったが、ソーシャルスキルかるたの学習で日常生活へ活かすことができた。

《参考文献》
・岡田智／岡村美和子／中村俊秀『特別支援教育をサポートする　図解よくわかるソーシャルスキルトレーニング（SST）実例集』ナツメ社
・本田秀夫／日戸由刈『自閉症スペクトラムの子のソーシャルスキルを育てる本』講談社
・TOSSソーシャルスキル研究会『五色ソーシャルスキルかるた指導の手引書2015改訂版』東京教育技術研究所

【真野二郎】

# 輪郭漢字カード

● 特別支援

　輪郭漢字カードは、富山県の五十嵐勝義氏、山本いずみ氏により開発された、漢字と絵を合体した教具である。主に知的障害のある子を対象としているが、幼児、漢字の苦手な子にも効果がある。下記のように、実物を示す「絵」と「漢字」がほぼ同じ大きさで重なりあっている。

【特徴】
(1)絵と漢字が重なっている。
(2)絵と漢字はほぼ同じ大きさである。
(3)絵は輪郭線だけで描かれている。

　絵と漢字が一体化しているため、絵と漢字を結びつけて認識できる。

　このカードのように、具体物と漢字が一体化していると、絵を見ているようで、漢字も認識していると考えられる。輪郭だけ、また色も淡い色調なので、絵としての情報は必要な分だけ適切に伝わっている。
　ひらがなの「い」を示して「苺」と結びつけることは、子どもにとっては実は難しい。しかし上のような絵と「苺」はすぐに結びつく。
　身近なものと漢字が重なり合うことにより、意味を思い浮かべ、すぐに覚えることができる。

【使い方】
(1)全体に提示する場合。

 →
ひっくり返す

まず表を見せて読む。次に裏を見せて読む。

これを2回ずつ繰り返す。
(2)個別に提示する場合。まず3枚並べ、順に読む。

次に1枚ずつ裏にして読む。

(3)絵を見ながら漢字の意味を問う。

【効果】
　表の絵を見てすぐに読み、終わってから裏を続けて読むと、絵の残像が残っているものはすぐに読めるが、絵を忘れていると読めない。

　子どもは絵と漢字を重ね合わせ、絵を見ながらも漢字を認知している。

と推測できる。漢字が読めるようになると読書の意欲が向上し、読む冊数の増加も望める。漢字輪郭カードは漢字を楽しく早く覚えるための有効な教材である。

《参考文献・HP》
・『教室ツーウェイNo.245、271』明治図書
・石井勲『かなから教えていませんか？』家庭教育研究会
・TOSSランド　http://www.tos-land.net/

【在田裕子】

# 特別支援に対応した授業とは

●特別支援

　一斉授業で特別支援の必要な子への配慮に欠けると、全体が混乱しがちである。すなわち特別支援に対応した授業とは、〈全体を優先しつつ、個別の対応がある授業〉である。

　このような授業にするためには、授業の「型」がきちんと決まっていることが必要である。そうすればどのような場面でも柔軟に対応できる。特別支援の必要の有無にかかわらず、誰もが集中できる授業となる。そのための必要事項を３つ挙げる。

## ❶流れが決まっている

　やることがはっきり決まっていると、流れが安定する。その流れには明確な発問や作業指示があり、その後には確認がある。多くの子は次への見通しをもって学習に取り組むことができる。やったことへの評価も得られる。そうした中であれば、特別支援が必要な子どもがいる場合でも、全体に指示を出しておいて、そういう子のそばに行きやすい。また途中で集中が途切れたとしても、流れが安定していれば、その気になったとき、戻って来られる。

> 基本的に、１時間の流れを型として決めておく

　「型」が決まっていると、教師の言葉も減る。説明がいらないからである。言葉が多い授業では説明が長くなる。長い説明は子どもを混乱させる。わからない状態が続き、いらいらが募る。するとさらにわからないという悪循環になる。

　一方言葉が少ない授業では、子どもたちは混乱せず、自分たちで先を見通して動くことができる。その動きをほめることが増える。こうして良い循環ができる。良い循環は子どもの安定に大きく影響する。

　言葉を減らして子どもの活動を安定させたら、次に大切なのは作業指示と確認である。作業させることは、子どもの動きを作ることである。動けば神経伝達物質ドーパミンが出て楽しさが増す。作業と確認はセットである。できたかどうかは認められるかどうかにつながるので、子どもにとっては多少の緊張を伴う。授業では必要な心地よい緊張感である。これは神経伝達物質ノルアドレナリンが出る。型がきちんと決まっていることで、脳内の神経伝達物質の働きを適切にすることが可能となる。

## ❷スモールステップで組み立てられている

　課題をクリアするまでの過程では、子どもの集中や意欲を持続させるために励ましや賞賛が必要だ。スモールステップで組み立てられていると、そのステップごとに「できた」という達成感が得られる。そしてほめることができる。それがさらに次への意欲や集中力を引き出し、よい循環ができる。こういう流れの中で

> 成功体験をたくさん積ませることができる

　成功体験は子どもの安定に大きく作用する。

## ❸その子に合った情報の入力方法がある

　子どもによって認知特性が違う。視覚優位か、聴覚優位か、である。どちらにもわかりやすく伝わるような教師の対応が必要である。

　「教科書〇ページ」と言いながら、その箇所を指し示す、「〜をします。」と３回繰り返す、説明したことを板書する、など目の前の子どもたちに合わせて、

> 多様な情報の伝え方を工夫する

　子どもが一目でわかる視覚情報、聞いてすぐ取り組める短い聴覚情報による指示、など様々な対応方法を知り、身につけていることが望ましい。

　これらの他に、自己肯定感を高める対応も大切である。自分のやったことがほめられ、認められることで自信を持てるようになる。教師はほめかたのバリエーションをたくさんもっていることが必要だ。

- ・言葉でほめる（短く、力強く）
- ・表情でほめる（笑顔で）
- ・サインでほめる（OKサイン、Vサイン）
- ・びっくりする（低学年には特に有効）
- ・他の人にほめてもらう（校長先生、担任以外の先生）

　これらは脳内にセロトニンを出す。セロトニンは心を癒やし満足させる神経伝達物質である。セロトニンを増やすにはこのほかにも、みつめる、ほほえむ、話しかける、触れる、などの対応がある。これらの対応を使い分け、子どもの心の安定を図りながら授業に臨む必要がある。

《参考文献》
・小嶋悠紀『0からの特別支援教育入門講座』RUSCELLO

【在田裕子】

# 残しておくと便利！教師の指導記録

● 特別支援

> 個別の指導計画に指導の記録を残すことがある。しかし、ここでいう「指導記録」はあくまでも「教師が個人的に残す記録」ということに限定する。

教師が指導の記録を残すと何が良いのか。

### 指導の質が向上する

そのような指導記録を残し、質を向上させるためには3つのポイントがある。
ポイント①　指導事柄を絞る
ポイント②　具体的な方法を記述し実行する
ポイント③　良し悪しを判断する

### ❶指導事柄を絞る

指導といっても様々なものがある。教科の指導から生徒指導、特別支援が必要な児童への指導。教師が指導することは多岐に及ぶ。そして、質を向上させたい指導事項がたくさんあるのも事実である。たくさんの指導項目の質を一気に上げたいと思い、たくさんのことに取り組むと中途半端で終わることが多い。

### 改善したい事項を1つに絞る

あえて絞ることで意識が集中し、指導の質が向上するのである。例えば、給食の配膳の仕方、算数のノートの書かせ方、掃除の仕方などである。そして、それに関連する先行実践や論文を調べ尽くす。TOSSランド、教育雑誌、先輩の経験。手に入れることができる情報をできるだけ多く得るのが大切である。

### ❷具体的な方法を記述し実行する

質を向上させたい指導事項が決まったら、どのように指導するかを考える。

### 具体的に記述し、実行する

例えば、給食の配膳の仕方であれば、「動線の通りに○班からお皿を運ばせる」などである。調べることができるだけの先行実践を試す。そして、2つ3つの方法ではなく、たくさんの方法を試すのだ。ほんの少し変化させるだけで方法は変わる。細かな変化も含めて数十から数百の単位で取り組む方が良い。子どもた

ちが劇的に変化することもあるのでできるだけたくさん試す。

### ❸良し悪しを判断する

実行してみると、手応えのあるもの、子どもが熱中したもの、飽きたもの、「楽しい」と言ったものなど様々な反応が子どもたちから返ってくる。

### 子どもの反応をもとに良し悪しを判断していく

この記録にはノートがおすすめである。ノートの1行に1つのことを書き実行する。

> 良いものは残しておく
> 失敗したものは二重線で消す
> よくわからないものには△をつける

このように判断する。できるだけたくさん行う。目安としては1つの指導方法につき、ノート5ページほどである。たくさんの試行錯誤の中から、最も良いものを決める。あとはこの最も良い方法を採用し、子どもたちに指導していけば良い。この作業を通すことで、今受け持っている子どもたちに最も合った方法を見出すことができる。

数年前に特別支援の必要な児童がたくさんいる学級を担任したことがあった。学級全体が騒然とし、指導がうまくいかなかった。その時、指導記録を残し、良い指導を見出すことができた。学級はとても良い状態まで回復し2年間を終えることができた。

この指導記録を残す方法は、向山洋一氏より以下のように助言をいただいたところから始まった。

> 支援をしているって言っても10か20。
> どんな子でも成長する。万策尽きるまでやり続けるのです。本当に10000の策を考えてみるのです。

この言葉があったからこそ、私は乗り越えることができた。「指導記録を取り最善の方法を見出す」ということができるようになれば、大変な子どもたちを担任しても必ず打開できる。

【高杉祐之】

特別支援が必要な子どもへの配慮──授業・環境編

# 個別の指導計画の書き方

●特別支援

個別の指導計画とは、特別支援の必要な児童一人一人について、指導の精度を上げるために目標や内容、配慮事項などを示した計画書である。作成することがねらいではなく、その後の指導をより効果的にするために、指導者で共有し、状況に合わせて活用することが大切である。

書式は、各自治体で使われているものがあるので、それを使うと引き継ぎの時に便利である。また作成してそれで終わりではなく、それをどのように活用するかが大切である。

## ❶アセスメント……情報の収集と整理

子ども一人一人に応じた指導を行うためにも、実態を適確に把握することが必要である。下記のような方法がある。

(1)本人や家庭との面接……生い立ち、家庭の状況
(2)関係者、専門家との面接……入学前の様子、前担任からの引き継ぎ、学習、交友関係、医療や福祉施設の利用状況
(3)検査……諸検査の結果
(4)観察……好き嫌い・得意不得意、コミュニケーションの方法、日常生活のスキル、子どもの認知特性（視覚優位、聴覚優位）、子どものつまずきの把握
(5)ABC行動分析による不適応行動への対応……子どもの不適応行動が、どのような状況で起こり、どのような対応をし、その結果どうなったか。

## ❷指導計画の作成

短期目標、長期目標を設定し、指導計画を立てる。短期目標は現在の状況から優先度の高いもの、学期単位、月ごとなどで実現可能な具体的なものにする。

目標とする回数や時間などの、具体的な数字が入っていると動機付けになり、達成度もわかりやすい

〔例〕　〜を○分以内に一人でできるようにする。
　　　〜を○回、合格できるようにする。
長期目標は、本人や保護者が描く将来像を踏まえ、1年間（一学年）をめやすとして設定する。
〔例〕　〜の力を身につける。〜の力を伸ばす。
ここまでが作成についてである。以下活用についてのポイントを紹介する。
よりよい活用で指導の効果が向上する。

## ❸指導・実践

学習、生活指導では、個別の指導計画に書かれていることを配慮しながら進める。

個別の指導計画は、作成することがねらいなのではなく、活用し、指導に役立てることが重要である。

そのために、

子どもの様子を観察・記録し、書き込み、共通理解をはかる

(1)子どもの特性に応じた学習方法の工夫。
(2)教室環境の整備。
(3)集団の中での友達関係への配慮。
(4)保護者との共通理解。
(5)指導に関係する教職員との連携。
(6)通級指導教室、特別支援学校との連携。
(7)全教職員との協力体制。

上記についての具体的な記録を個別の指導計画に書き込んでいくとよい。

その上で、

個別の指導計画をもとにした関係者でのケース会議、支援会議を日常的にこまめに行う

印象だけで終わるのではなく、具体的な記録を取り、それをもとに個別の指導計画を見直す。日常的に指導の効果を話し合い、実際の指導に生かすべく活用する。

## ❹評価・計画の見直し

学期末、年度末などに、子どもに関わる関係者それぞれの評価を、専門家の助言も含めて特別支援コーディネーターが集約し、全体の会議で検討する。

設定した支援が適切、効果的であったか

を評価し今後の支援を調整する。

### 《参考文献》

・大南英明／河村久編『個別の指導計画の作成と活用』明治図書
・廣瀬由美子／佐藤克敏編著『通常の学級担任がつくる個別の指導計画』東洋館出版社

【在田裕子】

| 指導案の書き方 | How to write the guidance plan

# 指導案の書き方

● 特別支援

特別支援が必要な子どもを、客観的に観察と実態把握をし、指導に活かしていくのが必要である。谷氏は「指導案は医者のカルテと同じである。」と、話している。指導案は子どもたちの学習内容を規定するものである。プロでしか書けない実態把握や学習課題を明示し、指導計画や方針を立てていくために、子どもと一緒に活動をしながら日常会話や動作などの身体機能、友達への関わり方、発達課題や行動傾向などを観察し記録する。アセスメントをとり、子どもの実態をつかむことで学習計画や指導方針が立てられる。

## ❶指導案の形式をおさえる

指導案は、各学校や研究会で形式が異なる。一般的な形式の例と特別支援に必要なポイントを紹介する。

〔例〕「○○科（生活単元学習）学習指導案」

・単元名

単元とは、ある一定の学習内容のまとまりのことである。教科書の教材名としてしまう間違いが多い。

・単元について

| ①教材観 | ②児童観 | ③指導観 |

教えたい「学習内容・教材」があり、「児童生徒の実態」と照らし合わせ、授業の中で実態の差を埋めるのが「指導」である。単元は、この順番で書くとよい。

①教材観……その単元や教材、授業時間の中で教えたい内容について書く。この教材でしか指導できない内容や方法を書く。

②児童観……子どもの実態を書く。研究テーマや単元目標に合わせ、子どもがどのような状況であるか関連させて記述する。「元気である」は関係ないので書かない。

③指導観……どのように指導するのかを書く。授業の中での個別の配慮や支援の方法、TTとの連携について記す。アセスメントの結果を考慮し、支援児童ごとに分けて書くとよい。

・単元の目標・計画

指導案に使われる文末表現については、

| ①知る | ②気づく | ③理解する | ④できる |

を明確に使い分ける必要がある。アセスメントをとった上で目標を達成させるため、どのように子どもたちへ学習活動を展開するのかを書く必要がある。

①知る……活動の中に「資料の掲示」を明記する。

②気づく……気が付かせるための豊かな体験が必要で、「時間」「場所」「もの」を明記する。

③理解する……異なった意見や大まかな意味内容を、比較し検討する活動を明記する。

④できる……「教師の手本や教科書の例を模倣」と「反復による習熟」の2つの活動を組み込んで明記する。

・学習計画

興味関心を基に、見通しをもって取り組める内容で、つながりや順序を考えて、時間数まで考慮する。学習の開始から終了まで、児童ごとにタイムラインを作成するとよい。学習の見通しがもて指導に余裕ができる。

また、教授活動の主語は「教師」、学習活動の主語は「子ども」となるよう文末表現に注意する。

## ❷本時の指導

〔全体目標〕

単元の目標と関連させた学習活動を書く。目標よりも具体的表現で記入し、内容や子どもの予想される反応を書く。また、障害の種別（情緒・知的）や軽度と重度を分けて設定すると書きやすい。

〔個別目標〕

子どもが達成可能な、具体的な行動目標を明記する。単元目標よりも、記述は細かく具体的な活動を書く。

## ❸本時の評価

①シンプルな形であること……授業しながらなので複雑なのは難しい。具体的な内容を端的に明記する。

②数値で計測できる……何がどれくらいできたのか、観点を決めて見ていく。観点が示されていて、誰の目でも評価可能な形を設定する必要がある。

③全員に対して評価できる……障害の種別や軽重はあっても、どの子に対しても評価できるよう設定する。可能な限り全員を評価できるよう設定する。

④無理がないこと……45分の授業でどこまで到達できるのか。子どもに無理がないか。ゴールを明確にイメージして、評価基準をつくる必要がある。

《参考・引用文献》

・谷和樹『演習式　合格する"指導案・学級経営案"のたて方・つくり方　プロの赤ペンで大変身の実物24例』明治図書

・小松栄生『特別支援教育　子ども主体の授業のつくり方と学習指導案の書き方』東洋館出版社

【真野二郎】

# なかなかじっとできない子どもへの対応

●特別支援

気になることがあると見に行ってしまうなど、衝動的に立ち歩く場合。動くことでドーパミンの分泌を促し、脳を満足させ、安定させようとする行為と考えられる。

対応は、「満足を与えること」である。

## 動いても良い、立っても良い状況を作る

動いても良い、立っても良い状況を作ることで、「じっとできない」ことが目立たないようにコーディネートする。例えば、「教科書を読みます。読んだら座りなさい。」と指示する。「立つ」「読む」「座る」というように体を動かすことで、ドーパミンの分泌を促し、読み終わって座ったときに達成感がもてるようにする。さらに、「教科書を3回読みます。1回目は黒板、2回目は窓、3回目は後ろの掲示板を向いて読みます。」のように変化を付けて動かすことも有効である。「終わったら座りなさい。」の他にも、「できたらノートを持って来なさい。」「（できたら）黒板に書きなさい。」など、確認と行動がセットになっている指示が有効である。

## 別の活動をさせる

授業に入れないほど落ち着かない、授業に支障を来たすという場合などもあるだろう。そのような時は、敢えて別の活動をさせることで、脳の状態を安定させる対応も必要である。

例えば「教室を一周したら座りなさい。」「○○をタッチして戻ってきなさい。」など、行動を指示して運動させることで、落ち着かせる。しかし、その行為に意味が感じられないことで、本人が指示に従わない、他の子が教師の指導に不信を抱くなどの可能性もある。そのような場合は「○○教室からチョークを持ってきて。」「○○先生にこれを渡してきてね。」など、用事を頼むという方法もある。そして、やってくれたらしっかりとほめたい。そのことにより満足感を高め、落ち着きを促すことができる。

### ●不安傾向への対応

不安傾向が強い子どもは、授業中落ち着かず、ひどい時には離席を行う場合もある。愛着形成が十分でない場合にも、不安が強くなり、落ち着かない状態が見られる。さらに、どこまで許されるのかというルール

の認識が弱いと、歯止めが掛からず、不安がそのまま頻繁な離席へとつながってしまうことがある。

この場合の対応は、「不安を取り除くこと」である。

## 見通しを持たせる

予告と承認が有効である。「何を」「どのくらい」やるのか、明確に示す。その上で、「ここまでならできそうか。」「ここまでやったら、○○をします。」など、本人が納得できるように伝え、取り組ませる。（○○には子どもの好きなこと、やりたいことなどが入る。）また、事前に約束として、「勉強中は勝手に立ち歩かない。」ということを伝えておく。このように枠としてルールを教えることも必要である。もちろん、いきなり45分座っていることは難しい。初めは「5分間座ろう。」「○○を終わるまで座ろう。」など、本人と確認しながら対応する。そして、できたらしっかりとほめる。

## 信頼できる大人を置く

愛着形成が不十分な子どもは、不安傾向が強く、落ち着かないことが多い。そのような場合は、第三者として信頼できる大人を置くことが有効である。例えば、担任外の教員、または学びのサポーター、支援員などの配置が可能であれば、その子の困りに合わせて一緒に活動したり、声を掛けたりする。その際、不安を軽減できるような関わり（セロトニン5など）が可能だと、より効果が上がるだろう。

《参考文献》
・平岩幹男『自閉症スペクトラム障害−療育と対応を考える』岩波新書
・宮尾益知／向山洋一／谷和樹『医師と教師が発達障害の子どもたちを変化させた』学芸みらい社
・平山諭『発達障害児本人の訴え−龍馬くんの6年間−《Ⅱ.逐条解説編》』東京教育技術研究所
・小野隆行『トラブルをドラマに変えてゆく教師の仕事術　発達障害の子がいるから素晴らしいクラスができる！』学芸みらい社

【石田晃大】

# すぐに質問する子どもへの対応

● 特別支援

衝動性が強い子は、話を聞いている最中に、思ったことをすぐに口に出してしまう。話を聞いていないわけではなく、本人は意欲をもって聞いているのかもしれない。ただ、質問することで話を中断させてしまい、迷惑をかけていることに気づいていない。話を聞くときのルールを理解していないために、すぐに質問してしまうことが考えられる。

そこで、

> 質問するときのルールを教える

とよい。

まずは、話を聞くとき、質問をするときのルールを教える。この際、短い言葉で、はっきりと分かりやすくルールを伝えたい。「最後まで聞いてから質問します」「質問するときは、必ず手を挙げます」と伝える。それでも、ルールを守れず、衝動的に質問してしまった場合は、できなくても、その都度教えていけばよい。「話が終わってから」と、短い言葉で教えるとよい。教え方のポイントは、叱らずに、ほほえみかけながら、教えることだ。叱らないことで、自尊感情を保たせることができる。

さらに、

> ルールを守っている子をほめ、真似させ、できたらほめる

とよい。

ほめ方は、「○○ちゃんは、手を挙げて質問をしているね」などと話の聞き方のよいところを具体的にほめる。また、ルールを守った子をほめたら、真似しようとする子がいるだろう。そこで、真似しようとした子もほめるとよい。全体にルールを守ることがよいこととして伝わる。

そして、本人が話を最後まで聞き、待てるような様子が見られたら、すぐにほめることが基本である。ほめることで、次もルールを守ろうとする。ただ、言葉でほめ続けていると、話の全体の流れが中断してしまう。そこで、ノンバーバルコミュニケーション（言語を使わない）でほめるとよい。例えば、アイコンタクトではほえむ、見つめるなどである。また、ジェスチャーで軽くうなずく、指で小さくOKサインを送るなども効果的である。いずれにしても、ほめられたと感じさせることがポイントだ。

● 不安傾向が強い子への対応

不安傾向が強い子は、見通しがもてないと不安になる。話がいつ終わるのか、不安になり、質問してしまう可能性がある。

その場合、

> 話の見通しを持たせる

ことが必要である。見通しを持たせることで、聞くことに集中しやすくなる。見通しの持たせる話し方は、ナンバリングをすることだ。「これから3つお話しします。1つ目は～」と話すとよい。

当然、

> 話を短くする

ことも必要である。話の長さは30秒以内に収まるように心がけたい。長い話はそれだけで不安になる。短いと安心して聞くことができる。教師は、短く、内容を精選して、分かりやすく話すことを心がけたい。

また、話の内容が理解できないと不安になって、理解を補うために質問してしまう場合もある。その場合は、

> 視覚情報を補う

とよい。

視覚情報を補うと、聞く方は、理解しやすくなる。例を以下に挙げる。

- ・写真や絵を使う
- ・キーワードを板書する
- ・テキストで指し示す
- ・話す内容をテキストにして配布する
- ・ジェスチャーを入れる

ただ突っ立って話をするよりも、手を使っただけで聞く方は安心できる。

《参考文献》
・TOSS岡山サークルMAK編著『特別支援・場面別対応事例集』東京教育技術研究所
・平山諭／甲本卓司編著『ADHD症状を抑える授業力！』明治図書

【赤井真美子】

# すぐに姿勢が崩れてしまう子どもへの対応

●特別支援

〔原因〕
①低緊張
②やることがわからない
　すぐに姿勢が崩れてしまう子は、筋肉の緊張を調整することができていない場合が多い。そのため、背中が丸まり、肘をつき、具合が悪そうに見えたり、やる気がなさそうに見えたり、だらけて見えたりすることがある。無意識のうちに姿勢が崩れるのだから、何度注意しても意味がない。

　低緊張の子には、次の方法が有効である。

### 前庭覚を鍛える

　前庭覚とは体の傾きやスピード、回転を認識する感覚である。そのため、前庭覚が未発達だと姿勢の維持が難しくなる。
　滑り台を滑ったり、回転する遊具でぐるぐる回ったりすることで、前庭覚を鍛えることができる。滑り台を怖がる場合は大人が一緒に滑り、スピードを調整するとよい。慣れてきたら、滑り台を滑るスピードを上げたり、いろいろな姿勢で滑らせたりする。ただし、けがをしないように、安全に気を付けて行わせる。低学年なら生活科の学習などで公園に行った時にぜひ遊具で遊ばせると良い。
　トランポリンを活用すると低緊張の子には非常に有効である。ジャンプする時の上下の揺れで感覚を働かせることができる。親などの大人が手を貸して、トランポリンで大きくジャンプさせる。子どもがバランスを取ったり、より高く跳んだりできるように大人が支えるとよい。
　また、正しい椅子の座り方を助けるために

### 姿勢を保つためのクッションを使用する

のも有効である。
　細かいビーズが入っていて、真ん中がくぼんでいるクッションなどが比較的手に入りやすい。ビーズ入りクッションなどを椅子の上に置いて子どもに座らせる。このようなクッションを使用することで、子どもの姿勢が良くなるという報告もある。クッションを使わせていくうちに姿勢が崩れなくなってくる。だるそうに

机につっぷしたり、頬杖をついたりすることが少なくなる。クッションを使い、正しい姿勢に慣れることで身体機能が向上する。やがてクッションを使わなくても姿勢が崩れることなく、椅子に座ることができるようになる。

### ●やることがわからないことについての対応

　やることがわからないことで、不安となり姿勢が崩れる子がいる。
　そういう場合は次の対応が有効だ。

### 見通しを持たせる

　見通しが持てて、何をやるかがわかるだけでも不安が解消する子もいる。子どもの実態に応じて、あらかじめ1日のスケジュールを細かく書いたものを渡し、見えるところに置く。
　毎回授業の進め方が違うと子どもは見通しを持ちにくい。国語の授業の最初は漢字練習からスタートするなど、ある程度決まった流れで行うと子どもも安定し、授業に参加できることが多くなる。
　見通しが持てた上で、授業中子どもの頑張りを見つけて褒めることも大事である。良い行動を褒めることで強化され、良い行動が定着していく。授業中に子どもをたくさん褒め、安心して学習できるようにしたい。そうすることで、姿勢を崩すことなく授業に参加できる子も増えることが期待される。

＜教室でやってはいけない対応＞
　姿勢が悪く、だらけて見えるかもしれないが「姿勢が悪い。だらしがない。」「ちゃんとしなさい。」と学校で子どもを叱ってはいけない。子どもはわざと姿勢を崩しているわけではない。これは、家庭においても同じことが言える。

《参考文献》
・木村順『感覚統合をいかし適応力を育てよう1 発達障害の子の感覚遊び運動遊び』講談社
・秦野悦子『親子で楽しめる発達障害のある子の感覚あそび・運動あそび』ナツメ社
・杉山登志郎／辻井正次監修『発達障害のある子どもができることを伸ばす！ 学童編』日東書院

【橋爪里佳】

# 暴言を吐く子どもへの対応

●特別支援

〔原因〕
①誤学習をしている
②二次障害（反抗挑戦性障害）がある

## ❶誤学習をしている子への対応

> 無視して取り合わない

　相手を怒らせて面白がったり、周囲からの注目を浴びようとしたりして、暴言を発している場合。暴言に対する注意や叱責は、その子にとって「構ってもらえた」という誤った捉え方につながる場合がある。このような場合には、暴言そのものを取り合わず、無視をすることがよい。これは、「（暴言を吐いても）構ってもらえないこと」を分からせるための無視である。対応の際、暴言を無視されると、さらに激しく暴言を繰り返す場合がある（消去バースト）。ここで、無視しきれずに中途半端に対応してしまうと、「より激しい暴言を吐けば、相手の反応が引き出せる」という誤学習を上書きしてしまう可能性が高い。ここは、対応する方も覚悟を決め、暴言には決して取り合わないという毅然とした対応を心がけたい。一方で、暴言を無視する代わりに、好ましい言い方をしたときには、きちんと対応してあげるようにする。また、「より好ましい言い方を教える」という対応も必要だ。無視により暴言が減ってきたとしても、それだけでは、その子の「構ってもらいたい」という欲求は満たされない。放っておかれることが続けば、暴言が再発する可能性もある。決して、「その子」を無視するわけではないということに留意したい。自分が大切にされていると分かれば、暴言で注目を引く必要はなくなる。

> 毅然と最後までやらせ切る

　暴言により相手を怯ませて、自分の非をごまかしたり、厳しく指導されることを牽制したりする場合。また、やらなければならないことをうやむやにするために、暴言を吐いて話題を逸らそうとする場合。これも、「嫌なことから逃げられた」という誤った学習が積み重なったため、好ましい言動を取れなくなっていると考えられる。暴言に対応すればするほど、相手にとっては都合がよくなるため、注意や叱責を繰り返してもやめさせることは困難である。むしろエスカレートすることが予想される。この場合の対応は、「暴言を吐いても、嫌なことからは逃げられないこと」を分からせることである。例えば、漢字練習が嫌で教師につっかかり、暴言を吐いてくる場合。教師は暴言には一切取り合わず、「漢字練習をします。」と、淡々と指示する。このとき、相手の調子には合わせず、「あなたが何と言っても、この課題はやってもらう。」という態度を崩さないことがポイントである。暴言を取り合わないことで、ふてくされたり、教室から出て行ったりする場合があるかも知れない。その際も、「○○くんは、漢字の練習が終わっていないので、昼休みにやってもらいます。」と、課題そのものは、きちんとやらせ切ることが重要である。特に、初期の対応（ファーストコンタクト）が極めて重要だ。この段階で毅然と対応できるかどうかで、後の指導が上手くいくかどうかが決まる。

## ❷二次障害のある子への対応

> 自尊感情を傷付けない

　注意や叱責が重なり、自尊感情が著しく低下したことが原因で二次障害を引き起こした場合。防衛反応から、暴言という行動に出てしまう。難しいのは、たとえ本人にとって不利益になることであっても、敢えて暴言という行為に及んでしまうことである。そのような場合、暴言に対して注意を与えても、自尊感情が傷付くことで「より強い防衛反応を引き出す＝暴言がひどくなる」という状況を引き起こしかねない。この場合の対応は、暴言を真正面から受け止めず、肯定的な表現で返答することが有効な場合がある。例えば、「ぶっ殺すぞ、こら。」と言った相手に、「殺してないんだから、えらい。」と、肯定的な表現で返すような対応である。その場しのぎにも思えるが、否定しないやり取りを積み重ねることで、その子との関係を切らずに、今後の指導が可能になるところまで関係を構築（または維持）するためには必要な対応である。

### 《参考文献》
・宮尾益知／向山洋一／谷和樹『医師と教師が発達障害の子どもたちを変化させた』学芸みらい社
・平岩幹男『自閉症スペクトラム障害－療育と対応を考える』岩波新書

【石田晃大】

# 楽器を持たせるとすぐにならす子どもへの対応

●特別支援

〔原因〕
①ならさない時に楽器を触っている
②扱い方がよく分からない
③衝動性が強い

## ❶ならさない時に楽器を触っている子への対応

　環境を調整することで、注意や指示をしなくてもよい状況を作り出すことが基本的な対応である。

### ならさない時は楽器を持たせない

　先生が話しているときは、楽器を置かせる。もっと言えば、「演奏に必要な時以外はしまっておく」くらいでもよい。楽器は手に届くところに置かせない。例えば、水泳指導では、水に入る前に大切な指導を終えてから入水させる。水の中に入ってから説明しても、はしゃいでいる子どもの耳には、ほとんど入らないからだ。同じように、楽器が触れる状態で先生が指示をしても、楽器に夢中な子どもの耳には入らないと考えた方がいい。

### 正しい置き方を教える

　例えば、鍵盤ハーモニカを指導する場合。楽器の正しい置き方をきちんと教えておく。重要なポイントは、「唄口をどこに置くか。」ということだ。ホースに唄口をはめ込む溝がついているものならば、音を出さないときはその溝のところにはめておく。機能上そういった溝のないものであれば、ハンカチなどを用意させて、その上に置くなどでもよい。とにかく、唄口を置かせてしまえば、鍵盤ハーモニカの音は出せない。置き場を決めておくことで、音を出せない状況を作り出すことができる。もちろん、置き方を教えただけでは、守れない子も出てくる。最初に教えるときに、実際に音を止める練習をすることも必要だろう。
　できなければ、できるまでやり直す。
　できたときには力強くほめて、よい行動を価値付けたい。

## ❷扱い方がよく分かっていない子への対応

### 正しい奏法やいい音を教える

　特に打楽器を使って演奏する場合は、正しい奏法を教えておくことも有効である。正しい叩き方を知らないから、でたらめに音を出そうとする。また、楽器本来の音色がどんな音なのかを分かっていないと、とりあえずガチャガチャとならして満足、という状態から抜け出すことはできない。そこで、よい叩き方を教えたり、楽器本来のよい音を聞かせたりすることが大切である。

## ❸衝動性が強い子への対応

　衝動性が強い子どもの場合、ルールを教えたり、奏法を指導したりしても、なかなか守れないことがある。特に、発達障害がある子どもは、本人がルールを破るつもりがなくても、脳の機能がそうさせてしまう場合もある。その結果、先生から注意されたり、友達から責められたりする機会が増えてしまうと、かえってルールや指示に反発するようになり、状況が悪化してしまう。そうならないためには、❶や❷の対応に加え、ルールを守らせるためにもう一歩の詰めが必要である。

### 個別評定をする

　楽器をやたらめったらならしてしまう子には、「10点満点の1点」と伝える。言われた子は「なぜ、1点なのか」と、不思議に思うだろう。そこで、次々と指名して演奏（音を出）させ、「4点」「3点」「3点」と点数を付けていく。そして、正しい奏法や姿勢などに気を付けて演奏した子には、「7点」など高得点を付ける。もちろん、衝動的な子も、正しい叩き方ができたら（先ほどよりも進歩したら）、「さっきよりいい音だ。8点！」というように、高得点を付ける。衝動性の強い子であるほど、なかなか点数が上がらなければ、「何とか点数を上げたい」と熱中しやすい。さらに、「点数が付く」という緊張感の中で音を出すので、衝動的な子も慎重にならざるを得ない。このように、教師が個別評定でコントロールしながら、慎重に音を出す経験を積み重ねることで、勝手に音を出す状態を改善していくことができる。

《参考文献》
・杉山登志郎『発達障害の子どもたち』講談社
・杉山登志郎／辻井正次監修『発達障害のある子どもができることを伸ばす！ 学童編』日東書院

【石田晃大】

# 自分の世界に入る子どもへの対応

● 特別支援

〔原因〕
①授業がつまらない
②他に注意が向いてしまう
③他が気になってしまう

　上記の要因で、様々なことに注意が向いたり、こだわりの世界があったりして、自分の世界に入っている状態になる。

## ❶授業がつまらないことについての対応
　知的で楽しい授業が子どもは大好きだ。

### 教師が楽しい授業をする

　子どもが自分の世界に入るよりも楽しく熱中するような授業をするとよい。
　本、TOSSランドの指導案、東京教育技術研究所で販売されている授業資料、TOSS動画ランドの授業映像の中にそのような楽しい授業がたくさんある。そういう授業をやってみるとよい。
　また、各種フラッシュカード、あかねこ漢字スキルや計算スキル、百玉そろばん、五色百人一首も非常に有効である。
　1時間の授業の中の一部分でも優れた教材を取り入れることで、子どもを一瞬で引き付け、熱中させることができる。正しいユースウエアで行えば、効果は大きい。

## ❷他に注意が向いてしまうことについての対応
　教師の話が長いと、子どもは飽きてしまう。話が長いとすぐに他に注意が向いてしまう。そのため、教師の言葉は端的でなくてはならない。

### 教師の言葉を減らす

　教師の指示や発問は短く、明確にする必要がある。言葉が短く、わかりやすければ、子どもたちの注意を引き付けることが可能である。
　自分の声を録音して聞く、録音した言葉を文字に起こしてみる。すると、どんなに自分が無駄な言葉を発していたのかに気付くことができる。そして、無駄な言葉に赤を入れて減らしていくという作業をすることが必要である。

## ❸他が気になってしまうことについての対応
　自分の世界に入らないように、授業の中に活動を入れることと、気付かせることが効果的である。

### 活動を入れ、気付かせる

　「全員起立。一回読んだら座りなさい」
　音読する時に、全員を立たせる。周りが一斉に立ち、音読を始めるので、やらざるを得ない状況になる。立つ、音読するという2つの活動が入るので、自分の世界に入る隙がなくなる。
　「お隣さんに説明しなさい」
　隣の子との活動である。もし、自分の世界に入っていてやることがわからない状況であっても、隣の子が「今はこの説明をするのだよ。どちらから説明する？じゃんけんしよう。」などと言って教えてあげて、学習活動ができるようにリードしてくれることもある。
　ボーっとしていて何もしていない子がいたら、肩をポンと叩いたり、机をトンと叩いたりして、気付かせる。そして、何をやれば良いのかを教える。
　例えば算数の問題をやるのであれば、算数の教科書の問題が書かれている場所を指で押さえて「2番の問題をやるのですよ」と声をかけてあげるとよい。気付かせると教えるはセットである。
　中には感覚過敏で触られることを嫌がる子もいるので、その子の状況に合わせて行う必要がある。

## ❹教室で行ってはいけない対応
　「先生の話をちゃんと聞きなさい！」と叱ること。授業中、自分の世界に入るということは、脳の防衛反応とも考えられる。叱られることで、さらに注意を他にそらそうと問題行動が出てきてしまう。子どもが自分の世界に入ってしまった時には、自分の授業を振り返り、なぜそうなってしまったのかアセスメントを取ることが必要である。

《参考文献》
・平山諭／甲本卓司『ADHD症状を抑える授業力！
　特別支援教育の基本スキル』明治図書
・甲本卓司／TOSS岡山サークルMAK『特別支援を
　要する子の担任に必要なトラブル解決スキル事典』
　明治図書

【橋爪里佳】

# 音読ができない子どもへの対応

●特別支援

〔原因〕
①どこを読んでいるか分からなくなる
②読み方が分からない
③声が出ない

## ❶どこを読んでいるか分からない子への対応

読んでいる場所が分からなくなり、数文字もしくは数行を読み飛ばしてしまう場合。または、文末の読み違いが多い場合。そのような子には、

> マスキングをする
> 色分けをする

などの手立てが有効である。

マスキングは、読む行以外を紙などで隠して示す方法である。読んでいる行だけを限定して示すことで、他の情報に邪魔されることなく読み進めることができる。1行ずつ蛍光マーカーなどで色分けすることも、読んでいる行を特定しやすくすることができる。

教科書を極端に目に近づけないと読んでいる場所が目に入らないなど、目の機能上の困難を抱えている場合、音読が上手くできないことが多くなる。

> 見やすい教材で補助する

拡大した教科書や文字サイズを大きくしたもの、行間を広げたものなどを用意したり、デジタル教科書を活用したりするなど、子どもが見やすい教材を準備することも効果的である。

## ❷読み方が分からない子への対応

> 耳からの情報で補う

教師の範読を聴かせ、正しい読み方を教えることは極めて重要である。初めて読む文章を指導する際には、まず教師が読んで聞かせる。そして、一文ずつ（文が長い時は区切りながら）真似をさせる。教師の読み方をトレースすることで、スムーズな読み方に近付けるように促す。

さらに、一斉に読んでいる時、一人で読ませている時など、読めない子の横で一緒に読んでやる。慣れてきたら、子ども同士で交互に読むなどの活動で、読み方を確認してやることも効果的である。

> ルビを振る

漢字が読めない、カタカナが読めない子には、ルビを振ったものを読ませる。教師がルビを書いてあげたり、教師の範読を聞いて子どもが自分でルビを振ったりするなど、子どもの実態に合わせて準備をする。

> 分かち書きをする

拾い読みの子の中には、文字が読めても、意味が想起できないという子がいる。文字をまとまり（チャンク）で捉えられないことが考えられる。「あ、ひ、る……、なんだ、『あひる』かあ」のように、拾い読みをしているうちに、まとまりに気付くのはよく見られることである。そのプロセスを助けるためには、文を「分かち書き」で書いてあるものを読ませるとよい。高学年の教材であれば、単語ごとにスラッシュを入れる。「きょうは／あめが／ふって／いる。」のように、単語ごとに区切られていることで、言葉のまとまりを意識して読み進めることができる。

## ❸声が出ない子への対応

人前で読むことが恥ずかしかったりする場合、声を出さないか、もしくは、他の人に聞こえないような声で読む子もいる。その場合は、

> 楽しい活動を取り入れる

ことで、無理なく声を出せるように促していく。例えば、自分の読みたいところだけを立って読み、次々と読む子がタケノコのように立ったり座ったりする「たけのこ読み」のような活動は、友達と一緒に声を出したり、体を動かしたりできるので、苦手な子も楽しく参加することができる。

また、読みたい場所を選ぶことで、苦手さが目立たず、参加しやすい。

《参考文献》
・加藤醇子『ディスレクシア入門「読み書きのLDの子どもたちを支援する』』日本評論社
・杉山登志郎／辻井正次監修『発達障害のある子どもができることを伸ばす！ 学童編』日東書院

【石田晃大】

# 漢字が書けない子どもへの対応

● 特別支援

〔原因〕
　漢字テストでほとんど漢字を書けない子どもがいる。次のような原因が考えられる。
①漢字の形がよくわかっていない
②漢字の意味がよくわかっていない
③漢字を思い出せない
④いつも書けなくて自信を持てない

## ❶漢字の形がよくわかっていない子への対応

　形を認識するのが難しい子や不注意から書きまちがえてしまう子がいる。そういう子には、指書きをさせる。新しい漢字を学習する時には、覚えるまで鉛筆を持たせない。人さし指をぐっと机に押しつけて、指で書かせる。この時「一、二、三、……」と画数を唱えさせるのがポイントである。一人で指書きをできない場合は、手を持って一緒に行うとよい。側について画数を唱えてやり、それに合わせて書かせるという方法もある。

　また、お手本の字が小さすぎて筆順がわからなくなる子もいる。そういう場合は、お手本を拡大して指でなぞらせる。指書きで漢字を見ないでも書けるようになったらお手本をなぞる。その際に、はみ出さないようにていねいに書かせる。なぞり書きができたらお手本を写して書く。このように漢字練習では、

> 指書き・なぞり書き・写し書きを行う

　その際に、ただ練習するのではなく、本当に書けるようになっているかを何度か確認する。先生の方に指を出して空気に書く「空書き」をさせるとよい。その時にも画数を唱えさせるとよい。

## ❷漢字の意味がよくわかっていない子への対応

　漢字の形と意味・読み方が一致していない子がいる。そういう子には、

> 漢字の意味や成り立ちを絵で教える

　漢字には意味があるということをイメージさせるとよい。漢字と絵のついたカードを見せながら読ませたり、漢字の成り立ちを考えさせたりするとよい。また、その漢字のつく

> 言葉集めや文作りをさせる

という方法もある。どんな時にその漢字を使うかを教えるのである。漢字テストでも、前後の文をよく読ま

せ意味を確かめさせたり教えたりするとよい。

## ❸漢字を思い出せない子への対応

　書けないわけではないが、思い出せないという子がいる。漢字の音と形や意味がうまく結びついていないことが予想される。そういう子は、きっかけがあれば思い出す場合もある。

> 赤鉛筆で書き出しを薄く書き、なぞらせる

とよい。また、どんな漢字を書くといいのかヒントを出すという方法もある。漢字の持つイメージがつながるように、ふだんから漢字パズルのような練習をさせるとよい。例えば「絵」なら「糸」＋「会」というようになる。

## ❹いつも書けなくて自信を持てない子への対応

　漢字を書けない原因は、1つとは限らずいくつも重なっていることが多い。①〜③のような対応を工夫し

> 「自分にも書けた」という成功体験を増やす

ことが一番大事である。そのためには、書けなかった字だけお手本を見て練習し、必ず書けるようにするとよい。テストも、苦手な子が必ず書けるようなやり方で工夫して行い「書けた」という自信を持たせる。

## ❺教室で行ってはいけない対応

　平成28年2月の文化審議会答申により、漢字のはねやとめ等は字体の判別の上で問題にならないことが示された。採点の基準は、違う字になるかどうかに限定した方がよい。とめはねはらいを厳しく×にすることにより、苦手な子がますます漢字を書けなくなる。

《参考文献・HP》
・札幌向山型国語研究会『向山型国語で子どものつまずきに対応する34の事例』明治図書
・国立特別支援教育総合研究所HP　http://www.nise.go.jp/cms/
・文化審議会「常用漢字表の字体・字形に関する指針」http://www.bunka.go.jp/seisaku/bunkashingikai/kokugo/shoiinkai/iinkai_22/pdf/shiryo_2.pdf

【太田千穂】

# 計算ができない子どもへの対応

●特別支援

〔原因〕
①ワーキングメモリが少ない
②LDの傾向がある
③数の概念がない

## ❶ワーキングメモリが少ない子への対応

　ワーキングメモリが少ない子は計算をする時に、一時的に記憶に留めておける容量が少ない。

　そのため、計算ができなかったり、ミスをしてしまったりする。

### アルゴリズムで進めていく

ことが有効である。

　わり算の筆算では、「立てる」「かける」「引く」「下ろす」のアルゴリズムを使って計算する。まずこの手順を覚えさせる。計算している時に、「立てる」「かける」「引く」「下ろす」という言葉が自然と出るまで覚えるとよい。そして、アルゴリズム通りに計算して行けば、一度に答えが出なくても最後には必ず正解にたどり着くことができると子どもに理解させることも大切である。すると、子どもはアルゴリズムを使って計算をするようになる。

### 大きく補助計算を書かせる

```
        3
26 ) 8 5           2 6
     7 8         ×   3
       7           7 8
```

　わり算の筆算では、かけ算の筆算を書かせる。これを補助計算と言う。左の26×3の筆算が85÷26の補助計算となる。ワーキングメモリの少ない子は頭の中でかけ算を考えているうちに、今わり算のどこを計算しているのかがわからなくなったりする。

　補助計算をノートに堂々と書くことで、頭の中の計算を視覚化することができる。ワーキングメモリをその分使わなくても済むので、途中でわからなくなることが減る。間違ったとしても、補助計算がノートに残るので、次は間違わないように気をつけようとする。

## ❷LDの傾向がある子への対応

　LD傾向のあるお子さんには、次の方法が有効である。

### 算数の授業をスモールステップで行う

　例えば、「260は10が何個分でしょうか」という問題。いきなりこの問題を出しても、できない子は鉛筆を持つ手が止まってしまう。まずは、「20は10が何個分でしょうか」という問題を出せば、どの子も「2個分」と答えられる。誰でも答えられる問題から、少しずつ問題の難易度を上げていき、「260は10が何個分でしょうか」という問題を出せば、計算ができない子でも、答えを導き出すことができる。

## ❸数の概念がない子への対応

　数の概念のない子は、生活経験が少なく、数の体験ができていないと考えられる。

### 百玉そろばん、二十玉そろばんを使用させる

　低学年では、教師用百玉そろばんで5の分解・合成、10の分解・合成を繰り返し学級で行うと良い。そろばんの玉（具体物）が目に見えるので、数の概念を目で見て感じることができる。

　子ども用百玉そろばんがあれば、子どもにも自分で5の分解・合成、10の分解・合成の練習をさせると良い。また、足し算、引き算の計算の時には、子ども用百玉そろばんや二十玉そろばんを使わせる。指でも計算ができない子が間違わずに計算ができるようになる。ブロックを使うとバラバラになり、机の下に落ちたりして子どもの集中が続かない。そろばんの方が操作も簡単なので、どの子も問題なく使用することができる。

## ❹教室で行ってはいけない対応

　指で計算している子がいる時「計算で指を使ってはいけません」と言うのはNG対応である。子どもには、堂々と指を使わせる。もしくは、百玉そろばんや二十玉そろばんが教室にあれば子どもに自由に使わせたい。

### 《参考文献》
・向山洋一／赤石賢司『向山型算数授業づくりQ&A小事典』明治図書
・向山洋一／木村重夫『向山型で算数を得意にする法則』明治図書

【橋爪里佳】

# 文章理解ができない子どもへの対応

●特別支援

〔原因〕

　音読はできても、文章に書いてある内容を理解できない子どもがいる。次のような原因が考えられる。
①言葉の意味がわからない
②書いてあることをイメージできない
③筋道を立てて考えることができない
④苦手意識があり、文章に慣れていない

## ❶言葉の意味がわからない子への対応

　言葉の意味がわからない子には、

| 意味や使い方を補足して教える |
|---|

とよい。言葉だけでわからない子には、絵や映像等を使って補足説明する。自分で辞書を使って調べる方法を教えたり一緒に辞書を引いたりしてもよい。また、作品によっては同じものを違う言葉で表すことがある。そこを理解していない時には、確かめる必要がある。

## ❷書いてあることをイメージできない子への対応

　書いてある内容をイメージできない子には、あらかじめあらすじを解説して教えておく。言葉だけでわからない子には、絵や映像、動画等を使って情報を補足するとよい。

　そうして

| 内容を教えた後に、文章を読ませる |
|---|

のである。ある程度内容をわかっていると、何もわからないより文章を理解しやすくなる。また、他にも

| 文章の内容を絵や図に描かせる |
|---|

という方法もある。例えば、「さけが大きくなるまで」（教育出版）に出てくる川上・川下・川口は、川のどこなのかを図に表す。また、様々な教科書に載っている「大造じいさんとガン」で、ガンとハヤブサの戦う様子を絵に表す等である。自分で描けない子は、他の子が描いたものを見るだけでもよい。書いてあることをイメージする手助けになる。また、教師が図や絵を描いて見せ、そこから書いてあることを確かめたり考えさせたりしてもよい。

## ❸筋道を立てて考えるのが苦手な子への対応

　文章を読む時にポイントとなる言葉を○で囲むなど印をつけさせる。印をつけるキーワードは、文章理解の程度に応じて、教師が指定したり自分で選んだりさせる。どのキーワードが正解というよりも、文章を読む時の手掛かりにさせるとよい。

　また、「いつの話か」「どこの場所か」「誰が出てくるか」「何をしたか」等文章の中で

| ポイントとなることを、1つ1つ聞いて確かめる |
|---|

とよい。その答えを合わせると文章のあらすじになるようにする。答えの言葉をカードに書き、最後につなげて文章の全体像を確かめてもよい。

　時には、文章に直接書いていなくても状況から読み取れることも聞くとよい。状況からこう読み取ることができるという考え方を教えることも必要である。

## ❹苦手意識があり、文章に慣れていない子への対応

　文章に慣れていない子には、簡単な

| 絵本の読み聞かせをたくさん行う |
|---|

とよい。絵本の読み聞かせを行うことで、文章と絵をつなげることに慣れさせる。時には、読んだ後に内容について確かめたり登場人物を聞いたりするとよい。また、2回続けて読み、2回目はわざと大げさなわかりやすい間違いを入れて、それを見つけさせるという読み方もある。例えば「りんご」をわざと「みかん」と言って、間違いを指摘させる等である。1回目も2回目も集中して聞いたり考えたりすることができる。絵本に親しませ、物語の楽しさを味わわせるとよい。

## ❺教室でやってはいけない対応

　教材の中には、抽象的な表現が多くわかりにくい文章もある。そういった文章を読む経験も、もちろん大切ではある。しかし、難解な文章を詳細に読んだり、文章に書いてもいない気持ちを問うたりすると、かえってわけがわからなくなることがある。難解な文章こそ、キーワードを確かめて大意を教えるとよい。また、書いてもいない気持ちは問わない方がよい。文章理解が苦手な子を、混乱させてしまうことになる。

《参考HP》
・国立特別支援教育総合研究所HP　http://www.nise.go.jp/cms/

【太田千穂】

# しゃべり続ける子どもへの対応

●特別支援

〔原因〕
「しゃべり続ける」のは、様々な原因がある。意識してやっているのではなく、脳がそのようにさせていると考えられる。
①衝動的である
②こだわりや不安が強い
③授業をつまらなく感じる

## ❶衝動的である場合の対応

無意識でしている「しゃべり続ける」という行為をやめさせることが必要である。意識してやっているのではないので、こちらがやめさせる手立てを講じるとよい。基本は以下のようなことである。

### 作業指示と確認

例えば、教科書のある箇所を「指で押さえなさい。」と指示。その後「おとなりは押さえていますか。」と確認する。または「色を塗りなさい。」「教科書に書き込みなさい。」「黒板をうつしなさい。」などの指示。いずれも「できた人は手を挙げなさい。」「先生のところに見せにいらっしゃい。」というような確認が必須である。確認した後はやったことをほめる。ほめられると自己肯定感が上がり、意欲も増す。言葉で注意すると、悪意のない行為なのに、「叱られた」という思いが残り、自己肯定感が下がる心配がある。その場に合った方法で作業させ、授業に巻き込んでいくことが大切である。

## ❷こだわりや不安が強い場合の対応

何に対してこだわりや不安を感じるかは、子どもによって違う。どの場合にも共通する基本の対応は

### 見通しをもたせる

ことである。そのためには、授業の基本の流れがしっかりと安定していることが必要である。すると子どもは先の見通しをもてるので、落ち着いて学習に取り組める。変化がある時には予定をわかりやすく表示したり、ものや場所の名称を絵カードで示したり、場合によってはあらかじめリハーサルをしたり、という対応が必要である。また不安を和らげ安心感を感じさせるには、教師とのよい関わりをもつことも欠かせない。休み時間などにたくさん話をして、満足した状況で授業を始められるようにしたい。

## ❸授業をつまらなく感じる場合の対応

しゃべり続けるのは、わからない、つまらない授業だという子どもからのメッセージだと受け取ることも必要ではないか。

### 楽しく緊張感のある授業をする

脳内物質のドーパミン、ノルアドレナリンが増えることで楽しさを感じ、適度に緊張感を感じることができる。そのための改善点として、まずテンポをよくすること。重要なのは無駄な言葉を削ることである。「ええと、じゃあ教科書の35ページを開いて、1番の問題をノートにやりましょう。ノートはていねいに書くのですよ」などとだらだらと思いつくままに話していると子どもは何をやっていいのかわからず、混乱し、意欲もなくなる。「教科書35ページを開きます」「Aくん、速いね」「1番を指で押さえなさい」「ノートにやります」このように短く端的な指示を出し、できた子をほめる。やることがはっきりわかり、意欲を引き出すことができる。

次に明確な発問をすること。①にあるように発問と作業指示はセットである。それを確認し、ほめる。

教科書に書き込む、大切な言葉を囲む、色を塗るなど、誰にでもできることを明確に伝えることで全体を巻き込み、集中させることができる。

最後に、動きや交流があること。隣同士や班で、教師にもってこさせて確認する、できたら起立する、などを授業の中に組み込む。だまってじっと座っているだけの授業では衝動性のある子どもに対応できない。やらざるをえない状況を作り、良い意味での緊張感を感じさせ、子ども同士も交流させる。楽しい動きと適度の緊張感で集中力が高まり、意欲も増す。これら一連の授業を、教師は笑顔で行う。終始あたたかな笑顔で授業することは、特に不安を抱える子どもたちにとっては、すべての条件を網羅する配慮事項である。

《参考文献》
・平山諭『満足脳にしてあげればだれもが育つ！』ほおずき書籍
・『発達障害児本人の訴え』東京教育技術研究所

【在田裕子】

# 作文が書けない子どもへの対応

● 特別支援

〔原因〕
　作文を書く時にすぐに手が止まってしまう子どもがいる。次のような原因が考えられる。
①何を書いていいか思いつかない
②どう書いたらいいのかわからない
③途中で考えていたことを忘れてしまう
④いつも書けないので、自信がない

## ❶何を書いていいか思いつかない子への対応

　教科書の作文教材には、児童作文のお手本が載っている。それを見せて

　　思いつかない人は、この通り写していい

と指示する。写すのも大切な学習である。写すことによって、書き方が少しずつわかっていく。何もしないで悩んでいるより、ずっと力がつく。クラス全体に写してもよいという指示を出すことによって、苦手な子も安心してお手本を写すことができる。

## ❷どう書いたらいいのかわからない子への対応

　例えば、遠足の思い出を書く時に、どこからどこまでが遠足なのかわからず混乱する子がいる。そういう時には、「誰と遊んだ？」「何をして遊んだ？」「お弁当は何を食べた？」等、具体的にイメージしやすいことを聞いて、それを書かせる。言葉だけでイメージできない子には、写真を見せてどんな出来事があったか話をさせるとよい。
　そして

　　話しながら出てきた内容をメモに書かせる

それをつなげて作文にするとよい。それでも自分で書くのが難しい場合には、教師がお手本を書いてなぞらせたり写させたりするとよい。
　また、作文を穴埋めで完成させていく方法もある。自己紹介作文を書く時に、次のように自分で書くところを限定する。
　題材によって穴埋めの内容を変える。

　　ぼくの名前は□□□です。好きな食べ物は□□□です。好きな遊びは□□□です。

　好きな食べ物は思い浮かぶが、それを書いていいか躊躇する子もいる。そういう時、選択肢を用意して選ばせる。また「〇〇君は、〇〇と書いているよ。」と他の子の例を出すと安心して「それでいいんだな。」

「自分もそうしよう。」と納得する場合もある。

## ❸途中で考えていたことを忘れてしまう子への対応

　絵や写真を説明させるとよい。例えば、社会見学でわかったことを書く時に、見学したものの写真を説明させる。市役所に見学に行ったなら市役所の写真を真ん中に貼り、矢印を引いてわかったことや気づいたこと、思ったことをどんどん書かせる。作文用紙に書くよりもイメージしやすく自由に書くことができる。また、自分の気づきや思いが増えていくのが一目でわかる。写真があるので忘れても思い出すヒントになる。

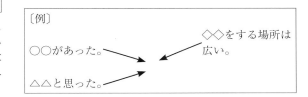

## ❹いつも書けないので、自信がない子への対応

　写す、なぞる、教師と一緒に書く等の工夫をして、「自分にも書けた」という体験をさせる。
　書けないままの状態を放置していては、書けるようにはならない。

　　「書けた」という成功体験を増やす

ことが一番大事である。書き上がった作文には大きな花丸をつけ、大いにほめ、自信を持たせるとよい。

## ❺教室でやってはいけない対応

　まちがいを見つけて朱でチェックし、書き直させる指導法は、労力の割にはあまり意味がない。むしろ直された子どもはいやな思いをするだけである。作文力が向上するわけではない。それよりも、たくさんの文を書く経験をさせた方がよい。楽しい題材で文を書く回数を増やし、書くことに慣れさせるとよい。

《参考文献・HP》
・札幌向山型国語研究会『向山型国語で子どものつまずきに対応する34の事例』明治図書
・国立特別支援教育総合研究所HP　http://www.nise.go.jp/cms/

【太田千穂】

# 手先が不器用な子どもへの対応

● 特別支援

〔原因〕
①身体感覚が十分に発達していない
②複数のことを同時に行うことが苦手

## ❶身体感覚が十分に発達していない子への対応

　身体感覚が弱いために不器用になっている子は、自分の体を自分の一部として感じられないことで、手先を上手くコントロールできないことがある。また、感覚の過敏さや鈍感さが、手先の適切な操作を妨げてしまう場合もある。運動や動作が上手くいくようにするためには、発達を促すためのトレーニングを行うことが必要である。

### 全身運動を取り入れる

　苦手なところをピンポイントに鍛えようとすると、子どもへの負担が大きい。その上、上手くできない経験が増えてしまうと、自己肯定感や意欲の低下につながる場合も考えられる。体の動きとは、次のような順に発達する。

> 全身を動かす運動（粗大運動）が発達してから、動きが多様化し、指先などの細かな運動（微細運動）の順に発達していきます。（『発達障害のある子どもができることを伸ばす！ 学童編』p.65）

　粗大運動は、姿勢や移動に関する運動であるため、まずは、歩く、走る、跳ぶなどの運動を行うことが基本である。音楽に合わせてこれらの運動を組み込んでいくと、無理なく楽しく運動を行うことができる。また、雲梯や鉄棒のぶら下がり、ブランコ、トランポリンなどの遊具遊びも効果がある。体幹や筋力を向上させ、体の機能全体を育てることができる。

### 補助具を使用する

　運動や動作が上手くいくようにするために、補助具を使用することも有効である。
　例えば、手先の不器用さから書字に困難を抱えている場合。芯の柔らかい鉛筆（4B～6Bなど）を使わせる方法が考えられる。筆圧が弱くても、芯の柔らかいものであれば、濃く太い字を書くことができる。それだけでも、字を書く負担を減らすことができる。また、握りやすい形状の鉛筆を使わせるという方法もある。鉛筆の形状は円や六角形だけではなく「三角」の形状のものもある。鉛筆の持ち方は、三本の指で三点を支えるため、三角の形状は正しい持ち方を促しやすい。他にも、なわとびが跳べない子の場合、柄の長い「スーパーとびなわ」（東京教育技術研究所）やフラフープを加工した「フープとびなわ」（高畑庄蔵氏考案）など、協調運動が苦手な子でも容易に旋回動作ができるように工夫された道具を使用することも効果的である。

## ❷複数のことを同時に行うことが苦手な子への対応

### スモールステップで運動の仕方を教える

　例えば「なわとび」を跳ぶには、ジャンプする、縄を回すという2つの動作を同時に行わなければならない。発達協調性運動障害のある子は、このような協応動作が困難なため、一つ一つの運動ができたとしても、結果としてなわとびが跳べないということになる。その場合は、運動を細分化し、段階を追って少しずつできるようにしていくことがよい。なわとびの指導では、まず、縄だけを回す。持ち手を二つそろえて握り、片手ずつ回すことから始めてもよい（図1）。これにより手首を使って回す感覚をつかませる。次に、両手で持って回す。この時は跳ばずに、頭の上を回すことだけを行うようにする。回すことに慣れたら、今度は床に置いた縄を跳び越えさせる。これも、最初は跳ばずに「またぐ」でもよい。その子の状態に合わせて、ステップを小さくする。このように、一つ一つの運動を丁寧に確認してから「回す」「跳ぶ」を同時に行うようにする。

図1

### 《参考文献》

・平岩幹男『自閉症スペクトラム障害―療育と対応を考える』岩波新書
・宮尾益知監修『発達障害の治療法がよくわかる本』講談社
・杉山登志郎／辻井正次監修『発達障害のある子どもができることを伸ばす！ 学童編』日東書院

【石田晃大】

# 黒板が写せない子どもへの対応

● 特別支援

〔原因〕
①どこを見て、どこに写していいか分からない
②言葉をまとまりとして捉えられない
③図地弁別ができない

## ❶どこを見て、どこに写していいか分からない子への対応

黒板の文字を写す時、黒板とノートを交互に見ることになる。交互に見ているうちに、どこを見ているか、また、どこに写すのかが分からなくなってしまう。

そこで、

### マス目黒板に書いたものを写させる

とよい。低学年では、ノートと同じマス目が書いてある「マス目黒板」を使う。ノートと同じであるから、どこに書くのかが分かりやすい。

また、

### ノートの手本を写させる

のもよい。実物投影機でノートを写し出し、教師が書いていくのを見せる。ただ、いつもマス目黒板や電子黒板で手本を示せないだろう。高学年になれば、板書を写す活動は増えていく。そこで、ノートの手本を渡し、写させる方法もある。子どもが使うのと同じノートに書いて、それを手本として子どもに渡す。黒板を見て分からない時は、手本を見て写すように伝える。黒板を見ないでノートにどんどん写していったとしてもよしとする。みんなに遅れることがないので、自尊感情も高まっていく。

当然、座席の配慮も必要である。黒板に近い席にして視点の移動を少なくするとよい。

## ❷言葉をまとまりとして捉えられない子への対応

言葉をまとまりとして捉えられず、一文字ずつ写している可能性もある。長い文を書くことは負担が大きい。文を写させる前の指導として、

### 大事な言葉を丸で囲み、その言葉だけを書かせる

とよい。他の子は文を書いている間に、囲まれた言葉だけを書けばいいので負担が減る。言葉をまとまりとして捉える練習にもなる。さらに、

### 耳からも情報を入力する

とよい。教師が読み、その後子どもに音読させる。その際、教師は、言葉や文節を意識して読んで聞かせるとよい。「声に出して言いながら書いていいんだよ」と伝え、安心させたい。教師や自分の声で聞くことで、言葉をまとまりとして捉え、書くことができる。

## ❸図地弁別ができない子への対応

図地弁別とは、たくさんの文字などの背景から見たいところを選んで見る力のことである。図地弁別ができない場合、黒板にたくさん書かれた文字の中から、必要な文字を選んで見るのが難しいのだ。そこで、

### 黒板に書く量を減らし、文字を大きくする

ことが必要である。漢字などは細かいところを大きく書き示す配慮が必要だ。また、

### 黒板周りをすっきりさせる

など、環境を整えることも必要な配慮である。黒板には、その授業時間に関係のないものは貼らない。写すべき文字をすぐに選べるように、できるだけ必要のない情報を取り除く。そして、上記の支援と並行して、

### 視知覚認知機能を鍛える

とよい。見て、覚えて、実行する能力（視知覚機能）を鍛えることにより、課題が改善したという報告がある。「視知覚認知機能」を鍛える教材がある。東京教育技術研究所の「視知覚認知トレーニングフラッシュカード」である。このような教材を使って「視知覚認知機能」を鍛えていく。

《参考文献》
・TOSS岡山サークルMAK『特別支援・場面別対応事例集』東京教育技術研究所
・中尾繁樹『通常学級で使える「特別支援教育ハンドブック」』明治図書
・「視知覚認知トレーニングフラッシュカード」東京教育技術研究所

【赤井真美子】

| エラーレスラーニング | 無誤学習 | Errorless learning

# エラーレスラーニング

●特別支援

エラーレスラーニングとは、「間違えを起こさせない学習」のことである。これを「無誤学習」ともいう。1963年、Terraceはハトを使った実験を行った。その実験において、エラーレスラーニングで教えられたハトの間違いは25回。一方、別の手法で教えられたハトは、その100倍以上もの間違いをした。また、他の研究では人間の子どもたちも、より短時間で学習することができ、間違いが少なくなるという結果が出た。さらに、それまでの標準的な方法で教えられた子どもたちよりも楽しんで学んでいたことを発見した。

発達障害の子は、たくさんの失敗経験をしている。そして、自己肯定感を低下させてしまう。さらに、セロトニンやドーパミンの不足などにより、マイナスの方向に注意が向きやすい。教師は、子どもに間違えを起こさせず、成功体験を連続させるように意図的に授業を組み立てる必要がある。まずやるべきことは、「アセスメント」である。何に困り感をもっているのかを把握する。そうした上で、以下のポイントを使ってエラーレスラーニングの授業を組み立てる。

①視覚と聴覚の両方から入力する
②スモールステップ
③お手本を与える

## ❶視覚と聴覚の両方から入力する

教室には、視覚優位な子と聴覚優位な子がいる。どちらが優位でも発問や指示は確実に伝える必要がある。例えば、教科書の25ページを開かせたい場合はこうする。

教科書の25ページを見せながら、「教科書25ページ」と言う。

このように、口答指示と視覚指示の両方で示す。なぜなら、視覚優位な子は耳で上手に情報をキャッチできないことが多く、エラーを起こしてしまうからだ。そのため、教科書を見せながら指示を出す。そうすることで、視覚からも指示を受けることができる。

## ❷スモールステップ

授業の冒頭で、難しい問題をいきなり出す。当然、できない子がいる。子どもは一度、「できない」と認知すると、それ以降意欲をもって学習することが難しくなる。だからこそ、最初は簡単な問題から出題して確実に成功体験を積ませる必要がある。どれくらいのレベルから始めると良いか、向山氏はこう言っている。

最もレベルの低い簡単な問題から始めること。五年生に一年生の問題くらいでいい。

そうすることで、授業の冒頭から「できる！」を体感させることができる。それから、

変化のある繰り返し

によって、徐々に難しくしていく。「できる！」という体験を連続して与えていくのである。それにより、意欲をもって授業に参加できるようになる。

## ❸お手本を与える

観察カードなどを書く際、何を書けば良いかわからず困る子がいる。その場合、以下のことが基本である。

何をすべきかを明確に示す

例えば、完成したカードを見せたり、教科書に記載されているものをそっくり写させたりする。お手本を示すことで、何を書くかがわかり、安心して取り組むことができる。

発言も同様である。「〜です。なぜなら、〜だからです。」という型を与える。そうすることで、間違えをせずに安心して取り組むことができる。

### 《参考文献》

・向山洋一『いかなる場でも貫く教師の授業行為の原則』明治図書
・平山諭／甲本卓司『ADHD症状を抑える授業力！』明治図書
・『教室ツーウェイNEXT4号』学芸みらい社
・添島康夫『発達障害のある子の「育ちの力」を引き出す150のサポート術』明治図書
・『教育トークライン№.451』東京教育技術研究所
・Susan G. Friedman, Ph.D.／石綿美香訳『エラーレスラーニングの考えで強化への道のりを明確にするために』

【相澤勇佑】

| 自己肯定感 | 自分が価値ある存在と肯定する感情 | self-esteem

# 自己肯定感

●特別支援

> 自己肯定感、自尊感情、自己有用感など似た概念がたくさんある。教育現場では、「自己肯定感・自尊感情」と並べて使われていることが多く、一般的には「自分が好きだ」「自分に満足している」という意味で使われている。

## ❶自己肯定感の捉え方

文献や論文によって「自己肯定感」という言葉の捉え方はそれぞれ少しずつ異なっている。教育現場や臨床心理研究では「自己肯定感」と「自尊感情」をセルフ・エスティーム（Self-esteem）とし、ほぼ同義として扱っている。

諸富祥彦氏は自己肯定感を次の3つのタイプに分けている。

> ・「自分のいいところ」に目を向けることができる。
> ・「自分のダメなところ」も「自分の個性、持ち味」という視点でとらえることができる。
> ・「自分のいいところ」も「悪いところ」も、善悪という点から離れて、ただそのまま、あるがまま、に認めることができる。
> （『ほんものの「自己肯定感」を育てる道徳授業』より引用）

おさえておきたいことは、自分が好きだからわがままを言ったり、攻撃性が高くなったりするというのは、「自己肯定感」が高いことにはならないのである。

また、「自己肯定感」と似た概念の言葉もある。
・自己効力感
「自分には何かができる力がある」という感覚。
・自己受容
ありのままの自分を受け入れる。
・自己有用感
「自分は人の役に立っている」という感覚。

## ❷自己肯定感を上げるために学校でできること

子どもたちへの最も大切な教師の対応は、

> 教えてほめる

ことである。
(1)授業の中で教えてほめる

五年生、「九九」を半分程度しか覚えていない男児を担任した。授業中、すぐに机に突っ伏したり、休み時間みんなの輪の中に入っていけなかったりする子であった。そこで、教師が子どものノートに赤鉛筆で薄く書いたところをなぞらせた。なぞれたら「よくできたね」とほめ続けた。休み時間にその日の問題と答えをノートに書いて渡しておくこともあった。また、簡単な問題の場面でその子を指名し、正解したことをみんなの前でほめることを繰り返した。2学期半ば、その子は「算数が好きになった」と言うようになり、宿泊学習の班リーダーに立候補するまでになった。
(2)生活の中で教えてほめる

①一人一役当番

学級全員に一人ずつ当番としての役割を子どもに与え、意図的に教師が子どもをほめるシステムをつくる。

②見本を示す

子どもが「できない」「わからない」ことをできるわけがない。まずは教師がやってみせ、そして子どもにやらせてみる。子どもができたことを教師はほめる。

③ほめたことを広げる

子どもをほめたことを、学級のみんなの前で再度ほめたり、一筆箋で保護者に手紙を書いたりする。

授業で「できない」「わからない」状態が続けば、子どもの自己肯定感は下がる。生活面でも友達や教師に注意されたり叱られたりし続けることで自己肯定感は下がる。特に特別支援を要する子は、失敗体験の連続になってしまうことが多い。

自己肯定感が下がった子どもは、「どうせできない」「自分なんかだめな人間だ」という感情が大きくなり、学習への意欲だけでなく生きる活力も低下していく。

教師は、子どもが認められた、ほめられたと思える場面を、授業の中でも生活の中でもつくる必要がある。

### 《参考・引用文献》

・デニス・ローレンス『教室で自尊感情を高める』田研出版
・諸富祥彦『ほんものの「自己肯定感」を育てる道徳授業』明治図書
・『TOSS特別支援教育No.2』東京教育技術研究所
・田中道弘『自尊心、自尊感情、Self-esteem、自己肯定感について考える』http://self-esteem.life.coocan.jp
・『特別支援教育教え方教室39号』明治図書
・『教育再生実行会議資料』2017.2.24

【加嶋紘平】

# 学級経営上配慮しておくことは

● 特別支援

　学級経営上配慮しておくことを一言でいうなら、「教室のいごこちがいい」ということである。そのための配慮は多岐にわたるが、その主なことを述べる。

## ❶物理的環境

　教室前面には、掲示物がないのが最もよい。マグネットや掲示物が貼られてある黒板、黒板まわりの学級目標等の掲示物、水槽の魚やポンプ音等は、視覚や聴覚を刺激する。それらが気になってしまい落ち着きのない言動を引き起こしてしまう。

　黒板及びその周りには、必要最低限の掲示物だけにし、学級目標等の掲示物は教室の横や後方に掲示するとよい。教室前の棚等にはカーテンをし、情報を制限する。水槽は別室に置くようにする。

　机やいす、座席の位置も配慮が必要である。机やいすの高さが合っているかを必ず確かめる。机については、座り心地が悪ければ、クッション等を敷くことで、学習や生活で集中できる場合がある。

　座席の位置は、例えば、外からの刺激に敏感な子の席は、窓側や廊下側を避け、教室の前方の席にして授業に集中できるようにする等の配慮が必要である。

## ❷人的環境としての教師

　発達障害児、困り感を抱えた子どもにとって、近くにいる人の言動が大きく影響する。

　例えば、教師は以下のことに気を配る必要がある。

(1)動きやすい服装や履物を身に付ける

　多動的・衝動的な子どもは、突発的な事態を引き起こすという特性を持っている。そのような事態に対応できるようにする。尚、教師のサンダルで歩く音が気になり、学習に集中できない子もいることを知っておく必要がある。

(2)シンプルな服装でアクセサリー等を控える

　子どもにとって、教師は刺激を発している人である。教師からの刺激は、マイナス刺激とプラス刺激に分かれる。派手な色や華美な服装、ネックレス等の装飾品は、子どもの気が散りやすく、必要ない部分に注視する原因になり、子どもにとってのマイナス刺激になる。

## ❸子どもを知る

　学級の子どもについて、様々な観点から把握しておくことが重要である。

　例えば、①学習の様子、②着席の様子、③聞き方、④待つことへの耐性、⑤集団の中の様子、⑥情緒の安定さ、⑦対人関係（子ども同士、大人、教師、親など）、⑧運動機能（粗大・微細）、⑨こだわり行動、⑩コミュニケーション（言語・非言語等）があげられる。

　これらについて、指導要録や各種検査、前担任からの引継ぎ資料等から把握しておく必要がある。

　上記の他に毎日、教師自身が観察をし、日々記録をするよう心掛ける。記録をすることにより、それぞれの子の特長や言動の傾向（パターン）とその要因が分かり、かすかな変化にも気づくことができ、突発的な事態を未然に防ぐこともできるようになる。

　記録は、「子どもの様子」「教師の働きかけとそれに対する子どもの反応」等について、客観的（見た通り、聞いた通り）に記録するようにし、得られた情報は、教職員で共通理解を図る際に活用する。

## ❹認め合える学級づくり

　教師から学級の子どもたちへ「一人一人、みんな違っていてみんないい」という認め合える学級づくりを行う。学校生活の中で、どの子も活躍でき、どの子も学級に居場所があることを自覚する。そして、間違いを笑わず、お互いに励まし合い支え合う学級集団になっていく。

## ❺保護者との連携

　重要なのは、「保護者の目線の高さで」ということである。「保護者と共に子どもを育てていこうとする」姿勢である。

　保護者の言葉を受容・共感し、保護者と方針と対応をそろえながら連携をしていくことが重要である。

　また、保護者が欠席理由を連絡しない、保護者が身体測定や様々な健診の度に受けさせない等の不自然な状況がある場合は児童虐待等が考えられる。

### 《参考文献》

・内山登紀夫監修／伊藤久美編『特別支援学級・通級でできる発達障害のある子の学校生活支援』ミネルヴァ書房
・内山登紀夫監修／川上康則編『通常学級でできる発達障害のある子の学習支援』ミネルヴァ書房
・月森久江『通常学級で行う発達障害がある子・周りの子も輝く特別支援の極意』学事出版

【田村治男】

# 負けを受け入れることができない子どもへの対応

●特別支援

・簡単なゲームで負けそうになると、ズルをする。キレる。そして負けると、机やいすを蹴りノートをぐちゃぐちゃにする。
・ドッジボールで自分のチームが負けると、「わあ、わあ」と声をあげて泣き叫び、地面に座り込んで暴れる。
など、勝ち負けにこだわり、負けを受け入れることができない。

## ❶やってはいけない対応

・泣いたり暴れたりしている状態で、励ましたり、なだめたりすることは逆効果になる。興奮状態であり、どんな言葉も受け入れることができない。
・「我慢しなさい」と厳しく叱っても効果はない。負けへの耐性がついておらず、本人にも抑えることができない。叱責したことで一時は、マイナスの言動を抑えることができるかもしれないが、正しい行動を学習していないので同じような言動を繰り返す。

## ❷有効と思われる手立て

　負ける経験を積ませ、負けることへの耐性を身につける。

### (1)ジャンケン

　教師とジャンケンをする。教師は毎日グーを出し、その子に勝たせるようにする。教師は、「負けちゃった悔しいな」「次は勝てるようにがんばるぞ」と気持ちを表現する方法や、「ジャンケン強いね」と相手が気持ちよくなる言葉をかけるなど、負けた時のモデルを示すようにする。

　教師が勝ち、負けることを経験させ、負けた時怒らなかったことや、悔しさを我慢できたことを力強く褒めて、行動を強化する。

### (2)五色百人一首

　①失敗のない状態でルールを教える

　教師と対戦する。札を読みながら取り札の上に手をかざす。その子が手を入れて札を押さえた時に、「どっちの勝ち」と聞く。手が下にあった方が勝ちであることを教える。他のルールも、その子が札を取っている状態で一つ一つ教えていく。

　②取られたことを成功に変える

　教師がその子の下に手を入れる。今のはどちらが勝ちなのかその子に答えさせる。そして、取られて

も我慢できたことを力強く褒める。

　札に同時につきどちらかわからない時はジャンケンで決めることを確認する。最初は教師がジャンケンで負け、ジャンケンルールを教えていく。そして、ジャンケンで負けて札を取られる経験もさせる。

　③褒めながら負けを受け入れさせていく

　ルールが定着してきたら、負けを教えていく。教師の取る札の枚数を徐々に増やしていき、負けるかもしれない状態を何度も続ける。「勝つも負けるも時の運」と負けた時の正しい言動、我慢することの大切さを教師がモデルとして示し続ける。

　そして、1枚差で負ける状態を作り、我慢できたことを力強く褒める。何度か負けることを経験させ、同じように褒めていく。最後に、友達と対戦させ、負けた時に負けを受け入れたことを力強く褒め、そのことを学級みんなにも伝える。そうやって負けを受け入れた行動を強化する。

### (3)ペーパーチャレラン

　ユースウェア通り行うだけである。上位ランキングから下がってもキレることが少ない。その状態をうんと褒めて、負けを受け止めることができていることを価値づけする。

### (4)気持ちのきりかえのトレーニングを行う

　キレないことではなく、かっとなった時に少しでも早く「きりかえる」ことを目標にする。「1日1回」などの目標を決めさせ、できた時にはカレンダーに自分で丸を書き込ませる。これをすることで、目標の意識づけだけでなく、努力していること自体を褒めることができる。

## ❸生活場面へと広げる

　休み時間の遊びを教師が中心になり行う。楽しく遊ぶ中で、ルールを守って遊ぶことの心地よさをたくさん経験させる。少しずつ勝ち負けのはっきりする遊びを行いながら、負けを受け入れる経験も積ませていく。

### 《参考文献》

・小野隆行『発達障がいの子がいるから素晴らしいクラスができる！』学芸みらい社
・小野隆行『特別支援教育が変わるもう一歩の詰め』学芸みらい社

【清水武彦】

185

# 予定変更が受け入れられない子どもへの対応

●特別支援

> 特別支援が必要な子どもの中でも、ADHDの子どもは、物事の予定や予測的な行動を組み立てる能力が弱いことが認められている。それは、実行機能と呼ばれる大脳前頭葉の働きの一部に弱いところがあると言われているからである。

また、知的障害を伴った自閉症の子どもは、何度も体験したからといってその状況に徐々に慣れるということは期待できない。また、一般化ができないこともあって、変化に対しては抵抗を示し混乱してしまうからである。自閉症の認知の特徴の1つに「情報の中の雑音を除去できない」というものがある。教室という限られた空間の中でも情報が同時に2つ出されると1つは無視されてしまうという。体育館や校庭の広い空間での学習は、多くの友達や先生の声が入ってきてしまうこと、遠足や社会科見学などは、慣れない場所で見通しがもてなくなってしまうことから、パニックになってしまう子どもが出てくる。

## ❶やってはいけない対応

教師の思い付きで予定や時間割を安易に変更するのは危険である。特に、運動会や学芸会などに向けて、運動場や音楽室が開いている時間をチャンスとばかりに練習に充てるなどは良くない。さらに、この変更を直前になって子どもに告げるのは、子どもたちを混乱させてしまう。

## ❷予定変更に混乱を招かない対応

(1)事前に伝えることで見通しをもたせる

直前に変更を伝えるのではなく、できるだけ事前に予定の変更や活動場所の変更を伝えるようにする。

その場で自分が取るべき行動が分からないので不安になる子もいるので、予定の変更を告げるだけでなくスケジュール（開始の時刻や終了の時刻）を伝えるとよい。

(2)状況を視覚的に伝えることで見通しをもたせる

特別な支援が必要な子どもの中には、視覚優位の子や聴覚優位の子がいることから、変更を伝えるときには、口頭だけでの説明ではなく、視覚的に訴えながら予定の変更を告げると効果的である。

口頭での説明を板書でも示したり、カードを用いて、視覚的に新しい場面の状況を伝えたりするなどの工夫もよい。

式典などの行事が、いつもと違う行動を求められる

ために苦手とする子どももいる。昨年の写真やビデオを見せたりしながら見通しをもたせることも有効である。

(3)新しい場面での行動の取り方を教える

これまでの手順や、方法にこだわる子どもは、取るべき行動のレパートリーが少ないことが考えられる。

そこで、予定変更を伝えたら、その場でどのような行動を取ればよいのか教えるとよい。

そして、不安なこと、困ったことがあったら、先生に助けを求めるという行動の取り方を教えておくとよい。

(4)具体的な回数を知らせる

特別支援が必要な子どもは、何をどれぐらい行うのか不確かなので何をしているのか全く分からなくなってしまうことが多い。

具体的に何を何回ぐらいするのか、どんな順番で行うのかを事前に伝え、板書するとよい。板書に順序を書いておき、丸い磁石などで今、どこをやっているのか印をつけるなども工夫の1つだろう。

また、何回も繰り返し練習することがないように、計画を立て、他の先生にも協力を求めるようにするとよい。

## ❸手立てを立てても予定変更を受け入れられない子どもには

予め見通しをもたせ、どんな行動をすればよいのか子どもと確認し、目標を一緒に立てても参加が難しい子どももいる。

「参加する」「参加できない」ではなく、「参加しない」というのも立派な方法であることを伝えることで気持ちが安定する子どももいるだろう。

「参加しない」こともできることを約束し、守り抜ける教師の覚悟が必要である。仕方なく言ったり、残念そうな表情を見せたりしては、子どもとの約束を破ることになるからである。

### 《参考文献》

・杉山登志郎『発達障害の子どもたち』講談社現代新書
・『特別支援・場面別対応事例集』東京教育技術研究所
・小野隆行『喧嘩・荒れ　とっておきの学級トラブル対処法』学芸みらい社
・平山諭『満足脳にしてあげればだれもが育つ！』ほおずき書籍　　　　　　　　　　　【藤澤美紀子】

# 友達にちょっかいを出す子どもへの対応

●特別支援

　ちょっかいを出す子どもの行動は、どのようなものがあるのか。
①自分のそばを歩いて入る友達の体を触る。
②歩きながらそばに立っている友達の体に触れる。
③友達が話している時に横から口出しをする。
　学校生活の中でよく見られる行動である。何度注意しても、ちょっかいを出す行動は減らないことが多い。なぜ注意しても減らないのか。

## ❶なぜちょっかいを出す行動をするのか

　ちょっかい行動を起こした子どもの表情を見ると、ニコニコしていることが多く見られる。本人は悪意をもって行動しているわけではない。しかし、やられた子どもにとっては迷惑な行動である。では、なぜそのような行動を起こすのか。

　ちょっかいを出すときに、相手に触れている場合は、スキンシップを求めていることが多い。愛着に関して何らかの問題が考えられる。

　愛着の対象がはっきりしないため、対象を求めていることが考えられる。そのためにちょっかい行動を起こしているのである。

## ❷どのような子どもにちょっかい行動を起こすのか

　愛着の対象を求めている行動は、注意の対象にはならない。気の強い子どもは、ちょっかい行動の対象にはなりにくい。ちょっかい行動を起こすことでトラブルにつながるからである。

　ちょっかい行動を起こしても受け入れてくれる子ども、認めてくれる子どもがちょっかい行動の対象になることが多い。

## ❸ちょっかい行動にはどのような意味があるのか

　低学年の子どもの中に、突然大人にぶつかってくる子どもがいる。言葉で表現することが苦手な子どもに見られる行動である。どのように他人と関われば良いのかわからないために見られる行動である。

　子どもは、初めから他人との関わりができる力をもっているわけではない。一人遊び、平行遊び等の成長段階を経て他人との関わりがもてるようになる。その過程の中にちょっかい行動が見られる。ちょっかい行動も遊びの1つと捉えていることも考えられる。

## ❹ちょっかい行動を迷惑と思っている場合の対応

　ちょっかい行動を受けている子どもが、迷惑に感じ

ている場合は、セロトニンを高める対応をすることが望まれる。「見つめる・微笑む・話しかける・触る・ほめる」の5つを使う対応を行う。ちょっかい行動を友達に行うのではなく、信頼できる大人の先生を愛着の対象になるように仕向けるのである。セロトニン5を使った対応を行わないと、ちょっかい行動を行う子どもに注意を繰り返すことになる。

　「やめなさい」「ちょっかいはしないよ」
という言葉をかけることで、感情的になりパニック状態に陥る。そうなると先生の言葉もなかなか入りにくくなる。感情的になるために攻撃的な行動を起こすことが見られる。

　ちょっかい行動を起こしている子どもを見つめ、目が合う。目が合い、微笑む。

　「どうしたの」と話しかけそっと背中に触れる。「○○さんと遊びたかったの」「そうか、遊びたかったのか。○○さん、Aさんは遊びたかったんだって。一緒に遊んでくれる」「自分の気持ちが素直に言えたね」とほめる。

　このような言葉かけで、ちょっかい行動を起こす子どもの自己肯定感を高めることができる。

　ちょっかい行動を起こす子どもは、視覚的な情報で処理をする傾向が見られる。そこで、おしゃべりなど行うことでコミュニケーション能力を高めて、聴覚的な情報処理ができるように指導を進めることが必要である。

　休み時間に教師とじゃれ合うことで、他人とのコミュニケーションを図る力を高め、友達とのコミュニケーション能力を高める1つの手段として考えることができる。担任がモデルとなって体験させていく。失敗しても教え、ほめることが重要である。このことを繰り返すことで、注意されてもすぐにキレない脳を作っていくことができる。

### 《参考引用文献》
・杉山登志郎『発達障害の子どもたち』講談社現代文庫
・小野隆行『発達障害の子がいるから素晴らしいクラスができる！』学芸みらい社
・小野隆行『喧嘩・荒れ　とっておきの学級トラブル対処法』学芸みらい社

【菊地亨】

# 忘れ物が多い子どもへの対応

●特別支援

〔「忘れ物が多い子ども」の具体的な姿〕
・教科書やノート、提出物をよく忘れる
・宿題をやってくるのをよく忘れる
・整理整頓が苦手で、どこに何があるのかが分から
　なくなっている

❶「忘れ物が多い子」の困難さの要因
・短期記憶（ワーキングメモリ）の力が弱い。
・話をよく聞いたり、板書を見たりする注意力に困難
　さがある。
・自分で準備したり確認したりする習慣、連絡帳や学
　校からの配布物を見せる習慣ができていない。

❷対応のポイント
(1)忘れ物をした時の行動の仕方を教える。
(2)記憶の弱さを補助する工夫をする。
(3)忘れてはいけない物の置き場所を決める。
(4)前もって準備する習慣を身に付けさせる。

❸やってはいけない対応
(1)忘れ物をしたことをいちいち叱る
　忘れ物をしたことをいちいち教師が叱ると、子ども
を傷つけ、反発する子どもが出てくる可能性がある。
(2)忘れ物表を貼り出す
　これは、「見せしめ」「取り締まり」の教育であり、
子どもの人格を無視していると解釈されることがある
ので、注意が必要である。

❹効果的な対応（学級で）
(1)忘れた物を誰にでもいつでも貸し出せるようにする
　教師があらかじめ、必要な物を多数用意しておいて、
貸し出す方法が効果的に学習を進めることができる。
この時、大事なことは、忘れた物を自分から教師に借
りに行くことができるようにさせるとともに、お礼が
言えるようにさせることである。
(2)きちんと物を持ってきたときには、たくさん褒める
　3つ忘れ物をしていた子が2つしか忘れ物をしなく
なったら、それは、成長している証である。褒めるこ
とで、忘れ物を減らすことがその子の中に入っていく。
(3)連絡帳の内容を子どもに言わせて書かせる
　大きな変更がない限り、連絡帳の内容は子どもたち
にも容易に推測できる。これを子どもたちに言わせる
ことで連絡帳を書く瞬間にも思考活動が加わるので集
中力が変わる。

❺効果的な対応（家庭の協力を得る）
(1)家庭でできる手伝い、確認の仕方の工夫を公募し、
　学級通信や保護者会で伝える

・教科ごとにボックスを用意して整理する。
・時間割・連絡帳を見ながら一緒に準備する。
・一人で準備させてできたかどうか確認する。
・子どもが寝た後でランドセルを見て確認し、足り
　ないものはそっと入れてあげる。
・時間を決めて声をかける。等々、家庭のアイディ
　アを紹介し取り組んでもらう。
(2)忘れ物がなかった時（一人で準備ができた時）には、
　たくさん褒めてもらう
　忘れ物をしてしまった場合は、しつこく言わない。
忘れ物がなかった時に、たくさん褒める。褒められる
と次も頑張ろうと思う。

❻忘れ物への対応の前に
　好きなことに対しては、忘れてしまうということ
は、少ないものである。大事なことは、子どもたちに、
「勉強が好き。」という思いをもたせることである。

《参考文献・HP》
・小野隆行『特別支援教育が変わるもう一歩の詰め』
　学芸みらい社
・村田耕一『ちょっと先輩がする小2担任へのアドバ
　イス』明治図書
・向山洋一／板倉弘幸／TOSS石黒塾『1年生にする
　“学力がつく勉強の仕方”指導』明治図書
・土作彰『子どもを伸ばす学級づくり』（「哲学」ある
　指導法が子どもを育てる）日本標準　http://www.
　pref.yamagata.jp/ou/kyoiku/700012/hinnto.pdf

【松村稔】

☆向山洋一氏の「忘れ物」への対応
　ある日の女の子の日記に次の文があった。
―5月25日㈪音楽の教科書を忘れてしまいました。土曜日、ピ
アノの練習をする時、いっしょに何か練習しようと思って、ピ
アノのふくろに入れたままにしてしまいました。学校に行く前
に忘れ物はないな。「あっ、音楽ぶくろを忘れた！」といそいで
ふくろの中もてんけんしないで、とんで学校に行ってしまいまし
た。（中略）私は五年生から忘れ物がなかったのに、たった1つ
忘れてしまったので、なきたいくらいでした。―
　こんな時、教師は味方になってあげなければならない。
―5／25のこと、忘れものを初めてして、残念だったですね。
／でも先生は貴方の考えと少しちがいます。／「忘れもの」を
しても、しかたがないと思います。もちろん、忘れものをしな
いようにするのは大切なことです。努力しなければなりませ
ん。／しかし、人間は、神様ではないのですから「絶対」とか
「100パーセント」とかいうのは、ないのです。／まちがうこと
があるから人間です。／となりの席のA君は、よく遅刻をしま
す。よくないことです。でも、先生は、「人間はそれぞれに身体
のバランスがある。朝起きるのがつらい人もいる」と思ってい
ます。（ナイショです。A君がいい気になっちゃうといけません）。
自分の身体にあった、生活のリズムを作ることも大切です。小
学生は、その途中なのです。／このように、いろいろな人がい
ます。／だからすばらしいと思うのです。／先生より―
　　　（『新版　子供と付き合う法則』向山洋一・学芸みらい社）

# パニックになる子どもへの対応

●特別支援

> パニックは、不安・恐怖・ストレスなどにより、一時的に混乱している心理状態である。日常の行動観察を行い、パニックになる原因を予め見つけ、排除・軽減して、パニックを起こさせないようにすることが何より重要である。

### ❶行動の見通しをもたせる

パニックになる原因として「状況が分からない」「新しく始まることへの不安」がある。スケジュール表を見せて1日の予定を確認することが効果的である。文字だけでなく、写真や絵を使った提示の仕方も考えられる。いつもと違う行動をするときには、予告することである。校外学習など特別な場合は、写真や映像を見せて見通しをもたせることが考えられる。急な予定変更などは、できるだけ回避することである。

### ❷望ましい行動の仕方を伝える

注意や叱責など、行動を否定されることでパニックになることがある。これを避けるために、「静かにする」「走らない」など、場面や状況の中でしてはならないことを予め伝える。表情やハンドサイン・パッと行動支援絵カード（東京教育技術研究所）など、非言語による指示が効果的である。ゲームを行うときには、勝ち負けがあることを前もって伝えておく。望ましい行動ができたときには、褒めることを忘れてはならない。

### ❸刺激を排除する

特定の刺激を不快と感じてパニックになることがある。一般的には聞き取ることができないような周囲の音にも敏感に反応してしまうこともある。他にも、キラキラ光るもの・ヒラヒラと動くもの・特定のにおいや肌に触れる感触などが考えられる。潔癖症やアレルギーの傾向が原因となることもある。教室前面に余計な掲示物を貼らない、不要な物を置かない、刺激の少ない座席配置にするなど環境を整えておくことが重要である。

### ❹疲労によるストレスを軽減する

長時間の活動が続いた、極端に興奮したなど、肉体的な疲労や精神的な負担がパニックの原因となることがある。苦手なことや不得意なことを続けた場合はもちろんのこと、本人が自覚していないような軽微なストレスの蓄積でさえ、パニックを起こす引き金になることがある。一定時間が経過したら休憩をとる、クールダウンの時間を確保するなどの対応が必要である。

### ❺自分の状況を客観的にとらえる方法を教える

自分の気持ちが伝えられない、自分の思い通りにならないなどの場合にパニックになることがある。感情を色や記号で視覚化したり、絵カードで表したりして、自分の状況を客観的にとらえる方法を教えることが有効である。

### ❻落ち着く方法を確認しておく

パニックになりそうになった時、落ち着くことができる方法を確認しておくことは重要である。「深呼吸をする」「好きなものを見る」「興味のある話をする」「水を飲む」「クールダウンできる場所へ行く」など、落ち着く方法を本人が自覚しているということは、パニックへの予防線を張る有効な手段である。

### ❼パニックを起こしたときの対応

パニックは、癇癪を起こすことによって自身の混乱をクールダウンしている状態である。むやみに刺激してクールダウンを妨害してはならない。

(1)直後の対応

本人や周囲の安全を確保し見守る。本人が移動できる場合には、静かで落ち着く場所へ移動させる。本人ができない場合は、周囲を移動させる。予め毛布や布団を用意してクールダウンできる環境を整えておくこともよい。周囲の刺激は、パニックをさらに増幅させる恐れがある。むやみに話しかけたり、叱ったり、抱きしめたり、押さえつけたりしてはならない。

(2)落ち着いてからの対応

簡単な作業をさせる、本人の好きな話題を持ち出すなどして、気持ちの切り替えを手助けする。図示などにより状況を確認し、必要に応じて謝ったり片づけたりして事後処理を部分的にでも行わせる。

(3)集団への復帰

パニックを起こした子どもにとって学級集団への復帰は重要な問題である。復帰しやすい状況やタイミングを教師が意図的につくり、周囲に受け入れられやすい環境を整えておくことが重要である。

### 《参考文献・HP》

・向山洋一／平山諭『特別支援・場面別対応事例集』東京教育技術研究所

・http://hattatu-jihei.net/panic http://www.teensmoon.com/characteristics/primary/http://kidshug.jp/d_grow/d13/dc15/

【岩清水裕行】

# 教師に暴言や反抗をする子どもへの対応

●特別支援

　暴言や反抗をしてしまう子どもたちは、心（脳）が追いつめられている状態である。幼いころから、安心、満足、希望よりも、不安、寂しさ、否定、叱責を与えられたのが理由とされている。人との関係を築くことに自信を失った子どもたちは、自らの心（脳）を守るために、暴言や反抗をするのである。中には、反抗挑戦障害を発症している子どもたちもいる。

## ❶やってはいけない対応

　挑発するような言動をとる時は、特に不安傾向が強い状態になっている。心（脳）が追いつめられているのだから、否定的な対応（叱責、注意）は逆効果である。以下の対応も避けるべきである。
(1)指示的、命令的な口調で対応する
　「〜しちゃだめ！」「〜しなさい！」
(2)感情的に対応する
　教師が感情的になれば、子どもの反抗をさらに煽ってしまう。
(3)いちいち反応する
　暴言や反抗に対して、毎回反応していると、子どもの脳は、誤学習してしまう。反抗したことに対する反応があることに喜びを感じてしまうのである。過剰に取り合わない方がよい。

## ❷望ましい対応

(1)まず全体、然る後に個に対応
　暴言、反抗してくる子どもよりも全体を最優先に動かすことが基本である。多くの真面目に取り組んでいる子どもたちをほめ、認めることで、反抗している子どもにつられることがないようにさせていく。「この班は、もう準備ができているなぁ。」「この列の姿勢がいい。」など、グループや集団をほめることで、反抗する子どもも次第に巻き込まれていくことも多い。
(2)ゆったりと構え、悠然と立つ
　暴言や反抗されても動じない態度を見せれば、他の子どもたちが安心する。反抗する子どもがいたとしても、学級は崩れにくい。ゆったりと構えることで、ほめるところ、見守るところ、対応するところが見えてくる。
(3)教師は、「何に対して反抗しているのか」をつかむ
　教師が指示した後に子どもが暴言を言ったり、反抗したりする場合は、大きく2つに分類できる。
　ア　教師が出した「指示内容」への反抗

　イ　指示を出す「教師」への反抗
　例えば、「ノートに書きなさい。」と指示を出した後、「書きたくない。」と反抗した子どもがいたとする。その場合、ノートに書くことに対して困難な思いがあって反抗している場合はアにあたる。4月、子どもが教師のことをよく知らない段階では、アの方が多い。そこに、注意や叱責を加えていくことでイへと変化していき、信頼関係が崩れてしまう。アの段階では、ノートに書くことに対しての温かな支援をすることで、信頼関係は保たれる。
(4)安心、満足を感じる神経ネットワークを作る
　安心を与えるために、「見つめる」「ほほえむ」「話しかける」「さわる」「ほめる」の5つのスキルを意識しながら対応していく。ただ、不安傾向が強い子どもへは、見つめる時間は短い方がよい。また、その子どもにとってほめ言葉を受け入れる状態になく、反抗される場合もある。基本は、子どもの状態を目で見取り、笑顔で穏やかに教室全体に対して安心感を与える雰囲気を出しながら、受容、共感する対応が大切である。
(5)非言語で制御する
　「え〜」「めんどくせぇ」など反抗された際に、「ダメです」「今何と言いましたか？」などと言語で対応していると、授業が止まり、学級の雰囲気も悪くなる。暴言や反抗が意識的ではなく、反射的に出ている場合もある。そのような時は非言語で制御するとよい。
　ア　目で制御する。
　　その子どもを見て、目でけん制するのである。目が合うと「あっ」と気づくこともある。気づいて止めれば、ほめることができる。
　イ　ジェスチャーで制御する。
　　人差し指を横にふったり、手の平をその子どもに向けたりする。気づいて止めれば、ほめられる。

## 《参考文献》

・『特別支援・場面別対応事例集』東京教育技術研究所
・小野隆行『発達障がいの子がいるから素晴らしいクラスができる！』『特別支援教育が変わるもう一歩の詰め』学芸みらい社
・平山諭『満足脳にしてあげればだれもが育つ！』ほおずき書籍

【高橋哲也】

# 保護者との連携

●特別支援

[保護者と連携のポイント]
　「共感と傾聴」「協働」「個別計画」「共有」を大切にすることで、信頼関係が構築され、継続的連携を行うことが可能になる。

## ❶共感と傾聴

　保護者との話では、話すことを受け止め、笑顔でうなずきながらじっくりと聞くことが基本である。保護者と担任との考え方や意見が違っているのは当然である。保護者の我が子への思いと将来に向けての願い、保護者が抱えている悩み等を理解し認めることで、保護者は担任に対し、次第に心を開くようになる。

　担任は教育において専門性の高い存在ではあるが、一番子どもとの時間を共有しているのは、保護者である。児童は、学校では見せることのない姿を家庭で必ず見せている。つまり、保護者は子育てにおける専門家なのである。

　担任は、保護者に対して児童の学校生活での様子や学習への取り組み方、担任の願い等を伝える。その際、教師の立場からの主張になってはいけない。保護者の話を共感しながら聞き、その後、担任が考えていることやお願い等について穏やかに話すことが基本である。

## ❷協働

　児童を心身ともに成長させるためには、「協働」が欠かせない。つまり、同じ目的・目標に向かって力を合わせることが必要である。

　学校教育と家庭教育という、それぞれの専門性を生かし、児童の健やかな成長のために、それぞれの立場で何をどのように働きかければよいのかについて話し合い、確認することが必要である。

　協働の際に必要なことは、「情報の共有」である。学校生活・家庭生活それぞれの中での成長や成果、そして課題等についての情報を共有することで、保護者と担任との連携がより強固になり、目的・目標がより明確になる。

　なお、目標や支援内容を伝える際は、特別支援コーディネーターと事前に相談、確認することが大切である。

## ❸個別の教育支援計画の保護者との共有

　保護者との情報交換や話し合いで確認された支援内容について、保護者の同意を得ながら、個別の教育支援計画等に整理して記載していくことが重要である。

　学校、または市町村によって、書面の様式があると思われるが、様式にひどくこだわる必要はない。大事なのは、「現在の児童の様子」「児童のこれまでの成長と課題」「短期・中期・長期の目標（何をいつまでに行うのか）」が明記されていることが必要である。

　保護者と毎日話し合いができるとは限らないため、個別の教育支援計画等を保護者とも共有しておくことが望まれる。

　なお、課題の解決に向け、様々な方法がいち早く検討されるよう、特別支援教育コーディネーターをはじめとする校内の他の教職員、校外の専門家等にも相談し、保護者と共にケース会議を開催することも考えられる。

　そのような連携・協働の体制が整うことで、個別の教育支援計画等の共有が図られる。

## ❹周囲の保護者や児童への対応

　保護者との連携の上で、ある児童への特別な支援の必要性について、学級の保護者及び児童に理解を求め、対応をお願いすることを考えておく必要がある。

　その内容は、「通常の学級における特別支援教育が必要であるということ」や「児童への具体的な支援内容について」等がある。

　学級の保護者及び児童にそのような話をする場合、事前に支援を必要とする児童の保護者に意向を確認し、児童の個人情報保護に特に留意しなければならない。

　また、その場合には話す内容について、管理職をはじめ教職員間で情報を共有しておく必要がある。

## ❺継続的連携のために必要なこと

　1度の話し合いで問題や悩みが解決することはない。

　継続的に話し合いを持ち、個別の教育支援計画を基に、行ったこと（行わなかったこと）、児童ができるようになったこと（変容）、まだできていないこと等について一つひとつ確認をしながら評価をし、情報を共有する。

　その際、「担任と保護者とで、喜びを共有する」「保護者のがんばりを認める」「学校側が、保護者の悩みに応える姿勢を見せる」等が基本である。そのことが、保護者の安心感や信頼感を高めることになる。

### 《参考資料》

・『発達障害を含む障害のある幼児児童生徒に対する教育支援体制ガイドライン』文部科学省
・間嶋祐樹『特別支援が必要な子との出会い準備ノート』明治図書
・長澤正樹『教育zine 保護者連携のキーワード「3つのK」と連携の進め方の実際』

【佐々木伸也】

# 医療機関へのつなぎ方

●特別支援

> 特別の支援を必要とする児童生徒を医療機関へつなげるのは、何のためだろうか。それは、児童生徒、そして家族のためである。このことを理解した上で、保護者と話し合うことが大切である。

## ❶早期の気付き

通常の学級に在籍する教育上特別の支援を必要とする児童生徒のつまずきや困難な状況を早期に発見するため、児童生徒が示す様々なサインに気付くことや、そのサインを見逃さないことが基本である。

サインに気付くための場面や機会として以下の3つが挙げられる。

　ア　児童生徒が困っている状況からの気付き
　イ　指導上の困難からの気付き
　ウ　保護者からの情報による気付き

## ❷支援までの一般的な手順

まず、担任からの気付き、保護者からの気付きから校内で教育相談を開催する。

その中で、該当児童について、校内支援が必要と判断した場合、校内委員会を開催する。

コーディネーターが中心となり、委員会協議を行う。この場では、実態把握・判断、対応策の検討がなされる。校内での支援が可能な事例と外部の専門機関（医師・心理判定員等）へ依頼し、より詳細な実態把握が必要な事例とに分けられる。

外部の専門機関への依頼が必要と判定された場合は、保護者の了解が必要となる。

## ❸担任が陥ってはいけないNG対応

担任が、支援までの手順を無視し、障害名や服薬等に関することを一方的に保護者に伝えてはならない。万一保護者との関係がこじれた場合、児童への有効な支援ができなくなる。また、特別支援教育コーディネーターは、普段から担任との連絡を密に取っておくことが求められる。

## ❹医療機関へつなぐための保護者との話し合い

### (1)保護者への伝え方

担任が困っている状況を伝えるのではない。児童生徒と保護者の側に立って伝えていくことが必要である。例えば、「A君は、授業に集中できず困っているかもしれません。」「医療の力を借りることで、力をより引き出せるかもしれませんね。」といったように伝える。

### (2)複数で対応する

保護者と話し合う場では、複数の教員で対応した方がよいと言われている。担任の他に、管理職、コーディネーター、養護教諭などである。

### (3)座席の配置

保護者の横に担任が座ることが重要である。担任は、保護者を支える側に立つのである。

### (4)誰が伝えるのか

受診について、保護者へ誰が伝えたらよいだろうか。保護者と担任の信頼関係が崩れないようにするために、担任以外の教員が伝えた方がよいと言われている。どのように保護者に伝えるのか、また、誰が伝えるのか、前もって参加する教員で話し合っておくことが必要になる。

### (5)一度で決めなくてよい

受診の了解を取ろうとするため熱心になりすぎ、保護者から反発を招くこともある。児童のためと思って話したことでも「先生は、我が子を排除したいのだろう」と思われる危険もある。話し合いの中で、保護者の様子を見ながら進めていく。

## ❺受診への保護者支援

受診当日、学校関係者が保護者に同行することも考えられる。保護者と信頼関係を築いている者が同行するのは言うまでもない。

医療機関からどのようなことを告げられるのか保護者は不安である。また、告げられた内容によって不安定になることもある。

受診当日は、医療機関から退出した後までを見越して、保護者を支援することが大切である。

## 《参考資料》

・『発達障害を含む障害のある幼児児童生徒に対する教育支援体制ガイドライン～発達障害等の可能性の段階から、教育的ニーズに気付き、支え、つなぐために～』文部科学省
・『特別支援教育について　第3部学校用（小・中学校）』文部科学省
・香川邦夫／大内進編『特別支援教育コーディネーターの役割と連携の実際　教育のユニバーサルデザインを求めて』（企画：日本リハビリテーション連携科学学会／教育支援研究会）教育出版
・甲本卓司監修／TOSS岡山サークルMAK編著『特別支援を要する子の担任に必要なトラブル解決スキル事典』明治図書
・小野寺基史／青山眞二／五十嵐靖夫『デキる「特別支援コーディネーター」になるための30レッスン＆ワークショップ事例集』明治図書

【佐々木伸也】

# 親の会

● 特別支援

　親の会とは、病気や障害の子どもを持つ親たちを主な構成員として組織されている団体をいう。親の会では、親同士の相互交流や情報交換、学習会などを目的として、定期的に開かれている。

　親の会は、それぞれの目的や使命に沿って活動を進めている。したがって、学校や地域規模の小さな団体からNPO団体のもとで全国的なネットワークを持つ団体まで様々ある。

## ❶全国規模の親の会

　LD、ADHD等の親の会では、各地方に支部を持ち、活動を行っている団体がある。

　例えば以下の団体がある。

(1)全国LD（学習障害）親の会
　HP　http://www.jpald.net/
(2)特定非営利活動法人　えじそんくらぶ
　HP　http://www.e-club.jp/
(3)社団法人　日本自閉症協会
　HP　http://www.autism.or.jp/
(4)NPO法人　アスペ・エルデの会
　HP　http://www.as-japan.jp/j/kai.html

　この他にも、各地域で積極的に活動を推進している団体がある。　　　　※ →P71「NPO法人」も参照

## ❷教育機関と親の会

　親の会は、「ことばの教室親の会」のように地域の学校にある「ことばの教室」どうしが連携をして発足されている会もある。

　上記の他にも学校や教育委員会に事務局を置き、その地域の親の会の活動をサポート及び推進している地域もある。その場合、活動実施日等の連絡について学校を通じて案内する方法をとる会もある。

## ❸親の会連絡会

　親の会連絡会とは、組織や団体の名称ではない。親の会同士の情報交換や相互交流等を目的として定期的に会議を開いている（定例会議）。

　その他にも研修旅行や学会における展示や広報活動等も行う場合もある。文部科学省のHPに「親の会連絡会参加団体一覧」が掲載されている。

　個々の「親の会」では、会費の徴収方法や会の運営方法、会議場所の確保等、様々な悩みを抱えている。そこで親の会同士の相互交流や悩み等の情報交換の場としての「親の会連絡会」が発足した。

　「親の会連絡会」では、会への参加によって、新たな負担が起こらないよう、会則を作成したり役員を決めたりするといった組織化をしないことを発足時に確認している。

## ❹親の会の発足

　地域に親の会がなく、親が子育て等について一人で悩みを抱えてしまう場合がある。

　地域に親の会がない場合、自分が、もしくは同じ悩みを抱えている親の方と一緒に発起人となって「親の会」を設立することもできる。

　その場合、教育委員会や子育て支援センター、社会福祉協議会等から協力を得ながら設立するという方法があり、学校側からそれらの情報を親へ伝えることも必要である。

　例えば、岡山県総社市教育委員会学校教育課では、平成17年1月に「ピュアハート総社」という親の会を設立。事務局は総社市教育委員会学校教育課にあり、運営は保護者が主体的に行っている。

　教師が親の会のメンバーになっている場合もある。その場合は、学校として、教師としての立場としてよりも、むしろ親と同じ目線に立ちながらの聞き役や相談役に徹することが望まれる。

## ❺親の会ではない形での交流

　親の会ではない形での交流も様々ある。例えば、特別支援学級や特別支援学校に在籍している児童・生徒が、託児保育や学童保育、放課後等デイサービス等を利用している場合、談話会や学習会、茶話会等を開いている。そこでの内容は、親の会に近いものとなる。

　その交流から親の会設立に至る場合もある。

## ❻留意点

　親の会は、専門領域や活動内容、活動方針等が違っている。親の会の情報を紹介する場合は、親の会の関係者や教育委員会、地元の親の会等で情報を得ておく必要がある。

### 《参考HP》

・厚生労働省「「親の会連絡会」について」http://www.mhlw.go.jp/shingi/2004/11/s1126-9c.html
・文部科学省「親の会連絡会参加一覧」http://www.mext.go.jp/b_menu/shingi/chukyo/chukyo3/046/siryo/attach/1308852.htm　　　　【田村治男】

# 校内研修システムの作り方

● 教育マネジメント

特別支援教育は今や学校運営に欠かせない位置を占めるようになった。合理的配慮やインクルーシブ教育システムなど重要なキーワードが並ぶ。

まずは、文部科学省からの通達や学習指導要領の研修から始めるとやりやすくなる。その後、子どもへの対応などに移行していく。とはいえ、校内研修（以下、研修）ができるかどうかは、それぞれの学校の事情により異なるだろう。

ここでは、筆者がどのように研修を行ってきたかを述べていくことにする。

新指導要領には、「障害のある児童などへの指導　ア　障害のある児童などについては、特別支援学校等の助言又は援助を活用しつつ、個々の児童の障害の状態等に応じた指導内容や指導方法の工夫を組織的かつ計画的に行うものとする」（小学校学習指導要領　第1章「総則」／第4／2(1)ア）という記述がある。

### ❶校内研修実現に至るまで

まず、研修を実現するには3つのクリアすべきステップがある。以下である。

(1)研修を実現させる前段階
(2)研修の内容
(3)研修の進め方

(1)校内研修を実現させる前段階

研修は校務分掌で誰が担当しているのかをまずは知ることである。筆者の勤務校では、研究主任が研修を担当していたので、研究主任と話をし、特別支援教育についての研修を行っていくということを年度末の時点で確認し、新年度の計画に位置づけてもらうことにした。

このように、研修の担当である人に話を通して、一緒に計画を作っていくことが基本である。当然、管理職に話を通していた方がよい。

発達障害の子どもへの対応は、現在の学校の喫緊の課題である。発達障害の子どもにうまく対応できなければ、授業が成立しないことが多いからでもある。授業の中での発達障害の子どもへの対応というところが、研修のニーズとなる。もちろん、授業の中でどう対応するのかという部分こそが研究部との関わりが濃くなる部分でもある。

(2)研修の内容

研修の内容は、あらかじめ示すが、先生方のニーズの高い内容も取り上げるようにする。ニーズの高い内容としては、やはり、発達障害の子どもへの対応である。しかも、集団の中でどのように対応していくかというあたりが若い教師を中心としてニーズが高い。

筆者が過去に行った研修内容である。

■ADHDへの対応
■自閉症スペクトラムへの対応
■LD児への対応
■保護者への対応
■トラブル（ケンカ、もめごと）への対応
■模擬授業
■問題行動への対応
■子どもが黙って取り組む教材
■構造化とは？

(3)研修の進め方

実際に筆者が職員からのニーズを受けて行った校内研修の一例である。「問題行動への対応」という研修で、子どもが問題行動を起こし、指導のために教室から連れ出すという目的で行った。実際に演習を入れ、好評であった。筆者が校内で発行している通信の部分を紹介する。

〔取り出し指導の仕方〕
(1)事前に約束をしておく。その際に、子どもが自分から約束を作るように話す。
(2)その約束を破った際に、粛々と淡々と取り出しを行う（別に怒る必要はない）。
(3)取り出す場所については、子どもに応じる（隣の部屋なのか、校長室なのか、これは担任とあらかじめ相談して決めておく）。
(4)取り出しをして、指導を行う。その後、教室に戻す。担任は、その子が約束を守れている点を取り上げて褒める（これがその子に対してのフォローである。取り出しをしっぱなしで、そこのフォローがなければ、子どもは変化しない）。
(5)取り出しをするのは、教頭先生か、教務主任である（担任は職員室に電話をし、取り出しを要請する。スマホは肌身離さずもっている必要がある）。
(6)子どもが変わるまで、上記指導を繰り返す。

【間嶋祐樹】

# 校内支援体制の作り方

● 教育マネジメント

校内支援体制＝特別支援教育を要する児童、生徒や学級担任のために効果的な支援を行っていく校内の支援体制全般のことである。

## ❶体制の中心

特別支援教育コーディネーター（以下、コーディネーター）が中心となり、支援体制を構築していく。コーディネーターは一人の学校が多いが、複数で担当するところもある。発達障害に絡んだ問題が増えている学校の現状を鑑みても、今後ますます学校運営上の重要な校務分掌になってくるだろう。

## ❷会議

年間を通して、いくつかの会議を企画、運営していく。これらの会議をいつ行い、参加者は誰であるのかということを明確にすることが大切である。4月中に教務主任等と相談しながら、年間の計画の中に明示しておくとスムーズに進む。

会議は定期的に行うものと、突発的に行うものとがある。両方の運営をコーディネーターが中心となり運営していく。

(1)校内委員会

特別な教育支援を要する児童、生徒に対しての支援方針を検討したり、決定したりする。PDCAサイクルで回すようにして、改善が見られるまで、行っていく。

(2)就学指導委員会

校内での就学に関しての協議を行う場である。ここでの決定をもとに、市町村の就学指導員会に諮る。

(3)ケース会議

特別な教育支援を要する児童、生徒に対して、関わりのある関係者が介して行う検討会議である。校内の関係者だけの参加。教員と保護者の参加。専門家や連携している機関のスタッフの参加。様々な形態がある。

(4)その他

生徒指導などと関連し、校内の要支援児・生徒の実態把握をするための会議を行うこともある。

## ❸会議の運営の配慮事項

諸会議を進めていく上でいくつかの配慮事項がある。例えば、あるクラスが荒れ気味となることがある。その際に、関係者が集まりケース会議を開き、対応策を検討する場合がある。ケース会議に関する配慮事項を明示しておくとよい。

例えば次のような例である。

(1)ケース会議の目的

クラスから不適応児が出た場合や、クラスが騒々し

くなり、教師の指示が通りにくくなるなど学級騒乱状態の初期状態が垣間見られる場合など、その対策を講じるために開かれる。

(2)ケース会議の招集

学級担任、学年主任、校長、教頭、特支コーディネーターの要請により開かれる。

(3)ケース会議のやり方

ア　司会は特支コーディネーターが行い、具体的な方策の検討がなされ、指導方針を決定する。

イ　ケース会議では、誰が、いつ、なにをするのかを明確にし、すぐに具体的方策が実行に移されるようにする。

ウ　1週間をめどにケース会議で決められた方策を実行し、フィードバックのケース会議を1週間後をめどに開く。

エ　ケース会議は、児童やクラスの改善が見られるまで継続して行われる。改善が見られない場合は、指導方針の変更等がケース会議で行われる。改善が見られた場合のケース会議打ち切り決定を行う最終の責任者は校長である。

オ　補足

■担任や児童支援のために、管理職やコーディネーター、学年主任は支援を惜しまない。

■担任への心ない批判など厳に慎む。ケース会議の場は担任支援の場であり、子ども支援の場である。組織として担任を支え、子どもを成長させていくことが仕事である。

■運用のポイント

・誰も責めない

・決してあきらめない

・全職員による支援

## ❹面談について

保護者と面談をすることがある。担任一人で対応するよりも、複数で対応した方がよい。特に、若い教師などは保護者対応で苦労することがある。コーディネーターが同席すると保護者対応にも余裕が出る。

面談の配慮事項として、医療機関の受診や検査の勧めなど、デリケートな内容はコーディネーターが話すようにするとよい。担任が話をして、話がこじれてしまった場合、保護者と担任が対立してしまう場合があるからである。それを避けるためにも、コーディネーターが同席し、面談をリードしていく必要がある。

【間嶋佑樹】

# 配慮を要する児童の共通理解

● 教育マネジメント

学校には様々な子どもがいる。中には、特別な配慮を要する場合もある。そういうケースは全職員が知っておいた方がよい。校内の配慮を要する児童についての研修について述べていく。

学校によって様々なやり方がある。研修の場合もあれば、会議の場合もある。担当の分掌も様々であろう。しかし、要は配慮を要する児童についての理解が深まればよいのである。

今回は、筆者が今まで行ってきたやり方を紹介したい。会を行う前に以下のような点をクリアにすべきである。

(1)いつ行うか
(2)どのような子が対象か
(3)会議の進め方（内容）

## ❶いつ行うかについて

筆者は、年に3回行っていた。新年度の4月、夏休みの8月、冬休みの1月、計3回である。新年度は特に大事である。職員の入れ替わりがあり、児童についての共通理解が必要だからである。

8月はフィードバックである。簡単に児童の様子や指導について振り返り、軌道修正していく。

1月は評価を行う。このような流れで会を運営していた。

## ❷どのような子が対象か

ある程度の基準がなければいけない。担任の主観だけだと、漏れが生じたり、逆に対象にしなくてもいい子まで対象にしたりしてしまう。次のような基準である。

■市販テストが平均60点以下
■一斉授業についていけない
■遅刻しがち、休みがちである
■離席がある
■忘れ物が多い
■友達とトラブルが多い
■WISC-Ⅳなどの検査を受けている
補足：対象にするかどうか迷ったらコーディネーターに相談する

小野隆行著『新指導要領に対応した特別支援教育で学校が変わる』（学芸みらい社）では、「第2章 生活場面での障害に応じた指導上の工夫」において、

①衝動性が強い、②キレやすい、③コミュニケーション力が低い、④自己肯定感が低い、⑤相手がキレる言葉を使う、⑥負けを受け入れられない、⑦自分の非を認められない、⑧曖昧さが許せない、⑨ルールを守れない

等の具体例の紹介がある。

## ❸会議の進め方

担当分掌は特別支援部と生徒指導部がタイアップして行う。以下の、(1)～(4)をデータ化し児童の写真を貼り付け、ファイルにする。

(1)子どもの抱える問題
(2)指導方針（指導の記録）
(3)家庭環境
(4)検査結果や連携している機関

これらの記録してあるファイルを読み上げ、参加している先生方に伝えていく。4月はこれを、読むだけでいい。8月は、この指導方針をフィードバックし、修正を加える。1月は、児童の抱える問題が「前に進んだ」「現状維持」「後退した」のいずれかで評価をする。

具体的な例を出す。

自閉症情緒学級のA君がいる。彼は、クールダウンと称し、あちこちの空き教室をうろうろしてしまう。転勤してきたばかりの教師がパソコン室でクールダウンしていたA君を見つけた。A君がパソコン教室で授業をサボっていると勘違いし、転勤してきたばかりの教師はA君を叱りつけた時があった。これでA君がパニックになり、それ以来この教師を受け付けなくなった。こうした対応の統一を図るのが会の目的である。

A君には、穏やかに「何をしているのですか」と尋ねるようにお願いした。同時に、A君のような子が複数いたためにクールダウンルームを作ることが意見として出され、実際にクールダウンルームを作ることになった。

また、学習の定着度が芳しくないLD傾向の児童には、

①教科書を拡大コピーして、ルビをつけたものを渡す。
②ノートは学年相応のものではなく、マス目を大きくしたものを使う。
③板書を写すのが困難な場合、ノートに写す量を軽減する。

以上のことを全校で取り組むこととした。

このように、教師による対応を統一し、共通理解を図ることが必要である。教師ができる環境調整である。

【間嶋祐樹】

# ADHDの子どもへの対応

● 教育マネジメント

〔ADHDの三大症状〕
1　注意力を持続させることの欠如（不注意）
2　衝動のコントロールまたは抑制の欠如（衝動性）
3　過剰な活動（多動）

他の問題として
■ ルールや指示に従えないこと
■ 他の子どものように一貫してその能力を発揮できないことが挙げられる。

### ❶授業の中での対応

(1)動かす

ADHDの子どもはドーパミンが不足していると言われる。従って、不足しているドーパミンを自ら分泌させようとして動き回る。

授業の中でも、動かしていく必要がある。

研修の場合、どのように動かすかを教師同士で考えさせてもよい。

「音読させる」「立たせる」「黒板に出て板書させる」「隣と相談する」「前に集合して話を聞く」「動作化させる」「指で追わせる」などがある。

特に、低学年ほどじっと座って聞いているというのは飽きてくる。随所で動かすような配慮がほしい。動くことでドーパミンが分泌されるからである。

(2)褒めまくる

ADHDの子はおだてられると、調子がよくなる。ただ単に褒めるのではなく。褒めまくるぐらいの感じがちょうどよい。そして、トークンなどのご褒美も効果的である。学習を頑張ったら、トークンをもらい、トークンがたまったらご褒美活動ができるなどの継続した活動がやる気を持続させる。

(3)一時に一事の指示

ADHDの子は注意力を持続させることが困難である。気が向いた物に関心が向く。授業中でもそうである。ワーキングメモリの問題を抱える子もいる。だから、長い話や指示は聞けないことが多い。

そのために、指示や説明は短いが上にも短くすることが肝要である。

次のような指示は聞けないことが多い。

| 教科書を出して、38ページの③番をやりなさい。 |
| --- |

研修では、これを実際に演習してみる。どのように言うのかを前に出てやってもらうのである。一時一事に指示を出し、できたら褒めるということを繰り返すのである。

### ❷問題行動への対応

・行動の仕方を考えさせる・教える

衝動性が強いために、気がついたらやってしまったということになりがちである。したがって、「どうしてそんなことをしたの？」という叱責は意味がない。本人にもわからないのである。気がついたらやってしまっていたのである。

したがって、「どうすればよかったか？」を考えさせる。うまく言えなかった場合は、正しい行動の仕方を教えてあげればいい。ただし、行動の仕方を教えたからといってすぐにできるわけではない。正しい行動の仕方が身につくまでには時間がかかる。教えたからすぐにできるというのは大人の論理である。

研修では、実際に問題行動を起こした際の演習を行い、声のかけ方などを練習する。実際に声をかける際の声のトーンなど、やってみて気付くことは多い。

ところで、白杉亮氏（早稲田大学大学院教育学研究科）によると、学習だけでなく、子ども同士の人間関係も大きく関係する。子どもだって、「自分だけ特別に思われるのは嫌」「みんなと同じようにやりたい」こともある。保護者が特別な配慮を望むこともあれば、逆もある。だからこそ、一つ一つの調整について明確なエビデンスを示すことに加え、互いに納得できる「妥協点」を見つけること、違うことは変なことではないという学級の雰囲気を形成すること、など様々なことが必要になってくる。

### ❸保護者への対応

ADHDの子どもを育てる保護者は苦労の連続である。学校から、子どもが悪いことをしたという電話がかかってくるので、夕方の電話はびくびくするという親が多い。その悪循環を断ち切るためにはどうすれば良いだろうか。研修ではそこを考えさせたい。

| 保護者には良いことを伝えるのが先である。 |
| --- |

心理学の用語に初頭効果というのがある。最初の印象が相手の心に刻まれるというのである。保護者に良いことを先に伝え、良い印象を与えることで、その後の関係作りがスムーズに行く。

研修では、ADHDの特性理解、対応の演習、保護者への対応のポイントという流れで組み立てていく。

### 《参考文献》

・ラッセルＡバークレー『ADHDのすべて』ヴォイス
・杉山登志郎『発達障害の子どもたち』講談社

【間嶋祐樹】

# 自閉症スペクトラムの子どもへの対応

● 教育マネジメント

　自閉症スペクトラムの対応は2つを扱う。
❶自閉症スペクトラムの理解
❷自閉症スペクトラムへの対応

## ❶自閉症スペクトラムの理解

　自閉症スペクトラムの特徴として次の3つがあげられる。

■社会性・対人関係の障害
■コミュニケーション障害
■行動と興味の偏り

　演習として、どのような行動が見られるかシートなどに書いてもらうとよい。実際に自閉症スペクトラムの子を担任した教師がいるであろう。

・予定外の出来事や突然の変更に対応できない。
・パニックになる。
・言葉を字義通りに受け取る。
・1つのことにこだわる。
・空気を読めず、場違いな発言をする。

　このような行動が出される。その上で、これらの行動を、障害の特性理解として3つの特性のどれに当たるかを分類していく。この作業を通して、上記の3つの特徴を具体的に把握していくであろう。

## ❷自閉症スペクトラムへの対応

　以下の5項目を扱う。

(1)構造化　　(2)予告と承認
(3)こだわりをなくそうと思わない
(4)負けを受け入れる　　(5)セロトニン5

### (1)構造化とは？

　予定や学習内容などを、イラストや写真などを使い、わかりやすく提示し、見通しをもちやすくすることである。「自閉症　構造化」で検索するとたくさんの参考になる画像が出てくる。これらの画像を先生方にも提示する。これが視覚支援である。文字情報だけでなく、写真やイラストがあるととてもわかりやすくなる。それを先生方にも理解してもらう。また、音や視線などの刺激に対して弱い子もいる。イヤーマフやパーテーションなどの利用も構造化につながる。

### (2)予告と承認

　予定の変更に、対応できないことが多い。そこで、どうしても避けられない予定の変更がある場合などには、できるだけ早く子どもに予告しておく（例えば、3時間目の変更があれば、朝の会で予告するなど）。予告するだけではなく、子どもから承認を得る。「こ

れで大丈夫？」「はい」というやりとりである。承認が得られない場合は、子どものペースを尊重する。

### (3)こだわりをなくそうと思わない

　自閉症スペクトラムの子どもはこだわりをもつ。こだわりは様々である。以前、こういう子がいた。ゴミ箱にゴミが1つでも入っていると、それをすぐに捨てに行ってしまうのである。授業中でも行ってしまうことがあった。これを演習問題として、先生方に考えてもらう。担任教師はどう対応したのか。原則は、「その子のこだわりはなくさない」である。禁止すると、子どもはつらくなってしまう。そこで、行く時間を決めた。それをゴミ箱にも明示した。すると、その時間を守り、授業中にゴミ捨てに行くことはなくなった。

### (4)負けを受け入れる

　自閉症スペクトラムの子の中には、何でも一番でないと気が済まない、百点でないと納得しないという子がいる。これでは大変である。徐々に、一番でなくてもいいんだ、百点でなくてもいいんだということに慣れていく必要がある。それには、そうした体験を何度も積み重ねる必要がある。カルタなどは負けを受け入れるようになる格好の教材である。最初は教師と対戦し、子どもの勝ちが多くなるように調整する。その後、徐々に教師が勝つようにしていく。その際に、負けても怒らなかったことを、ほめ、認めていくことが必要である。

### (5)セロトニン5

　自閉症スペクトラムの子どもはセロトニンという脳内物質が足りないという研究がある。教師はセロトニン5を意識しながら子どもと接するとよい。

　セロトニン5とは、「みつめる　ほほえむ　話しかける　ほめる　ふれる」である。この5つの行為をすることでセロトニンが分泌されやすくなるという。

　宮尾益知Dr.は言う。自閉症の子どもは、生きにくい場面では自分の殻に閉じこもってしまう。その時間に働きかけるのではなく、そのような時間を減らしていこう。ふっとゆるみが出た時に、すかさず言葉・視線・体を使ったコミュニケーションを用いて働きかけ、こちらに注意を向けさせる。そうすると自分の世界から、私たちの世界に戻ってくる。自閉症の子どもたちの体の動きは、4カ月の体幹のひねりと10カ月の左右の交互性ができていない。

### 《参考文献》

・平山諭『満足脳にしてあげればだれもが育つ！』ほおずき書籍　　　　　　　　　　【間嶋祐樹】

# 障害の理解

**● 教育マネジメント**

❶ワーキングメモリ
❷脳内伝達物質（ドーパミン、セロトニン、ノルアドレナリン）
❸対応の原則（教えてほめる）

## ❶ワーキングメモリ

　ワーキングメモリは、その働きがいくつかに分けられるが、代表的なものは短期記憶のことである。発達障害の子はこの短期記憶が弱いことがある。したがって、指示が長かったり、いくつもの内容を含んでいたりする話は聞き取れない。

> 教科書を出して、38ページの③番をやりなさい。

　研修では、上記の指示の出し方の問題点を話し合い、言い直しをするとすればどうすればよいかを検討し、実際にその指示を言ってみるという演習がよい。
　また、指示→行動→評価（ほめる形の評価をする）というプラスのサイクルがよいということを話す。上記の指示内容を言い直して、実際に評価をするところまで演習する。

## ❷脳内伝達物質

　主な脳内伝達物質はドーパミン、セロトニン、ノルアドレナリンである。この働きについて話す。
　ドーパミンはやる気物質。ほめたり、体を動かしたりすると分泌される。ADHDの子が体を絶えず動かしてしまうのは脳内に不足しがちなドーパミンを分泌させているからだという。
　セロトニンは、癒やし物質といい、リズミカルな動きをした時や、感動の涙を流した時、スキンシップをとった時などに出る。
　平山諭氏の提唱したセロトニン5が有名である。これについては、繰り返して先生方に提示したい。
　「見つめる」「ほほえむ」「話しかける」「触れる」「ほめる」の行為をすることで、子どもたちのセロトニンが分泌されやすくなる。
　ノルアドレナリンは緊張物質である。先生が近くに来た時や、人前での発表などストレス場面にさらされた時に分泌される。
　脳内伝達物質はアミノ酸からできていて、栄養をしっかりとらなければ体内で合成できない。このことをしっかりと押さえる必要がある。発達障害の子にとって食はとても大事なものなのである。ちなみに、セロ

トニンのもとになるトリプトファンを多く含む食品は、ピーナッツ、バナナ、アーモンド、乳製品、肉、魚、大豆などである。こうした栄養がしっかりととられているかどうか、家庭と連携していく必要があるということを、強調したいところである。

## ❸対応の原則（教えてほめる）

　発達障害の子に対する対応の原則は「教えてほめる」である。この教え方の反対が「教えないで叱る」である。校内研修の場合、具体的な例を出した方がわかりやすい。
　例えば、学校でよくある掃除の場面である。たまに掃除をしないでふらふらしている子がいる。この場合、どうしてふらふらしているのかである。ここを考えてもらう。先生方から出されるのは「掃除の仕方が分からない」というのと「さぼっている」というものである。この場合、「掃除の仕方が分からない」という意見を採り上げる。実際によくあることだが、自分が何をやったらいいのかが分からずにふらふらしてしまうことが多い。従って、まずすべきことは役割をしっかりと決めることである。やることがはっきりすると動ける子が多い。
　それでも動けない場合は、もう少し動きを細分化する必要がある。ほうきであれば、実際にほうきの掃き方を一緒にやり、そしてやらせてみてできていたらほめるのである。雑巾も同様である。
　意外と多いのが、「教えないで叱る」である。掃除中にふらふらしている子に対して、「何をしているんだ」と叱ってしまう。それで、事態が改善されればいいが、多くの場合は改善されない。やり方を教えていないからである。ここでも演習を行う。
　「声が大きい子がいたらどうするか？」
　「廊下を走る子がいたらどうするか？」
　「友達に文句を言ってしまう時にどうするか？」
　基本はやり方を教えて、やらせてみてできたらほめるのである。

### 《参考文献》

・平山諭『満足脳にしてあげればだれもが育つ！』ほおずき書籍

【間嶋祐樹】

# NG 対応とは

● 教育マネジメント

> フラッシュバック：過去の体験がまるで、現在起こっているかのように不安や恐怖感を伴い再現されること。
> 解離：耐えられないほどのつらい体験があると、そのストレスを避けようとして自分の意識を飛ばしてしまうこと。

### ● NG対応として取り上げる行為

発達障害の子に対するNG対応として次のものを取り上げる。

> (1)叱責
> (2)教えないで叱る
> (3)本人の特性を理解しない

(1)叱責

大きな声で叱ったり、怒鳴ったりする行為は、子どもにとって恐怖体験となる。

自閉症スペクトラムの子どもたちは、そうした強い恐怖体験を嫌でも覚え込んでしまう。そして、数年たってからでも、覚え込んだ体験が何かの拍子で甦ってくる。甦る際に、当時の感情を伴って思い出すのである。これがフラッシュバックである。

筆者が関わった子どもで、運動会の時の思い出をよく話す子がいた。体育主任が大きな声で怒鳴って指導していた。それが、嫌で嫌で仕方がなかったというのである。それをついこの間のことのように話すので、いつのことかと聞いてみると5年も前の出来事だった。

また、度重なる叱責があると、そのストレスから逃げようとして自分の意識を飛ばしてしまうことがある。これが解離である。叱責を受けている間の記憶がなくなる。ストレスを回避しようとする防衛反応である。

発達障害の子どもに有効な対応の仕方として「CCQ」が挙げられる。

> C （Calm） ＝ 穏やかな声で
> C （Close） ＝ 子どもに近づいて
> Q （Quiet） ＝ 静かな声で

このCCQの演習はとても良い。先生方に、ペアになってやってもらう。

(2)教えないで叱る

発達障害の子どもは、行動のレパートリーが少ない。教室でよくみられる光景が「だめ」「いけません」「や

めなさい」という禁止の指示である。子どもの行動をやめさせようと、つい禁止の指示が多くなってしまう。

NG対応なのは、この禁止の指示だけで終わっている場合である。禁止されても、ついやってしまうのが、発達障害の子どもである。それを禁止する代わりに、どうしたらいいのかをセットで教えることが大事である。

例えば、ハサミをポケットに入れて持ち歩く子がいたとする。これを禁止したとしてもまたやる可能性がある。これをどうするか、先生方に考えてもらう。ハサミではなく、定規を持たせるとか、ハサミではなく、マジックを持たせるとかという意見が出る。これを、代替行動という。禁止は、発達障害の子どもにとってつらいのである。したがって、禁止ではなく、違う行動で代替することを考える。先生方が代替行動について考えると、対応の仕方が変わってくる。壁を蹴ってしまう。つい手いたずらをしてしまう。こうした行動の代替行動を考える演習を行う。

(3)本人の特性を理解しない

発達障害の子の行動はわがままととられやすい。しかしそれは、障害の特性からきていることが多い。したがって、発達障害の子どもの特性を理解しないと、上手な対応はできない。

例えば、休み時間からうまく授業への切り替えができない子がいる。休み時間にしていた折り紙がなかなかやめられないのである。この行動は、わがままではなく、特性なのである。この行動に対する対応を考えてもらう。

NGなのは、折り紙を取り上げて、授業参加を促すことである。子どもにとっては、やりたかった折り紙ができなくなり、怒ったり、いじけたりする可能性がある。そうではなく、「あと何分で終われる？」とか「これを作ったら、折り紙はやめられるかな？」と本人と交渉しながら同意させることである。自分の決めたことは守れることが多いからである。あと何分で終われると聞きながら、自分自身で終わる時間を決められるようにしていくとよい。

発達障害の子どもの特性理解は、その子のペースに合わせた指導につながる。

【間嶋祐樹】

# セロトニン5

● 教育マネジメント

> セロトニン：「満足感」や「幸福感」を感じた時に
> 出る脳内物質。セロトニンが分泌されると安心
> 感をもたらす。他の神経に対して抑制的に働き、
> 衝動、攻撃、うつ症状を軽減する特性を持つ。
> セロトニン5：平山諭（元倉敷市立短期大学教授）
> が提唱した、授業でセロトニンを分泌させるた
> めに使う「①見つめる」「②ほほえむ」「③話し
> かける」「④ほめる」「⑤触る」の5つのスキル
> のことである。癒し感、安心感が増え、行動は
> 社交的になる。

## ❶セロトニン5について知る

### (1)見つめる

　優しく見つめることで安心感を与えることができる。
じっと見つめるのではなく、子どもが見つめてきた時
に優しく見つめ返すようにする。まぶたを上下に見開
くようにすることで表情が現れる。

### (2)ほほえむ

　セロトニン5の中でも癒し効果が抜群のスキルであ
る。ほほえむことが上手な人は攻撃されない。口を横
にできるだけ開くようにし、歯が少し見えるぐらいが
よい。声は出さない。笑うとは異なる。人に警戒心を
持つ子どもはバカにされたと思ってしまうこともある
ので注意が必要。

### (3)話しかける

　まず自分から相手に話しかけることができればよい。
話しかけた相手の心に快適な状態を作り出すことが
できるように話しかける。具体的には「名前を呼ぶ」
「質問をする」などが効果的である。子どもが返して
くれたことに対して「そうだね」「わかるよ」と共感
的に受け止めることで子どもは安心する。

### (4)ほめる

　成功体験を高めるために教師はほめなくてはいけな
い。努力している状態や経過をほめるようにすると、
やろうとする意欲を高めることができる。

### (5)触る

　握手する。肩を軽くタップする。ハイタッチをする。
背中の真ん中あたりに手の平を置く。触れられること
で安心感が増す。

## ❷セロトニン5を実際にやってみる

　（2人ペアを作って行う）

### (1)見つめる

　「お隣の人が目を合わせてきたときに見つめてみま

しょう」「まぶたを見開くように見つめ返してみましょ
う」と声をかけ演習を行う。相手に安心感を与えて
いるか聞き合うようにしたい。

### (2)ほほえむ

　「お隣の人にほほえんでみましょう」と演習。ほほ
えんでいるつもりでも、目が笑っていない場合がある。
自然な笑顔ができているかお互いにチェックしたい。

### (3)話しかける

　「お隣の人に話しかけてください」と演習する。「○
○さん、△がいいですね」と名前を入れるとよい。

### (4)ほめる

　「お隣の人をほめてください」と演習。

　①元気よく短いフレーズでほめる

　②名前を入れてほめる

　③成長を実感させるようにほめる

　④できるように期待してほめる

　以上ができるとよい。

### (5)触る

　「お隣の人と握手をしましょう」「ハイタッチしま
しょう」「肩に触れてみましょう」と演習する。安心感
を与えるよう、自然にできるようにしたい。

### (6)合わせ技

　「ほほえみながらほめてみましょう」「ほめながら軽
く肩に触れてみましょう」というように5つのスキル
を合わせて使えるように演習する。

## ❸やってはいけない対応を伝える

　発達障害の子が授業中にする不適応行動に対し（ほ
ほえむ）で対応してはいけない。例えば「授業中に明
らかに変な発言をしている」時にほほえんでしまうと、
その行動がよい行動なのだと勘違いをし、不適応行動
を加速してしまうことがある。のぞましくない行動に
対しては、その行動を無視し、刺激をそれ以上入れな
いようにしたい。研修では具体的場面を設定し、不適
応行動に対して、どのように対応するのかを合わせて
学べるようにするとよい。

### 《参考文献》

・『特別支援教育教え方教室39号』明治図書
・平山諭『8歳で脳は決まる！』河出書房新社
・小野隆行『喧嘩・荒れ　とっておきの学級トラブル
　対処法』学芸みらい社

【渡邊俊郎】

# パニックへの対応

● 教育マネジメント

発達障害の中でも特に自閉的傾向のある子どもたちに見られる現象であり、その表出の仕方は子ども一人一人によって異なる。「手が付けられないほどに泣き続ける」「奇声を発する」「自傷・他傷行為が始まる」「興奮して物を投げる、殴る、蹴とばす」「攻撃的になりそれを抑えられない」「落ち込んでこちらの声かけに反応できない」などがある。

## ❶パニック発生時の対応を学ぶ

「子どもがパニックになっている時、どうするか」
「A　刺激を入れる」　　「B　刺激を入れない」

### (1)対応の基本を学ぶ

パニック状態にある時には、
「B　それ以上指導を入れない」方がよい。

パニック状態とは「満杯のコップから次々に水があふれ出ている」という状態である。この時に「何をやっているんだ！」「どうしたんだ！」と指導を入れることは「水があふれ出ているコップにさらにジュースを注いでもっとあふれさせる」と同じである。パニックになった子どもに対応する時にまずすることは「落ち着かせること」である。

### (2)クールダウンさせる

子どもがパニックになった時、教師は焦らない、動じないことが大事である。時間を取り、刺激になっている物や人から遠ざけ、待つことが必要だ。クールダウンをするための部屋（クールダウンルーム）などを学校に作り、そこで落ち着くまで過ごす。叩く、蹴るなどの暴力行為があった場合は安全に気をつけ、蹴ってもいい場所、投げてもいい物などを与える。どんな子でも1時間以上暴れ続けることはまずない。

### (3)フィードバック

落ち着いた後は素早くフィードバック（ふりかえり）することで、その後のパニックを防ぐことが期待できる。小嶋悠紀氏（長野県公立小学校教員）はこの時、子どもに「状況を整理しようか」と声をかける。この際、「あなたが悪かったからこのようなパニック状態を起こした」と感じさせてはいけない。そのように感じ取った時点でそれ以上話をしてくれなくなる場合があるからだ。絵や言葉を使い、①何があったのか、②一番頭に来た所はどこか、③どうすれば良かったか、の3点を問う。そして

落ち着いて自分の行動を振り返ることができたね。

とても偉かった。次は大丈夫だよ。

とほめて励ますことが大事である。パニックになってしまうのは自分で自分を制御しきれない状況になるからである。自分ではどうしようもないのである。だから絶対に責めないことだ。

## ❷その後の指導法を学ぶ

### (1)イライラしたことを報告できるようにする

不安になりイライラした時にどうするかを子どもと相談しておく。「先生、調子悪いです」「限界です」と子どもが教師に言えるように「合言葉」を決めておき練習させる。そしてどのように気持ちを落ち着かせるか決めておく。「クールダウンルームに行く」「保健室に行く」「図書室に行く」などその子に選択させるとよい。実際にパニックになりそうな時、子どもが自ら自分の状態を報告しに来たことをほめてあげることが必要だ。このように

パニックにならず「自分の感情をコントロールできた」経験を少しずつ増やしていく

ということがとてもとても大事である。

### (2)教師がパニックにならない配慮をする

その子がどのような時にどのような場面でパニックになるのかを把握しておき、そうならないように配慮する。私が担任した自閉の子どもは「自分が自力でやりたいと思ったことを、邪魔された」と感じた時にパニックになっていた。学校生活の中でそのような場面を作らないように配慮をしてあげることが必要である。

## ❸研修では実際にパニック対応をやってみる

校内研修ではパニックになっている子への対応を参加者が実際にやってみることが必要である。パニックになっている子の役、教師の役、その他の子の役を決め、場面を設定し、実際に対応してみる。パニック状態の子は興奮状態にあるため、暴言を言う、暴れることがある。教師もそんな時は頭にくることもあるだろう。しかしそのような時でも冷静に、刺激から遠ざけ、何を言われても落ち着いて対応することが求められる。同じく、フィードバックの仕方やその後の指導の方法など現場ですぐにできるように、演習を行いたい。

### 《参考文献》

・小嶋悠紀『発達障がいの子どもを"教えてほめる"トレーニングBOOK』明治図書

【渡邊俊郎】

# 愛着の形成

● 教育マネジメント

　ジョン・ボウルビィ（イギリス出身の医学者、精神科医、精神分析家）は特定の養育者との結びつきが、幼い子どもの発達や安定にとって不可欠な役割を果たしているという確信を持つようになり、その結びつきを「愛着」と呼ぶようになった。

## ❶「愛着障害」について学ぶ

### (1)愛着障害（Attachment Disorder）とは

　ボウルビィはまだ医者になりたての頃、非行少年の施設で働いたことがあった。窃盗を犯した少年の事例を見ると、驚くべき事実が分かった。施設のほとんどすべての少年が、母親からの愛情不足を味わっていたのである。その後、第二次大戦で孤児となった子どもを調査してみると、栄養や世話は足りているのに、成長が止まってしまうなど、様々な発達上の問題や、情緒的、行動的な問題を抱えていた。

### (2)愛着形成が阻害される原因

　死別、離別、虐待、養育の放棄、放置、差別、養育者の変転など様々ある。養育者が幼児にミルクをあげる際に、幼児に話しかけず、子どもの目を見ずスマートフォン等を操作しているという状況は昨今見られるようになってきた現象である。このような場合でも愛着形成はできなくなってしまう。また自閉的傾向を持つ子は一人で行動することを好むことが多く、自ら養育者と関わろうとしないため、養育者との愛着形成が遅れる場合がある。

### (3)養育者が安全基地になる

　子どもの発達にとって、養育者が幼児にとって心の安全基地として機能することが必要である。子どもに危険が迫った時や不安を感じた時、子どもは養育者という安全基地に逃げ込む。安心するとそこを離れ、自らの活動に戻る。養育者が安全基地になるためには、本人の主体性を尊重しつつも、助けが必要な時にすぐ手を差し伸べる、ということが必要となる。安定した愛着がはぐくまれているケースでは、養育者はわが子の変化や兆候を見逃さず、素早くミルクを与える、抱きしめてあげるなど子どもに反応している。子どもが見ている物にすぐに反応し、一緒に見てあげることや、子どもと目を合わせて話をしてあげることが必要だ。時には叱ることも必要だが、それはあくまでも本人を危険から守るためである。

## ❷校内研修で対応法を学ぶ

　過去に愛着形成に課題のある子どもを担任したこと

がある。過度に教師との一対一の関係を求め、抑制が効かない、教師の指示が聞けない、攻撃的であるなどの様子が見られた。どのように教師は対応するか。

### (1)保護者へのアプローチ

　愛着の形成がうまくできず不適応行動を起こしている子どもに対して、

> 　親が安全地帯の機能を取り戻すことがまず何より大事である。安全地帯とは(1)子どもの気持ちを受け止め、ほめたり、励ましたりする機能と(2)失敗や遠回りも含めて子どもらしさを尊重し、口出しをせずに見守ってあげられる機能の2つが必要である。

　そこで研修では、保護者との関係のつくり方を学ぶ。まずはその子の良いところ・頑張っているところを伝える。子育てを頑張っている保護者を認めながら、共感的に話を聞く。「子どもの話を聞いてあげてほしいこと」「抱きしめてあげてほしいこと」「関わり場面を多く作ってほしいこと」などを保護者にお願いする。具体的には、連絡帳、一筆箋、電話、学級通信などで保護者に伝える。養育者と子どもとの間で会話が生まれ、気持ちが伝わり合い、そこに愛着が形成されるようになると、子どもは少しずつ安定していく。愛着はある程度可塑性を持つ。不安定だった愛着が安定したものに変化することがあるのである。母子関係の修復が必要な場合は関係機関との連携も欠かせない視点である。

### (2)学校でのアプローチ

　学校では教師が子どもの安全基地となることで不安定な心を改善させることが求められる。具体的には

> 先生の言った通りにやったらうまくできた・ほめられたという経験を増やす

ことである。この経験を増やすためには、先生が言った通りにやろうとした時や、実際にやった時にほめること、小さな負荷で、無理なくできることをさせることが大事である。そのためには、授業が一番大事であり、教師は子どもの実態にあった授業づくりに力を尽くすことが求められる。教えてほめる授業をどのように作っていくか、子どもができるようになる授業をどのように作っていくか校内研修でぜひ取り扱いたい。

### 《参考文献》

・岡田尊司『愛着障害の克服』光文社新書

【渡邊俊郎】

| 専門職と様々なトレーニング支援方法 | Professional and training support method

# 専門職と様々なトレーニング支援方法

● 特別支援

　障害児が自立できるよう「治療」と「教育」を行うことを「療育」と呼ぶ。子ども本人の特性・実態に合わせた様々な療育プログラムが存在する。療育プログラムには、具体的な様々なトレーニング支援方法と、支援に関わる専門職が存在する。

　本章で紹介する専門職及びトレーニング支援方法は以下である。

〔専門職〕
①理学療法士（通称：PT）
②作業療法士（通称：OT）
③臨床発達心理士
④臨床心理士
⑤言語聴覚士
〔トレーニング支援方法〕
①ソーシャルスキルトレーニング
②ビジョントレーニング
③音楽療法
④感覚統合療法
⑤TEACCHプログラム
⑥ムーブメント教育
⑦モンテッソーリ教育
⑧アンガーマネジメント

## ❶専門職

　専門職になるには、それぞれの資格がいる。それぞれ名称は似ているが、内容は異なる。

　理学療法士（PT）は「運動機能」の回復・維持・悪化予防が目的である。例えば「起きる」「立つ」「座位保持」のための基本動作の訓練を行う。

　一方、作業療法士（OT）は、理学療法士が行った「基本的な機能訓練」を受けて「応用動作」「社会適応のための能力回復」を目的としている。例えば「食事」「料理」「掃除」などの日常生活での動作、「体操、学習、絵画、音楽」などのレクリエーションや創作活動、更には「職業訓練的」な「集中力」「耐久力」等の訓練も行っている。

　また「臨床心理士」は「臨床心理学」に基づく心理的な問題を解決する一般的な資格、「臨床発達心理士」は「発達心理学」がベースとなり、特に「幼児期」を中心とした発達障害児の心の問題の専門家である。

　詳細はそれぞれのページを見て頂くとして、専門職は、全て目的と内容、資格の取得方法も異なっている

のである。※1

　その子の実態に合わせ、何を訓練するかで違ってくるのである。

## ❷トレーニング支援方法

　発達障害児へのトレーニング方法も様々あり、それぞれに背景や目的が違う。これらは学校の教員がそれぞれ学習し工夫できるものではあるが、正しい方法を学ぶことが必要となってくる。

　ここに挙げた、どれもが特別支援学級や通常学級の教師に使われているが、使用方法や目的が間違っている場合もある。

　例えば「TEACCHプログラム」を勘違いし、教室に様々な場作りだけして、子どもがどこで何をすればいいのか混乱してしまう場合、ソーシャルスキルトレーニングばかりして一般化せず「あれだけ言ったのに」と叱責し、二次障害になってしまうケース等である。

　平成17年施行「発達障害者支援法」では発達障害の支援として次の4つが挙げられている。※2

(1)子どもの将来の自立に向けて支援
(2)子どものライフステージに応じた一貫した支援
(3)家族を含めた一貫した支援
(4)できるだけ子どもと家族にとって身近な地域における支援

　「一貫した支援」が1つのキーワードである。これがダメだからこれにしようという、ちょっとかじって、次々方法を変える支援方法は一番よくない。

　「消去バースト」という言葉がある。発達障害児の良くない行動は無視する。しかしずっと続くので我慢できず叱ってしまい、これまでのことが壊れてしまう（バーストする）ことを指す。

　一つ一つの理念と方法を正しく学び、子どもたちに合った方法を用いる。そしてうまくいったかどうかを日々確認する。これが最も重要であろう。

## 《参考HP》

※1　https://www.nitiriha.com/different/
※2　http://woman.mynavi.jp/kosodate/articles/115

【川原雅樹】

| 理学療法士（PT） | Physical Therapist

# 理学療法士

● 特別支援

理学療法士とは、けがや病気などで身体に障害がある人や障害の発生が予測される人に対して、運動療法※1や物理療法※2などを用いて、自立した日常生活を送れるように支援したり、障害のあるなしにかかわらず、健康増進・維持を目的に理学療法※3を通じて指導や助言を行ったりする専門家のことである。

※1　運動療法とは、運動を手段として用いる病気の治療法である。運動療法により正しい動きの学習指導を行うことで、筋力と柔軟性、バランス能力の改善を目的に、身体機能の維持や改善、疼痛などの症状の軽減を図るための手技を指す。

※2　物理療法とは、身体に物理エネルギー（温熱、寒冷、電気刺激、光線、その他）を加えることで、血液循環の改善、筋の緊張や痛みを除去、軽減し、身体の痛みや麻痺などを回復するものである。膝や肩などの関節痛や腰痛などの軽減や運動しやすくすることを目的とする。

※3　理学療法とは、身体と心の両面から人としての基本動作能力である「立つ・座る・歩く・食事をとるなど」の回復や維持、および障害の悪化の予防を目的に行われる治療である。

### ❶学校での理学療法士の活用

具体的には、肢体不自由のある幼児・児童・生徒への学習指導、座位保持や歩行の指導および自助具等の使用など、担任の幼児・児童・生徒への指導に関する情報を与える役目がある。つまり、特別支援教育現場において理学療法士が行う指導・助言の直接的な対象者は教員である。

また、座位保持が難しい子どもが、肢体ではなく「自閉症・情緒」学級や「知的」学級に入級する場合もある。教師が専門的な知識無しに身体の訓練を行うことは難しく、危険でもある。そんなとき、理学療法士の助言は日々の生活において大変重要になってくる。

### ❷教員と理学療法士との連携

例えば座位が難しい子の場合、バギーにその子に合った机をつけてくれている場合が多い。そんなとき、バギーをどのような高さや位置にして、ノートやプリントをどう置いて学習させるかは、理学療法士のアドバイス無しでは難しい。その子が一番楽な方法で、しかも将来的な自立に向け、どこまで負荷を与えるか。決して教師が我流で決めてはいけない。理学療法士が専門的立場から見る「障害の状態」の情報提示は、その場だけで無く、将来的にその子がどうなるかを教師にも与えることができる。

### ❸発達障害支援における理学療法は？

発達障害においては、運動のぎこちなさや不器用さがみられる場合が多々ある。「歩いていてなにか転びそうで不安」「模倣するのが苦手」などボディイメージの未熟さなどがみられる場合に理学療法を勧めると良い場合がある。また、社会性やコミュニケーションを取ることが苦手など精神面や、鉛筆やスプーンをうまく握れないなど巧緻性の面に苦手さがある場合にも作業療法が勧められることもある。

その際も、理学療法士と教師が連携し合い、現在の課題と訓練方法を確認しておくことが重要だ。

### ❹発達障害のある子が苦手な運動と理学療法

発達障害では、獲得する、寝返りや、四つ這い（ハイハイ）などの獲得までに時間を要する場合がある。また、歩行を獲得しても、ふらつきや動揺が大きい子どももいる。ボディイメージ・運動機能の未発達さが見られるため、特に、手と手、手と足などの協調運動が難しい場合もある。学校では、ボール運動・縄跳び運動・跳び箱運動・鉄棒運動などがある。

ボディイメージ・運動イメージに未熟さがある場合には、模倣をさせたり、縄梯子やジャングルジムなどの遊具を使用させたり、遊びの中で身体を使い、ボディイメージの発達を促す。また、キャッチボールやボールキックなどを行い協調運動の発達を促していくことがある。他にも、バランスボールなどを使用して、ボールの上で倒れないようバランスを取ってもらい体幹の筋緊張を高めたりして、歩行の動揺を減少させるようにすることもある少し頑張れば到達できる課題を提供し、子どもが「できた」という喜びを感じることができた時に、療育の成果が表れる。1つ苦手なことを成し遂げることができたことで、以前できていなかったことができるようになることがあり、それは子どもの自己肯定感を高める機会となる。理学療法士と教師で、日頃から簡単にできるような訓練法をお互いに考えていくことも重要であろう。

### 《参考HP・文献》

・公益社団法人　日本理学療法士協会ホームページ

【原田朋哉】

| 作業療法士（OT） | Occupational Therapist

# 作業療法士

●特別支援

作業療法士は、身体または精神に障害がある者、またはそれが予測される者に対し、その人らしい生活を送ることができるよう、諸機能の回復、維持及び開発を促す作業活動を用いて、治療、指導及び援助を行う。作業療法士は医師の指示の下に作業療法を行う国家資格の医療専門職である。

Occupatinal therapist＝略称「OT」と呼ばれ、厚生労働大臣の免許を受ける。

## ❶発達障害領域における作業療法士の役割

学校や療育機関と連携しながら、運動や知的に発達の障害のある子どもの成長とその家族を支援する。将来的に地域の中で自立した生活を送るために必要な学びを得られる環境をつくる。

## ❷作業療法とは

リハビリテーションの1つ。人がその人らしく生きていくために必要な3つの能力を維持・改善することを目標としている。

(1)基礎的動作能力：運動や感覚・知覚、心配や精神・認知などの心身機能

(2)応用的動作能力：食事やトイレ、家事など、日常で必要となる活動

(3)社会的適応能力：地域活動への参加・就労・就学

これらの能力を、作業を行わせることによって維持・改善する。「作業」とは、人の日常生活に関わる全ての諸活動のことであり、用いられる作業は対象者の興味や関心などを考慮して決定され、それらの活動は個別または集団、あるいは個別と集団の併用という形で提供される。用具の提供、環境整備や、相談・指導・調整などもしている。

## ❸作業療法士の支援対象

作業療法が対象とする障害領域は大きく分けて次の4つに分類される。

(1)身体障害　　(2)精神障害

(3)発達障害　　(4)老年期障害

従来では脳性まひや筋ジストロフィーなどの肢体不自由児への支援が多かったが、現在では知的障害や広汎性発達障害、ADHDなどの支援も増えている。

## ❹具体的な事例

(1)字を上手に書けない子

字を上手に書くためには、姿勢を保持できることが大切である。そこで対象児が着席の姿勢を保持できるよう椅子や机の高さが本人にあっているのかを確かめる。さらに座面に滑り止めのマットを敷いたり机上の

素材を調整したりするなど、環境を整える。また自分で姿勢を保ったり調整したりできるよう、トランポリンやエアクッションなどの活動を遊びの要素を取り入れながら行う。姿勢保持の支援と同時に、鉛筆を正しくもつことができるよう手のイメージ、機能の発達を促す支援も行っていく。

(2)漢字を正確に書くのが苦手な子

漢字を書くのに、どうしても線が1本足りない、点が1個足りない子どもがいる。

そのような子どもに、いくら何回もその字を書くような練習をさせても書けるようにはならない。

逆に苦痛となるだろう。

一見、遠回りに見えるが、作業療法士に依頼する。ジャングルジムや体操、様々な運動をする。

3カ月そのようなことを繰り返し、学期末50問漢字テストが初め10点だった子が100点を取ったこともある。

(3)動きが多く、授業中に離席してしまう子

動きが多い原因は、脳の覚醒レベルが低いためじっとしていると眠くなってしまうので、自分で動いて起きようとしている自己調整のためであると考えられる。動きを止めるのではなく、合理的に認められる形で動きを保障することが大切になる。授業の中で自然な形で動きを取り入れる。例えば、10分おきに先生にノートを見せに行きチェックをしてもらう。立って音読をする。プリント配り係などの当番活動をする。休み時間に身体を使ってダイナミックに遊ぶことも有効である。

## ❺作業療法士との窓口

多くの作業療法士は病院や療育センター、発達事業所などに籍を置いている。また特別支援学校に籍を置く学校作業療法士も増加傾向にある。乳幼児健康診査や学校・幼稚園・保育所の巡回相談に作業療法士が関わることも増えてきている。

### 《参考文献・HP》

・社団法人日本作業療法士協会『発達障害のある人々への作業療法』

・富山県作業療法士会発達部会『発達障害の理解と作業療法』医歯薬出版株式会社

・上杉雅之監修／辛島千恵子編『イラストでわかる発達障害の作業療法』

・一般社団法人　日本作業療法士協会HP　http://www.jaot.or.jp/

【山根麻衣子】

| 臨床発達心理士 | Clinical Development Psychologist

# 臨床発達心理士

●特別支援

一般社団法人臨床発達心理士認定運営機構（日本発達心理学会、日本感情心理学会、日本教育心理学会、日本コミュニケーション障害学会の連合体）が認定する民間資格、その有資格者のこと。

発達心理学などの専門知識を生かし、人の発達・成長・加齢に寄り添って健やかな育ちを支援する。対象は、新生児からお年寄りにまでわたる。また、障害をもつ人はもちろん、その保護者など、幅広い世代・状況の人々の生涯にわたって支援を行っていく。

## ❶主な支援対象
(1)新生児、乳幼児と保護者
(2)ADHD、LD、自閉症スペクトラムなどの発達障害、知的障害の診断を受けた人
(3)育児不安、虐待、不登校、引きこもりなどの問題を抱えている人
(4)グレーゾーン、障害の有無に悩む人
(5)社会不適応、成人期、老年期の悩みをもつ人

## ❷活動の場所と内容
人の生涯にわたり、健やかな育ちを支援する臨床発達心理士。「乳幼児期」から「老年期」までの4つの時期に対応して活動する場所や内容を以下にまとめる。
[乳幼児期]
・乳幼児医療→育児不安の解消、愛着形成の援助
・保育所/幼稚園→保育者（保育、指導）、保育カウンセラー、特別支援コーディネーター
・家庭支援センター→親子広場や子育て講座講師
・乳児院/児童養護施設→カウンセリング、セラピー
・保健所/保健センター→両親学級講師、乳幼児健診
[学齢期]
・小中学校/高等学校/大学→教員（指導）、特別支援コーディネーター、スクールカウンセラー
・特別支援学校→教育のアセスメント
・特別支援学級→教育支援・個別の支援計画の作成
・教育委員会→教育相談、就職相談
・発達支援センター→障害児童、グレーゾーンの児童へのアセスメント
・放課後デイサービス→指導員へのアドバイス
・学生相談室→学生へのアセスメント、健康調査
・児童相談所→心理判定、相談
　※教育委員会等に要請すれば、学校への巡回相談員として臨床発達心理士を推薦してもらえる場合もある。（文京区の公立小・中学校の巡回相談の事例より）

[成人・老年期]
・障害者施設/作業所→カウンセリング、セラピー
・高齢者施設→カウンセリング、セラピー、心理検査
・企業→企業内相談、心理調査
[生涯（乳幼児期〜老年期）]
・病院/クリニック→カウンセリング、セラピー
[その他]
(1)震災時災害支援（被災者の心のケアなど）
(2)裁判所での子の引き渡し強制執行の立会人・執行補助者（別居中あるいは離婚した夫婦間での子の引き渡しが円滑に行われるようにする。）
など、社会貢献に関する活動も行っている。
　※この資格単体の所有だけでは、医療行為全般（薬での治療、障害の確定診断など）はできない。

## ❸資格申請から取得まで
「臨床発達心理士資格認定細則」「臨床発達心理士資格申請手続き細則」「臨床発達心理士資格審査・資格基準細則」に従って、年1審査が行われる。審査は二段階からなり、条件によって4つの申請タイプがある、
[一次審査]書類審査・筆記試験など
《タイプⅠ》発達心理学隣接諸科学の大学院修士課程在学中または終了後3年未満
　　　　→書類審査・筆記試験
《タイプⅡ》臨床経験が3年以上あり、発達心理学隣接諸科学の大学院を修了または学部を卒業している
　　　　→書類審査・筆記試験または事例報告書審査
《タイプⅢ》大学や研究機関で研究をしている
　　　　→書類審査（研究業績を含む）
《タイプⅣ》公認心理師資格を取得している
　　　　→書類審査（公認心理師資格証明を含む）
[二次審査]口述審査（20分程度の面接）
　上記を経て認定されたものから活動を始められる。

## 《参考文献・HP》
・一般社団法人臨床発達心理士認定運営機構編『臨床発達心理士　わかりやすい資格案内　第3版』金子書房
・一般社団法人臨床発達心理士認定運営機構編／日本臨床発達心理士会編『21の実践から学ぶ臨床発達心理学の実践研究ハンドブック』金子書房
・山崎晃／藤崎春代編著『講座・臨床発達心理学　臨床発達心理学の基礎』ミネルヴァ書房
・臨床発達心理士認定運営機構／JOCDP　www.jocdp.jp　　　　　　　　　【大月一】

特別支援教育で受けられる専門職のトレーニング支援

| 臨床心理士 | clinical psychologist

# 臨床心理士

● 特別支援

　心理カウンセラーの中で最も専門性が高く、社会的な信頼性も高い資格で、スクールカウンセラーや公的機関、医療機関などで心理職として活躍する。この資格を取得するためには、下記の「❶臨床心理士の審査申請資格の基準」を満たす必要がある。その上で、毎年秋に日本臨床心理士認定協会が行う資格審査を受ける必要がある。
　平成7年に文部科学省で全国の小・中・高等学校へのスクールカウンセラーの導入が始まって学校現場に臨床心理士が入ることが多くなった。
　日本では32,914人（平成28年現在）が、臨床心理士の資格を取得している。

## ❶臨床心理士の審査申請資格の基準

(1)臨床心理士養成に関する指定大学院、臨床心理学専攻を修了し、所定の要件を満たす者
(2)学校教育法に基づく大学院研究科において、心理学を専攻する博士課程前期課程または修士課程を終了後1年以上の心理臨床経験を有する者
(3)学校教育法に基づく大学院研究科において、心理学隣接諸科学を専攻する博士課程前期課程または修士課程を終了後2年以上の心理臨床経験を有する者
(4)学校教育法に基づく4年制大学学部において心理学又は心理学隣接諸科学を専攻し卒業後5年以上の心理臨床経験を有する者
などである。

## ❷臨床心理士の仕事内容

(1)臨床心理査定
　ロールシャッハ・テストやバウム・テストやWAISなど種々の心理検査法を用いて、心の査定や見立てをし、それに対応する最も適切な対処法を探す。
(2)臨床心理面接・心理療法
　クライエントの話をもっぱらじっくりと聞くということが基本となっている専門的な面接のことである。
(3)臨床心理的地域援助
　地域福祉や精神保健の仕事で、保健センターや児童相談所、家庭裁判所や教育相談所など、いろいろな専門機関に働く人たちの中で心理に関わる人の仕事のこと。
(4)それらの調査・研究
　前述してきたことを可能とするための基礎的・理論的・実践的な研究・調査に従事し臨床心理学などの発展に寄与すること。

## ❸保護者や子どもとのカウンセリング

　私が勤務してきた学校での事例である。
　カウンセリングは、カウンセリングルームなどと呼ばれる通常の教室の3分の1ほどの広さの部屋で行われる。また、カウンセリング中は、その部屋に誰が入っているのか、分からないようにカーテンをしていた。
　全家庭に学校からカウンセリングの案内文書が届けられる。カウンセリングを希望した保護者や子どもがカウンセリングを受けていた。
　担任の先生や管理職が配慮を要する家庭にカウンセリングを勧めて、カウンセリングを受ける保護者や子どももいた。
　配慮を要する子（主に不登校の子）や、その保護者が臨床心理士の方とのカウンセリングを希望することが多かった。月に1回もしくは、2〜3か月に1回カウンセリングを実施していた。
　カウンセリングでは、臨床心理士と子どもですることも、臨床心理士と保護者ですることも、臨床心理士と子どもと保護者の3人で実施することもある。
　保護者は、子育ての悩みや家での子どもの様子をカウンセラーに話す。子どもは、学校であったことや、家で見ているアニメやゲームなどの話をする。
　基本的に、臨床心理士は、子どもや保護者の話を傾聴し共感することに徹する。しかし対人関係を変えるよう積極的にアドバイスする対人関係療法や、うつ病等の予防ができるマインドフルネス等、様々な心理療法も存在する。

## ❹教員と臨床心理士の連携

　臨床心理士が、保護者や子どもと面談したことや、授業観察をしたときの子どもの様子を、担任の先生や管理職や養護教諭に口頭で伝える。そして、文書にも記録として残す。記録として残すことで、担任がもう1度カウンセリングの記録を見返したり、その子に関わる教員が必要な情報を知ったりすることができる。

## 《参考文献・HP》

・北原暁彦『心理カウンセラーの仕事がわかる本　改訂版』法学書院
・詫摩武俊監修『性格心理学ハンドブック』福村出版
・財団法人日本臨床心理士資格認定協会監修『臨床心理士になるために』誠信書房
・https://cotree.jp/columns/425

【秋山良介】

| 言語聴覚士（ST） | Speech-Language-Hearing Therapist

# 言語聴覚士

●特別支援

> 言語聴覚士とは厚生労働大臣の免許を受けて、言語聴覚士の名称を用いて、音声機能、言語機能、又は聴覚に障害のある者についてその機能の維持向上を図るため、言語訓練その他の訓練、これに必要な検査及び助言、指導その他の援助を行うことを業とする者をいう。　　　（言語聴覚士法　第2条）

言語聴覚士は、医療職であり、診療の補助として医師又は歯科医師の指示の下、嚥下訓練、人工内耳の調整を行う。　　　　　　　　（言語聴覚士法　第42条）

## ❶言語聴覚療法とは
話す、聞く、食べることに障害のある子どもや大人に対して行われるリハビリテーションの1つ。
　言語障害を構成する3つの要素についての視点に立つ。X（言語症状）だけでなく、Y（聞き手の反応）に伴うZ（話し手の反応）がからみ、問題が複雑化し、時間とともに変化する。

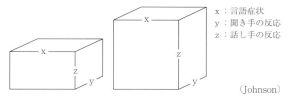

x：言語症状
y：聞き手の反応
z：話し手の反応

(Johnson)

## ❷言語聴覚士の対象者と対象となる障害
対象者は、胎生期・新生児期からターミナルまで（胎児～高齢者）のあらゆる年齢層に及ぶ。
　言語聴覚障害には、次の4つがある。①聞こえの障害　②言語機能の障害　③話しことばの障害　④食べたり、飲み込んだりする摂食・嚥下障害

## ❸言語聴覚士の活躍の場
〈医療〉
　病院（リハビリテーション科、耳鼻咽喉科、脳神経外科、口腔外科、形成外科、神経内科、小児科、歯科）
〈保健〉
　保健センター、保健所
〈福祉〉
　介護老人保健施設、肢体不自由児施設、小児療育センター、デイサービスセンター、訪問看護ステーション
〈教育〉
　特別支援学校、特別支援学級、言語障害通級指導教室教育センター、幼稚園、保育所
〈その他〉

研究機関、医療機器メーカー、補聴器販売員

## ❹支援の流れ（子どもの場合）
(1)インテーク
　初回面接により情報収集を行う。障害の有無や障害像のあらましを把握する。スクリーニングも含む。
(2)評価
　行動観察と心理検査を実施する。
(3)目標設定
　短期目標、長期目標を立てる。
(4)指導プログラムの立案
　指導する場所、時間、個別か集団かを設定。
(5)訓練・指導
　遊びの設定を取り入れる。個に応じた教材作成。
(6)再評価
　訓練結果を確認し、訓練内容を変更または、終了。

## ❺教育現場における役割
言語聴覚士が、教育現場への主な参加方法として次の5つが考えられる。
(1)通常の学級・通級指導教室への巡回指導
(2)特別支援連携協議会
(3)巡回相談員・支援員への指導・助言
(4)専門家チーム
(5)研修会講師
　教員免許をもたない言語聴覚士が多い中で学校教育に参加するためには、次の3つのことを配慮する必要がある。①学校教育のシステムや教科指導の内容を十分に理解しなければならない。②発達段階に応じた助言・指導③読み書き指導から国語の教科につながる発達過程や理論について説明できるようにする。

## ❻相談窓口
・一般社団法人　日本言語聴覚士協会HP
・施設検索

《引用文献・HP》
・倉内紀子編著『改訂　言語聴覚障害総論Ⅰ』
・『言語聴覚士テキスト　第2版』医師薬出版
・藤田郁代監修『言語発達障害学』医学書院
・本間慎治編著『改訂　機能性構音障害』
・一般社団法人　日本言語聴覚士協会HP　https://www.jaslht.or.jp/whatst_n.html
・言語聴覚士法　http://law.e-gov.go.jp/htmldata/H09/H09HO132.html
・NPO日本言語聴覚士研究会　http://st-jp.org/index.html

【喜多雅世】

| ソーシャルスキルトレーニング | 社会生活訓練 | Social Skills Training

# ソーシャルスキルトレーニング

● 特別支援

> ソーシャルスキルトレーニング（Social Skills Training：以下SST）とは、社会生活技能＝ソーシャルスキル（Social Skills）を身につけるための訓練のことで、「社会生活技能訓練」「生活技能訓練」などと呼ばれる。人が社会の中で生きていくために必要な様々な日常生活習慣を確立することを目指している。

## ❶どのようなスキルを教えるか

　ソーシャルスキルトレーニングとは、社会生活や集団生活を営む上で必要な技能、他者とよりよい関係を築く上で必要な技能である。「集団行動」「セルフコントロール」「仲間関係」「コミュニケーション」「社会的認知」「生活」「自己・情緒」等の領域がある。以下、学校現場で特に必要なスキルを紹介する。

【学校生活】
ランドセル・机・ロッカーの整理整頓、廊下を歩く、トイレの使い方、靴を揃える、ルールを守る
【学習規律】
チャイムが鳴ったら席につく、よい姿勢で座る、人の話を静かに聞く、手を挙げて発表する、丁寧に文字を書く、次の時間の用意をする
【あいさつ・対人関係】
「おはようございます」「さようなら」「ありがとう」「ごめんなさい」「お願いします」「はい」（返事）、順番を守る、負けを受け入れる、友達と仲良くする

## ❷ABA（応用行動分析）を取り入れた実態把握

　SSTを行う場合、対象となる子どもの発達段階や障害特性、社会性、行動面等の状態をアセスメントし、実態を正確に把握する必要がある。その手法の1つが、ABAにおけるABC分析である。行動にはきっかけとなる出来事や条件＝先行事象（antecedents: A）があり、それがきっかけで目につく行動（behavior: B）が起こる。さらにその結果（consequences: C）、新たな行動が起こる。このような一連の行動をよく観察し、指導が必要な領域やスキルを選び、系統的に指導プログラムを組む。指導が必要な領域やスキルは、子どもが「できそうかな。」と思えるようなものを選ぶこともポイントである。

| 【A】先行事象<br>勉強が<br>わからない | → | 【B】行 動<br>隣の人にちょっかいを出す | → | 【C】結 果<br>周りの子が<br>騒ぎ出す |

## ❸基本的な指導法

　SSTは、「教示」「モデリング」「リハーサル」「フィードバック」「般化」などの指導法を組み合わせ、指導を行うことが効果的である。また、SSTを行う場合、うまくできたことはほめる、望ましくない行動は無視する、できることをスモールステップで行うことなどを指導する。

【教示】
言葉や絵カードなどを用いて説明したり、指示したりして、やり方を直接教えること。
【モデリング】
モデルを示し、見せて学ばせること。手本となる振舞を見せたり、不適切な場面を見せ、どうすればよいか考えさせる。
【リハーサル】
実際に練習してみること。先生や友達相手に模擬場面をやるなど、ロールプレイングの手法を用いる。
【フィードバック】
行動や反応をふり返り、評価すること。その行動が適切であればほめ（強化）、不適切であれば修正する。
【般化】
教えたスキルが、指導場面以外のどんな場面（時・場所・人）でもできるようにすること。

## ❹障害特性に応じた指導のポイント

【自閉症スペクトラム】
　落ち着いた環境の確保、見通しを持たせる（事前に予定を知らせる）、視覚化する、分かりやすく提示する（写真、絵、実物等）、言葉がけは短く明確にする。
【ADHD】
　曖昧な表現を避ける、適切な行動が見られたらすぐにほめる、くどくど叱責しない、教室の刺激を少なくする、専門家と協力する（薬物等）。
【LD】
　得意な認知特性（視覚・聴覚等）を生かす、書きに対する支援を行う（選択肢形式・書く作業の少ないワークシート）、発表時の支援を行う（リハーサル）。

《参考文献》
・平岩幹男『自閉症スペクトラム障害』岩波新書
・上野一彦／岡田智編著『特別支援教育［実践］ソーシャルスキル マニュアル』明治図書
・岡田智／三浦勝夫／渡辺圭太郎／伊藤久美／上山雅久編著『特別支援教育　ソーシャルスキル実践集 支援の具体策93』明治図書　　　【橋本拓馬】

|ビジョントレーニング|視覚機能トレーニング|vision training

# ビジョントレーニング

●特別支援

ビジョントレーニングとは、視覚機能を向上させるトレーニングである。読むことや書くこと、運動することが苦手な子どもの中には、通常の視力とは異なる視覚機能の弱さが原因の子どもがいる。ビジョントレーニングは、この視覚機能を入力、情報処理、出力の3つのプロセスからトレーニングし、総合的な見る力（視覚機能）を向上させるものである。

❶視覚機能の弱さが原因で見られる症状の例

授業中、文字や行を読みとばし、本を読むのが遅い。文字が読めないほど汚かったり、マスからはみ出したりする。板書を写すのにたいへん時間がかかるうえ、写し間違えるなどの症状が見られる。

その他にも、箸や鉛筆、ハサミがうまく使えない、ダンスがお手本通りにできない、ボール運動が苦手などの症状が見られ、単に「不器用な子」とみなされることがある。

❷視覚機能を高めるプロセスとトレーニング例

☆入力のプロセス

私たちがものを見ようとするとき、眼球が素早く動いて対象物を捉える。眼球運動には、動いているものや、本に書かれた文字などを眼で追いかける追従性眼球運動、一点から一点へジャンプするように視線を跳躍させる跳躍性眼球運動、両眼を寄せたり開いたりして、対象物に焦点を合わせる両眼のチームワークがある。眼球運動のトレーニングの一例を示す。

〔眼の体操〕
ペンを顔の前で動かし、眼でペン先を追いかける。このとき、頭は動かさない。
①円や線にそって動かす。
②上下、左右、斜めに速く動かす。
③寄り目にする。

☆情報処理のプロセス

眼で捉えた映像は神経を通って脳に送られる。脳は送られた映像が何であるかを認識する。これが視空間認知である。視空間認知には、多くの情報の中から必要な情報を見つける図地弁別や、眼で見たものを立体的に把握し、自分との距離や大きさなどを認識する働きなどがある。視空間認知のトレーニングの一例を示す。

〔点つなぎ〕
見本と同じ図形を点だけのシートに描く。子どもの実態に応じて、点の数を調整したり、難しい場合は点に色をつけたりする。定規を使う練習や文字の形を覚える練習にもなる。

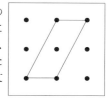

☆出力のプロセス

脳で認識された視覚情報をもとに、自分の体を適切に動かす。このときの眼と体の動きを連動させる働きを眼と体のチームワークという。眼と体のチームワークのトレーニングの一例を示す。

〔矢印体操〕
メトロノームや手拍子のリズムに合わせ、ワークシートの矢印の向きに体を動かす。例えば「↑」ならば「前」と言いながら前に足を一歩出す。慣れてくると、徐々にスピードアップしていく。

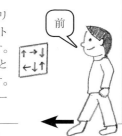

❸家庭でできるトレーニング

掃除や料理などのお手伝い、親子で散歩、ものづくりや手遊び、スポーツなどの運動や遊びは、見る力を高めるのにたいへん有効である。大切なことは、遊びの感覚で楽しく行うこと、少しでもがんばりをほめること、そして短時間でも続けることである。

❹環境調整による「見えにくさ」の支援

ビジョントレーニングが子ども自身の視覚機能の向上をめざす内的な支援である一方、環境調整による外的な支援もある。例えば、読みとばしを防ぐスリット、バネつきで小さな力で切れるはさみなど学習用具の工夫や、座席位置の配慮、蛍光灯の照度など教室環境の調整による支援である。子どもの見えにくさに対し、このような外的な支援も効果的である。

❺相談窓口

・視機能トレーニングセンター Joy Vision
・大阪医科大学LDセンター

《参考文献》

・北出勝也『発達の気になる子の学習・運動が楽しくなるビジョントレーニング』ナツメ社
・奥村智人『教室・家庭でできる「見る力」サポート＆トレーニング』中央法規

【細見基夫】

| 音楽療法 | Music Therapy

# 音楽療法

●特別支援

音楽療法とは、「音楽のもつ生理的、心理的、社会的働きを用いて、心身の障害の回復、機能の維持改善、生活の質の向上、行動の変容などに向けて、音楽を意図的、計画的に使用すること」をさすものとする。　　　　　（日本音楽療法学会HPより）

## ❶始まり

　最初の記録はギリシア神話にまでさかのぼる。竪琴引きのオルフェスは、音楽の力を介して病の治療にあたった、と記録がある。学問として体系づけられるきっかけは、アメリカで第一次世界大戦の帰還兵のPTSD（心的外傷後ストレス障害）をいやしたことだといわれている。今日では欧米を中心に主に精神疾患の治療として行われている。日本では、平成13年に日本音楽療法学会が発足し、音楽療法士の育成、音楽治療の普及などを行っている。

## ❷対象者

　高齢者施設、児童施設、病院など、福祉・教育・医療分野などを中心に広く対象者がいる。言葉を使った治療が難しい方にも有効で、子ども、青年、高齢者まで年齢層も広い。具体的には、身体・発達障害児（者）、精神障害者、認知症を患う高齢者、終末期の患者、不登校、引きこもりの児童や生徒などである。

## ❸発達障害と音楽療法

　子どもにとって音楽は親しみをもちやすく、受け入れやすい傾向にある。楽器の触り心地、リズムに合わせて動くなど、心地よい刺激となる。以下は発達障害の子どもにとっての音楽療法について。

## ❹音楽療法の種類

・能動的音楽療法

　子ども自身が音楽活動を行う。歌詞に合わせて振付けしながら歌を歌ったり、リズムに合わせて簡単なダンスをしたりする活動は、運動機能を高める。手や足の協調運動ができない、変化にすぐ反応して動けない、姿勢を一定に保つことが難しい、といった苦手さを減らしていけるようなプログラムを組む。また、自己表現を求められる場面が多くあるので、自分から何かを表現し、想像力を豊かにしていくことも期待される。

・受動的音楽療法

　子どもに音楽を聴かせることを主な活動としている。リズム性の強い音楽を聴かせることで、子どもの感情表出を促したり、反対にゆったりとした音楽を聴かせることで緊張をほぐしたりする。発声・発語がうまくいかない子どもにとって、歌や楽器の音を聴かせるこ

とが刺激になり、発声や発語を促すきっかけになる。

・個人音楽療法

　子ども一人に対して、音楽療法士一人が向きあって音楽活動を行う。子どもの好き嫌いやニーズを考慮してきめ細やかな対応が可能。

・集団音楽療法

　小集団から大集団など、様々な人数で行う。子ども同士のかかわりの中で、他人と協調する必要性を作り出し、社会性を育てることも期待できる。

・リトミックを取り入れた音楽療法

　リトミックとは、リズム運動を音楽活動に取り入れ、子どもに音楽を体感させることで感受性や想像力を高めることを目的とした方法。

## ❺音楽療法の流れ

・情報収集

　対象となる子どもを細かく観察したり、保護者、教育機関の先生、主治医からの情報提供を集めたりして現状を把握する。

・目標設定

　集めた情報から、どのような力をつけることができるか、どのような力をつけたいかを判断し、目標を設定。目標達成のための活動を音楽療法士が提案し、子どもの興味に沿ったものを行う。「子どもが興味を持たないことを無理やりはさせない」ということを基本的な考えとしている。

・実施

　音楽療法を行うことをセッションという。音楽療法士はセッションを進めながら、子どもを観察し、小さな変化を見つけ、ほめていく。セッションはビデオで記録したり、書面で残したりする。1つのセッションが終われば、課題が適切であったかを検討し、次の準備をする。

・音楽療法を受ける場所

　社会福祉法人やNPOが運営する施設、または小児科、精神科などの病院で受けることができる。

## 《参考HP》

・論文　http://ci.nii.ac.jp/els/contentscinii_20170921035503.pdf?id=ART0008303570
・学会誌　https://www.jstage.jst.go.jp/article/sobim/30/1/30_1_26/_pdf
・LITALICO　https://h-navi.jp/column/article/35026032
・日本音楽療法学会　http://www.jmta.jp/about/index.html

【溝端久輝子】

| 感覚統合療法 | Sensory Integration

# 感覚統合療法

● 特別支援

> 感覚統合療法とは聴覚、前庭覚、固有受容覚、触覚、視覚などの感覚を統合させ成長を促す療法である。アメリカの作業療法士エアーズ博士が考案した。

## ❶感覚とは

私たちは、光や音、臭いなどの刺激を情報として受け取って生活している。その刺激を感覚という。私たちが日常的に使っている感覚には、「視覚」、「聴覚」、「嗅覚」、「味覚」、「触覚」、「固有受容覚」、「前庭覚」がある。それぞれ、見る、聞く、臭いをかぐ、味わう、触れる、身体の動きや筋肉や関節の状態を感じるなどの感覚である。感覚の感じ方には、個人差がある。以下にその一例を示す。

| 過敏な人のエピソード | 感覚 | 鈍感な人のエピソード |
|---|---|---|
| ・耳をふさぐ<br>・人ごみをさける | 聴覚 | ・呼んでも振り向かない<br>・音の聞き間違い |
| ・服のタグを嫌う<br>・手が汚れるのを嫌う | 触覚 | ・友達にベタベタ触る<br>・スキンシップを求める |
| ・高さや揺れが怖い<br>・動きが慎重 | 前庭覚 | ・高い所に登りたがる<br>・走り回る<br>・ピョンピョン跳ぶ |

## ❷感覚統合とは

アメリカの作業療法士エアーズは、人間の発達や行動を、脳における感覚情報の統合という視点からとらえた感覚統合理論を作った。感覚統合理論のポイントは、「感覚は脳の栄養素である」「感覚入力には交通整理が必要である」「感覚統合は積み木を積み上げるように発達する」の3つである。以下の図の土台の部分には、基本となる感覚が位置している。この感覚を土台に、ピラミッドのように積み木を積み上げ、運動や学習の力が積み上がっていくことを感覚統合という。

## ❸感覚が統合されていないことで見られる症状の例

・ドアや机に体をぶつけることが多い
・箸を使っているが、食べ物を必ずこぼす
・身体の動きがぎこちない、体育が苦手
・スキップが苦手
・歯磨きや爪切りで親に触れるのを嫌がる
・トイレのエアタオルの音をこわがる

## ❹感覚統合療法の一例

ドアや机に体をぶつけることが多い児童に対して、どのような対応をすればよいのかを考えていく。まず、見えている姿（ドアや机に体をぶつけることが多い）は氷山の一角であり、その土台となる感覚の育ちに重点を置くことが大切である。ものによくぶつかってしまう原因には、①ボディイメージの未発達②姿勢の調整、腰のひねりが苦手③眼球運動のコントロールが未発達の3つが考えられる。今回については、①ボディイメージの未発達が原因であると仮定して考えていく。ボディイメージとは、自分の身体のサイズや動き方を把握することである。固有覚だけでなく、触覚・前庭覚の働きの乱れも相まって、自分の体の使い方が実感できていない状態であると推測できる。

ボディイメージができていない子に対して有効な遊びは、「しがみつき遊び」である。

〔しがみつき遊びの方法〕
①親が立った状態で、上半身を少し前に倒し、前かがみの姿勢になる。
②子どもが正面から向き合ってしがみつく。
③親は子どもが落下しないように両手で腰を支える。姿勢が安定したら手を離す。子どもは落ちないようにしがみつく。
④何秒しがみついていられるか親子で数える。
⑤何度かチャレンジさせ、手足の力の入れ方も説明する。

（鉄棒を使ったブタの丸焼きポーズでもよい。）この遊びは重力にさからって手足と体をかがめて丸くすることを目的としており、ボディイメージの発達を促す。遊びを通して、楽しく、そして子どもの自信を育てていくことが感覚統合療法では重要である。

《参考文献・HP》
・川上康則『発達の気になる子の感覚統合あそび』ナツメ社
・加藤寿宏『乳幼児期の感覚統合遊び』クリエイツかもがわ
・木村順『発達障害の子の感覚遊び運動遊び』講談社
・日本感覚統合学会HP　http://www.si-japan.net/

【黒田一之】

| TEACCHプログラム | 自閉症及び、それに準ずるコミュニケーション課題を抱える子ども向けのケアと教育 | Treatment and Education of Autistic and related Communication-handicapped CHildren

# TEACCHプログラム

●特別支援

「TEACCH」は「Treatment and Education of Autistic and related Communication-handicapped CHildren」（自閉症及び、それに準ずるコミュニケーション課題を抱える子ども向けのケアと教育）の略である。
アメリカのノースカロライナ州で実施されている自閉症等コミュニケーションに障害のある子どもたちやその家族へのプログラムの名称である。

個別教育計画を作成し、「構造化された環境で認知発達を促す訓練をする」というコンセプトにしたがって行われている。

## ❶基本理念

自閉症の人が、暮らしている地域で自立しながら生活できるようにするのが基本理念である。

TEACCHプログラムは、不適切行動に焦点をあてるというより、適切な技能を発達させることを強調している。

自閉症の人自身の社会への適応力を向上させることと共に、住みよくするために環境を操作するということの2つの方向からアプローチする。環境を操作することを構造化とよんでいる。

## ❷TEACCHプログラムの7原則

(1)適応力の向上

子どもたちの苦手なことを補いながら、環境に働きかけ、様々なスキルを身につけさせていく。

(2)保護者との連携

TEACCHプログラムでは、保護者の方と対話しながら、意見を聞き、プログラムに生かせていく。

(3)個に応じたプログラムの作成

教育プログラムはそれぞれの診断と評価に基づいた、個別的なものを作成する。TEACCHプログラムで開発したものと、日常的な行動観察等の評価も組み合わされて実施する。

(4)教育の構造化（見える化）

子どものまわりの環境を適切に構造化（見える化）することで、コミュニケーションの問題や苦手な学習を克服するようにする。

(5)スキルや適応力の向上

個々にあった学習方法により、スキルを効果的に向上させるとともにそれぞれの欠陥をそのまま受け入れ、子どもの適応を向上させていく。

(6)認知理論と行動理論の組み合わせ

より良い考え方の指導と共に、どのように行動したら良いかという指導を行う。

(7)療育者はジェネラリスト（広範囲の知識保有者）

自分の専門分野だけでなく自閉症の子どもをとりまくすべての側面や問題について理解しておく必要がある。

## ❸構造化（見える化）された指導

(1)物理的構造化（見える化）

教室内のレイアウトを工夫する。机の位置や棚などを効果的に配置し、何をするべきかをエリアでわかるようにする。ついたてや囲いなどを用いることで、勉強スペース・遊びスペース・落ち着きスペースなどを分ける。

(2)視覚的構造化（見える化）

会話によるコミュニケーションではなく、「実物」「絵、イラスト」「写真」、場合によっては「文字」を通してコミュニケーションを整理する方法。絵や文字などをカードにし、黒板や壁に貼っておくことで、次自分は何をしたら良いのか、自分で判断できるようにする。

(3)スケジュールの構造化（見える化）

先を想像することに困難があり、何をすれば良いかわからないと不安やパニックに陥りがちになる。個々に合った1日のスケジュールを掲示することによって見通しが立てやすく、混乱なく行動できる。

(4)教師の構造的配置

教師の立ち位置や配置も環境の構造化（見える化）には重要である。教師が適切な位置にいることが、課題への取り組みや適切な反応をひきだす。

(5)データ

エビデンスに基づいた教育を進める上で、データをとり、評価し、課題が適切か判断する。

### 《参考文献》

・佐々木正美『自閉症児のためのTEACCHハンドブック』学研
・佐々木正美等『自閉症のコミュニケーション指導法—評価・指導手続きと発達の確認』岩崎学術出版社

【小原嘉夫】

| ムーブメント教育 | movement education

# ムーブメント教育

●特別支援

子どもたちの「動く」特性を生かし、「からだ、あたま、こころ」を総合的にたかめていこうとする運動教育。オーストリアのマリアンヌ・フロスティッグ博士が確立。

## ❶ムーブメント教育の原点

ムーブメント教育は、「遊び」を原点とし、子どもたちから自主的・自発的な動きを促すようにするのが基本である。子どもたちの自主的・自発的な動きが「楽しさ」を生み、遊びながら身体・頭・心をたかめることができる。

## ❷発達障害児とムーブメント教育

発達障害児は他者理解・認識が苦手である。他者を認識するための最初のステップとして、「動くこと」が大切である。「動くこと」により自己の感覚も鍛えることができる。身体感覚の向上が他者理解・認識につながっていく。

## ❸ムーブメント教育の発達課題

1　感覚運動機能を向上させる。
2　身体意識を向上させる。
3　時間・空間、その因果関係の意識を向上させる。
4　心理的諸機能を向上させる。

の4つである。

感覚運動機能の向上とは、
(1)粗大運動、微細運動（手指運動）
(2)垂直性、水平性、回転性の動き
(3)安定姿勢運動、移動姿勢、操作性運動
(4)協応性とリズム、敏捷性、柔軟性、筋力、速さ、平衡性、持久力
などを鍛えることである。

身体意識の向上とは、
(1)身体像（ボディイメージ）
身体の内外部の感覚に関わる、感じられたままの身体のこと。
(2)ボディ・シェマ
姿勢を維持したり、上手に身体を動かす能力のこと。
(3)ボディ・コンセプト
身体部位の名称や身体のはたらき、構造に関する知識。

発達障害児は自身の身体感覚が弱いので、効果的だといえる。

時間・空間、その因果関係の意識の向上とは、視知覚によって得た情報を、高さ、形の変化を認識する能力を鍛えることである。

心理的諸機能の向上とは、情緒や社会性など、他者との関わり、問題に対する試行錯誤能力を鍛えることである。

この4つを鍛えることで、遊びで得られていた感覚を向上させることができる。

## ❹ムーブメント教育を進める上での基本原則

(1)喜びと自主性の重視
(2)創造性の重視
(3)達成感の重視
(4)注意力・集中力の重視
(5)継続の原則
(6)制御の周期性の原則
(7)競争の排除の原則
(8)アプローチの柔軟性
(9)環境と器具（遊具）の有効利用

## ❺ムーブメント教育と他教科との関連

ムーブメント教育と関連させて、音楽・算数・国語ムーブメントなどがある。

## ❻アセスメントの必要性

ムーブメント教育では、子どもにあった身体感覚を向上をさせるために、アセスメントを行っている。アセスメント方法は、MEPA-R、MSTB、BCT、ムーブメント-IESA などがある。

## ❼ムーブメント教育で活用できる遊具

カラーロープ、伸縮ロープ、プレーバンド、ビーンズバック、ピッタンコセット、ムーブメントスカーフ、形板、ユランコ、パラシュート、フープ、ムーブメントリボン、ムーブメントコクーン、スペースマット、トランポリン、ラダー、スクーターボード、などがある。

また、人が木になったりボウリングのピンになったりと、人を使った方法などもある。

### 《参考資料・文献》

・マリアンヌ・フロスティッグ『ムーブメント教育理論と実際』日本文化科学社
・小林芳文／大橋さつき／飯村敦子『発達障害児の育成・支援とムーブメント教育』大修館書店
・小林芳文『ムーブメントプログラム177』学研

【松村翔】

|モンテッソーリ教育| the Montessori method

# モンテッソーリ教育

●特別支援

モンテッソーリ教育とは、マリア・モンテッソーリ（1870〜1952・イタリア・医師）が提唱した幼児教育の方法。「敏感期」「秩序感」といった幼児期に見られる成長の時期、感覚を教育に生かした。

### ❶ひとりでするのを手伝ってね
日本におけるモンテッソーリ教育の第一人者である相良敦子氏の著書名であり、モンテッソーリ教育を言い表している言葉である。

モンテッソーリの大きな功績の1つに「『自分ひとりでできるように手伝ってください！』と叫んでいる子どもの事実を発見」（参考文献※より引用）したことにあり、大人と子どもの違いを明確にして、子どもの成長の道筋とその方法を示したことにある。

### ❷敏感期
「生物の幼少期に、ある能力を獲得するために環境中の特定の要素に対してそれをとらえる感受性が特別に敏感になってくる一定期間」（参考文献※より引用）のことを言う。0歳〜6歳頃までがこの時期にあたり、3年ずつで前・後半に分けられる。環境からの刺激に特に敏感な時期であり、「見る・聴く・嗅ぐ・触れる・味わう」といった感覚の基礎が作られる。

### ❸秩序感
幼児は「敏感期」に、「順番・場所・所有物・習慣」に非常にこだわる。幼児は、これら4つのことが安定すると心身が安定する状態になり、健やかに成長ができる。例えば、いつも自分が座る席に他の人が使っていることを嫌がったり、いつもと同じ順番におもちゃを片付けたりする行動などがそれにあたる。これは本人のわがままではなく、秩序を保とうとする子どもの自然な行動であり、この秩序感を維持して生活ができれば、落ち着き、知性をもった子になると言われている。

### ❹脳と運動器官と感覚器官の関係
「敏感期」や「秩序感」にあたる幼児期は、「脳」「感覚器官」「運動器官」を形成、完成させるための大事な期間である。

すっぱい食べ物を「すっぱい」と言いながら何度も食べたり、感触のいい石をいつまでも触っていたりする子がいる。それはまさに感覚器官を研ぎ澄ませている行為である。「何にでも感動する人になってほしい」と願うなら、まず、感覚を洗練する敏感期に、あらゆるものを目にとめ、心を向け、繰り返し味わっている子どもに目をとめるべき」（参考文献※より引用）だと相良氏は言う。

運動器官の形成は、脳からの指示を忠実にこなせるようになることを目的とする。穴掘りをひたすらする、車道と歩道との段差をバランスをとって歩く、バケツに水を入れては流すを繰り返す。大人から見たら無意味な行為だが、これらは全て、幼児が自ら運動器官を鍛える行為なのである。

### ❺動きながら学ぶ
上記のように、行動しながら各器官を発達させる行為を相良氏は「動きながら学ぶ」と表現している。手指を使って拾い上げたり、並べたり、感じたりする中で、感覚器官や運動器官を発達させることができる。幼児が無意識にしている行為は全てに意味があり、相良氏いわく「自然からの宿題」をこなしているのである。この「宿題」を適切な時期にやり遂げた子は知性も発達することが脳科学の視点からもわかっている。

### ❻提示
子どもが自分自身で動けるようにするための方法を「提示」と言い、いくつかのポイントを以下に示す。

(1)対象を1つだけ取り出し、それ以外のものをかたづける。
(2)動作を分析し、順序立てる。
(3)難しいところをはっきりさせる。
(4)言葉ではなく動作で教える。
(5)「教えながら、教えなさい！」

（参考文献※より引用）

ぞうきんを絞る、ほうきではく、衣服の着脱、料理、食事の後片付け等、上記のことを意識して行うことで、子どもはやることがわかり、自分で「動きながら学ぶ」ことができる。また、(4)のポイントは視覚情報と聴覚情報を分けて行うということであり、特別支援教育の手法とも合致する。

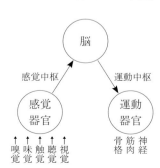

《参考文献》
・相良敦子『ママ、ひとりでするのを手伝ってね！』講談社※
・相良敦子『幼児期には2度チャンスがある 復活する子どもたち』講談社
・相良敦子『お母さんの「敏感期」モンテッソーリ教育は子を育てる、親を育てる』文春文庫　【田中浩幸】

| アンガーマネジメント | Anger management

# アンガーマネジメント

●特別支援

> アンガーマネジメントとは、怒りや感情をコントロールし、後悔しないための心理療法プログラム。「認知行動療法」の理論に基づいた方法。

## ❶歴史

　1970年代にアメリカで開発された。アンガー（イライラ、怒りの感情）をマネジメント（上手に付き合う）ための感情理解教育プログラムである。アメリカでは、企業や教育機関で広く導入されている。様々な人たちがよりよい生活や仕事、人間関係を手に入れるため技術を取得し、対人関係のスキルアップをしている。

## ❷怒りを理解する

　そもそも、どうして人間は怒るのか？　怒りとは「身を守るための感情」である。この怒りという感情について正しく理解することが必要である。

　怒りの前に、不安、つらい、淋しい、苦しい、心配、困った、嫌だ、悲しいなどといった感情が関与している。これらの後に怒りが生まれている。そのため、大切なことは、怒りに焦点を当てることではなく、これらの感情に注目することである。

　感情から怒りになり、その怒りが長引くと恨みや憎しみに変わる。そのため、自閉傾向の子どもは、相手のことを憎んでいるととらえられることがある。

## ❸感情の段階でコントロール

　怒りに注目している段階で事後対応になる。その前段階にあたる感情の段階で手立てを打つことが必要である。つまり、子ども自身が怒りをコントロールできる力を身につけることである。これが、「アンガーマネジメント」である。

　「アンガーマネジメント」には、余計なことでイライラしなくなる、無駄な怒りがわいてこなくなるという2つの効果がある。

　人の心にはコップがある。怒りの前の感情により、あふれることがある。あふれると怒りとなる。

　しかも、この心のコップには大小がある。コップが大きい人は、怒りにくく、怒られ強い人である。一方、コップが小さい人は、怒りやすく、怒られ弱い人である。自閉傾向の子やADHD傾向の子は、極端に心のコップが小さいのである。このコップを大きくすることも「アンガーマネジメント」である。

　「アンガーマネジメント」には、大きく分けて2種類の方法がある。「対処法」と「体質改善」である。

## ❹「アンガーマネジメント」の方法

### (1)対処法

　怒りにまかせた行動をしないためのテクニックである。すぐにできて即効性がある。

　例えば、「6秒待ってみよう」というものである。諸説あるが、怒りのピークは6秒といわれている。いらっとした瞬間の暴言や暴力をふるうなどの行動を防ぐために6秒待つのである。そのテクニックの1つが数値化である。怒りを感じたときに、0～10までどのレベルなのかにあてはめる。意識を数値化することに向け、反射的な行動を防ぐことができる。また、自分自身と客観的に向き合うことができる。

### (2)体質改善

　怒りにくくするための長期的な取り組みである。効果が表れるまでに時間がかかる。「思考のコントロール」、「行動のコントロール」とよばれている。

　「思考のコントロール」には、「べきの境界線をはっきりさせよう」というものがある。人の価値観は人それぞれである。自分と他人を客観的に認識することで価値観の違いでおこる怒りを防ぐのである。また、境界領域を広げること、自分の機嫌で境界線が移動することがないようにすることも大切なことである。

　「行動のコントロール」とは、「コントロールできるものはコントロールして、コントロールできないものはあきらめよう」というものである。世の中には、自分の力ではどうすることもできないこともある。怒りそのものを違う行動に向けさせるのである。例示やログを文字化するとわかりやすい。

## 《参考文献・HP》

・高山恵子『イライラしない、怒らないADHDの人のためのアンガーマネジメント』講談社
・篠真希／長縄史子『イラスト版　子どものアンガーマネジメント』合同出版
・川上陽子ほか『子どもと関わる人のためのアンガーマネジメント』合同出版
・本田恵子『先生のためのアンガーマネジメント』ほんの森出版
・一般社団法人　日本アンガーマネジメント協会
https://www.angermanagement.co.jp/
・一般社団法人　アンガーマネジメントジャパン
http://www.amjapan.or.jp/index.html

【前川淳】

# ❶特別支援教育関連研究機関情報

## 日本発達障害学会

http://www.jasdd.org

### ❶どのような学会・団体か

日本発達障害学会（Japanese Association for the Study of Developmental Disabilities）は、発達に関する各分野の科学的研究を推進・援助するとともに、各国の研究活動と連携を保ち、発達障害研究の進展と問題の解決をはかることを目的とする学会である。

### ❷活動内容

機関紙「発達障害研究」発行、年に1回の研究大会。

### ❸会員資格

発達障害に関連深い事項について、研究している者。または、強い関心をもつ者であり、下記のいずれかの条件を満たす者。
　①最終学歴が短期大学卒業以上であること。
　②発達障害にかかわる職務経験年数が2年以上であること。

### ❹どのような情報を得られるのか

発達障害に関する、医療、教育、療育など様々な立場からの専門的な情報を得ることができる。

## 日本感覚統合学会

http://www.si-japan.net/

### ❶どのような学会・団体か

日本感覚統合学会（The Japanese Academy of Sensory Integration）は、感覚統合療法を研究する学会である。感覚統合療法は、発達障害児のリハビリテーション、療育実践として、主に医療現場（作業療法）で発展してきた。対象となる障害は、LD（学習障害）や自閉症などの発達障害が中心だが、精神障害や高齢者のケア実践にも応用されてきている。

### ❷活動内容

感覚統合に関する講習会・講演会の開催、感覚統合研究大会の開催、機関誌「感覚統合研究」の発行、会報の発行、感覚統合に関する研究助成事業、国内外の感覚統合研究者・実践者との交流、感覚統合に関する研修会への援助など。

### ❸会員資格

特に無し。

### ❹どのような情報を得られるのか

感覚統合療法に関する、医療、療育などの立場からの専門的な情報を得ることができる。

## 日本発達障害ネットワーク

https://jddnet.jp

### ❶どのような学会・団体か

日本発達障害ネットワーク（JDDnet）は、発達障害関係の全国および地方の障害者団体や親の会、学会・研究会、職能団体などを含めた幅広いネットワークである。相談機関ではない。

### ❷活動内容

発達障害を代表する全国組織として、従来制度の谷間に置かれ支援の対象となっていなかった、あるいは適切な支援を受けられなかった、自閉症、アスペルガー症候群その他の広汎性発達障害、学習障害、注意欠陥多動性障害等の発達障害のある人およびその家族の権利と利益の擁護者として、理解啓発・調査研究・政策提言等を行い、発達障害のある人の自立と社会参加の推進に向けて活動を行っている。

### ❸会員資格

特に無し。

### ❹どのような情報を得られるのか

様々な「当事者」の立場からの情報や、政策等に関する情報を得ることができる。

## 日本コミュニケーション障害学会

http://www.jacd-web.org/

### ❶どのような学会・団体か

日本コミュニケーション障害学会は2002年8月に日本聴能言語学会（日本学術会議協力団体）から名称を変更して誕生した学会で、コミュニケーション障害に対して、様々な分野からアプローチして、研究を行う学術的な学会である。

### ❷活動内容

学会誌「コミュニケーション障害学」の発行、講演会の開催、研究助成など。

### ❸会員資格

特に無し。

### ❹どのような情報を得られるのか

「言葉を相手に伝わるように発生することが困難」「スラスラ、止まらずに話すことが困難」「他の人と円滑に会話することが困難」「相手の話していることをうまく汲み取ることが困難」「正しい言葉の使い方をすることが困難」といったコミュニケーション障害についての専門的な情報を得ることができる。

## 日本ADHD学会

http://www.js-adhd.org/

### ❶どのような学会・団体か

日本ADHD学会（Japanese Society of ADHD）は、ADHDに関する診療ならびに研究、そして教育に携わる医師や研究者、そして関連領域の専門家が集い、ADHDに関する診療等の臨床活動ならびに研究を推進し、ADHD概念の正しい理解に基づく適切な診断・治療の普及や啓発に取り組むことを通じて、ADHDに関する医学および医療、そしてその関連領域の発展と充実に寄与することを目的とした団体である。

### ❷活動内容

研究会の開催、講演会の開催、刊行物の発行など。

### ❸会員資格

医師、医学研究者、看護師、薬剤師、精神保健福祉士、社会福祉士（ケースワーカー）、作業療法士、理学療法士、保育士、言語聴覚士、心理職（医療および教育に携わる者）で役員1名の推薦を得た者。

### ❹どのような情報を得られるのか

ADHDに関する医療の立場からの専門的な情報を得ることができる。

## 日本LD学会

http://www.jald.or.jp

### ❶どのような学会・団体か

日本LD学会は、LDとその近隣の概念をきちんと理解し、そうした状態にある人々への科学的で、適切な発達支援を考えるために、教育、心理、医療等に携わる専門家や教師、そして保護者によって、平成21年に設立された学術研究団体である。2009年4月1日に法人化し、「一般社団法人日本LD学会」となった。

### ❷活動内容

①研究大会の開催、②研修会や公開シンポジウム等の開催、③機関誌「LD研究」を年4回発行する、④会報を年4回発行する、⑤一般財団法人特別支援教育士資格認定協会と連携し、特別支援教育士〔S.E.N.S〕の認定を行う、⑥内外のLD関係諸団体との連携を深める。

### ❸会員資格

LD等に関する科学的研究・臨床および治療・教育に携わっている者の中で、原則として四年制大学卒以上の学歴を有する者。入会には正会員の推薦が必要。

### ❹どのような情報を得られるのか

LDに関する医療や教育の立場からの専門的な情報を得ることができる。

## 日本自閉症スペクトラム学会

http://www.autistic-spectrum.jp

### ❶どのような学会・団体か

日本自閉症スペクトラム学会（The Japanese Academy of Autistic Spectrum）は、自閉症児・者および周辺の発達障害児・者の教育、医療、福祉、心理、労働までの各側面の向上発展のために、それらの研究、実践を促進することを目的とした学会である。

### ❷活動内容

教育・医療・福祉・心理・労働などに関する総合的研究会の開催、機関誌の発行、学会誌「自閉症スペクトラム研究」の発行、自閉症スペクトラム支援士の認定など。

### ❸会員資格

特に無し。

### ❹どのような情報を得られるのか

「生涯発達から見た自閉症スペクトラム障害の人々」のようなライフサイクルに関する支援への情報、自閉症スペクトラム障害の人の脳科学の情報など、自閉症スペクトラム障害に関する医療・福祉の立場からの専門的な情報や、全国各地域の取り組みなどを知ることができる。

## 日本発達性ディスレクシア研究会

http://square.umin.ac.jp/dyslexia/

### ❶どのような学会・団体か

ディスレクシア（Dyslexia）は「読み障害」と直訳することができる。脳血管障害や脳挫傷などで起こる失読もディスレクシアと呼ぶが、LDの一つである読み書き障害は、後天性脳損傷による失読と区別する必要がある。そこで、小児期から発達障害として現れる読み書き障害を対象とする意味で、発達性ディスレクシア研究会という名称にしている。発達性ディスレクシア研究会は、読み書きの問題を抱える人々を科学的な立場から支援する組織である。

### ❷活動内容

会報の発行、研修会の開催。

### ❸会員資格

研究者、心理士、言語聴覚士、作業・理学療法士、医師、教諭、LD児の指導に関与する人。

### ❹どのような情報を得られるのか

ディスレクシアに関する医療や教育の立場からの専門的な情報を手に入れることができる。

# TOSS

https://www.toss.or.jp

## ❶どのような学会・団体か

　TOSS（Teacher's Organization of Skill Sharing）は、日本最大の教師による研究団体である。授業・教育にすぐに役立つ教育技術・指導法を開発し、集め、互いに追試し、検討しあって自らの授業技術を高め、そのような技術や方法を全国の教師の共有財産にしようと努める教師の研究団体である。会員は1万人を超える、日本最大の教育研究団体である。

　TOSSは、東京都の公立小学校教諭であった向山洋一が1983年に立ち上げた、「教育技術の法則化運動」が前身となっている。向山がこの運動をはじめたきっかけとなったのは、跳び箱の指導法である。ある教師が、跳び箱を跳べない子を1時間で跳ばせることができると断言した。しかし、その技術を公開しなかった。向山はそのことに疑問を感じ、自ら10分間で跳ばせる方法を開発し、発表した。そして、「跳び箱を全員跳ばせられることが、なぜ教師の世界の常識にならなかったのか？」と教育界に問うた。優れた教師が授業の技術を自分だけの「名人芸」にするのではなく、そして困っている先生が一人だけで苦しむのではなく、先生方がそれぞれ持っている教育技術・方法を情報交換し、全国の先生の共有財産にしていくことが必要だ。向山はそう訴えた。そのような経緯から誕生したのが、向山を代表とする「教育技術の法則化運動」である。全国でのセミナー・合宿による研修、教育技術の書籍、授業書シリーズの出版などを通して広く紹介された。たった10人でスタートした教育技術の法則化運動は、若い教師を中心に広がり、数年後日本で最大の教育研究団体になった。

　21世紀になり、教育技術の法則化運動は解散、TOSSと名前を変えて再出発した。TOSSでは、インターネット上で先生方が教育技術を共有できるように、「TOSSランド」（http://www.tos-land.net）というポータルサイトを立ち上げた。各教科の授業案から、学級経営の技術や特別支援教育など様々な分野にわたってのコンテンツが2万以上登録されている。現在、アクセス数は累計で約1億3千万、1ヶ月に200万のページビューがあり、世界70カ国からのアクセスがある。TOSSでは、医師や専門家と連携した「特別支援教育」の研究・教材開発をはじめ、子どもたちが地域に誇りを持てるような「観光まちづくり教育」、全国の郵便局と連携した「郵便教育」、親子の絆を深める「親守詩（おやもりうた）大会」など、幅広い活動を行っている。日本の様々な問題に対して教育の立場から向き合い、多くの機関と連携して、研究・開発・企画・運動を行っている教師の団体がTOSSなのである。

## ❷活動内容

　「すべての子どもは大切にされなければならない。一人の例外もなく。」これがTOSSの教育理念である。その教育理念を最も具体化しているのが、特別支援教育である。授業中に立ち歩いてしまう子、友達に暴力を振るってしまう子、パニックになってしまう子、など、教室の発達障害をもつ（あるいはその傾向のある）子どもたちに対して、決して怒鳴りつけることなく、「教えて、ほめる」を基本とした教育を行っている。TOSSは、教師だけでなく、医師や小児発達の専門家などと研修会を多数行い、「学校現場での問題」に正対して、どのような支援を行っていけばよいか、日々研究を重ねている。年に数回、「TOSS特別支援教育セミナー」を行っている。また、年3回雑誌「TOSS特別支援教育」を刊行している。学校現場で困っている先生方に役立つ、実践的で具体的な情報が数多く掲載されている。

## ❸会員資格

　特に無し。各都道府県のTOSSの支部については、ホームページ（http://circle.tos-land.net）より確認することができる。

## ❹どのような情報を得られるのか

　発達障害に関する実践的で具体的な情報を数多く手に入れることができる。

　また、TOSSでは、ドクター・専門家と連携し、様々な特別支援の教材・教具を作成している。そのような最新の教材・教具についての情報も得ることができる。

　例えば、「発達障がい児本人の訴え」という冊子がある。これは、発達障害をもつ小学校六年生が「夏休みの宿題」で、自分の体験を50ページほどのレポートにまとめた冊子である。クラスに1割近くいる発達障害の子どもたちがどのように授業を受け止め、日々を過ごしているのか、本当はどうしてほしいのか。切実な思いが綴られている。自閉症グループの子どもは、時に話すことよりも書くことの方が得意で、自分の気持ちをうまく伝えることができる。教育の第一級の資料である。このような様々な特別支援に関する情報を手に入れることができる。

# ❷特別支援教育全国相談機関情報

| 都道府県 | 教育機関名 | 連絡先 | ホームページ |
|---|---|---|---|
| 北海道 | 北海道立特別支援教育センター | 011-612-5030 | http://www.tokucen.hokkaido-c.ed.jp |
| 北海道 | 札幌市教育委員会<br>(学校教育部　教育相談担当課) | 011-671-3210 | http://www.sec.sapporo-c.ed.jp |
| 北海道 | 帯広市就学指導委員会 | 0155-65-4203 | ホームページ情報記載なし |
| 北海道 | 函館市南北海道教育センター | 0138-57-8251 | ホームページ情報記載なし |
| 北海道 | 岩見沢市立教育研究所 | 0126-22-4412 | ホームページ情報記載なし |
| 北海道 | 空知教育センター | 0125-22-1371 | ホームページ情報記載なし |
| 北海道 | 石狩教育研修センター | 011-373-0880 | ホームページ情報記載なし |
| 北海道 | 日高教育研究所 | 0146-22-3338 | ホームページ情報記載なし |
| 青森県 | 青森県総合学校教育センター | 017-764-1991 | http://ts.edu-c.pref.aomori.jp |
| 青森県 | 青森県弘前市教育委員会 | 0172-26-4802 | http://www.hi-it.jp/~hirokyoui/ |
| 青森県 | 十和田市教育研修センター | 0176-24-0301 | ホームページ情報記載なし |
| 青森県 | 八戸市総合教育センター | 0178-46-0653 | ホームページ情報記載なし |
| 青森県 | 青森市教育研修センター<br>(教育相談室) | 017-743-3600 | ホームページ情報記載なし |
| 青森県 | 中部上北広域事業組合 (教育委員会) | 0176-62-5158 | ホームページ情報記載なし |
| 青森県 | 青森県総合社会教育センター | 017-739-1253 | ホームページ情報記載なし |
| 青森県 | 青森県子ども家庭支援センター | 017-732-1011 | ホームページ情報記載なし |
| 青森県 | むつ市教育研修センター | 0175-22-0974 | ホームページ情報記載なし |
| 青森県 | 弘前市総合学習センター | 0172-26-4800 | ホームページ情報記載なし |
| 岩手県 | 岩手県立総合教育センター | 0198-27-2473 | http://www1.iwate-ed.jp/ |
| 岩手県 | 盛岡市教育委員会 (学校教育課) | 019-651-4111　(内線7335) | https://www.city.morioka.iwate.jp/<br>sodan/ippansodan/011142.html |
| 岩手県 | 二戸市教育委員会 | 0195-23-3111 | ホームページ情報記載なし |
| 岩手県 | 住田町教育委員会 | 0192-46-3863 | ホームページ情報記載なし |
| 岩手県 | 北上市教育研究所 | 0197-64-2111 | ホームページ情報記載なし |
| 岩手県 | 岩手県釜石市教育委員会<br>(教育相談室) | 0193-22-8834 | ホームページ情報記載なし |
| 宮城県 | 宮城県総合教育センター | 022-784-3563 | http://www.edu-c.pref.miyagi.jp/<br>counsel/counsel/ |
| 宮城県 | 宮城県不登校相談センター | 022-227-2626 | ホームページ情報記載なし |
| 宮城県 | 登米市教育研究所 | 0220-22-8029 | ホームページ情報記載なし |
| 宮城県 | 仙台市教育相談室 | 022-214-0002 | ホームページ情報記載なし |
| 秋田県 | 秋田県総合教育センター | 018-873-7215 | http://www.akita-c.ed.jp |
| 山形県 | 山形県教育センター | 023-654-8181 | http://www.yamagata-c.ed.jp |
| 山形県 | 山形市総合学習センター | 023-645-6163 (言語)<br>023-645-6182 (他の障害) | http://www.ymgt.ed.jp |
| 山形県 | 米沢市適応指導教室 | 0238-21-7830 | ホームページ情報記載なし |
| 福島県 | 福島県養護教育センター | 024-952-6497 | ホームページ情報記載なし |
| 福島県 | 福島県教育センター | 024-553-3141 | ホームページ情報記載なし |
| 福島県 | いわき市総合教育センター | 0246-22-3705 | http://www.iwaki-ec.fks.ed.jp/ |
| 福島県 | 福島県教育総合ネットワーク | 024-521-7775 | ホームページ情報記載なし |
| 福島県 | 郡山市総合教育支援センター | 024-924-2525 | ホームページ情報記載なし |

| 都道府県 | 教育機関名 | 連絡先 | ホームページ |
|---|---|---|---|
| 茨城県 | 茨城県教育研修センター | 0296-78-2777 | http://www.center.ibk.ed.jp/ |
| 茨城県 | 水戸市総合教育研究所<br>（就園・就学相談関係） | 029-244-1331 | ホームページ情報記載なし |
| 茨城県 | 水戸市総合教育研究所<br>（教育相談・適応指導教室関係） | 029-244-1331 | ホームページ情報記載なし |
| 茨城県 | ひたちなか市教育研究所 | 029-274-7837 | ホームページ情報記載なし |
| 茨城県 | 茨城県日立市教育研究所 | 0294-23-9172 | ホームページ情報記載なし |
| 栃木県 | 栃木県総合教育センター | 028-665-7210 | http://www.tochigi-edu.ed.jp/center/ |
| 栃木県 | 宇都宮市教育センター | 028-639-4380 （4381） | http://www.ueis.ed.jp |
| 栃木県 | 佐野市教育センター | 0283-86-3499 | ホームページ情報記載なし |
| 栃木県 | 足利市立教育研究所 | 0284-42-7672 | ホームページ情報記載なし |
| 栃木県 | 鹿沼市教育総合教育研究所 | 0289-63-8330 | ホームページ情報記載なし |
| 栃木県 | 栃木市教育研究所 | 0282-21-2722 | ホームページ情報記載なし |
| 栃木県 | 下野市教育研究所 | 0285-52-1118 | ホームページ情報記載なし |
| 栃木県 | 上三川町教育研究所 | 0285-56-9155 | ホームページ情報記載なし |
| 群馬県 | 群馬県総合教育センター | 0270-26-9218 | ホームページ情報記載なし |
| 群馬県 | 前橋市総合教育プラザ | 027-230-9090 | ホームページ情報記載なし |
| 群馬県 | 高崎市教育センター | 027-321-1298 | ホームページ情報記載なし |
| 群馬県 | 前橋市幼児教育センター | 027-210-1235 | ホームページ情報記載なし |
| 埼玉県 | 埼玉県立総合教育センター | 048-556-4180 | http://www.center.spec.ed.jp |
| 埼玉県 | 川口市立教育研究所 | 048-267-8208 | ホームページ情報記載なし |
| 埼玉県 | 越谷市教育センター | 048-962-9300<br>048-962-8601 | http://www.city.koshigaya.<br>saitama.jp/shisetsu/<br>gakkokyoikudentobunka/<br>kyouikusennta.html |
| 埼玉県 | 所沢市立教育センター | 04-2924-3333 | ホームページ情報記載なし |
| 埼玉県 | 戸田市立教育センター | 048-434-5660 | ホームページ情報記載なし |
| 埼玉県 | 川越市教育総合相談センター<br>（リベーラ） | 049-234-8333 | ホームページ情報記載なし |
| 埼玉県 | 日高市立教育相談室 | 042-989-7879 | ホームページ情報記載なし |
| 埼玉県 | 入間市教育研究所 | 04-2964-8355 | ホームページ情報記載なし |
| 埼玉県 | さいたま市特別支援教育相談センターさくら草 | 048-810-5030 | http://www.city.saitama.<br>jp/003/002/010/p000012.html |
| 埼玉県 | さいたま市特別支援教育相談センターひまわり | 048-623-5879 | http://www.city.saitama.<br>jp/003/002/010/p000012.html |
| 埼玉県 | さいたま市特別支援教育相談センターひまわり窓口 | 048-857-6806 | http://www.city.saitama.<br>jp/003/002/010/p000012.html |
| 埼玉県 | 北教育相談室 | 048-661-0050 | ホームページ情報記載なし |
| 埼玉県 | 堀崎教育相談室 | 048-688-1414 | ホームページ情報記載なし |
| 埼玉県 | 下落合教育相談室 | 048-857-6802 | ホームページ情報記載なし |
| 埼玉県 | 岸町教育相談室 | 048-838-8686 | ホームページ情報記載なし |
| 埼玉県 | 岩槻教育相談室 | 048-790-0227 | ホームページ情報記載なし |
| 千葉県 | 千葉県総合教育センター<br>（特別支援教育部） | 043-207-6025 | ホームページ情報記載なし |
| 千葉県 | 千葉市教育センター | 043-255-3702 | http://www.cabinet-cbc.ed.jp |
| 千葉県 | 千葉県子どもと親のサポートセンター | 0120-415-446 | http://cms2.chiba-c.ed.jp/kosapo/ |
| 千葉県 | 市原市教育センター | 電話番号記載なし | ホームページ情報記載なし |
| 千葉県 | 松戸市教育研究所 | 047-366-7461 | ホームページ情報記載なし |
| 千葉県 | 柏市教育委員会<br>（学校教育部　柏市立教育研究所） | 04-7191-1111 | ホームページ情報記載なし |

| 都道府県 | 教育機関名 | 連絡先 | ホームページ |
|---|---|---|---|
| 千葉県 | 船橋市総合教育センター | 047-422-9236 | ホームページ情報記載なし |
| 千葉県 | 市川市教育センター | 電話番号記載なし | ホームページ情報記載なし |
| 千葉県 | 八千代市教育センター | 047-486-9588 | ホームページ情報記載なし |
| 千葉県 | 木更津市まなび支援センター | 電話番号記載なし | ホームページ情報記載なし |
| 千葉県 | 袖ケ浦市立総合教育センター | 0438-62-2254 | ホームページ情報記載なし |
| 千葉県 | 君津市立教育センター | 0439-56-1647 | ホームページ情報記載なし |
| 東京都 | 東京都教育相談センター | 03-5800-8545 | ホームページ情報記載なし |
| 東京都 | 千代田区立児童・自家庭支援センター（教育相談） | 03-3256-8140 | ホームページ情報記載なし |
| 東京都 | 目黒めぐろ学校サポートセンター | 03-3715-1111 | ホームページ情報記載なし |
| 東京都 | 日野市立教育センター | 042-592-0505 | ホームページ情報記載なし |
| 東京都 | 文京区教育センター（教育相談室） | 03-5800-2594 | ホームページ情報記載なし |
| 東京都 | 江戸川区教育研究所 | 03-3653-5151（内線327） | ホームページ情報記載なし |
| 東京都 | 世田谷区帰国・外国人教育相談室 | 03-3322-7776 | ホームページ情報記載なし |
| 東京都 | 中野区立教育センター（教育相談室） | 03-3385-9313 | ホームページ情報記載なし |
| 東京都 | 新宿区立教育センター（教育相談室） | 03-3232-3071 | ホームページ情報記載なし |
| 東京都 | 早稲田大学教育総合クリニック | 03-3202-2549（FAX） | ホームページ情報記載なし |
| 東京都 | 練馬区立総合教育センター | 03-3904-4881 | ホームページ情報記載なし |
| 東京都 | 練馬教育相談室（練馬区立総合教育センター分室） | 03-3991-3666 | ホームページ情報記載なし |
| 東京都 | 練馬区立総合教育センター分室 光が丘教育相談室 | 電話番号記載なし | ホームページ情報記載なし |
| 東京都 | 練馬区立総合教育センター分室 関教育相談室 | 03-2928-7200 | ホームページ情報記載なし |
| 東京都 | 三鷹市教育センター | 0422-45-1151 | ホームページ情報記載なし |
| 東京都 | 八王子市教育センター | 042-664-1135 | ホームページ情報記載なし |
| 東京都 | 町田市教育センター | 042-792-6546 | ホームページ情報記載なし |
| 東京都 | 狛江市教育研究所 | 03-3430-1311 | ホームページ情報記載なし |
| 神奈川県 | 横浜市特別支援教育総合相談センター | 045-336-6020 | http://www.city.yokohama.lg.jp/kyoiku/soudan/soudan5000.html |
| 神奈川県 | 横須賀市教育委員会 | 046-822-8513 046-822-6522（子ども本人が相談の場合） | http://www.city.yokosuka.kanagawa.jp |
| 神奈川県 | 藤沢市学校教育相談センター | 0466-90-0660 | ホームページ情報記載なし |
| 神奈川県 | 厚木市青少年教育相談センター | 046-225-2520 | ホームページ情報記載なし |
| 神奈川県 | 鎌倉市役所（こどもみらい部　発達支援室） | 0467-23-5130 | ホームページ情報記載なし |
| 神奈川県 | 秦野市教育研究所 | 0463-81-2125 | ホームページ情報記載なし |
| 神奈川県 | 大和市青少年相談室 | 046-260-5036 | http://www.city.yamato.lg.jp/web/soudan/soudan.html |
| 神奈川県 | 伊勢原市教育センター | 0463-95-2211 | ホームページ情報記載なし |
| 神奈川県 | 平塚市子ども教育相談センター | 0463-36-6013 | ホームページ情報記載なし |
| 神奈川県 | 茅ケ﨑市教育委員会（青少年教育相談室） | 0467-86-9964 | ホームページ情報記載なし |
| 神奈川県 | 相模原市立青少年相談センター | 042-769-8285 | ホームページ情報記載なし |
| 神奈川県 | 神奈川県立総合教育センター 亀井野庁舎（教育相談センター） | 0466-81-8521 | http://www.edu-ctr.pref.kanagawa.jp/Snavi/soudanSnavi/ |
| 神奈川県 | 川崎市総合教育センター（教育相談センター、特別支援教育センター） | 044-844-3700 | ホームページ情報記載なし |
| 神奈川県 | 横浜市特別支援教育総合センター | 045-336-6020 | ホームページ情報記載なし |

| 都道府県 | 教育機関名 | 連絡先 | ホームページ |
|---|---|---|---|
| 神奈川県 | 座間市教育研究所 | 046-252-8460 | ホームページ情報記載なし |
| 神奈川県 | 海老名市青少年相談センター | 046-234-8764 | ホームページ情報記載なし |
| 神奈川県 | 特別支援教育相談室（あおぞら） | 0465-49-3763 | ホームページ情報記載なし |
| 神奈川県 | 相模原市教育委員会（学校教育課） | 042-769-8284 | http://www.city.sagamihara. kanagawa.jp/index.html |
| 神奈川県 | 相模原市教育委員会 （青少年相談センター） | 042-752-1658（相談電話） | http://www.city.sagamihara. kanagawa.jp/index.html |
| 新潟県 | 新潟県立教育センター | 025-263-9030 | http://www.nipec.nein.ed.jp/ |
| 新潟県 | 新潟市教育相談センター | 025-222-8600 | ホームページ情報記載なし |
| 新潟県 | 長岡市教育センター | 0258-32-3663 | ホームページ情報記載なし |
| 新潟県 | 新潟特別支援教育サポートセンター | 025-222-8996 | ホームページ情報記載なし |
| 富山県 | 富山県総合教育センター | 076-444-6351 | http://center.tym.ed.jp/ |
| 富山県 | 氷見市教育研究所 | 0766-74-8221 | ホームページ情報記載なし |
| 富山県 | 富山市教育センター | 076-431-4434 | http://www.tym.ed.jp/c10 |
| 富山県 | 高岡市教育センター（適応指導教室） | 0766-20-1656 | ホームページ情報記載なし |
| 富山県 | 射水市教育センター | 0766-84-9650 | ホームページ情報記載なし |
| 石川県 | 石川県教育センター | 076-298-1729 | ホームページ情報記載なし |
| 石川県 | 小松市教育センター | 0761-24-8124 | http://www.hakusan.ed.jp/ |
| 石川県 | 輪島市教育研究所 | 0768-23-1172 | ホームページ情報記載なし |
| 石川県 | 金沢市教育プラザ | 076-243-0874 | http://www4.city.kanazawa. lg.jp/39110/ |
| 福井県 | 福井県教育研究所 | 0776-36-4850 | ホームページ情報記載なし |
| 福井県 | 福井県特別支援教育センター | 0776-53-6574 | ホームページ情報記載なし |
| 山梨県 | 山梨県総合教育センター | 055-263-4606 | http://www.ypec.ed.jp |
| 長野県 | 長野県総合教育センター | 0263-53-8811 | http://www.edu-ctr.pref.nagano.lg.jp |
| 長野県 | 松本市教育相談室 | 0263-34-6850 | ホームページ情報記載なし |
| 岐阜県 | 岐阜県総合教育センター | 058-271-3328 | http://www.gifu-net.ed.jp/ssd/cso/ newpage15.html |
| 岐阜県 | 大垣市教育研究所 | 0584-74-6666 | ホームページ情報記載なし |
| 岐阜県 | 美濃加茂市教育センター | 電話番号記載なし | ホームページ情報記載なし |
| 静岡県 | 静岡県総合教育センター | 054-286-9196 | ホームページ情報記載なし |
| 静岡県 | 静岡市教育委員会（学校教育課） | 054-255-3600 | http://www.gakkyo.shizuoka.ednet.jp |
| 静岡県 | 浜松市教育委員会 | 053-457-2408 | http://www.city.hamamatsu. shizuoka.jp/kyoiku/kyoiku/index. html |
| 愛知県 | 愛知県総合教育センター | 0561-38-9517 | http://www.apec.aichi-c.ed.jp |
| 愛知県 | ハートフレンドなごや （名古屋市教育センター内） | 052-683-8222 | http://www.kyosen.ac.nagoya-c. ed.jp/sodan.html |
| 愛知県 | 豊田市青少年相談センター （パルクとよた） | 0565-32-6595 0565-33-9955 | http://www.city.toyota.aichi.jp/ division/facilities/b/fc06/index.html |
| 愛知県 | 安城市教育センター（相談室） | 0566-76-9674 | http://www.center.anjo.ed.jp |
| 愛知県 | 豊橋市教育委員会（教育会館） | 0532-33-2113 | ホームページ情報記載なし |
| 愛知県 | 岡崎市教育研究所 | 0564-23-0416 | ホームページ情報記載なし |
| 愛知県 | 東海市立教員研修センター | 0562-32-6600 （のびのび相談） | ホームページ情報記載なし |
| 愛知県 | 春日井市教育研究所 | 0568-33-1114 | ホームページ情報記載なし |
| 三重県 | 三重県教育委員会事務局研修担当 （三重県総合教育センター） | 059-226-3729 | ホームページ情報記載なし |
| 三重県 | 四日市教育委員会 | 059-354-8283 | ホームページ情報記載なし |

| 都道府県 | 教育機関名 | 連絡先 | ホームページ |
|---|---|---|---|
| 三重県 | 松阪市子ども支援研究センター | 0598-26-1900 | ホームページ情報記載なし |
| 三重県 | 津市立教育研究所 | 059-226-3164 | ホームページ情報記載なし |
| 三重県 | 伊勢市教育研究所 | 電話番号記載なし | ホームページ情報記載なし |
| 三重県 | 桑名市教育研究所 | 0594-24-1880 | ホームページ情報記載なし |
| 三重県 | 亀山市教育研究所 | 0595-82-6111 | ホームページ情報記載なし |
| 滋賀県 | 滋賀県総合教育センター | 077-588-2505 | http://www.shiga-ec.ed.jp |
| 滋賀県 | 彦根市立教育研究所 | 0749-24-0415 | ホームページ情報記載なし |
| 滋賀県 | 守山市立教育研究所 | 077-583-4217 | ホームページ情報記載なし |
| 滋賀県 | 大津市教育相談センター | 077-522-4646<br>077-525-7912 | ホームページ情報記載なし |
| 滋賀県 | 甲賀市教育委員会 | 0748-86-8100 | ホームページ情報記載なし |
| 滋賀県 | 湖南市教育委員会事務局<br>（学校教育課） | 0748-77-7011 | ホームページ情報記載なし |
| 滋賀県 | 滋賀県草津市立教育研究所 | 077-563-0334 | ホームページ情報記載なし |
| 京都府 | 京都府総合教育センター | 0773-43-0390<br>075-612-3268（相談専用ふ<br>れあいすこやかテレフォン） | http://www.kyoto-be.ne.jp/ed-<br>center/ |
| 京都府 | 京都市総合教育センター<br>（総合育成支援課） | 075-601-9104 | ホームページ情報記載なし |
| 京都府 | 長岡京市教育支援センター | 075-963-5533 | ホームページ情報記載なし |
| 京都府 | 京都市教育相談総合センター<br>（こども相談センター　パトナ） | 075-254-1108 | ホームページ情報記載なし |
| 京都府 | 京都府八幡市立教育研究所 | 075-983-8500 | ホームページ情報記載なし |
| 京都府 | 宇治市教育委員会 | 0774-21-1879 | ホームページ情報記載なし |
| 京都府 | 亀岡市教育研究所 | 0771-26-3916 | ホームページ情報記載なし |
| 大阪府 | 大阪府教育委員会<br>（大阪府教育センター） | 06-6692-1882 | http://www.osaka-c.ed.jp |
| 大阪府 | 大阪市こども相談センター | 06-4301-3181 | http://www.city.osaka.lg.jp/<br>kodomo/page/0000002838.html |
| 大阪府 | 堺市教育委員会（教育センター） | 072-270-8121 | ホームページ情報記載なし |
| 大阪府 | 豊中市教育センター | 06-6844-5293 | http://www.toyonaka-osa.ed.jp/educ/ |
| 大阪府 | 高槻市教育センター | 072-675-0398 | ホームページ情報記載なし |
| 大阪府 | 池田市教育研究所 | 072-751-4971 | ホームページ情報記載なし |
| 大阪府 | 茨木市教育センター | 072-626-4400 | http://www.educ.city.ibaraki.osaka.jp/ |
| 大阪府 | 東大阪市教育センター | 06-6727-0113 | http://www.city.higashiosaka.<br>lg.jp/0000005383.html |
| 大阪府 | 吹田市立教育センター | 06-6384-4488 | ホームページ情報記載なし |
| 大阪府 | 寝屋川市教育研修センター | 072-838-0144 | http://www.city.neyagawa.osaka.jp |
| 大阪府 | 枚方市立教育文化センター | 050-7102-3150 | ホームページ情報記載なし |
| 大阪府 | 箕面市教育センター（教育相談室） | 072-727-5112<br>072-727-5113（直通） | ホームページ情報記載なし |
| 大阪府 | 摂津市教育研究所 | 072-654-0907 | ホームページ情報記載なし |
| 大阪府 | 和泉市立教育研究所 | 電話番号記載なし | ホームページ情報記載なし |
| 大阪府 | 泉大津市教育支援センター | 0725-31-4460 | ホームページ情報記載なし |
| 大阪府 | 島本町教育センター | 075-962-4255 | ホームページ情報記載なし |
| 兵庫県 | ひょうごっ子悩み相談センター<br>（兵庫県教育委員会） | 0120-783-111 | ホームページ情報記載なし |
| 兵庫県 | 神戸市総合教育センター | 078-360-2001 | ホームページ情報記載なし |
| 兵庫県 | 兵庫県芦屋市立打出教育文化センター | 0797-38-7130 | ホームページ情報記載なし |
| 兵庫県 | 明石市発達支援センター | 078-945-0290 | ホームページ情報記載なし |

| 都道府県 | 教育機関名 | 連絡先 | ホームページ |
|---|---|---|---|
| 兵庫県 | 姫路市立総合教育センター（育成支援課） | 0120-783-028 | ホームページ情報記載なし |
| 兵庫県 | 西宮市立総合教育センター | 0798-67-6860 | http://kusunoki.nishi.or.jp/school/kensyu/ |
| 兵庫県 | 宝塚市立教育総合センター | 0797-87-1718 | http://www.city.takarazuka.hyogo.jp |
| 兵庫県 | 伊丹市立総合教育センター | 072-780-2484 | http://www.itami.ed.jp |
| 兵庫県 | 加古川市（教育相談センター） | 079-421-5484 | http://www.city.kakogawa.lg.jp/soshikikarasagasu/kyoikushidobu/kyoikusodansenta/index.html |
| 兵庫県 | 川西市教育委員会（教育情報センター） | 072-757-8080 | ホームページ情報記載なし |
| 兵庫県 | 尼崎市立教育総合センター | 06-6423-2550 | http://www.ama-net.ed.jp/ |
| 兵庫県 | 兵庫県立特別支援教育センター | 078-222-3604 | http://www.hyogo-c.ed.jp/~tokucen-bo/ |
| 奈良県 | 奈良県立教育研究所 | 0744-32-8201 | http://www.nps.ed.jp/nara-c/tokubetsu/ |
| 奈良県 | 天理市教育総合センター | 0743-63-3255（いちょうの木テレフォン） | ホームページ情報記載なし |
| 奈良県 | 奈良市教育センター | 電話番号記載なし | ホームページ情報記載なし |
| 和歌山県 | 和歌山県教育センター（学びの丘） | 0739-26-3498 | http://www.wakayama-edc.big-u.jp/ |
| 和歌山県 | 和歌山市立子ども支援センター | 073-402-7830 073-402-7831 | http://www.city.wakayama.wakayama.jp/ |
| 和歌山県 | 和歌山市立少年センター | 073-425-2351 | ホームページ情報記載なし |
| 鳥取県 | 鳥取県教育センター | 0857-31-3956 | http://www.torikyo.ed.jp/kyoiku-c/ |
| 島根県 | 島根県立教育センター | 0852-22-6467 | ホームページ情報記載なし |
| 島根県 | 島根県教育センター（浜田教育センター） | 0855-23-6784 | ホームページ情報記載なし |
| 岡山県 | 岡山県総合教育センター | 0866-56-9106 | ホームページ情報記載なし |
| 岡山県 | 岡山市教育相談室 | 086-224-4133 | ホームページ情報記載なし |
| 岡山県 | 倉敷教育センター | 086-454-0400 | http://www.kurashiki-oky.ed.jp/lpk/lpkedu/ |
| 広島県 | 広島県立教育センター | 082-428-1188 | ホームページ情報記載なし |
| 広島県 | 広島市青少年総合相談センター（障害のある子どもの就学・教育相談） | 082-504-2197 082-264-0422（分室） | ホームページ情報記載なし |
| 広島県 | 広島総合教育研究所 | 0848-66-0527 | ホームページ情報記載なし |
| 山口県 | やまぐち総合教育支援センター | 083-987-1240 | http://www.ysn21.jp/ |
| 徳島県 | 徳島県立総合教育センター | 088-672-5200 | http://www.tokushima-ec.ed.jp |
| 徳島県 | 徳島市教育研究所 | 088-621-5432 | ホームページ情報記載なし |
| 徳島県 | 阿南市教育委員会（教育研究所） | 0884-22-3395 | ホームページ情報記載なし |
| 徳島県 | 鳴門市教育委員会（教育支援室「うず潮教室」） | 088-678-8045 | http://www.tv-naruto.ne.jp/fureaiuzushio/ |
| 香川県 | 香川県教育センター | 087-862-4533 | http://www.kec.kagawa-edu.jp/ |
| 香川県 | 高松市総合教育センター | 087-811-2161 | http://www.edu-tens.net/kyouikuken/index.htm |
| 愛媛県 | 愛媛県総合教育センター | 089-963-3111 | http://www.esnet.ed.jp/center/ |
| 高知県 | 高知県心の教育センター | 088-833-2922 | http://www.pref.kochi.lg.jp/soshiki/311902/ |
| 高知県 | 南国市立教育研究所 | 電話番号記載なし | ホームページ情報記載なし |
| 高知県 | 土佐清水市教育研究所 | 電話番号記載なし | ホームページ情報記載なし |
| 高知県 | 室戸市教育研究所 | 電話番号記載なし | ホームページ情報記載なし |

| 都道府県 | 教育機関名 | 連絡先 | ホームページ |
|---|---|---|---|
| 高知県 | 高知市教育研究所 | 088-832-4497 | http://www.city.kochi.kochi.jp/soshiki/89/ |
| 高知県 | 土佐市教育研究所 | 088-852-4353 | ホームページ情報記載なし |
| 高知県 | 宿毛市教育研究所 | 0880-63-1127 | ホームページ情報記載なし |
| 福岡県 | 福岡県教育センター | 092-947-1923 | ホームページ情報記載なし |
| 福岡県 | 北九州市立特別支援相談センター | 093-921-2230 | http://www.kita9.ed.jp/tokushi/ |
| 福岡県 | 福岡市教育委員会（発達教育センター） | 092-845-0015 | ホームページ情報記載なし |
| 福岡県 | 田川市立教育研究所 | 0947-44-2000（内線557） | ホームページ情報記載なし |
| 佐賀県 | 佐賀県教育センター | 0952-62-5211 | http://www.saga-ed.jp/shidou/soudan/index.html |
| 佐賀県 | 佐賀市教育研究所 | 0952-40-7356 | ホームページ情報記載なし |
| 長崎県 | 長崎県教育センター | 0957-53-1130 | http://www.edu-c.pref.nagasaki.jp/soudan/menu2.htm |
| 長崎県 | 長崎市教育委員会（長崎市教育研究所） | 095-824-4814 | http://www.nagasaki-city.ed.jp/kenkyusyo/index.htm |
| 熊本県 | 熊本県立教育センター | 0968-44-6655 | http://www.higo.ed.jp/center/ |
| 熊本県 | 熊本市教育委員会（総合支援課　教育相談室） | 096-362-7070 | http://www.kumamoto-kmm.ed.jp/center/k-soudan/ksoudan.htm |
| 熊本県 | 八代市教育サポートセンター | 0965-30-1669 | http://e.yatsushiro.jp/kenkyusyo/ |
| 大分県 | 大分県教育センター | 097-569-0232 | ホームページ情報記載なし |
| 大分県 | 別府市総合教育センター | 0977-26-0812 | http://kyouiku.oita-ed.jp/beppu/ed-center/ |
| 宮崎県 | 宮崎県教育研修センター | 0985-24-3122 | http://mkkc.miyazaki-c.ed.jp/ |
| 宮崎県 | 日南市教育委員会（日南市就学指導委員会） | 0987-31-1144 | ホームページ情報記載なし |
| 宮崎県 | えびの市教育研究センター | 電話番号記載なし | ホームページ情報記載なし |
| 宮崎県 | 清武町教育研究センター | 0985-84-2007 | ホームページ情報記載なし |
| 宮崎県 | 串間市教育委員会 | 電話番号記載なし | ホームページ情報記載なし |
| 宮崎県 | 都城市教育相談室 | 0986-46-2088 | ホームページ情報記載なし |
| 宮崎県 | 宮崎市教育相談センター | 0985-23-1053 | http://www.city.miyazaki.miyazaki.jp |
| 鹿児島県 | 鹿児島県総合教育センター | 099-294-2820 | ホームページ情報記載なし |
| 鹿児島県 | 鹿児島市教育委員会（学校教育課） | 099-227-1941 | ホームページ情報記載なし |
| 鹿児島県 | 鹿児島市教育委員会（青少年課） | 099-227-1971 | ホームページ情報記載なし |
| 沖縄県 | 沖縄県立総合教育センター | 098-933-7526 | ホームページ情報記載なし |
| 沖縄県 | 那覇市立教育研究所 | 098-891-3441 | ホームページ情報記載なし |
| 沖縄県 | 石垣市立教育研究所 | 09808-4-1564 | ホームページ情報記載なし |
| 沖縄県 | 沖縄市教育委員会 | 098-939-1212 | ホームページ情報記載なし |
| 沖縄県 | うるま市立教育研究所 | 090-973-1765 | ホームページ情報記載なし |
| 沖縄県 | 浦添市立教育委員会（教育相談室「くくむい」） | 098-876-7830 | ホームページ情報記載なし |
| 沖縄県 | 宜野湾市教育委員会 | 098-892-4732 | ホームページ情報記載なし |
| 沖縄県 | 名護市立教育研究所 | 0980-54-2636 | ホームページ情報記載なし |
| 沖縄県 | 南部広域行政組合島尻教育研究所（適応指導教室「しののめ教室」） | 098-998-9561 | http://www.nanbukouiki-okinawa.jp |

　以上の教育相談機関情報は、「国立特別支援教育総合研究所HP　教育相談情報提供システム」（http://forum.nise.go.jp/soudan-db/htdocs/?page_id=15）より作成した。

## 【執筆者一覧】

### 〈第1章〉
| | |
|---|---|
| 奈良部芙由子 | 静岡県富士宮市立大宮小学校 |
| 奈良部真由子 | 静岡県立富士特別支援学校 |
| 伊藤　秀男 | 静岡県焼津市立和田小学校 |
| 広畑　宏樹 | 静岡県富士市立今泉小学校 |
| 齋藤奈美子 | 静岡県沼津市立片浜小学校 |
| 見崎ことえ | 静岡市立中島小学校 |
| 松村　好恵 | 静岡県菊川市立小笠北小学校 |
| 加藤　大揮 | 静岡県沼津市立香貫小学校 |
| 橋本　史子 | 静岡県三島市立錦田小学校 |

### 〈第2章〉
| | |
|---|---|
| 武井　　恒 | 山梨県立かえで支援学校 |
| 光村　拓也 | 香川県高松市立檀紙小学校 |
| 石丸　義久 | 香川県丸亀市立城坤小学校 |
| 大恵　信昭 | 香川県教育センター |
| 杉本　友徳 | 香川県丸亀市立垂水小学校 |
| 齋藤　徳三 | 香川県三豊市立曽保小学校 |

### 〈第3章〉
| | |
|---|---|
| 後藤　隆一 | 茨城県那珂市立額田小学校 |
| 河村　要和 | 茨城県立伊奈特別支援学校 |
| 牧山　誠一 | 茨城県取手市立取手東小学校 |
| 桑原　和彦 | 茨城県水戸市立梅が丘小学校 |
| 富山比呂志 | 茨城県立つくば特別支援学校 |

### 〈第4章〉
| | |
|---|---|
| 堀田　和秀 | 兵庫県洲本市立洲本第一小学校 |
| 浜田　啓久 | 兵庫県南あわじ市立八木小学校 |
| 堀田　知恵 | 兵庫県洲本市立加茂小学校 |
| 原田はるか | 兵庫県南あわじ市立榎列小学校 |
| 眞山和加子 | 兵庫県洲本市立加茂小学校 |
| 池田あゆみ | 兵庫県南あわじ市立湊小学校 |
| 津田　泰至 | 兵庫県淡路市立大町小学校 |

### 〈第5章〉
| | |
|---|---|
| 畦田　真介 | 岡山県高梁市立高梁小学校 |
| 片山　陽介 | 岡山県倉敷市立中庄小学校 |
| 出相　洸一 | 岡山県立高梁城南高校 |
| 永井　貴憲 | 岡山県岡山市立福浜小学校 |
| 土師　宏文 | 岡山県倉敷市立西阿知小学校 |
| 戸川　雅人 | 岡山県岡山市立御野小学校 |
| 梶田　俊彦 | 岡山県岡山市立平福小学校 |

### 〈第6章〉
| | |
|---|---|
| 相澤　勇佑 | 北海道千歳市立緑小学校 |
| 丸山　好美 | 北海道札幌東陵高等学校 |
| 高杉　祐之 | 北海道江別市立大麻小学校 |
| 加嶋　紘平 | 北海道江別市立大麻西小学校 |
| 真野　二郎 | 北海道札幌市立中の島小学校 |
| 橋爪　里佳 | 北海道札幌市立西園小学校 |
| 在田　裕子 | 北海道札幌市立厚別北小学校 |
| 石田　晃大 | 北海道札幌市立共栄小学校 |
| 赤井真美子 | 北海道千歳市立北陽小学校 |
| 太田　千穂 | 北海道江別市立中央小学校 |
| 田村　治男 | 岩手県大船渡市立大船渡北小学校 |
| 清水　武彦 | 岩手県滝沢市立滝沢第二小学校 |
| 藤澤美紀子 | 岩手県岩手町立川口小学校 |
| 菊地　　亨 | 岩手県花巻市立若葉小学校 |
| 松村　　稔 | 岩手県北上市立黒沢尻東小学校 |
| 岩清水裕行 | 岩手県滝沢市立篠木小学校 |
| 高橋　哲也 | 岩手県雫石町立雫石小学校 |
| 佐々木伸也 | 岩手県一関市立東山小学校 |

### 〈第7章〉
| | |
|---|---|
| 間嶋　祐樹 | 秋田県北秋田市立綴子小学校 |
| 渡邊　俊郎 | 北海道北斗市立浜分小学校 |

### 〈第8章〉
| | |
|---|---|
| 川原　雅樹 | 兵庫県篠山市立味間小学校 |
| 原田　朋哉 | 大阪府池田市立秦野小学校 |
| 山根麻衣子 | 兵庫県神戸市立美賀多台小学校 |
| 大月　　一 | 兵庫県尼崎市立園和北小学校 |
| 秋山　良介 | 愛媛県四国中央市立土居小学校 |
| 喜多　雅世 | 兵庫県加古川市立尾上小学校 |
| 橋本　拓馬 | 兵庫県篠山市立篠山養護学校 |
| 細見　基夫 | 兵庫県丹波市立西小学校 |
| 溝端久輝子 | 兵庫県加古川市立平岡小学校 |
| 黒田　一之 | 兵庫県丹波市立北小学校 |
| 小原　嘉夫 | 兵庫県加古川市立別府西小学校 |
| 松村　　翔 | 奈良県橿原市立真菅北小学校 |
| 田中　浩幸 | 兵庫県赤穂市立有年小学校 |
| 前川　　淳 | 兵庫県姫路市教育委員会 |

〈編著者紹介〉

小野　隆行（おの・たかゆき）

1972年9月、兵庫県生まれ。香川大学教育学部卒業後、岡山県蒜山教育事務組合立八束小学校に着任、岡山市立南方小学校等を経て、岡山市立西小学校に勤務。
20代で発達障害の子と出会い、自分の指導を根本的に見なおす必要に迫られ、それから、多くのドクター・専門家と共同研究を進め、医学的・脳科学的な裏付けをもとにした指導を行うようになる。
著書に「トラブルをドラマに変えてゆく教師の仕事術」シリーズ──『発達障がいの子がいるから素晴らしいクラスができる！』『特別支援教育が変わるもう一歩の詰め』『喧嘩・荒れ とっておきの学級トラブル対処法』『発達障害児を救う体育指導─激変！感覚統合スキル95』（いずれも学芸みらい社）などがある。

2021年3月に教員を早期退職し、現在、株式会社イージスグループの代表取締役に就任。障害のある子の就労を支援する業務に携わる。
福祉の世界、社会構造の変革のために日々、奔走している。

---

## 「特別支援教育」重要用語の基礎知識

2018年　8月25日　　初版発行
2018年11月20日　　第2版発行
2019年　8月20日　　第3版発行
2021年　8月20日　　第4版発行

編著者　小野隆行責任編集
発行者　小島直人
発行所　株式会社 学芸みらい社
　　　　〒162-0833 東京都新宿区箪笥町31 箪笥町SKビル
　　　　電話番号 03-5227-1266
　　　　http://www.gakugeimirai.jp/
　　　　e-mail : info@gakugeimirai.jp
印刷所・製本所　藤原印刷株式会社
企画　樋口雅子　　校正　菅洋子
装丁デザイン　小沼孝至
DTP組版　星島正明

落丁・乱丁本は弊社宛てにお送りください。送料弊社負担でお取り替えいたします。
©Takayuki Ono 2018 Printed in Japan
ISBN978-4-908637-73-5 C3037

小学校教師のスキルシェアリング
そしてシステムシェアリング
—初心者からベテランまで—

# 授業の新法則化シリーズ
## <全28冊>

企画・総監修／**向山洋一** 日本教育技術学会会長 TOSS代表

編集執筆 **TOSS授業の新法則** 編集・執筆委員会

発行：学芸みらい社

　1984年「教育技術の法則化運動」が立ち上がり、日本の教育界に「衝撃」を与えた。そして20年の時が流れ、法則化からTOSSになった。誕生の時に掲げた4つの理念はTOSSになった今でも変わらない。
1. 教育技術はさまざまである。出来るだけ多くの方法を取り上げる。（多様性の原則）
2. 完成された教育技術は存在しない。常に検討・修正の対象とされる。（連続性の原則）
3. 主張は教材・発問・指示・留意点・結果を明示した記録を根拠とする。（実証性の原則）
4. 多くの技術から、自分の学級に適した方法を選択するのは教師自身である。（主体性の原則）

　そして十余年。TOSSは「スキルシェア」のSSに加え、「システムシェア」のSSの教育へ方向を定めた。これまでの蓄積された情報をTOSSの精鋭たちによって、発刊されたのが「新法則化シリーズ」である。
　日々の授業に役立ち、今の時代に求められる教師の仕事の仕方や情報が満載である。ビジュアルにこだわり、読みやすい。一人でも多くの教師の手元に届き、目の前の子ども達が生き生きと学習する授業づくりを期待している。
（日本教育技術学会会長　TOSS代表　向山洋一）

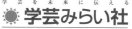

株式会社 学芸みらい社（担当：横山）
〒162-0833 東京都新宿区箪笥町31 箪笥町SKビル3F
TEL:03-6265-0109（営業直通）FAX:03-5227-1267
http://www.gakugeimirai.jp/
e-mail:info@gakugeimirai.jp

# 『教室ツーウェイNEXT』好評既刊

創刊記念1号
A5判 並製：172p
定価：1500円＋税

**特集 アクティブ・ラーニング先取り体験！〈超有名授業30例〉**

■向山氏の有名授業からALのエキスを抽出する　有田和正氏の有名授業からALの要素を取り出す　■野口芳宏氏の有名授業からALの要素を取り出す　■ここにスポット！ALの指導手順を整理する　■最初の一歩　かんたんAL導入・初期マニュアル　■授業のヒント大公開。今までで一番ALだった私の授業

ミニ特集＝発達障がい児　アクティブ・ラーニング指導の準備ポイント

創刊2号
A5判 並製：172p
定価：1500円＋税

**特集 "非認知能力"で激変！子どもの学習態度50例！**

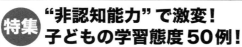

■非認知能力をめぐる耳寄り新情報　■非認知能力を育てる指導場面→「しつけ10原則」　■リアル向山学級→非認知能力をどう育てているか　■非認知能力に問題のある子への対応ヒント　■特別支援教育と非認知能力の接点　■すぐ使える非認知能力のエピソード具体例　■非認知能力を学ぶ書籍ベスト10

ミニ特集＝いじめ──世界で動き出した新対応

3号
A5判 並製：164p
定価：1500円＋税

**特集 新指導要領のキーワード100〈重要用語で知る＝現場はこう変わる〉**

改訂の柱は「学ぶ側に立った指導要領」（元ミスター文部省の寺脇先生）。具体的には──子供にどんな見方・考え方を育てるか／授業で目指す資質・能力とは何か──となる。
教科領域ごとの改訂ポイントを詳述し、「学習困難さ状況」に対応した、役に立つ現場開発スキルを満載紹介。

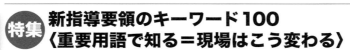

ミニ特集＝いじめディープ・ラーニング

4号
A5判 並製：172p
定価：1500円＋税

**特集 "合理的配慮"ある年間プラン＆教室レイアウト63例〈子どもも保護者も納得！快適な教室設計のトリセツ〉**

新指導要領「子どもの学習困難さごとの指導」への対応で、教室の"ここ"が"こう"変わる！　■配慮が必要な子を見逃さない　■ないと困る支援・教材／あると役に立つ支援・教具　■今、話題の教育実践に見る合理的配慮etc.──合理的配慮ある年間プランを立てるヒント満載！

ミニ特集＝アクティブ型学力の計測と新テスト開発の動向

# 学芸みらい社　既刊のご案内〈教科・学校・学級シリーズ〉

※価格はすべて本体価格（税別）です。

| 書　名 | 著者・編者・監修者ほか | 価　格 |
|---|---|---|
| **学級づくり／学力づくり** | | |
| 中学校を「荒れ」から立て直す！ | 長谷川博之 | 2,000円 |
| 生徒に『私はできる！』と思わせる超・積極的指導法 | 長谷川博之 | 2,000円 |
| 中学の学級開き──黄金のスタートを切る3日間の準備ネタ | 長谷川博之 | 2,000円 |
| "黄金の1週間"でつくる学級システム化小辞典 | 甲本卓司 | 2,000円 |
| 若手教師のための主任マニュアル | 渡辺喜男・TOSS横浜 | 2,000円 |
| 小学校発ふるさと再生プロジェクト──子ども観光大使の育て方 | 松崎　力 | 1,800円 |
| アクティブな授業をつくる新しい知的生産技術 | 太田政男・向山洋一・谷　和樹 | 2,000円 |
| 教師修業──フレッシュ先生のための「はじめて事典」 | 向山洋一・木村重夫 | 2,000円 |
| まんがで知る授業の法則 | 向山洋一・前田康裕 | 1,800円 |
| めっちゃ楽しい校内研修──模擬授業で手に入る"黄金の指導力" | 谷　和樹・岩切洋一・やばた教育研究会 | 2,000円 |
| みるみる子どもが変化する『プロ教師が使いこなす指導技術』 | 谷　和樹 | 2,000円 |
| 教員採用試験パーフェクトガイド「合格への道」 | 岸上隆文・三浦一心 | 1,800円 |
| 教員採用試験パーフェクトガイド 面接編 DVD付 | 岸上隆文・三浦一心 | 2,200円 |
| そこが知りたい！"若い教師の悩み"向山が答えるQA集1──授業づくり"よくある失敗"175例〜勉強好きにする改善ヒント〜 | 星野裕二・向山洋一 | 2,000円 |
| そこが知りたい！"若い教師の悩み"向山が答えるQA集2──学級づくり"よくある失敗"113例〜勉強好きにする改善ヒント〜 | 星野裕二・向山洋一 | 2,100円 |
| **特別支援教育** | | |
| ドクターと教室をつなぐ医教連携の効果　第1巻──医師と教師が発達障害の子どもたちを変化させた | 宮尾益知・向山洋一・谷　和樹 | 2,000円 |
| ドクターと教室をつなぐ医教連携の効果　第2巻──医師と教師が発達障害の子どもたちを変化させた | 宮尾益知・向山洋一・谷　和樹 | 2,000円 |
| ドクターと教室をつなぐ医教連携の効果　第3巻──発達障害の子どもたちを支える医教連携の「チーム学校」「症例別」実践指導 | 宮尾益知・向山洋一・谷　和樹 | 2,000円 |
| トラブルをドラマに変えてゆく教師の仕事術──発達障がいの子がいるから素晴らしいクラスができる！ | 小野隆行 | 2,000円 |
| トラブルをドラマに変えてゆく教師の仕事術──特別支援教育が変わるもう一歩の詰め | 小野隆行 | 2,000円 |
| トラブルをドラマに変えてゆく教師の仕事術──喧嘩・荒れ とっておきの学級トラブル対処法 | 小野隆行 | 2,000円 |
| 特別支援の必要な子に役立つかんたん教材づくり㉙ | 武井　恒 | 2,300円 |
| **国語** | | |
| 国語有名物語教材の教材研究と研究授業の組み立て方〔低・中学年/詩文編〕 | 向山洋一・平松孝治郎 | 2,000円 |
| 国語有名物語教材の教材研究と研究授業の組み立て方 | 向山洋一・平松孝治郎 | 2,000円 |
| 国語テストの"答え方"指導──基本パターン学習で成績UP | 遠藤真理子・向山洋一 | 2,000円 |
| 子どもが論理的に考える！──"楽しい国語"授業の法則 | 向山洋一 | 2,000円 |
| 先生も生徒も驚く日本の「伝統・文化」再発見 | 松藤　司 | 2,000円 |
| 先生も生徒も驚く日本の「伝統・文化」再発見2 行事と祭りに託した日本人の願い | 松藤　司 | 2,000円 |
| 先生と子どもたちの学校俳句歳時記 | 星野高士・仁平　勝・石田郷子 | 2,500円 |